57 | 계명한국학총서

한국 전통사상의 사회학적 도권

— 계명대학교 한국학연구원 편 —

계명대학교 출판부

머리말

1.

동양사회사상학회는 1997년 서구 중심적인 사회학의 틀을 비판적으로 해체하고, 동양의 사상과 문화를 바탕으로 한국 사회를 설명하는 대안을 마련하고자 하는 목적으로 설립되었다. 계명대 한국학연구원과는 1997년 이후 5년 동안 '한국 전통사상의 사회과학적 복원'이라는 장기 프로젝트를 진행하였다.

'한국 전통사상의 사회과학적 복원'은 한국 전통사상에 내재되어 있는 사회사상을 비판적으로 검토하고 드러내 자생적인 한국 사회과학의 뿌리를 찾고자 하는 목표를 가지고 있다. 이를 통해서 오늘날 한국 현실사회를 설명할 수 있는 사회학 이론으로 되살리고, 한국학의 정체성 강화와 지평 확장을 도모하고자 한다. 한국의 전통사상을 토대로 하는 한국 사회학으로서의 한국학에 주목하고자 하였다.

동양사회사상학회와 계명대 한국학연구원의 장기 프로젝트의 1·2년 차 연구 성과를 모아 2020년 한국 전통 사상사를 빛낸 13명의 사상가를 사회과학적 시각에서 조명한 『한국 사상사의 사회학적 조명』을 출판한 바 있다.

이번에 출판되는 『한국 전통사상의 사회학적 도전』은 사회학의 핵심 주제인 사회질서와 사회변동의 문제를 다룬 3·4년 차 연구 성과를 모았다. 이 책은 한국 전통사상의 토대 위에서 우리 사회의 특수성을 충실히 반영하는 자생적 사회이론과 연구방법을 찾고자 하는 작지만 힘겨운 노력의 산물이다.

*'한국 전통사상의 사회과학적 복원' 학술대회 및 결과물 출판(2017-2022)

1. 2017 한국 전통사상의 사회과학적 복원(Ⅰ)
 - 한국학의 자생적 사회이론 정립을 위하여-

2. 2018 한국 전통사상의 사회과학적 복원(Ⅱ)
 - 지성사적 맥락을 중심으로 -

 * 2017년과 2018년 발표원고를 묶어서 출판
 *계명대 한국학연구원, 『한국 사상사의 사회학적 조명』(대구: 계명대출판부, 2020).

3. 2019 한국 전통사상의 사회과학적 복원(Ⅲ)
 - 사회질서 문제를 중심으로 -

4. 2020 한국 전통사상의 사회과학적 복원(Ⅳ)
 -사회변동 문제를 중심으로-

 * 2019년과 2020년 발표원고를 묶어서 출판
 * 계명대 한국학연구원, 『한국 전통사상의 사회학적 도전』(대구: 계명대출판부, 2022).

5. 2022 한국 전통사상의 사회과학적 복원(Ⅴ)
 - 한국적 사회과학의 주춧돌 놓기-

2.

이번 책에는 제1부에 5편, 제2부에 5편 등 모두 10편의 글이 실렸다. 이를 간략히 소개하면 아래와 같다.

제1부는 3년차 학술대회 발표논문들을 중심으로 한국 전통사상의 관점에서 사회질서의 문제를 논의하는 5편의 글들을 모았다.

1장 '업연의 논리와 사회질서'에서 유승무는 동양사상이 과연 오늘날 우리 사회의 질서 문제를 해결하는 데 어떤 지혜를 제공할 것인지를 묻고 있다. 유승무는 오늘날 우리 사회가 의도적 활동 혹은 목적의식적 활동으로 정의할 수 있는 업(業: Karma)의 작동에 의해 사회적 관계가 형성되고 또 변화하는 업연 사회임을 밝히고, 동양사상이 행위자의 마음 수양(혹은 수행)을 강조함으로써 행위의 사회적 결과를 전적으로 행위자 자신에게 환원하여 그에게 부과하는 규범적 강제를 통해 사회질서를 유지하려고 한다는 점을 설명하고 있다.

2장 '격몽요결이 보여주는 동양적 사회화 이론'에서 이현지는 『격몽요결』에서 보이는 이이의 사상이 현대의 사회화 이론에 어떤 영향력을 가질 수 있는지 보여주고 있다. 사회화는 사회구성원이 그 사회의 규범과 가치관을 수용하고 사회질서에 적응하도록 하는 과정이라고 할 수 있다. 이현지는 사회화에 대한 사회학적 논의를 비판적으로 고찰하면서 격몽요결 속에서 발견할 수 있는 사회화의 요소들이 기존의 한계를 극복할 수 있음을 논의한다. 이어서 인성함양에 직결된 격몽요결의 사회화 요소들이 새로운 교육적 비전을 제공한다고 주장한다.

3장 '일상생활의 위기 극복과 용호비결의 함의'는 『용호비결龍虎祕訣』에 보이는 전통적인 호흡 수련을 현대적으로 재해석하고 활용할 수 있음을 살펴보는 정승안의 글을 싣고 있다. 정승안은 먼저 현대사회를 개인의 일상이 총체적 위기에 직면한 사회로 규정하고, 이를 극복하는 방법으로 동양의 전통적인 수신과 수행에 주목한다. 그리고 한국 선도사상사의 정수로 평가받는 정념의 용호비결의 핵심 내용을 소개하고, 현대사회에서의 실천적 의미를 도출하고 있다. 특히, '호흡'에 대한 집중을 통해서 몸과 사고의 항상성을 확보할 수 있으며, 이를 통해 정신의 집증과 수련으로 나아갈 수 있다는 사실은 위기의 현대사회를 살아가는 사람으로서 가장 쉬우면서도 확실한 위기타파를 위한 수단이자 일상을 재편할 수 있는 전략이 될 수 있음을 밝히고 있다.

4장 '유·불사상의 관점에서 본 일탈행위'에서 김보경은 현대사회학에서 논의되는 일탈론의 한계점이 무엇인지 분석하고, 유학과 불학 사상을 통해 새로운 일탈론을 모색하고 있다. 김보경은 먼저 기존의 일탈이론들이 인간 존재에 대한 분석에 소홀했으며, 그 결과 일탈로 빚어진 사회문제를 해결할 인간 행위의 실천론 차원에서 한계가 있음을 지적한다. 이어서 유학 사상을 통해 도덕적 관계와 수양적 삶으로부터 벗어남을, 불학 사상을 통해 연기적 관계 및 수행적 삶으로부터의 이탈이라는 새로운 일탈의 의미를 도출하고 있다. 나아가 이런 동양적 일탈론이 존재의 개체성과 이원론적 세계관에 근거했던 기존 구조기능론적 일탈론 논의의 한계를 극복하고 일탈행위의 극복을 위한 실천적 논의의 출발로서 의미를 갖게 될 것이라고 주장한다.

5장 '정약용의 학문 체계를 통한 사회복지학 체계의 재구성'에서 오세근은 다산의 실학적 학문체계를 활용하여 현대 사회복지학의 체계를 재구성하고자 하는 시도를 담고 있다. 오세근은 먼저 정책론, 제도론, 서비스론으로 나누어 접근하는 사회복지학의 체계가 사회복지학 연구에서 인간의 본성이나 욕구 등 인간론에 기반을 두고 진행하는 탐구를 간과하거나 경시할 가능성이 있음을 비판한다. 이어서 사회복지의 학문 체계에서 인간의 본성, 욕구, 사회적 관계성 등이 사회복지 정책, 제도, 서비스 창출과 상호 관련하는 방식이나 연관 문법을 통합된 전체로서 제시하는 학문적 체계경장의 필요성을 제기하며, 정약용의 학문 체계를 준거로 사회복지학의 체계를 새롭게 구성하고 있다. 결론적으로 그는 사회복지의 학문적 체계가 정책이나 제도 중심의 분석 틀을 지양하여 인간 본성이나 욕구 등 인간론에 궁리의 연원이 닿아 있어야 함을 말하고 있다.

'제2부. 한국 전통사상으로 이해하는 사회변동'은 4년차 학술대회 발표논문들을 중심으로 5편의 글을 엮었다.

6장 '인간적·사회적 마음구성체와 사회변동'에서 유승무와 박수호는 마음구성체의 작동을 중심으로 하는 사회변동이론을 정립하려고 시도하였다. 이들은 한국사회를 마음사회로 규정하고, 마음사회의 사회변동을 이해하기 위해서는 마음이 어떻게 인간의 삶과 사회의 작동 사이의 관계를 매개 혹은 조절하고 있는지를 파악한 다음, 그 매체들과 그들의 변화를 통해 인간과 사회의 역동적 상호변용을 이해할 필요가 있음을 지적한다. 마음구성체는 인간 차원의 요소, 사회 차원의 요소, 그리고 마음 차원 및 그 매개 차원의 요소 등이 매우 복잡하게 얽혀 있으며, 마음사회의 관점에서 인간사회의 삶과 사회현실을 설명하기 위해 마음 구성체의 요소들을 연결하는 다양한 사회적 관계들의 작동을 기술해야 하며, 이를 위한 방법론으로 연기법에 따른 관찰의 적합성을 자세하게 논의하고 있다. 이어서 'K-방역'의 사례를 통해 마음 구성체의 구체적인 작동과정을 설명하고 있다.

7장 '주역의 논리로 이해하는 사회변동'에서 정승안은 주역의 체계와 논리가 사회변동 이론과도 접목될 수 있음을 논의하고 있다. 먼저 그는 사회구조와 변동을 바라보는 사회학적 논의는 실증적이거나 사회경제적 측면을 중심으로 하는 구조적 위기의 징후에 대한 논의들이 주를 이루고 있고, 진화론의 인식 논리에 갇혀 있다는 점을 지적한다. 이어서 동양사상의 관점에서 제기되는 사회변동 이론들은 천지인 상관론적인 접근들이 일반적이며, 여기에 주역의 논리에 근거를 둔 음양오행론을 결합하여 본격적인 사회변동 논의가 이루어짐을 고찰한다. 이어서 택화혁 괘의 내용을 따라가며 사회변화와 변동의 논리를 설명하고, 이 괘가 현대사회에 어떻게 적용될 수 있는지를 논의한다.

8장 '의례문화의 변화와 공동체'에서는 의례문화의 변동을 통해 공동체성이 어떻게 유지되어 왔는지를 유교적 관점에서 살펴보는 이일래의 글을 싣고 있다. 이일래는 주자가 '가례'를 통해 약자가 보호받을 수 있는 공동체를 만듦으로써 천하가 태평할 수 있는 이상사회를 건설하고자 했다는 점을 지적하며, 공동체를 만드는 수단으로 의례가 중시된 이유를 의례의 공동체성 때문이라고 답한다. 즉, 유교에서 예禮를 인간 본성으로 상정하는 것은 인간이 집단을 이루어 살아갈 수 있는 공존의 기초가 되기 때문이라는 것이다. 이어서 오늘날 의례의 변화에서 우려되는 것은 의례의 간소화나 약화가 아니라 이러한 경향 속에서 의례의 본질 자체가 훼손되고 있다는 점이며, 공동체의 유지를 위해 예의 본질이자 정신이 유지되어야 함을 주장한다.

9장은 '제례의 변화로 살펴본 한국 가족의 현실'이라는 이명호의 글이다. 그는 요즘 '아빠 찬스', '엄마 찬스'로 비난받는 '비도덕적 가족주의'는 한국의 독특한 근대화 과정에서 형성된 국가주의와 가족주의의 영향 때문이라고 설명한다. 이처럼 다른 사회에서는 찾기 어려운 한국적 특수 현상인 '가족중심주의'를 이해하기 위해 가족주의를 3개의 개념적 층위를 가진 분석적 개념으로 재구성하고, 가족중심주의의 형성을 사회구조적(특히, 종교지형) 변동 과정 내에서 이해하였다. 그리고 한국 사회에서 가족이 처한 현실은 '가족의례'의 축소로 드러나고 있음을 논증하고, 가족의 회복을 위해 필요한 대안을 제례를 중심으로 제시하였다.

10장 '동양사상과 미래 문명의 비전'은 서구 근대화 과정에서 탄생한 '기계론적 사회관', '이성적 인간관', '욕망 충족적 사회' 등을 비판적으로 검토하면서 '탈현대적 세계관'의 바탕으로서의 동양사상을 조명하는 홍승표의 글이다. 홍승표는 오늘날 신기술혁명은 현대 사회시스템들을 붕괴시키면서 탈현대 사회시스템을 위한 기초를 제공하고 있고, 탈현대 문명을 열어가기 위해 탈현대 세계관이라는 새로운 세계관이 필요함을 지적한다. 그리고 동양사상에 부분이 전체를 포함하고 있는 탈현대 세계상, '참나'를 자각하고 사랑의 존재가 될 수 있는 탈현대 인간관, 너의 존재를 전제로 나의 존재가 성립할 수 있는 탈현대 관계관이 풍부하게 내장되어 있음을 주장하며, 동양사상의 바탕 위에 탈현대 세계관을 구축하고, 인류가 세계관의 대전환을 이루게 될 때, 아름다운 문명의 미래가 인류에게 성큼 다가올 것이라고 전망하고 있다.

3.

사회학(Sociology)은 '사회(Socio-)'에 대해 연구하는 '학문(-logy)'이다. 사회학의 대상인 특정의 '사회'는 그 사회가 형성되고 발전되어온 유구한 역사와 문화적 전통을 지니고 있다. 따라서 사회학의 '학문적 개념'들은 '그 사회'의 역사와 문화적 전통을 토대로 만들어질 수밖에 없다.

서구에서는 산업혁명을 거치면서 농경문화를 바탕으로 한 전통사회와는 전혀 다른 복잡한 사회가 등장했다. 사회학은 이렇게 새롭게 등장한 사회를 연구하고 미래를 예측-대비하기 위해서 출발한 상대적으로 역사가 짧은 학문이다.

사회를 대상으로 하는 사회학의 개념들은 모두 그 사회의 역사와 문화적 전통을 기반으로 만들어질 수밖에 없다. 그래서 현재 사용되는 대부분의 사회학적 개념들은 서구의 역사와 문화적 전통을 담고 있다. 이런 개념들로 한국 사회를 설명할 때는 설명되지 않는 것들이 많고, 이런 부분들은 예외로 무시되기 쉽다. 그러나 한국 사회의 특수성, 한국 사회만의 특성은 이런 예외로 무시되는 부분에 담겨있다.

따라서 한국 사회학이 서구 중심적인 사회학의 틀에서 벗어나기 위해서는 모든 사회에서 보이는 보편적 개념뿐만이 아니라, 한국 사회를 설명하는 우리의 역사와 문화적 전통을 바탕으로 한 개념들이 만들어져야 한다. 이 책은 이런 작지만 힘겨운 노력의 산물이다.

이 책이 나오기까지 논문을 집필해 주신 분들과 계명대 한국학연구원의 원장님을 비롯한 여러 교수님들, 그리고 실무를 담당해 주신 분들의 노고에 깊은 감사의 인사를 올립니다.

2022년 8월
모든 필자들의 뜻을 모아
우실하 씀

차례

002 머리말

제1부. 사회질서의 문제를 마주한 한국 전통사상

015 업연의 논리와 사회질서 | 유승무

045 격몽요결이 보여주는 동양적 사회화 이론 | 이현지

079 일상위기의 극복과 용호비결의 함의 | 정승안

119 유 · 불사상의 관점에서 본 일탈행위 | 김보경

161 정약용의 학문 체계를 통한 사회복지학 체계의 재구성 | 오세근

제2부. 한국 전통사상으로 이해하는 사회변동

205 인간적 · 사회적 마음구성체와 사회변동 | 유승무 · 박수호

237 주역의 논리로 이해하는 사회변동 | 정승안

269 의례문화의 변화와 공동체 | 이일래

301 제례의 변화로 살펴본 한국 가족의 현실 | 이명호

337 동양사상과 미래 문명의 비전 | 홍승표

제1부
사회질서의 문제를 마주한 한국 전통사상

업연의 논리와 사회질서

유승무

업연의 논리와 사회질서

—

유 승 무

1. 머리말

빅데이터로 오늘날 우리사회의 첨예한 사회현상을 진단하는 배영(2018)은, 우리 사회의 관계맺기에 대해 다음과 같이 말한다: "구속력이 강한 전통적 공동체는 거부하면서도, 관계로 얻을 수 있는 이익이 여전히 분명하기에 오늘날에도 사람들은 관계 맺기를 지속한다. ... 온라인 커뮤니티는 연고와 앎의 관계가 아닌 흥미와 관심사에 기반하기에 클릭 몇 번이면 가입도 탈퇴도 손쉽게 할 수 있다. 그리고 늘어난 관계만큼 그 무게는 가볍다."

만약 그렇다면, 과연 무엇이 오늘날 한국사회에서 지배적인 연緣 현상인가? 혹시 오늘날 한국사회가 오래전부터 이미 '업연業緣사회[01]'이었던 것은 아닐까? 비록 의도하지는 않은 결과이겠지만 한국사회를 혈연, 지연, 학연 등 공시적 대칭 관계로 인식해 온 관행이나 학문적 논의[02]가 결과적으로는 시간적 비대칭 활동 즉 작용과 반작용의 연쇄 -그래서 지속적으로 자기갱신에 노출되어 있는 소통- 에 의해 축적되는 업에 의해 작

01 이에 대한 자세한 논의는 본론을 보라.

02 연줄 연구나 연결망 연구는 그 대표적인 예이다. 그러한 점에서 이 글에서 우리는 이 글의 업 개념이나 업연 개념을 연줄이나 연결망과는 완전히 다르게 정의할 것이다.

동되는 업연사회를 관찰할 수 있는 시야를 가려버렸거나 아예 배제해버린 것은 아닐까?

이 글은 오늘날 한국사회가 혈연, 지연, 학연 등의 연줄사회라는 주장에 대한 합리적 의심에서 출발한다. 대신에 이 글에서는 오늘날 한국사회야말로 이제는 명실상부한 업연사회라고 전제한다. 이 전제에 따를 때, 오늘날 우리사회에서 경험하는 수많은 사회문제를 비롯한 사회적 이슈나 쟁점이 업 및 업연사회와 구조적 연관성을 지닐 수밖에 없다. 또한 이 전제에 따를 때, 오늘날 한국사회의 사회문제에 대한 해결책을 모색하거나 사회적 이슈에 대한 정책적 대안을 모색하려는 그 어떤 의도나 노력도 업연사회의 특수성을 고려하지 않을 수 없을 것이다.

이렇게 볼 때 오늘날 한국사회와 관련된 동양사상적 인식관심이나 문제의식도 당연히 사회적인 것의 시간적 비대칭에 의해 끝없이 축적되면서도 갱신되는 업과 업연사회를 전제하지 않으면 안 될 것이다. 동양사상의 사회과학적 복원을 위한 가장 기본적인 밑그림으로서 문제의식을 어떻게 가질 것인가를 논의해 보고자 하는 이 글에서, 필자가 굳이 업연사회를 논의하려는 까닭이 여기에 있다.

그렇다면 업이란 무엇인가? 주지하듯이 업業 개념에 대한 가장 오래된 논의는 불교에서 시작되었다. 약 2천500여 년 전에 이미 붓다가 절대신, 숙명론, 우연론, 그리고 혈연에서 유래한 신분적 계급질서 즉 카스트 제도를 부정하고 그 대안으로 행위자의 의도적 활동이나 목적의식적 활동을 뜻하는 업(業; Karma; deed)을, 좀 더 정확하게는 선업善業을, 새로운 사회질서의 준거로 삼을 것을 주장하였다. 욕망, 욕망을 실현하려는 욕망, 의도적 활동 등의 연쇄가 성립하는 한, 인간을 비롯한 모든 욕망하는 생물학적 존재의 삶은 업과 무관할 수 없기 때문이다. 일찍이 붓다도 12연기를 통해 무명無明에서 곧바로 행行과 식識의 양중인과와 그 후속 연기를 설정하였고, 그래서 모든 인간은 이른바 삼업三業 즉 행동 의한 신身업, 말에 의한 구口업, 생각이나 마음에 의한 의意업을 지으면서 살아갈 수밖에 없음을 밝혀 두었다. 그리고 붓다의 가르침에 따르면, 그 결과는 바로 그 업을 행한 한 당사자의 삶에 어떠한 방식으로든 다시 영향을 줄 수밖에 없다. 그렇기 때문에 업의 족쇄로부터 해방 즉 해탈(대자유)을 위해서뿐만 아니라 사회적 윤리를 확립하기 위해서라도 계정혜戒定慧 삼학이나 팔정도 수행을 통하여 이 업장을 소멸시키거나 혹은 초탈하도록 노력해야 한다[03]. 불교의 업業 개념의 골자다[04].

물론 이러한 개인의 별업別業 이외에도 업을 연기의 논리로 재해석할 경우 부파불교의 업감연기설業感緣起說이나 대승불교적인 공업共業의 논리도 자연스럽게 도출되기도 하며, 그래서 그 이후 아뢰야식, 여래장, 혹은 불성에서 기원하는 업설 등 다양한 업설들이 발전되어 지금까지 지속되고 있다. 그러나 이러한 모든 업설은 궁극적으로는 업을 행위당사자로 환원하여 해석하는 한계를 갖고 있다. 심지어 공업의 개념조차도 인간과는 무관하게 작동하는 사회적 체계와 같은 사회학적 요인을 포함하고 있는 것은 아니다. 이에 이 글에서는, 개념의 사회학적 맥락성[05]을 고려하여, 업 개념을 불교적 용어법 그대로 사용하기보다는 그것을 사회학적 차원으로 확장하고 나아가 현대적으로 재해석하여 활용하고자 한다. 이럴 경우 업은 자신의 내적 욕망과 그에 따른 동기의 산물일 뿐만 아니라 동시에 시간적 비대칭에 따른 타자와의 관계로 구성되는 모든 사회적 활

03 바로 이 점에서 불교의 업을 숙명론적으로 해석하는 것은 불교의 업 이론의 취지를 왜곡하거나 곡해한 것으로 간주될 수밖에 없고, 이에 필자는(2010)으로 불교의 업 개념을 숙명론적으로 해석한 베버의 불교사회론을 비판한 바 있다.

04 이에 대한 보다 자세하고 심화된 논의는 사사키겐준/김진열 옮김(1992)를 참고하기 바란다.

05 독일의 저명한 개념사학자인 코젤렉의 개념사 연구에 따르면 모든 개념이 사회적 맥락을 지니고 있다. 하영선(2018)은 바로 이러한 코젤렉의 개념사를 응용하여 한국 사회과학 개념사를 정리하려는 값진 학문적 시도를 하고 있다. 비록 일부의 개념사를 밝히는 데 한정된 연구지만 그 의도는 충분히 공감할 수 있다.

동 - 루만은 이를 소통으로 정의한다 -, 그리고 의도하지는 않았다 하더라도 결과적으로는 사회적 체계와 구조적으로 연동된 모든 활동까지도 포함하는 것으로 규정하는 등 사회학적으로 정의할 수 있게 된다. 이렇게 업을 정의할 경우, 업 그 자체뿐만 아니라 업의 결과조차도 다른 행위와의 시간적 비대칭에 따른 업의 위계(혹은 業的 位階)를 반영하고 있기 때문에 행위자 개인에게로 전적으로 환원되지 않을 뿐만 아니라 바로 그렇기 때문에 업과 관련된 질서의 문제를 해결함에 있어서도 윤리적 차원에서 행위자에게 수행이나 규범을 요구하는 개인적 강제 이외에도 사회학적 차원의 개입 여지가 확보된다.

이렇게 업을 사회학적으로 정의하면 업연은 이러한 모든 활동에 의해 구성되는 사회적인 것(the social)을 의미하게 된다. 이러한 정의는 업의 의미지평을 개인적 차원이나 사적私的 차원에 가두기보다는 그 공적公的 성격이나 사회학적 성격을 강조함으로써 개인적 차원을 넘어서서 사회제도적 차원으로까지 확장함을 의미한다. 또한 업과 업연을 이렇듯 사회학적으로 정의하는 순간, 불교의 삼업은 현상학적 의미의 의식적 흐름 이외에도 그것을 매개하는 마음의 움직임이나 각종 언어활동, 나아가 사회적 기능체계 내부에서 작동하는 경제적 활동이나 정치적 활동과 같은 사회활동 등으로 현대적 의미를 획득하게 된다. 동시에 업연은 의식(혹은 마음)의 영역, 언어활동 및 소통의 영역, 그리고 사회적 체계의 영역에서 이루어지는 각종의 활동과정에서 자연스럽게 구성되는 사회적인 그 무엇으로 규정된다. 그렇기 때문에 업과 업연은 찰라적으로 생성되며 찰나적으로 사멸하는 등 끊임없는 자기갱신의 운명 속에 놓이게 되는 그 무엇이란 의미의 '현재적' 의미로 재해석된다. 여기에서 '현재'란, 시간적 차원의 과거와 미래를 전제한 존재론적 현재이기도 하지만 동시에 사회학적 현재 즉 벡의 '후기 근대'나 바우만의 '액체 근대'처럼, 개체화, 유동화, 유연성, 복잡성, 불확실성, 불안정성이 현격한 21세기 세계사회를 말함은 두말할 나위가 없다. 이렇듯 업과 업연 개념을 조작적 차원에서 사회학적으로 그리고 현재적으로 정의를 할 경우, 우리는 현대사회의 특징 즉 개체화, 유연화, 불확실성, 불안정성 등의 측면에서 현대인의 의식 혹은 마음 작동, 언어생활, 그리고 각종 사회생활을 관찰할 수 있게 되며, 그러한 점에서 업 개념의 도구적 유용성이 십분 발휘된다.

이렇듯 업을 사회학적 개념으로 이해하는 한, 업 및 업연 개념은 새로운 사회이론적 지평을 열어주기도 한다. 주지하듯이 18세기 후반부터 19세기에 이르러 주권자로서 개인이 등장하면서 인구(혹은 인간)로부터 천부적 인권을 갖는 개인의 분리가 시작되면서 바로 그 개인과 전체 사회의 관계를 어떻게 설정하고 또 이해할 것인가는 시대적 과제였다. 사회학 혹은 사회이론이 탄생하는 맥락이다. 실제로 사회계약론으로 사회학의 탄생에 영향을 미친 홉스, 로크, 루소를 비롯한 계몽주의사상가는 물론이고 베버, 뒤르켐, 마르크스 등 19세기 고전사회학자에 이르기까지 그리고 파슨스와 하버마스와 같은 현대사회이론가에 이르기까지, 모두 사회질서의 문제, 사회변동의 문제, 사회발전의 문제 등과 같은 당대의 사회적 문제의식을, 자연법적 인간이 가진 본능이나 절대자의 계시가 아니라 바로 개인과 사회의 관계 속에서 해명하고자 하였다. 사회적 행위(action)와 단순한 행동 혹은 행태(behavior)를 구별하면서 탄생한 사회적 행위 개념이 개인과 사회의 관계를 연결하는 대표적인 사회학적 개념으로 군림하고 있는 까닭도, 그리고 그 개념의 개인 지향성을 극복하기 위한 대척점으로서 집합의식과 같은 사회적 사실이나 사회구조 등이 사회학의 주요 키워드로서의 지위를 유지하는 까닭도 여기에 있다. 그러나 사회적 행위를 강조하든, 사회구조를 강조하든 혹은 그 둘 사이의 이중운동을 강조하든, 심지어 상징적 상호작용을 강조하든, 기존의 사회이론은 모두 개인이나 사회 혹은 둘 다를 실체로 전제하고 있다. 반면에 앞서 규정한 업이나 업연 개념에 따르면 개인이든 사회든 모두 활동 혹은 작동의 산물로 이해하고 있으며 그 어떠한 것도 고정된 실체로 인정할 수 없다. 바로 그렇기 때문에 개념적·이론적 차원에 볼 때 업연 개념은 실체화된 개인과 사회의 관계에서 출발하는 기존의 사회학에서는 부지불식간에 배제하거나 거의 주목하지 않는 사회적 현상을 포착하는 데 큰 장점을 가진다[06]. 마찬가지로, 업연의 관점에서 관찰할 때, 사회적인 것은 '지금 여기에서 작동하는 이것'과 '지금 여기에서 동시에 작동하는 저것'의 '차이'와 '상호의존성'에서 발생한다. 이는 사회적인 것은 실체와 실체의 사이에서 발생되는 것뿐만 아니라 동시돈기同時頓起하는 이것과 저것 사이에서도 끊임없이 생성됨을 의미한다. 특히 준 실체적 특성을 가지고 있어서 변경 불가능한 학연, 지연, 혈연과 같은 연줄이 아니라 시간적 비대칭에 의해 수시로 갱신되는 업연에 의해 발생하는 사회적인 것은 후자의 관점에서 관찰하는 것이 더욱 적절해 보인다. 심지어 붓다의 공空 개념이나 데리다의 흔적(trace) 개념이 암시하듯이 사회적인 것은 '없는 것'이 있을 때 '없는 것'과 '있는 것'의 차이와 그것의 재진입 및 상호의존성(혹은 상호침투성)에서 발생하기도 한다.

그렇기 때문에 업연사회의 작동을 관찰하고 기술하고자 하는 이 글은 기존의 사회학적 전제나 사회이론과는 다른 전제에서 출발하는 '새로운 사회이론'과 친화력을 가지고 있다. 여기에서 새로운 사회이론이란 연기적 사회이론 혹은 연기사회론을 말한다[07]. 물론 사회학자로는 드물게도 루만이 작동하는 사회적 체계의 자기생산의 두 가지 방식을 체계와 환경의 차이와 구조적 연동으로 설명하면서 상당한 주목을 받고 있음은

---

06 유승무 · 최우영(2019)은 이론적 차원에서 이를 자세하게 논의한 바 있다.

07 유승무 · 최우영(2019)은 개인이든 사회이든 모든 존재를 고정된 실체로 전제하지 않을 경우 그것은 개념화할 수 없는 것이나 이론화할 수 없는 것이 되고, 그것은 연기적 사회이론(혹은 연기사회론)으로 설명하는 것이 적절하다는 논문을 이미 발표한 적이 있다. 참고하기 바란다.

주지하는 바와 같다. 다만, 연기사상과 불가분의 관계를 갖고 있는 불교의 공空 개념의 경우에는 '있는 것'과 '없는 것'을 상의상관적으로 인식하고 그래서 '있는 것'과 '없는 것'조차도 실체성을 갖지는 않는 그 무엇으로 설정되는[08] 반면에 루만의 사회이론은 체계를 준 실체로 간주하고 있다는 점이 한계로 생각된다. 때문에 비록 루만의 사회이론이 작동하는 사회적 체계들과 인간 혹은 심리적 체계들 사이의 관계를 총체적으로 이해하는 데 풍부한 개념적·이론적 유용성을 줄 수 있음에도 불구하고, 이 글에서는 연기사회론을 이론적 배경으로 하여 오늘날 한국사회의 사회적인 것을 업의 작동에 의해 형성되는 업연 개념으로 관찰하고자 한다.

2. 현대 한국 업연사회의 특성과 새로운 사회질서의 과제

1) 현대 사회의 특성

붓다에 따를 때 비록 업연 현상이 인류의 시작과 함께 존재했더라도, 이 글에서 사용되는 업연 개념은 앞서 자세하게 밝힌 것처럼 사회학적이고 현재적인 맥락을 지니고 있다. 이는 이 글에서 논의하는 업연사회가 시대적 특수성, 즉 현대사회의 특수성을 전제하고 있음을 의미한다. 그렇다면 오늘날 우리가 살고 있는 21세기 현대사회는 어떠한 특수성(혹은 특성)을 지니고 있는가? 그리고 그 특성은 혈연, 지연, 학연 등과

08 이러한 공관을 학립한 학자가 저 유명한 용수인데, 그에 따르면 실체화되지 않는 이것과 저것 사이의 무엇인가를 관찰하는 방법인 중관(中觀)이야말로 연기를 가장 잘 반영한 관찰방법이다. 이에 대한 자세한 논의는 김성철(2006)을 참고하기 바란다.

같은 연줄사회가 지배적이었던 전근대 사회와는 어떻게 다른가?

이 질문에 대한 설득력 있는 해답을 찾는 데 있어서, '오늘날'을 '불확실성의 시대'로 간주하고 오늘날의 '모두스 비벤디(Modus vivendi)'를 '액체 근대(Liquid Modernity)'로 특징짓고 있는 바우만은, 훌륭한 지침이 되기에 모자람이 없다. 실제로 바우만은 전근대사회와 비교하여 현대사회의 상대적 특징을 다섯 가지로 제시하고 있는 바, 이 글에서도 이 다섯 가지를 중심으로 필자의 해석을 덧붙이면서 현대사회의 특성을 드러내 보고자 한다.

첫째, 근대성이 '견고한(solid)' 국면에서 '유동하는(liquid)' 국면으로 바뀌었다. 이는 유동하는 오늘날의 사회에 있어서 '사회적인 것'들이 제 모습을 오랫동안 유지할 수 없게 되었음을 의미한다. 필자가 보기에 이러한 인식 틀은 끊임없이 갱신되는 업연사회의 무상성無常性을 설명하기에 매우 적절하다고 생각된다.

둘째, 권력과 정치가 별거하면서 이혼을 눈앞에 두고 있다. 권력은 지구적 공간으로 이동하여 작동하고 있는데 정치는 여전히 국민국가의 경계를 벗어나지 못하고 있다는 지적으로, 오늘날 현대사회가 루만이 말하는 세계사회임을 의미한다. 물론 루만은 여기에서 한 걸음 더 급진적으로 나아가 현대사회를 기능분화사회로 묘사하고 각 기능체계들은 이미 이혼한 상태라고 주장한다. 이는 현대사회가 더 이상 모든 구성원들이 공유하는 초월적 가치나 문화적 규범의 강제를 통해 질서지워지기는 불가능함을 잘 드러내 준다.

셋째, 실패하거나 불행해진 개인을 보호해 주던 공인 안전장치인 공동체가 일관되게 줄어들고 있다. 이는 현대사회가 연속성이 있는 것과 없는 것이 아무렇게나 뒤섞여 본질상 무한정 다시 짜 맞출 수 없는 매트릭스와 같은 하나의 네트워크임을 의미한다. 우리의 입장에서 보면, 이는 현대사회가 '불변하는 혈연, 학연, 지연과 같은 연줄사회'가 아니라 '쓸모

없는 순간 즉시 파기해야 하는 업연사회임'로 전환할 수밖에 없음을 암시한다.

넷째, 장기적인 안목으로 생각하고 계획하며 행동하던 행동 유형이 무너지고 오랫동안 이런 유형을 유지해 주던 틀인 사회구조들도 사라지거나 약해진다. 개인적 삶은 단기 프로젝트나 일화로 파편화되어 경력, 성장, 발전, 진보 등에 유의미하게 적용될 수 있는 일련의 순차적 관계로 결합되지 못한다. 미래의 성공에 중요한 것은 과거의 것을 기억하거나 이전의 학습을 토대로 전략을 세우는 것이 아니라 시대에 뒤떨어진 정보와 경직된 낡은 습관을 신속하게 그리고 철저하게 잊는 것이 중요하다. 이는, 필자가 보기에, 사회적인을 일종의 '사건(event)', 혹은 '제사際事[09]'로 보는 연기사회론에 부합할 뿐만 아니라 업의 작동에 의해 연결되기 때문에 동시에 끊임없이 단절 혹은 갱신되어야 하는 업연사회의 풍경을 보여주는 듯하다.

다섯째, 끊임없이 순식간에 변화하는 상황 속에서 당혹스러운 일들을 해결해야 하는 책임을 이제는 개인이 떠맡게 된다. 업이나 업연을 사회학적으로 정의하는 순간 거기에는 이미 개인으로 환원되지 않는 그 무엇이 존재함에도 불구하고, 그 모든 결과를 개인에게 책임 전가하기가 훨씬 쉽기 때문에 책임 당사자가 짊어져야 할 부담과 책임은 과중되기 쉽다.

결론적으로 바우만은 이러한 변화들로 인해 이제는 사람들이 불확실성이 만연한 상황 속에서 예상 손익을 계산하고 결과를 평가하면서 계획적으로 행동해야 하는 사회가 되었다고 주장한다. 더불어, 귀속적인 신분계층의 사회질서가 아니라 직업 및 직능 분화에 의한 사회질서가

---

09 제사는 '이것'의 작동과 '저것'의 작동 사이에서 발생하는 사건을 의미한다. 이에 대한 이론적 논의는 유승무 · 최우영(2018)나 유승무 · 최우영(2019)를 참고하기 바란다.

지배적인 사회 속에서, 준 귀속성을 내포하고 있는 혈연, 지연, 학연 등과 같은 연줄사회는 시간이 지남에 따라 점점 약화될 것이다. 이는 한편으로는 오늘날 우리가 살아가는 현대사회가 업의 작동에 의해 사회적인 것이 형성되고 또 새롭게 갱신되는 업연사회임을 의미함과 동시에, 다른 한편으로는 오늘날 우리사회의 질서가 '유연한 질서', '복잡한 질서', '불안정한 질서', '불확실한 질서' 등과 같은 형용모순의 질서가 지배적인 형태임을 의미한다. 그리고 당분간은 겉으로는 무질서한 듯이 보이지만 그러한 무질서한 형식의 질서가 지배적이게 될 것으로 보인다. 요컨대 현대사회는 '무질서의 질서'로 특징지워지는 업연사회다. 그렇다면 오늘날 한국 업연사회의 풍경은 어떠하며, 거기에는 또 어떠한 문제가 내재되어 있는가?

2) 오늘날 한국 업연사회의 풍경과 '무질서의 질서' 문제

몇 년 전부터 회자된 '관태기(관계+권태기)'(인맥의 유지나 관리에 피로감이나 회의감을 느끼며 새로운 관계를 맺는 것에도 부담을 느끼는 상태)나 '티슈인맥'('티슈'와 '인맥'의 합성어. 쓰고 버리는 티슈처럼 필요할 때만 소통하는 일회성 인간관계), '인맥다이어트'('인맥'과 '다이어트'의 합성어로서, 번잡한 인간관계에 따른 스트레스나 바쁜 생활 때문에 의도적으로 인간관계를 정리하는 행위) 등은 이제 '신조어'가 아니라 일상어가 되었다.

이는 오늘날 우리사회에서 즉흥적이고, 비연속적이며, 밀도가 약한 사회적 관계가 일상화되었음을 의미한다. 실제로 아르바이트포털 알바몬이 대학생 889명, 직장인 223명을 대상으로 실시한 2017년 조사에서 대학생의 45.8%, 직장인의 55.6%가 자발적 아웃사이더 생활을 한 적이 있다고 대답했다. 이런 생활을 하는 이유로는 '혼자 다니는 게 편해서'(대학생 67.6%, 직장인 71.8%)를 가장 많이 꼽았으나 '인간관계에 지쳐서'(대학생 22.3%, 직장인 39.5%)라고 대답한 응답자도 적지 않았다. 자발적 아웃사이더 생활을 긍정적으로 보는 대학생들에게 그 이유를 물었더니, '인간관계로 스트레스를 받을 일이 없어서'(57.3%)라는 대답이 가장 많았다.(세계일보, 2019.02.14.)

이러한 현상을 체계/환경-차이 도식으로 설명하는 루간은 인간과 (현대)사회의 관계에서는 지극히 자연스럽고 당연한 현상으로 본다. 그는 다음과 같이 말한다: "사회에 대한 우리의 비판적 태도를 감안해 본다면 인간이 사회적 체계의 환경에서 갖게 되는 자리가 오히려 훨씬 더 안락한 자리일 것이다. 적어도 나 자신은 사회 안에 있을 때보다도 사회의 환경에 있을 때가 훨씬 더 편안하다. 내가 사회에 속해 있을 때는 다른 사람이 내 생각에 대해 생각하고 다른 사람들의 생물학적 또는 화학적 반작용이 내가 원래는 완전히 다른 일에 쓰려고 계획하고 있는 나의 육체를 움직이게 만들기 때문이다."(루만/윤재왕 옮김, 2014)

그러나 필자는 이러한 태도가 편안함과 같은 심리적·정서적 이유나 루만의 '체계/환경- 차이' 도식 때문만이 아니라 지극히 현실적인 이유 즉 우리 사회가 완전한 업연사회로 작동하기 때문에 거기에 적응하는 과정에서 형성된 태도의 변화로 이해한다. 김모(27·여) 씨는 "자기계발을 하고 좋아하는 것만 하려고 해도 시간과 돈이 부족한데, 형식적이고 의례적인 관계를 유지하겠다고 에너지를 빼앗기기 싫다"고 말했다. ... 서울대 소비트렌드분석센터는 이런 흐름을 '대안관계'로 부르며 인간관계가 "한정된 자원을 합리적으로 배분하는 경제활동을 닮아가고 있다"고 분석했다. 각자가 가진 돈과 시간을 자신의 취향, 가치에 따라 선택한 모임에 투입한다. 그곳에서 만난 사람들과는 친해지는 과정을 생략하기도 하며 목적의 완수를 위해 열심히 즐긴 뒤 미련 없이 헤어진다. ... "이런 경향을 잘 보여주는 것이 요리, 등산, 공연관람 등 갖가지 여가활동 프로그램을 소개하는 인터넷 사이트들이다. 이를 이용하면 알맞은 날짜와 가격을 선택해 해당 활동을 부담스럽지 않게 즐길 수 있다. 하루를 단위로 운영되는 '원데이클래스'도 비슷한 맥락이다. 취향이 비슷한 사람들끼리 모여 짧게는 한 달 정도 운영되는 '기간제 취향 살롱' 같은 것도 있다." ... "'인간관계 O2O'란 단어도 있다. 오프라인에서 필요한 인간관계를 온라인에서 찾아서 해결하는 현상을 의미한다. 온라인에서 같이 밥을 먹거나 스터디 할 사람을 찾는 것은 물론이고 취미생활을 할 친구도 찾는 경향이 두드러졌다. '랜선~'이란 말도 흔히 쓰인다. '랜선집사'가 대표적이다. 인터넷을 통해 다른 사람이 키우는 고양이의 사진, 동영상 등을 즐겨보는 사람을 말한다. '랜선이모', '랜선남친' 등은 선호 대상만 달리 할 뿐 인터넷으로 자신의 호감을 표출하고, 적은 비용으로 필요한 관계를 맺는다는 점에서 같은 의미를 가진다." ... "'가취관'은 '가벼운 취향 위주의 관계'라는 뜻을 갖고 있다. 예전에도 관심사나 취미 등을 매개로 만들어진 관계가 많았으나, 더 쉽고 가볍게 모임을 만들고 그만큼 쉽게 흩어진다. 또 관계의 주제가 무겁지 않고 작고 소소하고 특이한 것들이 많다. 취미라기보다는 흥미에 가까운 주제라 활동주기도 짧다. ... 필요에 따라 단기계약직, 프리랜서 등을 채용하는 고용 형태를 가리키는 '긱 이코노미'(gig economy)는 인간관계에도 한정된 자원을 합리적으로 배분하려는 경향을 보여주는 단어로 언급된다. 평생 일자리가 사라지는 것처럼 영원히 변하지 않는 관계도 존재하기 어렵다는 현상을 설명하는 데 쓰인다."[10] 이상으로 우리는 현대 한국 업연사회의 풍경을 단편적으로나마 일별해 보았다. 혈연, 지연, 학연 등과 같은 전통적인 연줄이 점차 약화되고 그 자리를 '그때그때 필요에 따른 활동 즉 업과 그 활동에 의해 형성되

---

10 이상의 내용은 세계일보(2019.02.14.)의 기사내용을 필자가 임의로 추려서 재구성한 것임을 밝혀 둔다.

고 갱신되는 업연이 메우고 있음을 확인하였다. 동시에 이러한 업연사회에서는 형용모순처럼 보이는 '무질서의 질서'가 뚜렷하게 드러나고 있음을 알 수 있었다. 그렇다면 이러한 무질서의 질서는 어떠한 과제를 제기하고(혹은 야기하고) 있는가?

현대사회를 작동으로 관찰한 루만에 따르면, 현대사회는 기능분화 사회이고 그 분화된 기능체계는 날이 갈수록 복잡해짐과 동시에 그에 따라 기능분화도 가속화되는 등 전체 사회의 엔트로피가 무한대로 증가한다. 비록 전체사회에서 기능하는 다양한 사회적 기능체계들은 이 복잡성을 자신의 코드에 따라 복잡성 축소를 시도하여 넥 엔트로피 상태를 유지하려고 작동함에도 불구하고 복잡성을 줄이는 데는 한계가 존재할 수밖에 없다. 복잡한 질서가 형성될 수밖에 없는 까닭이다. 그리고 이 과정에서, 굳이 루만의 체계의 폐쇄적 작동을 언급하지 않더라도, 인간의 특수성만이 아니라 인간 자체를 환경으로 처리함으로써 사회적 체계의 작동(혹은 소통)에서 제외시켜 버림은 두말할 나위도 없다. 게다가 앞에서도 언급한 바 있듯이 현대인들은 기꺼이 스스로 사회적 체계의 환경으로 남기를 바라기도 한다.

문제는 이때의 인간이 업연사회의 개별화(개인화)된 개인이라는 점이다. 울리히 벡에 따르면 후기 근대 즉 오늘날 우리사회는, "표준화된 전기(biography)"가 아니라 "너-스스로-하나의 전기"가 되는 개성화를 강제하는 사회이다[11]. 더욱이 후기근대는 그러한 개성화된 삶을 살아갈 수 있는 조건도 잘 갖추어지게 되어, 자기만의 아파트에서 인터넷이란 가상공간에서 접촉하다가 '혼밥'과 '혼술'로 살아가면 그만이다. 이러한 사회에서는 타자는 말할 것도 없고 심지어 가족조차도 부담감과 공포로 다가오기도 한다. 바로 그렇기 때문에 업연사회의 개별화된 개인에게는 업

11 이에 대한 자세한 논의는 울리히 벡/ 문순홍 옮김(1998: 180-181)을 참고하기 바란다.

연이 끊어지는 순간부터 혹은 절연 이후부터 더 이상의 사회적 재기의 동아줄은 존재하지 않고 곧바로 나락으로 직행하는 악몽이 기다린다[12].

더욱 심각한 문제는, 굳이 세넷을 언급하지 않더라도, 업연의 유연성은 날이 갈수록 증가하고 있다. 이러한 업연의 유연성 증가는 동시에 바로 개인의 정체성을 혼란시키고 인간성을 파괴시킬 개연성을 크게 확장시킴을 의미한다[13]. 바우만이 액체근대 속에서도 희망을 가지는 것이 살아남은 자의 의무라고 주문하고 있지만, 이는 역설적으로 살아남은 자가 희망을 가지기가 그만큼 어렵다고 말하는 것처럼 들린다. 이른바 '잉여인간'에게는 살아남아 있는 것이 두려움이나 공포로 다가올 수도 있다.

바로 이 지점에서 우리는 다시 묻는다. 그렇다면 복잡한 질서, 유연한 질서, 불확실한 질서, 불안정한 질서 등과 같은 '무질서의 질서' 상황과 관련하여 동양사상은, 행위적 차원이나 사회제도적 차원에서, 어떻게 개입할 수 있을 것인가? 이에 답하기 위해 아래에서는 동양사상, 특히 불교와 유교에 내포된 질서 개념 및 이론을 추출해 보고, 그 현재적 의의를 제시해 보고자 한다.

3. 불교와 유교에 내포된 질서 개념 및 이론

주지하듯이 붓다, 공자, 노자 등의 성인들이 탄생한 시기인 기원전 5세기경, 천하는 강자(혹은, 강한 계급, 지배자)가 약자에게 함부로 폭력

12 유승무 · 박수호 · 신종화 · 이민정(2015)은 이러한 사회를 '절연사회'라 명명하고 그 절연의 과정을 자세하게 논의한 바 있다.

13 세넷/조용 옮김(2002)를 참고하기 바란다.

을 자행하고 강한 나라가 약한 나라에게 정복 전쟁을 일삼는 무법천지 즉 무질서의 사회였다. 성인들은 그러한 약육강식의 질서를 인간적 윤리가 살아 숨 쉬는 질서로 전환하려는 실천적 노력을 경주하였다. 바로 이러한 노력 속에는 동양의 성인들이 약육강식의 구질서에 대해서는 물론 이상적인 사회질서에 대해서도 어떠한 의식을 가지고 있었는지가 담겨져 있음은 두말할 나위가 없다. 무엇보다도 사회질서에 대한 붓다의 레시피에는, 모든 생명체의 약육강식, 카스트 사회질서, 종족 및 국가 간 전쟁 등을 포함한 기존의 무자비한 질서를 고통苦의 조건緣인 악惡업으로 보고 그것을 자비의 질서(훗날 대승불교에서는 보살의 질서)로 전환하려는 노력이나 흔적이 역력하다. 또한 공자와 맹자도 춘추전국시대의 약육강식의 사회질서를 도道가 실현되지 않은 병든 질서患으로 간주하고 그것을 해결하기 위한 문제의식 즉 '우환의식憂患意識'을 가지고 도道가 구현되는 사회질서를 위한 다양한 방안을 제시하고 있다. 이에 아래에서는 유교와 불교를 중심으로 하여 거기에 내포되어 있는 사회질서 개념 및 사회질서 이론을 추출해 보고자 한다.

1) 불교에 내재하는 사회 질서 개념 및 이론

거의 대부분의 불교성전 속에는 싯다르타의 탄생 시 아지타 선인의 예언, 즉 이 아이가 장차 전륜성왕의 되어 석가족의 통치자가 될 수도 있겠지만 그보다도 세속을 초월하는 인천의 스승이 되어 깨달은 자인 붓다의 길을 갈 것이라는 예언이 소개되어 있다. 이 예언에서 전륜성왕은 세속적 사회 질서를 유지하는 기능을 하는 정치가 중에서도 가장 이상적인 통치자를 상징한다면, 그래서 결과적으로는 기존의 세속적 질서의 이상적인 담지자를 상징한다면, 붓다는 그러한 세속적 질서를 부정하고 기존의 세속적 질서와는 전혀 다른 새로운 질서(다르마)를 가르치는 깨달은 자를 상징한다. 또한 붓다가 깨달기 이전 싯다르타였던 시절 사문유관 중 밭갈이 상황에서 새가 벌레를 쪼아 먹는 풍경을 목격하고 마음 아파했다는 일화도, 붓다가 당대의 약육강식의 질서를 혁신함으로써 약육강식의 고통을 해결하는 대의왕大醫王될 것임을 예시하고 있다. 그런데 실제로 싯다르타는 훗날 붓다가 되어 기존의 세속적 질서를 혁신하기 위해 45년 동안 세속사회의 곳곳을 유행하면서 자신이 깨달은 법의 이치를 가르쳐서, 미망에서 고통스러워하는 중생을 행복하게 하고 그들의 사회를 평화롭게 만들고자 노력하였다.

붓다는 말할 것도 없고 대승불교에서도 통치자나 지도자는 세간적인 법보다는 불교적인 법 즉 다르마에 의해 사회질서를 수호해야 한다. 불교 경전에서 통치자를 피통치자인 모든 백성의 민의의 총화를 의미하는 법륜을 지키는 불침번으로 묘사하고 있는 까닭이 여기에 있다. 그러나 당시 세속적인 통치자는 주로 희생제의와 같이 초월적 신성권력에 의탁하는 정치, 물리적 폭력과 같은 강제력을 동원하는 정치, 각종 시혜를 베푸는 등 경제 권력을 통하여 일탈이나 무질서의 가능성을 차단하려는 정치 등과 같은 통치방법을 사용하였다는 사실을 고려하면, 피통치자가 스스로 지혜를 깨달아 다르마를 실현하도록 하는 붓다나 불교의 통치방법이야말로 가장 민주주의적이면서도 효율적인 통치방법이며 그러한 점에서 가장 이상적인 질서 유지 방법으로 생각된다.

바로 이 지점에서 탄생한 것이 업과 업연질서이다. '자업자득'이란 경구가 시사하듯이 모든 업은 그냥 사라지지 않고 그 행위자의 업에 재진입한다. 부파불교의 업감연기설이 그것이다. 그렇기 때문에, 칠불통계에 압축되어 표현되어 있듯이 업적 질서가 유지되기 위해서는 행위자 스스로가 자신의 마음을 깨끗하게 정화하고 선행을 실천해야 한다. 여기에 사성제나 팔정도가 같은 마음수행의 실천이 수반되어야 함은 두말할 나위가 없다. 이러한 레시피는 아뢰야식의 능변력을 강조하는 유식학은 물론 불성론이나 여래장사상을 강조하는 대승불교에서도 그대로 계승되어 왔다.

그러나 붓다나 불교가 오직 행위자의 마음으로 모든 문제를 해결할 수 있다고 주장한 것은 아니다. 붓다는 물론 그의 제자들도 인간사회의 보편적 현상뿐만 아니라 자신의 당대의 특수한 문제를 해결할 수 있는 제도적 방안을 제시하기도 하였다. 비록 오늘날의 사회학, 경제학, 정치학에서처럼 의도적으로 인식관심에 부합되는 주제들을 선정하여 체계적으로 논구하지는 않았다고 하더라도, 그들은 천하를 주유하면서 관찰한 세상에 대해서, 그리고 그러한 세상사에 관한 일반인들의 의문에 대해서, 다양한 문답들을 통해 직·간접으로 해답을 주었다. 실제로 붓다는 앞에서 언급했듯이 오늘날의 정치학이나 정치이론에 해당될만한 가르침을 펼쳤을 뿐만 아니라 '칼라마인에게 가르침' 경에 잘 나타나 있듯이 진리탐구의 방법에 대해서도 다르마에 근거한 불교적 방법을 설득력 있게 제시하고 있다. 이는 불교가 사회제도적 차원에서 사회질서의 문제를 어떻게 해결해 왔는지를 잘 보여주기에 충분하다.

이상에서 알 수 있듯이 불교는 다르마적 질서를 가장 이상적인 사회질서로 간주하고 그 목표를 달성하기 위해 두 가지 방법 즉 인간의 마음수행을 통한 질서 유지의 방법과 사회제도를 법의 이치대로 운영함으로써 사회질서를 유지하는 방법을 구사했다. 평화로운 질서에 도달하기 위해서는 폭력적 수단이 아니라 그 수단조차도 비폭력(아힘사)을 활용해야 한다는 주장[14]이나 오계의 가장 중요한 계율로 불살생을 설정하는 등의 예가 이를 입증해 준다.

---

14 '증오는 증오로 멈추어지지 않는다. 증오는 오직 사랑으로만 멈추어진다.'라는 법구경의 저 유명한 구절은 이를 단적으로 말해준다.

2) 유교에 내포된 사회질서 개념 및 이론

유교에 따르면 태극 및 리理의 보편적 편재성과 음양오행 및 기氣의 특수한 차별성에 의해 자연이나 사물의 질서가 이루어진다(이영찬, 2001). 이른바 이기론적 질서다. 그런데 이러한 이기론적 질서는 인간적 차원의 질서와 사회제도적 차원의 질서에도 그대로 작용된다.

우선 이기론의 리와 기는 하늘이 인간의 마음에 품부한 선한 본성(천명지성 혹은 본연지성)과 그것이 육체에 기탁하여 발현되는 특성인 기질(기질지성)에 각각 배대된다. 이렇게 볼 때 인간적 차원의 질서는 기질의 차이에서 유래한다. 그렇다면 기질의 차이는 왜 발생하는가? 그것은 인간의 기질지성이 외물과 접하면서 인간의 마음에 정情을 생성시키는 바, 바로 이 정情을 여하히 관리하느냐에 따라 사회적 태도의 차이가 발생하기 때문일 것이다. 바로 그렇기 때문에 자신의 정의 발현여부와 직접적으로 관련되어 있는 기질적 역량 즉 사단四端과 칠정七情을 순화할 수 있는 노력 즉 수양은 인간적 질서의 확정에 있어서 결정적인 중요성을 갖는다. 그러나 혹은 바로 그렇기 때문에 유교사회의 질서인 신분질서는 기질적 역량이라는 귀속적 요소와 자신의 수양이라는 성취적 요소의 복합적 산물로 이해되었고, 그러한 점에서 그러한 신분질서는 좀처럼 변화지 않는(혹은 거의 고정화된) 준 실체로 인정될 수 있었다.

이러한 이기적 질서관이나 인간적 차원의 품위 있는 질서간은 사회제도적 차원의 질서에도 그대로 응용되었다. 그 전형적인 예를 우리는 유교에서 추구한 덕치와 예치 우선의 정치적 질서에서도 쉽게 찾아 볼 수 있다. 공자는 법치와 덕치 및 예치의 차이에 대해 다음과 같이 설명하였다: "인도하기를 법으로 하고 가지런히 하기를 형벌로 하면 백성들이 형벌을 면할 수는 있으나 부끄러워함은 없을 것이다. 인도하기를 덕으로 하고 가지런히 하기를 예禮로 하면 (백성들이) 부끄러워함이 있고, 또 선善

에 이르게 될 것이다." 그렇다면 공자는 왜 이토록 예치를 강조하였는가? 그것은 예야말로 자연의 이법과 부합할 뿐만 아니라 인정人情에 순응하는 것이기 때문이다. 『禮記』에 그 근거가 다음과 같이 서술되어 있다: "대개 예의 대체大體는 천지를 본체로 하고 사시四時를 본받고, 음양을 법칙으로 하고, 인정人情에 순응한다. 그러므로 예禮라 이른다.[15]" 그렇기 때문에 예는 인정의 상황에 따른 변례變禮도 인정하였지만 시대와 장소의 차이와 무관한 상례常禮도 강조한다는 점에서 예치의 질서는 보수성을 띨 수밖에 없다.

이러한 이기론적 차이 및 인신적 차이는 경제질서의 운영 및 유지에도 영향을 미쳤다. 실제로 공자는 "군자는 의에 밝고 소인은 이익에 밝다."라고 했으며, 맹자 또한 인구에 회자되는 내용 즉 양해왕의 질문에 왜 하필 "이익"이냐고 반문한 내용이 웅변하듯이 이利보다는 의義를 더 중시하였다. 아마도 맹자가 정전법을 유교의 가장 이상적인 경제 질서로 제시한 것도 이러한 신분질서와 무관하지 않다.

3) 소결

이상으로 우리는 불교와 유교를 중심으로 동양사상의 사회질서관 혹은 사회질서 이론을 살펴보았다. 비록 불교의 업業 질서와 유교의 예禮 질서 사이에는 전자가 신분질서를 비타협적으로 부정하고 있는 반면에 (유승무, 2010: 142) 후자는 신분적 불평등의 규범(이영찬, 2001:281)이라는 점에서 상당한 내용상의 차이가 존재함에도 불구하고, 행위자의 마음 수양(혹은 수행)을 강조한다는 점 그래서 행위의 사회적 결과를 전적

15 凡禮之大體, 體天地, 法四時, 則陰陽, 順人情, 故謂之禮(『禮記』, 「喪服四制」).

으로 행위자 자신에게 환원함으로써 그에게 부과하는 규범적 강제를 통해 사회질서를 유지하려고 한다는 점 등 공통점도 갖고 있다. 또한 유교와 불교는 공통적으로 인간적 차원의 질서와 사회제도적 차원의 질서를 모두 제시하고 있음에도 불구하고, 행위자와 사회제도(혹은 사회적 기능체계) 사이의 관계 설정 문제에 대한 이론이 뒷받침되지 않고 있다. 이렇게 볼 때, 그리고 업의 사회학적 정의를 고려할 때, 동양사상의 전통적 질서이론은 오늘날의 업연사회를 이해하는 데 분명한 한계를 드러내고 있다. 그렇다면 오늘날과 같은 업연사회를 이해하기 위하여 동양사상은 어떠한 새로운 응전을 준비해야 할 것인가?

4. 현대 한국 업연사회의 '무질서의 질서', What to be done?

현대 한국사회의 업연질서를 관찰하기 위해서는 무엇보다도 먼저, 일찍이 세계사회란 개념을 통하여 탈서구 보편이론을 추구할 것을 촉구한 루만의 사회적 체계이론에 관심을 기울일 필요가 있다. 실제로 그는, '이중 연기성(double contingency; 二重 緣起性)[16]' 개념을 통하여, 행위자 혹은 개인과 사회제도(혹은 사회적 기능체계) 사이의 관계를 이분법적으

16 이 개념을 한국하계에서는 '이중의 우연성'으로 번역하고 있다. 그러나 루만은 자신의 저서, 『체계론입문』에서 이 개념을 파슨스의 'contingent on x'이란 영어 개념에서 가지고 왔음을 밝히고 있는바(루만/윤재왕, 2014: 426), 파슨스의 그 개념은 'x에 의존하는'이란 의미를 갖는다. 그리고 필자가 확인한 바로는 영어식 표현 'contingent to x'도 'x에 부수하는'의 의미를 갖고 있다. 이는 파슨스의 그 개념이 어떤 현상이 무언가(x)에 의존함을 표현하는 단어임을 의미하며 그러한 점에서 필자는 이의 명사형 'contingency'를 우리가 가장 쉽게 이해할 수 있는 단어이자 이 글의 주제와 직결되는 단어인 '연기성'으로 번역하였다.

로 설정하여 질서의 문제를 행위자로 귀착시키는 구유럽적 사유를 설득력 있게 비판하고 있다. 동시에 환경인 인간이 아니라 사회적 체계의 작동을 관찰할 것을 요구함으로써 인간의 인격적 완성을 규범적으로 요구하는 전통적인 동양사상적 해법뿐만 아니라 집합의식이나 초월적 가치를 통해 사회질서의 문제를 해결하려는 뒤르켐주의 사회학조차 극복하려고 시도한다. 나아가 그의 사회적 체계이론은 사회적 행위 개념을 통해 사회질서의 문제를 궁극적으로는 사회적 행위자에게 환원하는 베버와 파슨스 등 베버주의 사회학조차도 넘어설 수 있는 가능성을 보여주고 있다. 또한 유승무·최우영(2019)에서 상세하게 논의한 바대로 루만의 체계이론은 마르크스시즘의 변증법적 관찰형식에 비해 훨씬 급진적인 구성주의적 특성을 내장하고 있다. 여기에서 우리가 루만을 비판적으로 검토하고자 하는 까닭이다.

루만은 체계(사회적 체계)와 환경(인간 혹은 심리적 체계)의 차이(혹은 구별과 지시의 차이)와 그 차이의 '체계'(혹은 구별된 것) 속으로의 재진입이란 방식으로 체계의 자기준거적 자기생산 개념을 수용한 다음 개인(혹은 인간)과 사회적 체계 사이의 완전한 배제관계와 완전한 의존관계의 역설을 활용하여 둘 사이를 연결시키고 있다. 물론 여기에서 체계와 환경의 관계를 매개하는 형식은, 루만에 따르면, 상호침투의 방식과 구조적 연동의 형식으로 설명되고 있는 바, 여기에서 상호침투란 루만의 고유한 개념으로써 혼합이나 중첩 또는 한 체계가 다른 체계로 침투하는 것을 염두에 두는 파슨스의 그것과는 완전히 다르다. 루만은 다음과 같이 말한다: "한 체계의 작동은 환경 속에서 복잡한 활동과 사전 조건이 보장된다는 사실에 의존하면서 수행되고, 그러면서도 환경이 직접 체계의 작동에 참여하거나 환경 속의 전제조건이 체계 안으로 들어가서 체계 안에서 작동하거나 하지는 않는다는 사실을 상호침투라는 개념으로 포착한다."(루만/윤재왕 옮김, 2014: 354) 바로 그렇기 때문에 환경과 체계

사이의 구조적 연동은 자기생산과 직교성을 갖는다. 루만은 다음과 같이 말한다: "구조적 연동이라는 개념은 체계의 자기생산과 – 마뚜라나의 의미에서 – '직교적' 관계에 있다.(루만/윤재왕 옮김, 2014: 356)[17]"

이는 두 가지 사실을 지시한다. 우선, 자기생산 체계는 준 실체화된 그 무엇임을 의미한다. 다음으로는 체계와 환경이 구조적으로 연동되어 있음에도 불구하고 중첩되거나 경계를 넘어 침투할 수 없음을 의미한다. 그렇기 때문에 루만의 사회이론 속에는 개인(혹은 인간)과 사회적 체계 사이의 완전한 배제(완전한 작동적 폐쇄)와 완전한 의존(전면적 인과적 의존)의 역설이 내재해 있으며, 시간의 흐름에 의해 비로소 역설이 탈역설화되는 불통의 구조가 내재되어 있다. 그러나, 필자가 보기에, 이 역설이야말로 두 가지 조건 위에서만 성립한다. 그 첫 번째 조건은 (사회적) 체계를 실체화하는 조건이고 다른 하나는 시간의 흐름을 고려하지 않은 공시적 차원(T=0)이다. 따라서 필자가 보기에 루만의 역설은 이러한 두 가지 조건하에서만 성립하며 그러한 점에서 이 역설은 실제에서는 실재할 수 없는 개념적 역설이다. 그러나 루만의 개념적 이해와는 달리, 실제로는 무상한 시간의 흐름 속에서 작동하는 심리적 체계 혹은 오온과 지속적으로 소통하는 사회적 체계 사이의 역설이 존재하지 않는다. 이는 루만의 사회이론이 실제를 포착하는 데 결정적인 결함을 내포하고 있음을 의미한다.

바로 이러한 루만의 이론적 한계를 극복하기 위해 필자는 인간을 오온, 즉 연기체로 간주할 뿐만 아니라 사회조차도 연기적 산물로 간주하며 그 둘 사이의 관계도 상호의존적 관계 즉 연기적 관계로 설정하고자

---

17 이 인용문은 루만/윤재왕 옮김(2014)의 원문과는 약간의 차이를 가지고 있는데, 일명 루만학회(사회체계이론학회)에서 이 텍스트를 저본으로 하여 윤독을 하는 과정에서 약간의 오역이나 부정확한 개념을 발견할 수 있었기 때문에 불가피하게 일부 개념이나 내용을 수정한 것임을 밝혀 둔다.

한다. 또한 필자는 이러한 연기적 관계를 매개하는 매체를, 루만이 의미나 의미의 전달 기능을 하는 언어로 매체로 설정하는 것과는 달리, 마음이라고 전제한다. 그리고 편의상, 조작적 차원에서 이러한 두 가지 전제를 종합하여 연기론적 마음사회학이라 명명하고자 한다. 아래 〈그림 1〉은 이러한 연기론적 마음사회학을 매우 단순하게 도식화한 것이다.

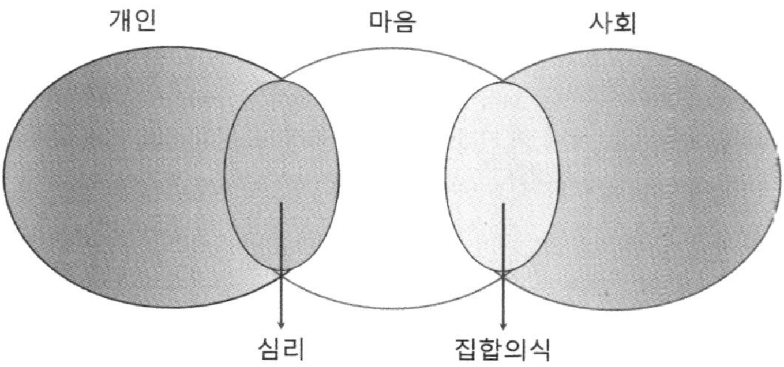

〈그림 1〉 연기론적 마음사회학의 도식화

위의 〈그림 1〉에 따르면 현대 한국사회의 경우처럼 업의 작동에 의해 형성되는 업연질서는 육체와 심성을 갖고 있는 개인의 역동적 구성, 개인과 마음의 교집합으로서 심리적 체계의 작동, 개인의 심리적 체계와 사회의 집합의식이나 집단무의식 그리고 마음 자체의 자기재성산으로 구성되는 마음체계의 작동, 그리고 집합의식이나 의미를 매개로 소통하는 사회적 체계의 작동 등의 단위들 사이의 관계로 이해할 수 있다. 그리고 이렇듯 업 혹은 업연의 한쪽 편의 당사자인 개인 혹은 인간과 또 다른 당사자인 사회적 체계의 관계를 마음이 매개하는 연기체로 간주할 경우, 그 둘 사이에는 완전한 배타의 관계만이 아니라 마음을 매개로 한 뒤섞임의 관계도 존재한다. 이 둘 사이의 관계를 양자의 차원이 아니라 마음의 차원에서 볼 경우에는 오히려 뒤섞임(혹은 어울림)의 관계만이 존재한다. 아래의 인용문은 이를 적절히 형상화하고 있다.

> "〈강청모설(江天暮雪: 강과 하늘이 서로의 속으로 이행하는 땅 위에 내린 저녁 눈)〉 그림 둘레(여백)에 옥간은 다음과 같이 씁니다: "강과 하늘의 무한한 드넓음은 마음의 무한한 드넓음입니다." 여기서 마음은 내면성의 기관이 아닙니다. 마음(가슴)은 마치 외부로 뛰는 것 같습니다. 마음의 폭은 경치의 폭만큼 넓습니다. 강과 하늘은 서로의 속으로 이행하고, 내면성이 제거되어 비워진 아무도 아닌 자(무아)의 마음으로 흘러듭니다."(한병철/한충수 옮김, 2017: 102)

그러나 혹은 바로 그렇기 때문에 마음이 개인(혹은 인간)과 사회의 관계를 매개하지 않을 경우 개인과 사회의 접점은 사실상 존재하지 않을 가능성도 배제할 수 없다. 이는 동시에 개인의 내면의 완성만으로나 혹은 사회적 기능체계(혹은 사회제도)만으로 현대 한국 업연사회의 '무질서의 질서' 문제에 대해 응전하는 데는 명백한 한계가 있음을 의미하기도 한다. 오히려 이는 역설적으로 업연사회의 질서 문제에 응전하기 위해서는 육체와 의식과 같은 내면적 심리의 역동성에 의해 활동하는 개인과 자기준거적으로 작동하는 사회적 체계가 반드시 마음을 매개로 서로 만나서 상호 뒤섞임의 과정을 통해 시너지 효과를 낼 필요가 있음을 말하고 있기도 하다.

5. 맺음말에 붙여: 동양사상의 사회과학적 복원을 위한 밑그림

지금까지 우리는 현대 한국사회가 업연사회란 전제하에 동양사상을 어떻게 복원할 것인가를 논의하였다. 이를 통해 우리가 말하고자 했던 것은, 업은 물론 연기의 현상을 공동가치, 문화의 학습, 규범의 내면화 및 사회화, 법적 강제 등으로 해결할 수는 없다는 사실이다. 이는 동양사상의 전통적인 대응 방식만으로나 사회적 기능체계나 제도만으로는 이중의 연기성을 갖는 현대 한국 업연사회의 질서 문제를 해결할 수 없음을 의미한다.

바로 이러한 점에서 필자는 현대 한국사회의 삶의 세계에 대한 김우창의 응전에 주목한다. 김우창은 자신의 총서 즉 '동시대인 총서1'의 서론('사회적 생존의 복합구조')에서 필자와 유사한 주장을 펼치고 있을 뿐만 아니라 그 책의 마지막 장('깊은 마음의 생태학')에서는 '제도와 마음'의 소주제로부터 논의를 시작하고 있다[18]. 이에 아래에서는 필자의 논의 이외에도 김우창의 논의를 우리의 기획을 위한 또 하나의 근거로 제시한 다음, 동양사상의 사회과학적 복원을 위한 밑그림의 대략적 구도와 그 의도를 드러내 보고자 한다.

우선, 김우창은 자신의 총서 1권의 서론에서 다음과 같이 말한다: "사람의 삶이 자발성과 함께 사회구속성을 피할 수 없는 조건으로 가지고 있다고 한다면, 이 사이의 지배관계는 느슨한 것으로 생각되는 것이라야 할 것이다. 어떤 경우에나 그것은 직선적인 인과관계로서 설명될 수

---

18 김우창은, 경향신문 기고 칼럼(2009년 10월 7일)의 지상에, 한국사회학회 주체의 행복 관련 심포지엄에서 마음의 탐·진·치를 사회적 체계의 정치, 경제, 시민사회(혹은 생활세계)와 각각 연결시켜 한국인의 행복을 논의한 필자의 발표내용을 슬쩍 언급한 바 있다. 아마도, 제도나 체계와 마음의 관계에 대한 필자의 주장에 다소나마 공감했기 때문일 것으로 추측된다.

있는 것은 아니다. 나는 다른 곳에서 이것을 '복합적 평행의 체제'라는 말로 설명한 바 있다. 하나의 원인에 의하여 하나의 결과가 생기는 것이 아니라 여러 요인의 상호작용 속에서 여러 결과가 생겨나면서 그것이 어떤 동적인 균형을 유지하는 사회체제 또는 더 광범위하게 삶의 체제를 그렇게 지칭한 것이다." 물론 김우창은 이러한 체제는 하나의 체제인 동시에 그 하위에 다양한 층위의 하위체계를 가지고 있는 것으로 간주하면서 다음과 같이 말하기도 한다: "큰 사회와 작은 사회 그리고 개인 사이에는 어떤 경계막이 존재하는 것으로 생각할 수 있다. 이것은 세포막과 같아서 내부를 외부로부터 차단하면서 동시에 외부로부터 많은 것의 투과를 허용한다." 그리고 다음과 같이 심성의 중요성을 말한다: "그러면서 또 한가지 생각해야 할 것은, ... 아무리 사회의 모든 것이 집단적으로 움직인다고 하더라도 개인적 심성의 중요성을 무시할 수는 없는 일이다. 개인의 심성은 궁극적으로 한 사회의 성격을 결정하는 데 있어서 필수적인 준거이다. ... 다른 한편 이 개인적인 심성은 따로 존재하는 것이라기보다는 사회 속의 작은 구조들 또는 소사회 속에 존재한다."(김우창, 2000: 7-13)

위의 인용문을 보면, 김우창은 개인과 사회의 관계를 심성을 매개로 상호 연결시켜 이해하고 있음이 잘 드러나는 바, 이는 김우창의 사회체계론이 루만의 사회체계이론과는 확연히 다름을 의미한다. 다만, 필자는 김우창이 주장하는 개인의 심성 개념은 다소 애매모호하다고 생각한다. 오히려 필자는 김우창이 제시하는 개인의 심성 개념을 개인의 심리, 마음, 집합의식 등으로 구분하여 이해하는 편이 훨씬 더 큰 설명력을 갖는다고 주장한다. 이러한 김우창의 이론 틀은 그 총서의 마지막 장('깊은 마음의 생태학')의 내용 중 '제도와 마음'란 소제목의 제1 절에서 그대로 반복되고 있다. 그는 다음과 같이 말한다: "우리사회에는 제도적으로 불충분한 것이 많지만, 설사 제도적 정비가 이루어진다고 하더라도 보다 더 깊은 의미에서 마련이 없이는 모든 일은 공허한 요식 행위에 불과하다는 것을 우리는 새삼스럽게 느끼지 않을 수 없다. 이 깊은 의미의 마련이 무엇일까. ... 이 깊은 마련의 핵심에 있는 것이 사람의 마음으로 생각된다."(김우창, 2000: 354)

소제목뿐만 아니라 위의 인용문을 보더라도, 김우창은 분명히 사람의 마음과 사회제도를 불가분의 관계로 이해하고 있고 환경문제뿐만 아니라 우리 사회의 질서 문제를 그렇게 접근해야 한다고 주장하고 있다. 다만 여기에서도 여전히 사람의 마음 개념은 개인의 심성으로 이해되고 있는 바, 이 한계는 위에서 지적한 바와 같다. 특히 불교가 개인의 내면에 완성된 심성보다는 오히려 그것의 비움이야말로 모든 타자를 섭수할 수 있는 마음이라고 강조하고 있음을 고려할 때, 개인의 심성으로서의 마음 개념은 스스로 자신의 사회적 역능을 제한하는 개념으로 생각된다. 이에 이 글에서 우리는 〈그림 1〉과 같은 이론 틀을 제안하였다.

그렇다면 이러한 이론 틀에 따를 때, 우리는 현대 한국 업연사회의 '무질서의 질서'를 어떻게 이해할 수 있을 것인가? 우선, 개인은 자신의 수행을 통해서 내적(심리적) 안정과 질서를 찾을 것이며, 사회적 체계는 루만이 주장하는 하위 기능체계들의 작동에 의해 질서를 유지해 나갈 것이다. 그렇기 때문에 동양사상의 사회과학적 복원을 위해서는 동양사상의 전통적 인성론 즉 문화나 규범을 통한 사회화, 소외 그리고 일상생활 등의 차원에서 이해하려는 시도뿐만 아니라 동양사상을 가족제도, 종교제도, 정치제도, 경제제도 등 제도적 차원에서 현대적으로 재해석하려는 논의를 하지 않을 수 없다. 이번 학술대회의 밑그림이다.

그러나 혹은 바로 그렇기 때문에 개인과 개인 사이, 개인과 사회 사이, 그리고 사회적 기능체계들 사이의 불통이나 무질서란 문제는 여전히 본격적으로 논의되지 않은 채 남아 있다. 그런데 이러한 무질서의 질서란 과제야말로 학문적 탐구가 아니라 동양사상의 마음 수행이란 실천이 수반되어야 함을 암시한다. 무질서의 질서 문제를 마음으로 처리하는 노력은 학문적 탐구의 영역이기보다는 실천적 영역에 속하기 때문이다. 아마도 달마가 동쪽으로 간 까닭일 것이다: 教外別傳, 不立文字, 直指人心, 見性成佛.

격몽요결이 보여주는 동양적 사회화 이론

이현지

격몽요결이 보여주는 동양적 사회화 이론

이 현 지

1. 사회질서 기제로서의 사회화

최근 사회질서의 붕괴로 인한 다양한 사회문제가 대두되고 있다. 사회질서에 반하는 집단적인 행동이나 개인의 일탈에 의해서 사회공동체는 위기와 불안에 직면하게 된다. 공익에는 위배되더라도 집단 이익을 추구하거나 인륜의 가치를 저버리는 범죄가 세상을 혼란으로 몰고 가는 현상을 발견하기 십상이다. 비단 현대사회에서뿐만 아니라, 어떤 사회이든 사회질서의 문제는 매우 중요한 과제이며, 모든 사회는 성공적인 사회질서를 위한 다각적인 노력을 기울이고 있다. 이러한 사회질서는 사회학에 있어서 가장 대표적인 주제이다.[01]

사회질서는 강력한 통제와 엄격한 규범을 통해서 실현하기도 하고, 사회구성원들의 사회화를 통해서도 유지될 수 있다. 사회화는 사회구성원이 그 사회의 규범과 가치관을 수용하고 사회질서에 적응하도록 하는 과정이다. 물론 사회구성원은 자신이 속한 사회의 규범과 가치관을 일방적으로 수용하기만 하는 것이 아니라, 사회화의 과정에서 규범과 가치관의 변화에 영향을 미치기도 한다. 이러한 사회화의 결과로 사회의 문화

01 윤원근, 「사회학, 질서의 문제 그리고 세계관(1)」, 『현상과 인식』 가을, 1999, 37쪽.

와 전통은 지속할 수 있고 공동체가 유지될 수 있다.

인간은 누구나 사회에 소속되어 사회화의 과정을 거치게 된다. 일반적으로 사회화의 대행기관을 가족이 1차, 학교와 직장이 2차, 매스미디어를 3차로 정의하고 있다. 실제로 한 사회구성원이 자신이 속한 사회에 적응하고 답습한 문화를 전승하는 데까지 다양한 조직과 사회관계에서 사회화의 영향을 받게 된다. 따라서 특정한 대행기관의 영향을 분류하기는 불가능할 뿐만 아니라 영향의 정도를 판단하기도 쉽지는 않다.

사회화에 대한 여러 가지 상황을 고려해 보면, 사회구성원이 출생한 이후 접하게 되는 삶의 초기에 형성하는 관계와 지속적인 관계의 영향이 클 것이라는 점에 쉽게 동의할 수 있다. 그런 의미에서 사회질서에 적응할 수 있는 구성원으로서의 사회화에 영향을 미칠 초등교육의 중요성에 주목해 보고자 한다. 물론 가족이나 어린이집 그리고 유치원에서의 사회화에 대한 영향을 간과하는 것은 아니다. 본 연구에서는 사회화에 미치는 초등사회과 교육이 가지는 의미에 초점을 맞추고자 한다.

한국사회의 다양한 사회문제 가운데 여전히 가장 뜨거운 이슈로 제기되고 있는 것은 교육이라고 할 수 있다. 오늘날 과열된 교육열은 공교육에 대한 불신과 사교육시장에 대한 과도한 의존현상으로 나타나고 있다. 교육부정책에 대한 비판 목소리가 높을 뿐만 아니라, 대한민국에서 자녀를 교육하는 일은 부모들에게 매우 부담스러운 일이 되어버렸다. 한국인들은 모두 교육의 중요성을 깊이 공감하고 있으며 아이들이 양질의 교육을 통한 행복한 사회인이 되기를 바라지만 교육의 현실은 그에 부응하지 못하고 있다.

이와 같은 의미에서 사회적 가치와 규범을 어떻게 사회화하고 교육수요자들이 사회에 적응하도록 교육할 것인가의 문제는 중요한 의미를 가진다. 이러한 역할을 현실적으로 담당하는 곳이 초등학교이며 전문분야로는 초등사회과 교육이라고 할 수 있다. 초등 사회과교육의 내용은 사회화 내용과 유기적으로 연결되어 있다. 현행 초등학교 사회 교과목의 내용은 학년별로 다음과 같이 구성되어 있다.

초등학교 3학년 사회에서는 '우리 고장의 모습', '고장이야기' 그리고 '환경에 따라 다른 삶의 모습'과 '가족의 형태와 역할 변화' 등을 다룬다. 4학년 사회에서는 '지역사회에 대한 이해'와 '주민 참여' 그리고 '문화의 다양성' 및 '가족 역할' 등을 통한 사회질서를 교육한다. 5학년 사회에서는 '인권 존중과 정의로운 사회' 그리고 '유교문화'를 통한 한국인의 정체성을 사회화한다. 6학년 사회에서는 '우리나라의 정치 및 경제', '세계 속의 우리'를 내용으로 하고 있다.[02]

이와 같이 초등사회과에서는 다양한 영역에 걸쳐서 폭넓게 사회화를 교육하고 있다. 사회화에는 시대와 사회가 원하는 사회질서의 원리가 반영된다. 또한 사회화를 통해서 사회구성원의 공동체 적응을 통한 전통 및 문화의 전승이 이루어진다. 그런 의미에서 초등사회과에서 무엇을 사회화 할 것인가에 대한 깊이 있는 성찰이 필요하다. 이에 대한 해답을 이 글에서는 『격몽요결擊蒙要訣』에서 모색해 보고자 한다.

『격몽요결』은 어떤 책인가? 이 책은 사회개혁을 꿈꾸었던 사상가 율곡이 초학자初學者를 위해서 집필한 것이다. 이 책에서는 어떻게 살아야 할 것인지, 삶의 가치가 무엇인지, 학문의 본질적인 의미가 무엇인지, 공동체의 구성원으로서 어떤 태도를 가져야 할 것인지, 마음을 어떻게 다스려야 할 것인지 등의 질문에 대한 해답을 찾을 수 있다.[03] 이 책은 10개의 장으로 구성되어 있고, 크게 3가지의 내용으로 분류할 수 있다. 대표적인 내용으로 자기계발 및 자아실현에 대한 것이 있고, 가족윤리와 효에 대해서 비중 있게 다루고 있으며, 사회관계의 올바른 태도와 처세에

---

02 (선생님과 함께 하는 공교육 파트너)i-Scream, http://www.i-scream.co.kr, 2019.

03 이동인, 『이율곡의 격몽요결 읽기』, 세창미디어, 2013, 11쪽.

대해서 서술하고 있다.

율곡은 이상의 내용을 통해서, 왜 우리가 도덕적이고 규범적인 행동을 해야 하는지 설득력 있게 설명하고 있다. 이러한 이유로 인해서, 『격몽요결』에 대한 연구는 그 철학적 의미뿐만 아니라 교육서로서 가치를 평가하는 성과가 풍부하다. 특히 이 책의 도덕교육 및 아동교육의 대안으로서의 가능성에 대한 논의는 이미 다양한 학문분야에서 가시적인 성과를 거두고 있다. 『격몽요결』에는 당시 유교사회의 가치관과 규범을 후대에 전승하기 위한 사상가로서 율곡의 고민이 고스란히 담겨져 있다.[04]

이 글에서는 『격몽요결』에서 현대를 넘어서 변화할 새로운 시대를 준비해야 할 오늘날 배움을 시작하는 초등학생들에게 무엇을 사회화해야 할 것인가에 대한 해답을 찾아보고자 한다.

2. 사회질서와 사회화

1) 사회화의 의의

사회구성원들은 사회화를 통해서, 자신이 속한 사회의 문화와 가치관을 수용하고 자기가 속한 조직에 적응하는 과정을 경험한다. 사회화의 의의는 첫째, 문화동질화, 둘째, 역할훈련, 셋째, 충동의 규제능력 형성으로 설명할 수 있다.[05] 먼저, 사회화를 통한 문화동질화를 살펴보자. 사

---

04 장정호, 「아동교육서로서의 『격몽요결』의 성격과 의의」, 『교육사학연구』 28(2), 2018, 84쪽.

05 김병옥, 『사회학』, 도서출판 교서관, 1990, 168쪽.

회구성원들은 자기가 속한 사회의 문화에 자연스럽게 동질화되는 과정을 경험한다. 이러한 문화동질화의 과정을 사회화라고 규정한다. 사회구성원이 어떤 조직에 속하게 되면 그 조직의 문화를 배우고 동화되어가는 과정을 통해서 조직에 대한 적응력을 키우고 조직과 하나가 되어 간다. 다음 구절을 보자.

> 조직사회화의 결과는 신입구성원들이나 조직 모두에 유익한 결과를 제공하게 되어, 신입구성원들에게는 직무만족과 조직몰입 증가, 스트레스 감소 등의 결과를 제공하며, 조직에는 신뢰할만한 성과, 이직의도 감소 등의 결과를 제공하게 된다고 할 수 있다. 결국, 구성원들은 사회화 과정을 통해 그들이 속해 있는 조직의 설립방침을 수용하고 조직의 규범과 가치를 내면화하며, 조직이 필요로 하는 업무지식, 기술의 습득 및 지적인 상호관계를 통한 직업적 정체성을 형성함으로써 효과적인 사회화 결과를 얻게 되어 조직에 필요한 일원으로 변화되어 간다고 할 수 있다.[06]

위와 같이 사회화는 조직과 사회구성원에게 영향을 미친다. 다음으로는 역할훈련과정으로서 사회화의 의미를 살펴볼 수 있다. 한 개인은 사회관계 속에서 다양한 역할을 담당하게 된다. 사회학의 관점에서 보면, 사회는 다양한 역할의 유기적인 결합체라고 할 수 있으며, 개인의 존재가 사회적으로 의미를 가지는 이유는 다양한 사회적인 역할을 담당하기 때문이다. 이때 사회화의 성공여부는 개인이 담당한 역할을 성공적으로 수행하는 것으로 평가될 수 있다. 이러한 역할훈련에는 사회화 주관

---

06 김효섭 · 노명화, 「사회화 전략이 조직성과에 미치는 효과에 대한 연구: 지식공유의 매개효과를 중심으로」, 『리더십연구』 6(2), 2015, 8쪽.

자의 영향이 크다.

시대적으로 개인이 담당하는 역할은 변화하고 새롭게 정의되기도 한다. 사회적 가치 및 사회적 관계의 변화에 따라서 역할에 대한 기대와 보상은 달라진다. 새로운 시대의 변화로 인한 역할 변화에 대한 사회적 요구와 낡은 시대의 역할을 고수하고 구태의연한 개인의 태도가 충돌하는 경우가 허다하다. 예를 들어서, 급속하게 변화하는 남녀관계의 변화는 남성과 여성의 성역할의 변화 및 남편과 아내의 역할의 재정립을 요구한다. 이러한 사회와 환경의 변화에 적응하기 위한 새로운 사회화의 과정을 재사회화라고 한다.

마지막으로 충동의 규제능력 형성과정으로서 사회화를 살펴볼 수 있다. 인간이 사회구성원으로서 조화를 이루면서 살아가기 위해서는 본능적인 충동이나 이기적인 선택보다는 사회규범을 준수하고 스스로 통제할 수 있는 능력을 갖추어야 한다. 이러한 충동의 규제능력 형성은 사회구성원이 자신이 속한 사회의 사회문화 및 사회질서를 내재화함으로써 가능하다.

이러한 의미에서 "사회화란 욕구를 길들이는 과정이고 자아를 형성시키는 과정"이라고 규정한다.[07] 각 사회의 문화적인 환경에 따라서 본능적인 충동에 대한 허용 범위가 다르며, 사회구성원은 사회생활을 통해서 자기가 속한 사회규범에 적응하고 자연스럽게 자신의 본능적인 충동을 규제하는 능력을 습득하게 된다.

---

07 고영복, 『현대사회심리학』, 법문사, 1978, 41쪽.

2) 사회화의 내용

사회화는 사회구성원이 자신이 속한 사회의 문화, 가치관, 행동양식 등을 학습하고 내면화하여 사회질서에 적응하는 과정이다.[08] 사회화를 통해서 개인들은 진정한 사회구성원으로 성장하게 된다. 그렇다면 이러한 사회화의 내용은 무엇일까? 사회화에 대한 연구가 활발하게 이루어지고 있는 사회학, 인류학, 심리학 등의 분야에서는 사회화의 내용을 다양한 측면에서 고찰하고 있다. 여기서는 사회화의 내용을 첫째, 정체성 확립, 둘째, 사회적 지위와 역할 습득, 셋째, 문화적 전승 등을 중심으로 살펴볼 것이다. 이와 같은 사회화의 내용은 완전히 분리되지 않고 다소 중첩적으로 드러난다.

첫째, 정체성 확립의 사회화이다. 정체의식의 습득은 사회구성원이 가지는 자아에 대한 생각이다. 사회화를 통해서, 개인은 자신이 어떤 사람인가에 대한 다양한 층위의 정체의식을 형성하게 된다. 개인은 유기적으로 결합된 사회관계에서 사회, 환경, 타인과 상호작용을 하면서 자기에 대한 생각을 정립하게 된다. 즉, 자기에 대한 일관된 인간성, 성역할, 개별성, 인간으로서 계속성 등을 인식하게 된다.

둘째, 사회적 지위와 역할의 사회화이다. 사회구성원은 사회관계의 직·간접적인 경험을 통해서 사회적 지위와 역할을 내면화한다. 기드는 어린이 발달단계에서 놀이를 통한 역할 습득이 이루어지는 과정을 분석하고, 조직된 관계에 대한 사람들의 지각을 일반화된 타자라는 개념으로 정의했다.[09] 일반화된 타자란 개인이 속한 공동체와 사회를 말하며, 사회구성원이 일반화된 타자의 기대를 내면화한다는 것은 그 사회의 태

---

08 김병옥, 위의 책, 1990, 169쪽.

09 J. W. Kinch, 『사회심리학』, 이동원 옮김, 삼일당, 1982, 205쪽.

도와 관점을 내면화하는 것이다. 사회구성원들은 사회화의 초기 단계에는 특정의 타자, 즉 부모의 기대를 내면화하고 성장과정에서 점차적으로 일반화된 타자의 기대를 내면화한다.

셋째, 문화적 전승으로써 사회화이다. 사회화는 사회구성원들의 문화적 동질화가 가능하도록 한다. 다양한 매체를 통해서, 사회적 상징·믿음·규범·가치태도·심미감·인지적 경험 등의 문화적인 내용을 사회화한다.[10] 이때 사회구성원들은 자신이 속한 사회에 통용되는 관습을 습득하고 사회적 금기를 알게 된다. 한 사회가 공유하고 있는 생활양식이나 행동양식은 공동체를 통해서 자연스럽게 전승되고, 이러한 사회문화를 공유한 사회구성원들은 독특한 성향을 공통점으로 가지는 것으로 드러난다.

3) 사회화에 대한 논의의 현주소

사회화는 개인의 일생을 통해서 지속적으로 이루어지고, 사회구성원들은 성장과정에 따라서 다양한 사회화 주관자의 영향을 받게 된다. 이러한 사회화에 대한 이론적인 접근은 전공분야에 따라서 강조하는 바를 달리하지만, 일반적으로 세 가지의 관점을 크게 벗어나고 있지 않다.

대표적인 사회화에 대한 논의는 쿨리(C. H. Cooley)의 거울자아이론, 미드(G. H. Mead)의 역할이론, 프로이드(Sigmund Freud)의 자아발달이론 등이다.[11] 거울자아이론은 사람들은 다른 사람에게 비춰지는 모습을 인식하고 그에 따른 느낌을 가지게 되는 것에 주목한다. 타자들의 자신

10 김병옥, 위의 책, 1990, 179쪽.
11 우리사회문화학회, 『알기 쉬운 사회학』, 정림사, 2001, 54-57쪽.

에 대한 일관된 인식의 영향을 받아서 자아에 대한 이미지를 형성하게 되는 것을 말한다. 쿨리는 특히 개인의 자기 이미지 형성에 영향을 미치는 1차 집단인 가족, 친구, 이웃의 중요성을 말한다.

역할이론은 역할을 습득하고 역할을 수행하는 과정으로서 사회화를 말한다. 사회화 과정에서 사람들은 자신이 취득한 지위에 맞는 행동을 하려고 노력하고, 취득한 지위에 맞는 행동을 함으로써 역할수행을 한다. 이때 자신의 주체성과 자아의 관점에서 행동할 뿐만 아니라 일반화된 타자인 다른 사람의 기대에 부응하게 된다. 특히 의미 있는 타자라고 규정할 수 있는 자신의 삶에 특별한 의미를 가지는 타자의 기대와 인정을 얻고자 하는 과정이 사회화에 포함되기도 한다.

프로이드의 자아발달이론에서는 충동적인 자아인 사회화 이전의 자아가 사회화 주관자들의 가치관과 통제를 내면화함으로써 초자아 즉, 이상적인 자아로 발달하게 되는 과정을 분석했다. 이러한 자아발달의 과정을 프로이드는 사회화라고 규정한다. 프로이드는 "인간이 도덕적 존재가 되는 과정은 곧 그의 인성 속의 슈퍼에고가 형성되는 과정"이라고 했다.[12]

이상의 사회화에 대한 논의들은 사회적인 존재로서의 개인의 삶을 설명하고 사회구성원이 사회에 적응한 상황을 이론적으로 개념화한다는 의미를 가지고 있다. 사회화에 대한 이론을 통해서, 한 개인이 어떻게 자신이 속한 사회질서에 순응하게 되는지를 이해하는 데에는 현실적인 답을 주는 면이 충분히 있다. 그러나 이러한 사회화에 대한 논의는 다음과 같은 몇 가지 한계점을 가지고 있다.

첫째, 기존의 사회화에 대한 논의는 사회화의 내용이나 과정보다는 사회화의 결과를 대상으로 하고 있다. 사회화의 의의, 사회화의 내용, 사

12 전병재, 『사회심리학』, 경문사, 1989, 284쪽.

회화의 형태에 대한 논의를 하고 있지만, 이때 논의의 대상이 되는 것은 사회화의 결과로 드러난 결과를 대상으로 한다. 즉 기존의 사회화에 대한 논의는 결과적으로 드러난 사회화의 양상을 대상으로 의미, 내용, 주관자, 대행기관 등에 대한 이론적인 분석을 한다. 결과에 대한 분석이 중심이 됨으로써, 사회화에 대한 이상적인 목표와 전망에 대한 논의는 결여되어 있다.

둘째, 기존의 사회화에 대한 논의에서도 인성과 사회화의 관계를 다루고 있다. 그러나 시대가 요구하는 인성함양을 위해서 어떤 사회화가 이루어져야 할 것인가에 대한 논의는 결여되어 있다. 오늘날 인성은 중요한 키워드로 부각되고 있다. 급변하는 사회구조 속에서 시대가 요구하는 가치관과 덕목을 갖추기 위한 사회화의 방향에 대한 고민이 필요하다.

셋째, 기존의 사회화 이론에서는 사회화 주관자의 역할과 비전에 대한 논의가 약하다. 사회화에 있어서, 사회화 주관자의 영향력은 절대적이라고 할 수 있다. 따라서 사회화 주관자가 어떤 사회적 가치관과 비전으로 사회화에 영향을 미칠 것인가에 대해서 논의할 필요가 있다. 특히 사회화의 과정에서 사회구성원은 누구나 사회화 주관자가 될 수 있다. 특히 초등사회과 교육에서는 사회화 주관자의 역할은 더욱 중요한 의미를 가진다. 이에 대한 답을 모색해 볼 필요가 있다.

3. 『격몽요결』에서의 사회화

『격몽요결』은 스스로 어떤 사람이 되고자 하는지의 뜻을 세우고, 가족을 포함한 인간관계의 도리를 배우고, 사회적으로 어떻게 처세해야 할 것인지에 대한 지혜를 다룬 책이다. 이러한 내용은 그 시대의 사회적 가치관과 규범을 사회화하는 것을 목표로 하는 것과 부합한다. 여기서는 『격몽요결』에서 발견할 수 있는 사회화의 주된 내용을 살펴보기로 하자.

1) 성인됨, 정체성의 확립

『격몽요결』에서 율곡은 공부를 막 시작하는 이들에게 자아실현으로 성인이 되는 것을 목표로 하도록 독려하고 있다. 율곡이 학문을 시작하는 이들에게 누구나 성인이 되고자 하는 목표를 가져야 함을 강조한 이유는 분명하다. 공부의 목표에 따라서 공부의 내용과 결과가 완전히 달라지기 때문이다. 다음 구절을 보자.

> 처음 배우는 사람은 모름지기 뜻을 세우되, 반드시 성인聖人이 되겠다고 스스로 기약하여, 털끝만큼이라도 자신을 작게 여겨서 핑계 대려는 생각을 가져서는 안 된다.[13]

위의 구절에 나타나듯이 율곡은 가장 먼저 학문을 하겠다는 뜻을 분명하게 정립하고 스스로 그 길을 걸어가야 한다고 말한다. '자신을 작게 여겨서 핑계 대려는 생각을 가져서는 안 된다.'라는 구절은 '하지 않는 것과 하지 못하는 것'을 엄격하게 구별하여 자신이 성인될 수 있도록 발전할 수 있는 기회를 스스로에게 부여해야 함을 말한다. 이와 같이 성인이 되고자 하는 목표를 가지도록 사회화했다.

성인이 되고자 하고, 이러한 뜻을 세워서 학문에 정진하는 것을 삶

---

13 『擊蒙要訣』, 「立志」, "初學 先須立志 必以聖人自期 不可有一毫自小退託之念."

의 목표로 삼아 스스로를 수양하는 삶은 일상생활의 매순간이 사회화의 과정으로써 의미를 가진다.[14] 율곡이 「혁구습革舊習」과 「지신持身」에서 일상생활의 습관을 바로 잡고 몸가짐이 중요함을 설명하는 것도 이러한 맥락과 같다.

> 항상 반드시 일찍 일어나고 밤늦게 자서 의관을 반드시 바르게 하고, 얼굴빛을 반드시 엄숙하게 하여 두 손을 모으고 무릎 꿇고 앉으며, 걸음걸이를 편안하고 조심스럽게 하며, 언어를 신중히 하여 모든 행동을 가볍고 소홀히 여겨 구차스럽게 지나쳐 버려서는 안 된다.[15]

율곡은 몸과 마음을 바르게 하는 구체적인 방법과 그렇게 하는 것의 의미를 선언적으로 언표하는 것으로 끝내지 않고 논리적으로 설명하고 있다. 일상생활이란 성인이 되고자 하는 자신의 정체성을 만들어가고 그 이상으로 다가가는 장場으로서 의미를 가진다. 다음 구절에서는 어떻게 몸과 마음을 바르게 하는지에 대한 방법으로 구용九容과 구사九思를 말한다.

> 몸과 마음을 거두어들이는 방법은 구용九容보다 더 친절한 것이 없고, 배움을 진보시키고 지혜를 더하는 방법은 구사九思보다 더 친절한 것이 없다.[16]

구용은 『예기』에서 군자의 몸가짐을 위한 아홉 가지 모습을 말하고, 구사는 『논어』에서 공자가 말한 군자의 아홉 가지 생각이다. 발, 손,

---

14 이현지, 『인공지능 시대와 초등사회과 교육』, 살림터, 2019, 207쪽.

15 『擊蒙要訣』, 「持身」, "常須夙興夜寐 衣冠必正 容色必肅 拱手危坐 行步安詳 言語愼重 一動一靜 不可輕忽苟且放過."

16 『擊蒙要訣』, 「持身」, "收斂身心 莫切於九容 進學益智 莫切於九思."

눈, 입, 목소리, 머리, 숨, 선 자세, 얼굴빛 등 몸가짐을 정돈하고 삼가는 몸을 바르게 하는 방법은 매우 구체적이다. 또한 구사는 "들을 때는 분명히 들을 것을 생각하고, 얼굴빛은 온화하게 할 것을 생각하고, 용모는 공손할 것을 생각하고, 말은 진실하게 할 것을 생각하고, 일은 신중하게 할 것을 생각하고, 의심이 나면 질문할 것을 생각하고, 분할 때는 환난을 생각하고, 얻을 것을 보면 의리를 생각해야 한다."는 것을 포함한다.[17]

구용과 구사는 일상생활을 배경으로 성인이 되고자 하는 구체적인 일상의 태도를 사회화하는 것이다. 성인으로서 자기 정체성을 형성하는 과정에서는 욕망을 규제하고 절제하는 삶에 대한 사회화가 주요 내용이 된다. 물질적인 욕망을 절제해야 한다는 율곡의 입장은 단호하다.[18] 다음 구절은 이러한 율곡의 입장이 잘 드러난 것이다.

> 의복은 화려하거나 사치스러움을 추구해서는 아니 되고 추위를 막을 정도면 그만이요, 음식은 달고 맛있기를 추구해서는 아니 되고 굶주림을 면할 정도면 그만이요, 거처는 편안함을 추구해서는 아니 되고 병들지 않을 정도면 그만이다. 오직 학문하는 힘과 마음을 수양하는 올바른 방법과 몸가짐을 단속하는 법칙은 날마다 부지런히 힘써, 스스로 만족해서는 안 된다.[19]

위의 구절은 매우 구체적으로 일상적인 욕구를 절제하고 삶의 궁극적인 가치를 궁구할 것을 말한다. 이와 같은 삶의 목표 수립, 삶의 가치

---

17 『論語』, 「季氏」, "孔子曰 君子有九思 視思明 聽思聰 色思溫 貌思恭 言思忠 事思敬 疑思問 忿思難 見得思義."

18 윤병오, 「도덕 교육의 입장에서 『격몽요결』 읽기」, 『윤리철학교육』 제14집, 2010, 114쪽.

19 『擊蒙要訣』, 「持身」, "衣服 不可華侈 禦寒而已 飮食 不可甘美 救飢而已 居處 不可安泰 不病而已 惟是學問之功 心術之正 威儀之則 則日勉勉而不可自足也."

모색, 삶의 방법에 대한 『격몽요결』의 내용은 사회화의 핵심적이고 구체적인 내용으로 활용될 수 있다.[20]

2) 가족관계, 예禮에 근거한 역할사회화

『격몽요결』에서 율곡은 시대의 이상적인 가치관이었던 효孝의 사회화로 조선시대의 사회질서 유지와 문화적 전승에 기여하였다. 율곡이 강조했던 효에 대한 구체적 목표는 자기 마음과 행실을 바르게 수양하는 수신修身에서 출발하여, 가족과 집안을 바로 다스리는 제가齊家로 확장하고, 나라를 바르게 다스리는 치국治國으로 나아가서, 궁극에는 천하를 평정하는 평천하平天下에 도달하는 것이다.[21]

이와 같이 효의 사회화를 이상으로 삼았던 율곡은 효의 핵심으로 형식보다는 정情을 꼽았다. 예의 형식을 준수하는 것을 강조하면서도 형식에 치우지지 않고 정이 중요하다고 주장한 점을 주목할 만하다. 『격몽요결』「사친事親」에서는 일상생활에서 효를 강조하는 가족윤리의 실현을 말한다. 구체적인 내용을 다음 구절에서 확인하자.

> 매일 날이 밝기 전에 일어나 세수하고 머리 빗고 옷을 입고 띠를 띠고서 부모의 침소로 나아가 기운을 낮추고 목소리를 부드럽게 하여 더운지 추운지와 편안한지 그렇지 않은지를 여쭙고, 날이 어두워지면 침소에 나아가 이부자리를 정해드리고, 따뜻한지 서늘한지를 살펴보며, 낮 동안 받들어 모

20 김미라, 「어린이 덕성확충을 위한 인성교육 학습모형 도출 연구」, 『유교사상문화연구』 58, 2014, 132쪽.

21 서명자, 「栗谷의 孝 思想 研究: 『盛學輯要』「孝敬章」을 中心으로」, 성균관대학교 유학대학원 석사학위논문(미간행), 2014, 31쪽.

실 적에는 항상 얼굴빛을 온화하게 하고 용모를 공손히 하여 응대하기를 공경히 하고, 좌우로 나아가 봉양하여 그 정성을 극진히 하며, 나가고 들어올 적에는 반드시 절하고 하직하며, 절하고 뵈어야 한다.[22]

자기 자신을 존재하도록 한 부모에 대한 은혜를 보답하는 것은 인간으로서 도리이다. 효의 실현은 일상생활에서 매순간을 보은하는 마음으로 부모를 섬기는 것이다. 그렇다면 부모를 섬길 때의 원리는 무엇인가? 율곡은 공경이 우선되어야 한다고 한다. 즉, 예로써 부모를 섬겨야 함을 말한다. 위의 구절에서 알 수 있듯이, 『격몽요결』에서 효의 사회화는 구체적인 생활실천과제로 구성되어 있다.

가족관계의 핵심적 윤리는 부모는 부모로서, 자녀는 자녀로서, 남편은 남편으로서, 아내는 아내로서의 각자의 역할이 있고 그러한 역할수행의 과정에서 예가 중심이 되는 것이다. 다음 구절은 부모와 자녀 관계에서 지켜야 할 예법을 말한다.

사람들 집안에서 부자간에 대부분 사랑이 공경보다 지나치니, 반드시 옛 습관을 통렬히 씻어 버려, 존경을 극진히 하여야 한다. 부모가 앉고 누우시는 곳에는 자식이 감히 앉거나 눕지 않으며, 부모가 손님을 접대하시는 곳에서는 자식이 감히 사사로운 손님을 접대하지 않으며, 부모가 말을 타고 내리시는 곳에는 자식이 감히 말을 타고 내리지 않는 것이 옳다.[23]

---

22 『擊蒙要訣』, 「事親」, "每日未明而起 盥櫛衣帶 就父母寢所 下氣怡聲 問燠寒安否 昏則詣寢所 定其褥席 察其溫凉 日間侍奉 常愉色婉容 應對恭敬 左右就養 極盡其誠 出入必拜辭拜謁."

23 『擊蒙要訣』, 「事親」, "人家父子間 多是愛逾於敬 必須痛洗舊習 極其尊敬 父母所坐臥

위의 구절에서는 부자관계에서 공경이 관계형성의 핵심적인 가치가 되어야 함을 주장하고 있다. 부모를 공경하는 것이 당시의 시대적인 상황에서 어떤 행동으로 가능한가에 대한 사회화의 구체적인 내용을 서술하고 있다. 이러한 가족관계에서 역할수행은 사회화의 주된 내용이다.

다음으로는 가족의 상례에 대한 구체적인 원칙을 살펴볼 수 있다. 가족의 상을 당하였을 때, 상복을 입는 예법, 곡을 하는 방법, 문상객을 응대하는 법, 상복을 입어야 하는 친척의 상을 당했을 때 다른 부음을 들으면 어떻게 해야 하는지 등 구제적인 상황에 따라 자세하게 설명하고 있다. 이와 같이 구체적이고 자세하게 가례의 예법을 강조하는 이유는 무엇일까? 율곡은 근본적으로는 가례에서 형식보다는 정이 중요하다는 것을 강조한 바 있다. 그렇지만 가례를 행하다 보면 정에 치우쳐서 몸을 상할 수 있기 때문에 예법을 통해서 정에 치우치는 것을 막고자 하는 유가적 지혜를 활용한다.

가족관계와 관련하여 인간의 탄생에서부터 죽음에 이르는 다양한 의식에서 율곡은 예법의 중요성을 강조한다. 다음은 제례와 관련하여 예법을 어떻게 지켜야 할 것인가에 대한 기준을 말하고 있다.

> 무릇 제사는 사랑하고 공경하는 정성을 극진히 함을 중심으로 삼을 뿐이다. 가난하면 가산家産의 있고 없음에 맞추어 할 것이요, 병이 있으면 근력筋力을 헤아려 치르되, 재물과 힘이 미칠 수 있는 자는 스스로 마땅히 예법과 같이 해야 할 것이다.[24]

處 子不敢坐臥 所接客處 子不敢接私客 上下馬處 子不敢上下馬 可也."

24 『擊蒙要訣』, 「祭禮」, "凡祭 主於盡愛敬之誠而已 貧則稱家之有無 疾則量筋力而行之 財力可及者 自當如儀."

위의 구절처럼 예법에 맞게 제례에 임해야 함을 강조하는 것은 결국 그 시대의 문화와 전통적인 가치관을 사회화하는 것과 직결되는 것이다. 오늘날 가족관계는 율곡의 시대와는 다른 양상을 보인다. 다라서 그 시대의 예법을 사회화하고 의미를 모색하고자 하는 것은 맞지 않다. 그러나 예의 형식이 아니라, 예법의 강조를 통한 가족관계에서 각자의 역할에 충실하고 각자의 역할을 수행하도록 사회화한 것에는 의미를 부여할 수 있다. 다음 구절은 『격몽요결』에 드러나는 가족관계의 예법의 구체적인 내용을 보여준다.

> 무릇 집에서 머물 때에는 마땅히 삼가 예법을 지켜서 처자와 집안 식구들을 거느려야 할 것이니, 그들에게 직책을 나누어 주고 할 일을 맡겨 주어 그들이 성공하기를 요구하며, 재용財用의 절도를 제정하여, 수입을 헤아려서 지출을 시행하며, 가산의 있고 없음에 맞추어 윗사람과 아랫사람의 옷과 음식 및 길사와 흉사의 비용을 지급하되 모두 등급대로 조절하여 균일하지 않음이 없게 하며, 쓸데없는 비용을 줄이고, 사치와 호화를 금지하여 항상 모름지기 남은 것을 조금씩 보존해 두어 예기치 못한 일에 대비해야 할 것이다.[25]

위의 구절은 한 집안의 가장으로서의 역할을 말하고 있다. 「거가居家」에서는 가장, 형제, 남편, 아들 등 한 개인이 가족과의 관계에서 어떻게 예법에 맞게 역할을 수행할 것인가를 구체적으로 설명하고 있다. 역할수행의 핵심은 예를 바탕으로 하는 가족관계를 전제로 하는 것이며, 예에 따른 일상생활의 중요성, 신분의 차별을 넘어서는 가족 내의 역할분담

25 『擊蒙要訣』, 「居家」, "凡居家 當謹守禮法 以率妻子及家衆 分之以職 授之以事 而責其成功 制財用之節 量入而爲出 稱家之有無 以給上下之衣食 及吉凶之費 皆有品節而莫不均一 裁省 冗費 禁止奢華 常須稍存 贏餘 以備不虞."

등의 사회화를 보여주고 있다.

3) 사회관계, 처세의 사회화

율곡은 세상에 나아가서 권력이나 지위를 얻는 것보다는 도道를 실천하는 삶을 더 높이 평가하였다. 이러한 입장을 가진 율곡에게 있어서 처세의 핵심적인 덕목은 바로 예를 잃지 않는 것이었다. 이와 같은 사회관계에 대한 율곡의 사회화는 조선시대의 사회적 가치관과 규범을 내면화하는 데 실질적으로 영향력을 발휘했다. 다음 구절은 율곡이 후학들에게 세상에 나아가 사회관계를 형성할 때, 기본적으로 준수해야 할 관계의 윤리를 말한 것이다.

> 무릇 사람을 대할 때에는 마땅히 온화하고 공경하게 할 것을 힘써야 하니, 나보다 나이가 갑절이 많으면 아버지를 섬기는 도리로 섬기고, 10년이 많으면 형을 섬기는 도리로 섬기고, 5년이 많으면 또한 약간 공경을 더할 것이니, 가장 해서는 안 될 것은 배운 것을 믿고 스스로 고상한 체하며 기운을 숭상하여 남을 업신여기는 일이다.[26]

위 구절에서는 사회관계의 첫 번째 원리를 온화하고 공경으로 관계를 형성하는 것이라고 한다. 온화하고 공손하게 다른 사람을 대하는 것은 순수한 인간된 도리를 다한다는 의미이다. 연배에 따른 섬김과 공경을 강조한 것은 조선사회의 위계적 사회질서를 내면화하는 데 영향을 미

---

26 『擊蒙要訣』, 「接人」, "凡接人 當務和敬 年長以倍 則父事之 十年以長 則兄事之 五年以長 亦稍加敬 最不可 恃學自高 尙氣陵人也."

쳤을 것이다. 특히 자신을 고상하게 꾸미거나 남을 낮추어 보는 것을 경계함으로써, 예를 실천함에 있어서는 자신을 낮추고 상대를 공경하는 것의 중요성을 사회화했다.

이러한 인간관계에 대한 기본을 바탕으로 하여, 『격몽요결』에서는 고을 사람, 친구, 스승과 어른을 대하는 예법 등을 구체적으로 설명하고 있다.

> 항상 온화하고 공손하고 자애로우며 남에게 은혜를 베풀고 남을 구제하는 것을 마음으로 삼아야 할 것이니, 남을 침노侵擄하고 일을 해치는 일과 같은 것은 털끝만큼이라도 마음 한 구석에 두어서는 안 된다. 무릇 사람들이 자기에게 이롭게 하고자 하면 반드시 남을 침해하는 데 이른다. 이 때문에 배우는 자는 먼저 이롭게 하려는 마음을 끊어버린 뒤에야 인을 배울 수 있을 것이다.[27]

율곡은 사회관계를 형성하는 데에 있어서 이익에 따라 움직이는 것을 경계했다. 세상 사람들이 사회관계에서 이익을 먼저 생각하기 십상이기 때문에 의리를 저버리게 되고 쉽게 관계가 파괴된다. 이러한 사회관계의 원리를 내면화한다면, 함께 어우러져 살아야 하는 공동체의 일원으로서 자질을 사회화할 수 있다. 율곡이 말하는 사회관계의 온화하고 공손한 덕은 인간관계에서 상호존중과 배려를 실현할 수 있는 기본적인 가치이다.[28] 다음으로는 율곡이 말한 처세의 가장 궁극적인 목적은 무엇이었는지를 살펴보자.

---

27 『擊蒙要訣』, 「接人」, "常以溫恭慈愛 惠人濟物爲心 若其侵人害物之事 則一毫不可留於心曲 凡人 欲利於己 必至侵害人物 故學者先絶利心然後 可以學仁矣."

28 이현지, 「율곡 사회사상의 탈현대적 함의」, 『율곡학연구』 30, 2015, 129쪽.

> 사람들이 아직 벼슬하지 않을 때에는 오직 벼슬하는 것을 급무(急務)로 여기고, 이미 벼슬에 오른 뒤에는 또 벼슬을 잃을까 걱정하니, 이와 같이 골몰하여 그 본심을 잃는 자가 많다. 어찌 두려워할 만하지 않겠는가? 지위가 높은 자는 도(道)를 베푸는 것을 중심으로 삼아야 하니, 도가 베풀어질 수 없으면 물러나야 할 것이다.[29]

위의 구절에서 율곡은 벼슬을 하는 이유는 도를 펼치기 위함이어야 한다고 말한다. 혹여 사람들이 벼슬을 하는 것에 집착하다 보면, 세상에 나아가서 자신이 하고자 했던 근본을 상실하게 될 수 있다고 한다. 벼슬하는 것이 목적이 아니라, 도를 실현하는 것이 궁극적인 목표임을 분명하게 말한다.[30] 도가 베풀어질 수 없는 상황이라면 벼슬에서 물러나는 것이 처세의 원칙이라고 한다. 사회적 소명감과 책임의식이 없는 사회활동과 사회관계의 문제를 분명하게 경계하고 있다.

4. 초등사회과 교육에서 활용방안

『격몽요결』은 조선시대의 사회적 상황에서 어떻게 학문을 하고, 어떻게 살아야 할 것인가의 해답을 모색하는 교육서이다. 이러한 목적으로 인해, 이 책은 시대의 요구에 부합하는 인재를 사회화하는 데 영향을 미

29 『擊蒙要訣』, 「處世」, "人於未仕時 惟仕是急 既仕後 又恐失之 如是汩沒 喪其本心者 多矣 豈不可懼哉 位高者 主於行道 道不可行 則可以退矣."

30 이현지, 「사회사상가로서 율곡에 대한 연구」, 『한국학논집』 68, 2017, 16쪽.

치는 교재가 되었다. 당시 사회적 가치관인 유교이념을 개인이 내면화하고 사회적으로 구현하는 데에 기여한 바가 컸다. 인간 본성을 발현하고 인간답게 살기 위하여 일상생활을 토대로 마땅히 할 바를 말하고 있다. 부모로서, 자녀로서, 부부로서, 형제로서, 친구로서, 신하로서, 어른으로서, 어린 사람으로서 지켜야 할 예법을 다루고 있다.

구체적인 내용을 보면, 학문에 뜻을 세워야 하는 이유, 몸과 마음을 바르게 하는 방법, 일상생활에서의 바른 몸가짐과 예절, 독서의 예절과 방법, 효·장례·제례의 예법, 가족관계의 예, 인간관계의 예절, 사회관계의 예와 사회적 책임 등을 말하고 있다.[31] 이상의 내용을 현대사회의 초등사회과 교육에서 바로 활용하기에는 시대적인 간극으로 인하여 사회화의 내용에 있어서 한계가 있을 수밖에 없다. 그러나 『격몽요결』에서는 무엇을 사회화해야 할 것인가에 대한 비전이 내포되어 있다. 이것을 초등사회과 교육에서 활용할 수 있는 방안을 살펴보자.

1) 정체성 확립을 위한 사회화

사회화를 통해서 개인은 정체성을 습득한다. 지금까지 사회화에 대한 논의에서 정체성 습득의 결과에 대한 분석과 논의는 많았지만, 정체성의 형성과정으로 사회화 내용에 대한 논의를 다룬 경우는 많지 않다. 이에 초등사회과 교과에서 활용할 수 있도록 여기서는 『격몽요결』에서 주목하고 있는 '성인聖人'을 목표로 하는 정체성 확립에 대해 살펴보기로 하자. 먼저 성인으로서의 자아정체성을 확립하는 것의 목표와 세부내용을

31 김미라, 「어린이 덕성확충을 위한 인성교육 학습모형 도출 연구」, 『유교사상문화연구』 58, 2014, 14쪽.

구성해 보면 다음과 같다.

목표	- 나의 본성을 이해하기 - 나는 어떤 삶을 살고 싶은지 생각해보기 - 나의 삶에 대한 태도를 분석하기
세부내용	- 내가 어떤 사람이라고 생각하는지 글로 표현하기 - 다른 사람들에게 나는 어떤 사람인지 정보 수집하기 - 내 삶의 꿈과 목표에 대해 작성하기 - 내 삶의 모델을 찾아보고 이유를 발표하기 - 일상생활에서 나의 말과 몸가짐에 대해 살펴보기

율곡은 학문에 뜻을 두고 시작하는 이들은 누구나 성인이 되고자 하는 목표를 가져야 한다고 강조한다. 성인되는 것은 쉬운 일이 아니지만, 할 수 없는 일은 아니다. 그래서 율곡은 하지 않는 것과 하지 못하는 것을 엄격하게 구분해야 하며, 누구나 성인이 되고자 하는 자기 정체성을 습득하도록 교육하고자 했다. 이러한 율곡의 입장은 초등사회과의 사회화 내용으로 충분한 의미를 가질 수 있다.

학생들이 자기 정체성에 대한 목표를 무엇으로 설정하느냐에 따라서 자기 삶에 대한 자세와 추구하는 바가 질적으로 달라질 것이기 때문이다. 자신의 본성을 발견하고 성인이 되고자 하는 목표를 가진다면 삶을 사랑하고 가치 있게 만들 수 있다. 이러한 정체성 사회화를 위한 수업계획을 구성해 보면 다음과 같다.

교과	사회	지도 일시	월 일 교시	대상	6	지도 교사	
학습 주제	자기 정체성 수립하기					수업 모형	문제 해결 학습
학습 목표	나는 누구인지 생각해보고, 나의 삶에 대한 태도와 자세를 말할 수 있다.					준비물	생각그물 학습지, 일기 학습지

학습 단계	학습 과정	교수 · 학습 활동 교사	교수 · 학습 활동 학생	시간 (분)	자료, 유의점
문제 상황 파악	동기 유발	○나에 대한 이미지와 삶에 대한 태도를 떠올리기 · 나는 어떤 존재일까요? 떠오르는 단어는 무엇이 있나요?	-이름과 가족이 생각납니다. -성격이 생각납니다. -별명이 생각납니다.	5′	
	학습 문제 파악	○학습 문제 확인하기 내가 생각하는 나에 대한 정의를 말해보고, 나의 삶의 태도에 대해서 살펴봅시다.			
	학습 활동 안내	○학습 활동 안내하기 〈**활동1**〉 학습문제 이해하기 〈**활동2**〉 자기 정체성에 대해 쓰기 〈**활동3**〉 분석한 정체성을 발표하기			
문제 원인 확인	공부할 내용 떠올리기	〈**활동1**〉학습문제 이해하기 ○나의 본성이해하기 · 여러분은 자신을 잘 알고 있나요? · 알고 있다면 무엇을 알고 있나요? · 자신에 대해서 무엇을 알아야 할까요?	-나를 잘 알고 싶습니다. -내가 좋아하는 것과 내 성격에 대해서 알고 있습니다. -나의 장점과 꿈을 알고 싶습니다.	10′	※학생들이 자유롭게 자신의 의견을 얘기하도록 분위기를 조성한다.
정보 수집	자료 작성 하기	〈**활동2**〉자기 정체성에 대해 쓰기 ○나에 대한 생각을 생각 그물을 통해 정리하기 · '내가 어떤 사람이라고 생각하는지' '내 삶의 목표', '삶의 태도' 등에 대해 생각 그물 학습지를 완성해 봅시다. ○삶의 롤모델처럼 사는 상상 일기 작성하기	-나와 관련한 이상의 주제를 이용해 생각 그물 학습지를 완성합니다. - 이상의 주제를 이용해 상상의 일기 학습지를 완성합니다.	10′	· 생각 그물 학습지 · 일기 학습지

학습 단계	학습 과정	교수 · 학습 활동		시간 (분)	자료, 유의점
		교사	학생		
문제 해결	학습 내용 발표	〈**활동3**〉정체성을 발표하기 ○나에 대한 생각 발표하기 ○내 삶의 롤모델 발표하기 ○나의 일상생활의 태도에 대해 발표하기	-나는 다른 사람을 배려하는 좋은 사람입니다. -나의 삶의 목표는 가족과 함께 행복하게 사는 것입니다. -내 삶의 모델은 ○○○입니다. 이유는 존경받는 삶을 살기 때문입니다. -일상생활의 말과 몸가짐을 바르게 할 필요성을 알았습니다.	10′	
정리	학습 내용 정리	○학습 내용 정리하기 · 오늘 공부한 내용을 말해 봅시다.	-나에 대해 알게 되어 좋았습니다. -나의 롤모델처럼 훌륭한 삶을 살기 위해 노력하고 싶습니다.	5′	
	차시 예고	○차시 예고 및 과제 제시			

2) 가족생활을 위한 사회화

『격몽요결』에서는 가족생활을 위한 사회화 내용이 풍부하게 다루어지고 있다. 이 책에서 주장하는 사회구성원이 내면화해야 할 가족생활의 원리 가운데는 오늘날의 기준으로 보면 버려야 할 것이 있다. 남성과 여성의 위계적인 관계와 가부장 중심의 가족질서, 적서차별 등이 대표적인 사례이다. 여기서 주목하는 바는 예를 바탕으로 하는 가족관계에 대한 원리와 역할에 따른 규범과 예법 준수에 대한 지혜이다. 이러한 내용을 초등사회과 교육에서 활용할 수 있도록 재구성하면 다음과 같은 목표와 세부내용으로 정리할 수 있다.

목표	- 부모님의 은혜를 이해하기 - 가족관계에서 역할 알기
세부내용	- 부모님의 은혜를 글로 표현하기 - 부모님께 효도해야 하는 이유를 작성하기 - 가족관계에서 나의 역할을 작성하기 - 형제자매와 잘 지내는 방법을 발표하기

『격몽요결』에서는 효도, 형제자매의 우애, 남녀의 유별 등에 대한 사회적 규범을 설명하고 있다. 오늘날 사회질서의 와해가 다양한 공동체에서 드러나고 있지만, 특히 가족 공동체가 붕괴되는 징후가 두드러지게 나타나고 있다. 이러한 상황을 고려하면, 원만한 가족생활을 위한 사회화의 필요성이 크다. 초등사회과 교육에서 가족의 의미와 역할 그리고 관계의 지혜를 사회화할 필요가 있다. 이 주제와 관련해서, 다음과 같은 수업계획을 구성해 볼 수 있다.

<table>
<tr><td>교과</td><td>사회</td><td>지도일시</td><td>월 일 교시</td><td>대상</td><td>3</td><td>지도교사</td><td></td></tr>
<tr><td>학습주제</td><td colspan="5">가족관계와 역할 이해하기</td><td>수업모형</td><td>문제 해결 학습</td></tr>
<tr><td>학습목표</td><td colspan="5">가족관계에서 지켜야 할 예의를 이해하고, 가족구성원의 역할을 말할 수 있다.</td><td>준비물</td><td>생각그물 학습지, 일기 학습지</td></tr>
</table>

<table>
<tr><td rowspan="2">학습단계</td><td rowspan="2">학습과정</td><td colspan="2">교수 · 학습 활동</td><td rowspan="2">시간(분)</td><td rowspan="2">자료, 유의점</td></tr>
<tr><td>교사</td><td>학생</td></tr>
<tr><td>문제상황파악</td><td>동기유발</td><td>○ 가족에 대한 생각을 떠올리기
· 가족의 의미는 무엇일까요? 가족이라고 하면 무엇이 떠오르나요?</td><td>-내가 사랑하고 나를 사랑하는 관계입니다.
-엄마와 아빠가 생각납니다.
-동생이 생각납니다.</td><td>5′</td><td></td></tr>
</table>

학습 단계	학습 과정	교수 · 학습 활동: 교사	교수 · 학습 활동: 학생	시간 (분)	자료, 유의점
	학습 문제 파악	○ 학습 문제 확인하기 행복한 가족관계를 위한 방법을 생각해 보고, 가족구성원의 역할에 대해서 살펴봅시다.			
	학습 활동 안내	○ 학습 활동 안내하기 〈**활동1**〉 학습문제 이해하기 〈**활동2**〉 행복한 가족관계에 대해 쓰기 〈**활동3**〉 가족관계와 역할을 발표하기			
문제 원인 확인	공부할 내용 떠올리기	〈**활동1**〉학습문제 이해하기 ○ 가족관계 이해하기 · 부모님은 여러분에게 어떤 존재인가요? · 가족에 대한 사랑을 어떻게 표현하나요?	-부모님은 나를 낳아주셨고 나를 사랑합니다. -부모님을 기쁘게 해드리려고 노력합니다. -동생을 잘 돌봅니다.	10′	※학생들이 자유롭게 자신의 의견을 얘기하도록 분위기를 조성한다.
정보 수집	자료 작성 하기	〈**활동2**〉행복한 가족관계에 대해 쓰기 ○ 행복한 가족관계의 모습을 생각 그물을 통해 정리하기 · 가족이 행복하려면 나는 어떻게 해야 할까요? 생각 그물 학습지를 완성해 봅시다. ○ 삶의 롤모델처럼 사는 상상 일기 작성하기	-나와 관련한 이상의 주제를 이용해 생각 그물 학습지를 완성합니다. -이상의 주제를 이용해 상상의 일기 학습지를 완성합니다.	10′	· 생각 그물 학습지 · 일기 학습지
문제 해결	학습 내용 발표	〈**활동3**〉가족관계와 역할을 발표하기 ○ 우리 가족의 각자 역할에 대한 생각 발표하기 ○ 가족에서 나의 역할을 발표하기 · 여러분은 착한 딸인가요? 왜 그렇게 생각하나요? · 좋은 딸이 되려면 어떻게 해야 할까요?	-엄마와 아빠는 동생과 나를 사랑하고 잘 돌봐줍니다. -나는 부모님을 사랑하고 말씀을 잘 듣습니다. -동생을 돌보고 부모님의 심부름도 잘합니다. -건강하고 부모님의 말씀을 잘 들어야 합니다.	10′	

학습 단계	학습 과정	교수 · 학습 활동		시간 (분)	자료. 유의점
		교사	학생		
정리	학습 내용 정리	○학습 내용 정리하기 · 오늘 공부한 내용을 말해 봅시다.	-가족관계에 대해 알게 되어 좋았습니다. -가족의 소중함을 알고 부모님께 효도해야겠다고 생각했습니다.	5′	
	차시 예고	○차시 예고 및 과제 제시			

3) 사회관계를 위한 사회화

사회과 교육에서 사회관계를 위한 사회화는 주요한 내용이다. 특히 제4차 산업혁명이 본격화되면서 사회구성원들은 새로운 관계에 적응하고, 공존 및 협업할 수 있는 역량에 대한 사회적인 기대를 요구받고 있다. 이러한 시대적인 요구에도 불구하고 사회관계를 이해하고 원만한 관계를 형성할 수 있는 교육적 지원은 미비한 실정이다.

개인의 삶을 존중하고 보호하면서도 공동체와 어울릴 수 있는 열린 삶에 대한 자세를 키울 수 있는 사회화가 필요하다. 『격몽요결』에서는 인간관계 및 사회생활에 대한 지혜를 다각적으로 다루고 있다. 이를 활용하여 초등사회과에서 어떻게 활용할 수 있을지 살펴보자

목표	- 인간관계의 예절을 이해하기 - 사회생활의 예절을 알기
세부내용	- 친구의 의미를 글로 표현하기 - 친구, 어른을 대하는 예절에 대해 작성하기 - 내가 속한 사회에 대한 나의 책임을 작성하기 - 공동체의 이익이 개인적인 이해관계에 앞서는 이유 발표하기

원만한 인간관계와 사회관계를 위한 사회화는 평생 동안 필요한 삶의 지혜이며 사회적 규범에 적응할 수 있는 요소이다. 이 주제와 관련해서, 다음과 같은 수업계획을 구성해 볼 수 있다.

<table>
<tr><td>교과</td><td>사회</td><td>지도
일시</td><td>월 일 교시</td><td>대상</td><td>4</td><td>지도
교사</td><td></td></tr>
<tr><td>학습
주제</td><td colspan="5">인간관계와 사회관계 이해하기</td><td>수업
모형</td><td>문제 해결 학습</td></tr>
<tr><td>학습
목표</td><td colspan="5">원만한 인간관계를 위한 예절을 이해하고, 사회생활에서 책임의식과 소명감 등을 말할 수 있다.</td><td>준비물</td><td>생각그물 학습지,
일기 학습지</td></tr>
</table>

<table>
<tr><td rowspan="2">학습
단계</td><td rowspan="2">학습
과정</td><td colspan="2">교수 · 학습 활동</td><td rowspan="2">시간
(분)</td><td rowspan="2">자료,
유의점</td></tr>
<tr><td>교사</td><td>학생</td></tr>
<tr><td>문제
상황
파악</td><td>동기
유발</td><td>○ 인간관계에 대한 생각을 떠올리기
· 나의 가까운 인간관계는 누구인가요? 가까운 사람들을 생각하면 무엇이 떠오르나요? 내가 속한 사회를 위해서 나는 어떤 행동을 하나요?</td><td>-친구가 생각납니다.
-친구가 있어서 함께 학원을 다니고 즐겁게 놀 수 있습니다.
-내가 속한 우리 반을 위해서 나는 청소를 합니다.</td><td>5′</td><td></td></tr>
<tr><td rowspan="2"></td><td>학습
문제
파악</td><td colspan="2">○ 학습 문제 확인하기
친구들과 잘 지내는 방법을 생각해 보고, 우리 반과 학원에서 나의 역할에 대해서 살펴봅시다.</td><td rowspan="2"></td><td rowspan="2"></td></tr>
<tr><td>학습
활동
안내</td><td colspan="2">○ 학습 활동 안내하기
〈활동1〉 학습문제 이해하기
〈활동2〉 친구와의 관계에 대해 쓰기
〈활동3〉 학급과 학원에서 나에 대해 발표하기</td></tr>
<tr><td>문제
원인
확인</td><td>공부
할
내용
떠올
리기</td><td>〈활동1〉학습문제 이해하기
○ 친구관계 이해하기
· 여러분에게 친구의 의미는 무엇인가요?
· 친구에게 나는 어떻게 대하나요?</td><td>-친구는 나와 함께 하고 나를 좋아합니다.
-친구가 있어서 생활이 즐겁습니다.
-나는 친구를 좋아하고, 즐겁게 해주려고 합니다.</td><td>10′</td><td>※학생들이 자유롭게 자신의 의견을 얘기하도록 분위기를 조성한다.</td></tr>
</table>

학습 단계	학습 과정	교수 · 학습 활동		시간 (분)	자료, 유의점
		교사	학생		
정보 수집	자료 작성 하기	〈**활동2**〉행복한 가족관계에 대해 쓰기 ○원만한 친구관계를 생각 그물을 통해 정리하기 · 친구와 좋은 관계를 가지려면 나는 어떻게 해야 할까요? 생각그물 학습지를 완성해 봅시다. ○나를 행복하게 만드는 친구를 상상일기로 작성하기	-친구를 기쁘게 할 수 있는 나의 행동을 생각 그물 학습지에 완성합니다. -친구때문에 행복한 상상 일기 학습지를 완성합니다.	10′	· 생각 그물 학습지 · 일기 학습지
문제 해결	학습 내용 발표	〈**활동3**〉학급과 학원에서 나에 대해 발표하기 ○학급과 학원에서 나는 어떤 사람인지 생각 발표하기 ○나의 공동체를 위한 역할을 발표하기 · 여러분은 예의를 잘 지키나요? 어떤 행동하나요? · 학급이나 학원에서 어떤 행동을 하나요?	-친구들과 즐겁게 지냅니다. -친구의 의견을 존중합니다. -친구와 선생님에게 인사를 잘합니다. -휴지를 줍습니다. -도움이 필요한 친구가 있으면 먼저 돕습니다.	10′	
정리	학습 내용 정리	○학습 내용 정리하기 · 오늘 공부한 내용을 말해 봅시다.	-친구의 의미를 알게 되어 좋았습니다. -사회생활에 예절이 필요하다는 것을 알았습니다.	5′	
	차시 예고	○차시 예고 및 과제 제시			

5. 『격몽요결』과 초등 사회과교육에의 활용

교육부가 밝히고 있는 사회과교육의 목표는 민주시민으로서의 자질을 함양하고, 사회현상의 다양한 측면을 다루는 것이다. 사회과는 사회, 경제, 지리, 법, 역사 등 융합적인 성격을 가지고 있다.[32] 이러한 사회과 교육의 목표에는 이 시대가 교육해야 할 인재상이 반영되어 있다. 또한 다양한 사회현상을 이해함으로써 사회질서에 부합할 수 있는 역량을 함양하는 것에 기여하고자 한다. 오늘날 사회변화는 기하급수적인 속도로 나타나고 있다. 변화하는 사회는 새로운 사회질서와 규범을 필요로 한다. 사회과교육에서는 이러한 변화에 부응할 수 있는 교육적 비전을 모색해야 한다.

사회과 교육의 목표달성은 교사의 역량과 가치관에 따라 다른 결과를 도출할 수 있다. 교사의 세계관은 교육을 통해서 학생들의 사회화에 영향을 미칠 수밖에 없다. 그런 의미에서 교사교육의 의미를 생각해 볼 수 있다. 『격몽요결』을 사회화라는 관점에서 분석해 보고, 새로운 사회과교육의 사회화에 대한 방법으로 의미를 고찰한 이유도 여기에 있다. 사회과 교육을 담당해야 할 교사는 다양한 이론적 접근을 통해서, 학습수요자의 눈높이와 기대에 부합하는 교육내용을 제공하기 위한 노력을 기울일 필요가 있다. 『격몽요결』은 이러한 필요성에 대한 하나의 대안이 될 수 있다. 사회화는 인성 즉 자아형성 과정에 영향을 미친다. 『격몽요결』에서 사회화는 인성함양에 직결되는 주제이다. 그 의미를 살펴보면 다음과 같다.

첫째, 『격몽요결』은 어떤 삶을 살아야 할 것인가에 대한 답을 준다. 이 책에서는 '나는 누구인가', '자신의 삶의 목표는 무엇인가', '어떻게 구습舊習을 버리고 학문으로 나아갈 수 있나', '바른 몸가짐과 마음가짐은 무엇인가', '효를 행하는 방법은 무엇인가', '예를 다하는 방법이란' 등의

32 심민수 외, 「4차 산업혁명 시대 사회과의 목표와 내용」, 『학습자중심교과교육연구』 18(20), 2018, 383쪽.

잘사는 삶에 대한 질문과 그에 대한 해답을 담고 있다. 이와 같은 내용은 자연스럽게 시대가 요구하는 규범적인 구성원을 사회화하는 데에 기여한다. 인간으로서의 도리를 밝히고 삶의 진리에 다가가도록 사회화한다는 의미를 가지고 있다.

둘째, 『격몽요결』에서 사회화의 궁극적인 인간상은 '성인'이다. 기존의 사회화 이론에서 이미 언급하고 있듯이, 인간은 자신의 정체성을 확립할 때, 일반화된 타자와 의미 있는 타자의 영향을 받는다. 사회화의 주관자가 정체성을 형성하는 데에 결정적인 영향을 미친다. 그런 의미에서 자신의 본성이 무엇인가에 관심을 기울이고 어떤 모습의 삶을 지향할 것인가에 대한 비전을 형성하도록 하는 것은 정체성 확립에 중요한 의미가 있다. 욕망의 노예가 되어 삶으로부터 소외되기 십상인 오늘날 삶의 환경 아래에서 자신의 본성을 깊이 이해하고 '성인'으로서 정체성을 사회화는 그 의미가 크다.[33]

셋째, 『격몽요결』에서 주목하는 요체는 개인의 생활 자체이며, 그 삶에서의 행동과 실천을 중시하고 있다는 점에서 의미가 있다. 이로써 일상에서의 인간적인 덕목을 함양하고 예를 실천할 수 있는 사회화를 강화하는 데 기여한다. 이 책에서는 도덕적 행동을 요구하는 것에 그치는 것이 아니라, 왜 그런 행동을 해야 하는지를 설명하는 교육서라는 점이 의미가 있다. 또한 「격몽요결」에서 다루는 사회화의 내용은 매우 구체적이고 현실적이다. 구체적인 삶의 상황에 부합하고 현실의 상황을 대상으로 하는 행동지침을 다루고 있다. 따라서 『격몽요결』의 지혜와 이상에 공감한다면, 누구나 인성함양의 효과를 거둘 수 있는 사회화의 교재로 활용할 수 있다.

---

33 홍승표, 「탈현대교육으로서의 유교교육」, 『사회사상과 문화』 30, 2014, 190쪽.

일상위기의 극복과 용호비결의 함의

정승안

일상위기의 극복과 용호비결의 함의

정 승 안

1. 머리말

한국에서의 종교현상이 불러오는 많은 사회적 관심과는 달리 서구에서의 현대사회의 위기에 대한 논의들은 종교 인구의 급감이나 세속화 그리고 종교성과 관련한 부정적인 지표들에 관심이 더 집중되고 있다. 미국이나 유럽에서도 불교나 동양 종교에 대한 관심의 증가세도 두드러진다. 그러나 르네상스를 가져왔던 동양사상에 대한 관심과 주역周易에 대한 현대 물리학자들의 연구들에 비추어 본다면 다소 늦은 감도 있다.[01]

오늘날 서구에서 실증과 과학의 논리로 무장한 많은 연구자들이 동양의 다양한 사상들에 관심을 두고 시선을 옮기는 이유는 몇 가지 측면에서 살펴볼 수 있을 것이다. 먼저, 이미 과학적인 관점의 대명사로 불리던 데카르트적인 이분법과 실증주의에 기반한 세계관에 대한 인식이 한계에 봉착했다는 사실이다. 둘째, 오늘날의 사회과학이 현대사회가 마주하고 있는 다양한 위기와 위험에 대한 대안과 비전을 제시하지 못하고 있다는 점이다. 셋째, 신자유주의적 세계화를 기치로 발전하고 있는 현대

01 라이프니츠의 이진법이 주역의 음양론에 착안했으며, 아인슈타인이나 닐스보어, 카프라를 비롯한 많은 현대 물리학자들이 주역을 심층적으로 연구했다는 것은 익히 알려진 사실이다.

자본주의의 물신성과 황금만능주의가 인간의 소외감을 극대화하고 있다는 사실이다. 넷째, 이분법적인 대립과 권력관계만으로 인간을 이해하고자 하는 서구적 인간관이 근본적인 한계에 도달했다는 사실이다.[02] 이러한 다양한 현대 사회과학의 위기에 대해 동양사회사상적 관점에서는 대립적이기보다는 대대적待對的인 또는 상호적相互的인 관점을 견지하고 있는 논의를 통해 대안을 제시할 수 있다고 주장해 왔다.

결국 이러한 서구에서의 동양사회사상에 대한 관심들도 결국은 사회적 존재로서의 '나의 의미'와 '사회적 상호작용과 관계'들에 대한 대답을 추구하는 과정에서 비롯한다. 보편적인 인간의 삶의 본질에 대한 성찰적 모색은 동양과 서양이 다르지 않다. 현대사회에서 직면하게 되는 다양한 위험과 일상의 위기상황에서도 '자아'의 본래 모습에 주목할 수 있다면 이는 일상에 대한 성찰적 모색의 과정이자 위기탈출의 과정이 될 수 있을 것이다. 이는 결국 성찰적 존재로서의 자아의 재발견과정이다.

동양사상에서 제시하고 있는 보편적 인간상은 전지전능한 '신'에의 의존을 통한 해결이 아니다. 천도天道의 항상함을 따르는 성인聖人의 길을 좇아가고자 한다. 하늘天과 땅地과 사람人의 원리가 인간이라는 존재 안에 이미 갖춰져 있음을 자각하고, 대자연의 원리를 체득하고, 그 흐름을 거스르는 것이 아니라 순연한 자세로 받아들여 일상을 이어나가는 성인聖人과 군자君子에의 지향은 오늘의 위기사회를 살아가는 현대인들에게는 분명한 좌표와 기준이 될 수 있다.

여기서는 이렇듯 하늘과 땅의 운행원리를 스스로 체득하며 대자연의 삶에 함께하고자 하던 고금의 학인學人들의 실천적 지침으로 널리 전해져 왔던 한국선도의 핵심경전, 용호비결龍虎秘決에 주목한다. 용호비결

---

02 특히 이러한 인간관계는 원초적인 공동체로서의 가족관계에서 두드러지는데, 오늘날 서구의 가족사회학자들이 서구의 '가족해체'에 대한 대안으로서 동양의 대가족제도를 선호하며 인류공동체의 대안이라고 제시하고 있다.

은 동양사상의 핵심인 주역의 원리와 참동계參同契를 활용하여 수행修行에 입문하고자 하는 초보자나 일반인들이 쉽게 입문하고자 하는 방향과 방법을 상세하게 제시하고 있다. 고금에 사상사에 그 흔적을 남긴 선사先師들의 학문과 이론의 이면에는 실천과 수행을 둘러싼 여러 가지의 가르침을 남기고 있음에도 '비인부전非人不傳'과 '이심전심以心傳心'의 형태로 미미한 흔적을 남긴 것에 비한다면, 북창北窓 정렴鄭廉 선생이 비결로만 전해지던 수행의 비법을 그대로 드러낸 것은 가히 혁명적인 사건이라고 아니할 수 없을 것이다.

오늘날 수백만의 단학丹學과 호흡법을 연구하고 수행하는 학인들이 있다. 일상에서의 수행과 실천을 추구하고자 하는 이들에게 용호비결은 가장 소중한 수행의 지침서이자 교본이다. 북창 정렴 선생께서 제시하셨던 '용호비결'은 이를 현대적으로 계승하여 풀어쓴 봉우 권태훈 선생의 '봉우수단기'로 이어졌다. 오늘날의 수많은 단학수행자들드 여전히 '용호비결'을 수행의 귀중한 지침으로 삼는다. 그러므로 북창 정렴의 '용호비결'이 한국의 선도사상사에서 독보적인 위치를 차지하고 있다는 사실은 누구도 회피하기 어려울 것이다. 오늘날까지 이어지고 있는 그 실천적 의미에 대한 찬사는 아무리 강조해도 지나치지 않을 것이다.

그러므로 한국사상사를 연구하는 데 있어 실천적 귀결은 '수행'에서 찾아야 한다. 문제는 '어떻게 수행할 것인가?'에 대한 논의로 이어져야 할 것이다.

2. 현대사회의 일상화된 위기와 성찰성의 사회학

1) 일상화된 위기의 시대

전통사회에서의 표출되는 사회적 갈등과 위기의 양상은 천재지변이나 자연재해가 주된 요인이었다. 그렇지 않다면 천명天命에 부합하지 못하는 패도적인 군주의 학정이나 지배구조를 둘러싼 왜곡과 갈등이었다. 그러나 오늘날 현대사회에서의 위기는 사회구조적인 양상이 두드러진다. 울리히 벡(Beck, 1998: 29-30)에 의하면, '현대사회는 집단에 따라 공유하는 의미의 원천(예컨대 계급의식 또는 진보에 대한 신념)이 고갈, 붕괴, 상실'되어 가는 위기의 사회이다. 결과적으로 그러한 '의미 추구와 모든 결정에 대한 수고가 개인에게 부과'되기 때문에, '과거에는 가족, 마을 공동체 또는 사회계급이나 집단에 의지함으로써' 충분히 극복해 나갈 수 있었던 '생애의 기회, 위기, 동요'와 같은 사회적 문제들을 현대사회에서는 모두 '개인 자신이 인지하고 해석하고 처리해야 하는 개인화된 사회'로서의 특성을 지니고 있다는 것이다.

특히 오늘날 우리가 겪고 있는 코로나 팬데믹과 같은 세계적인 질병의 위협과 위험의 진원지는 위기의 일상화시대를 가져왔다. 미국의 9.11 테러에서 시작된 세계적인 차원의 위협과 재난, 일상의 위기는 일본대지진과 원전누출사건과 같은 사건에서 코로나펜데믹으로 인한 사망자통계라는 실시간 보도를 접하며 민초들은 이미 세계적인 재난과 위험이 일상화된 개인의 위기로 체험하고 있다. 위기에 대한 위협은 곧 뒤따라오게 될 세계경제의 보편적인 위험과 위기에 주눅들게 한다. 이미 IMF를 겪은 바 있는 우리에게는 더욱 몸에 와 닿는 긴박한 위기요인이 아닐 수 없다. 오늘날 이미 전 세계적으로 진행되고 있는 실업과 비정규직화 그리고 양극화현상을 통한 불평등의 구조화 양상은 반세계화운동이라는 계란만으로 물리치기에는 너무나 강고한 바위이다. 이미 돌이킬 수 없는 신자유주의적인 세계화는 오늘날 일상과 삶의 재생산의 위기의 또 다른 진원이다.

그러나 오늘날 위기의 현재화 양상을 살펴보면 세계적인 차원의 위기나 국가, 정부의 구조적인 위기의 징후들이 결국은 개인의 영역에서 더욱 복합적이며 중층적으로 작용하고 있다는 사실은 여실히 확인된다. 개인의 일상과 삶의 재생산의 위기의 차원에서 더욱 중첩되어 현재화하고 있는 것이다. 결국 매일매일 되풀이되는, 사소한 것으로 치부되고 있는 우리의 평범한 '일상'이 문제인 것이다. 위기의 세계화시대에서 일상의 위기와 재편전략에 주목해야 되는 이유이다.

위험과 위기에 대한 최근의 논의들은 주로 '질병'과 '테러', '재난', '사고'를 둘러싼 불가항력적인 위험에 대한 사건들의 인식에 주목한다. 지금은 코로나펜데믹으로 인한 위기의 그늘에 갇혀있지만 금융위기와 같은 경제적인 측면들이 핵심쟁점으로 부상된다. 그러나 조지 리처(George Ritzer)가 '효율성'과 '계산가능성' 그리고 '예측가능성'과 '통제'를 통해 조직화된 자본주의 사회의 조직과 합리성의 운영원리가 직면하게 되는 사회의 맥도날드화(Macdonaldization)는 필연적으로 합리성의 비합리성을 초래하고 있으며 오히려 족쇄와 같이 작동하며 사회적 의기상황을 초래하고 있다고 지적한 것처럼 바야흐로 우리는 합리성과 효율성이 초래한 '위기의 일상화' 시대를 맞이하고 있는 셈이다.

이렇듯 근대성의 원리가 급진화되면서 도래하는 현대사회의 위기의 양상은 정보사회를 통해 더 심화되고 있다. 오늘날의 4차 산업혁명을 위시한 급격한 기술발전과 생활세계의 변화는 그 속도만큼이나 '위기의 만연화'와 '일상화'를 초래한다. 인간의 '이성'과 '실증'이라는 과학적인 방법을 통한 사회에의 설명이 유일한 제일의 방법으로 인정되고 있을 때,

이미 위기는 그 안에서부터 배태되었다. 계몽주의와 합리주의가 실증과 과학이라는 이름으로 세계를 지배하기 시작할 때부터 이미 그 안에서부터 싹터왔던 것이다.

현대사회가 직면하고 있는 총체적 위기에 대해 기존의 사회과학과 이론적 논의들의 대안부재와 무력함에 대해 우리는 이미 눈으로 확인하고 있다. 이에 반해 사회문제의 근본원인에 대한 총체적이고 전인적인 분석과 문명사적 관점에서의 대안을 제시하고자 하는 동양사상적 관점에서의 논의들은 나름대로의 설득력을 얻어가고 있다. 위기의 총체성과 더불어 되풀이되는 일상과 생활세계에의 천착을 중시하는 일상생활의 사회학적 관점들 또한 많은 시사점을 던져준다. 일상적인 '사건'은 보편적인 우주의 원리와 세계적인 위기의 상황들도 동시에 존재하는 삶의 현장이자 실재의 공간이다. 사건의 연속이 바로 일상이다. 이렇듯 매일 당면하는 일상의 위기와 사건들에 대해 민초들은 다양한 방법으로 위기 탈출을 모색하기 마련이다. 일상의 위기와 탈출 그리고 생활세계의 재편전략들은 다양한 방식으로 시도되며 생활세계를 재구조화한다. 특히 이러한 시도들은 개별화된 몸에 대한 성찰과 다스림, 결국 수기치인修己治人의 도道로써 수신修身의 문제에 주목하게 된다.

최근 들어 급증하고 있는 '명상'이나 '참선', '수련'의 붐은 소수의 전유물이 아니라는 것을 반증한다. 한국사상사에서 수신修身과 수행을 통한 깨달음과 최고의 지침서로서의 '용호비결'에 관심을 가질 수밖에 없는 이유도 여기에 있다.

2) 일상의 위기에 대한 성찰성과 동양사상

현대사회의 위기의 본질은 결국 '일상의 위기'로 귀결된다. 역사적으로 볼 때 전통사회는 관습과 전통이 지배했기 때문에 개인의 입장에서는 사회적 요인보다 자연적 요인이 삶에 주요한 계기로 작용하는 수가 많았다. 그러나 유기적 사회로서의 현대사회는 사회적 체계에 의해 사건과 사고를 만나는 것이 오히려 '정상적인 것'으로 치부된다. 그런 의미에서 현대에는 위기가 일상화(김형균, 2008: 367)된 시대임에 틀림없다. 우리는 바야흐로 위기의 일상화, 일상화된 위기의 시대를 살아가고 있는 것이다.

조지 리처(George Ritzer, 2006: 203)는 "우리 모두는 마치 우리들의 삶이 안전한 것처럼 보이게 만드는 일련의 매일의 일상(daily routines)을 따른다. 그렇지만 우리는 우리를 둘러싸고 있는 위험(risks)을 고통스럽게 깨닫고 있다. 이 위험은 그 본질적으로 지구적이며 … 또한 증대하고 있는 지구경제적 상호의존성과 같은 것을, 그리고 세계의 한 부분에서의 경제적 위기가 우리들 주위의 전 지구경제의 붕괴를 가져올 수 있을 가능성을 포함한다"고 지적한다. 그러나 이러한 사회적 위기와 성찰성의 인식들은 중대한 인식론적인 장벽에 직면한다. 위험화된 사회의 모습들이 우리의 인식의 바깥에서 '대상화'되고 '분리된' 채로 받아들여지고 있기 때문이다. 결국, 이러한 관점에서는 현대사회의 위험과 위기에 대한 인식들이 나의 생활세계를 파괴하는 것들이거나, 외부적인 '두려움'의 존재로 받아들여질 수밖에 없다.

현대사회의 위기에 대한 다양한 논의들은 흔히 근대성의 위기, 근대적 이성으로 부각되는 과학 및 도구적 이성에 대한 비판과 맥을 같이하면서 활성화되어(박재환, 1994: 7) 왔기 때문이다. 기존의 성찰성에 대한 관심들은 G. Ritzer나 A. Giddens의 논의들을 중심으로 이어졌다. 그들에게 있어 근대세계의 사람들은 사건을 단순히 전문가들에게 맡기는 것에 만족하지 않는 것을 '성찰적'이라고 파악한다. 특히 리처나 기든스의 논의에 따르면 성찰성(reflexivity)의 문제를 '사회적 문제(핵문제, 유전자)

들에 대해 속세적인(mundane) 것을 끊임없이 음미'하고 있는 것으로 이해되고 있다. 그러므로 사람들에게 그 이슈에 대한 그리고 그것이 그들의 삶에 대해 갖는 함의들에 있어서의 끊임없이 주어지는 불안감(sense of uneasiness)을 주고 있는 것에 주목하게 된다. 결과적으로 이러한 성찰의 결과로 우리들 자신의 행동과 생각을 끊임없이 음미하고 개혁함에 의해 우리는 더 큰 불안을 갖게 된다(G. Ritzer, 2006: 202-203 참조)는 것이다.

그러나 이러한 관점들과 논의에서는 '사건'과 '삶'은 분리된다. 전체로서의 대상화된 구조와 완전히 독립적으로 영향받는 주체로서의 개인이 설정되고 있기 때문이다. 그러므로 이러한 한계를 넘어서기 위해서는 구조와 삶 전체를 아우를 수 있는 일상생활에 대한 사회학적 조망이 필수적이다. 더구나 이러한 관점들은 이미 오랫동안 동양적 사유양식에 있어서 보편적인 방식으로 면면히 작동해 왔다는 사실에 주목해야 할 것이다. 무엇보다도 현대사회에서의 위기의 양상에서는 전통적인 사회에서처럼 하나의 독립된 사건으로 존재하지 않는다. 매일 되풀이되고 있는 일상생활에서의 일상과 사건은 전혀 별개적인 것이 아니라 삶의 양면적 속성이며 동시적인 현상으로 파악될 필요가 있다. 위기는 이미 일상화되었고 일상 자체는 위기의 반복적인 재현으로 이루어진다. 일상생활 속에서 반복적으로 재현되는 위기는 또한, 이미 그 자체로 삶의 진정한 한 부분으로 존재한다. 일상은 사건을 통해 드러나고 사건의 연속적인 구성으로 일상은 반복되고 있기 때문이다.

기존의 지식사회학이나 현상학적 사회학적 관점에서의 접근을 제외하면 사회과학의 일반적인 논리들에서는 현대사회의 드러난 위기의 양상과 구체적인 사건과 양태들에 주목한다. 이에 반해 동양적 사유양식에서는 총체적이고 전체론적이며 보편적인 양상에 더 주목한다. 또한 자연이나 대상과의 대립적인 존재가 아닌 소우주로서 상호작용한다는 관점을 중시한다. 이러한 관점들에서는 당면한 대상세계의 위기의 현상이나 드러난 모습들보다는 사건들의 '이면裏面'이나 근본적인 측면에 주목하기 마련이다. 그러므로 당면한 위기와 문제를 넘어서기 위한 생활세계의 성찰성과 깨달음의 문제에 주된 관심을 갖게 되는 것은 자연스럽다. 그러므로 일상의 위기를 넘어서 일상적인 사건의 종합적인 이면을 동시에 알아채는 '깨달음'의 경지를 추구하는 방법론이 동양적인 사유구조에서는 우선적으로 받아들여진다.

실존하는 사회나 현상의 존재이유와 근본적인 존재의 원리에 중점을 두는 것이 형이상학이라고 했을 때, 그것은 꼭 어떠한 정해진 하나의 법칙정립적인 경향을 지니는 것이 아니라 그 실체성을 얼마만큼 드러내는가가 중요한 판단의 기준으로 부각된다. 이러한 성찰성이 동양적 사유양식에서는 '통체성'과 '전체성'에 대한 인식으로 나타난다. 그러그로 부분과 전체는 통체이며, 사물의 근본적인 존재원리로서의 '이理'와 물질적 존재형식으로서의 '기氣'는 동시적으로 현재화된다. '체體'나 '용用'의 관계나 '본말本末'에 이르기까지 대대적 상대성을 사물과 물질의 보편적인 존재원리로 받아들이기 때문이다.

성리학의 핵심은 수기치인의 학문이라고 한다. 그 어느 곳에서도 수신修身에 대한 언급이 빠지지 않지만 구체적인 수행과 수신의 경로와 방법을 명확하게 제시하는 경우는 찾아보기 어렵다. 왜 그럴까? 수행의 비결은 아무에게나 전해서는 안 되기 때문이다. 그 사람됨의 문제를 고려해야 한다는 비인부전非人不傳, 비기인물전非其人勿傳의 논리는 자연스럽게 옛 선비들의 공부와 인간론에 접목되고 있는 셈이다.

마음과 마음으로 마주보는 마음공부를 아무나 하겠는가? 동물성의 원천인 물질과 외물에 집중하여 명리와 권리와 이해를 추구하는 금수禽獸와 같은 현대인들에게 마음의 주인이 될 자격이나 관심이 있겠는가? 그러나 동양사상의 핵심관건은 바로 여기에 있다. 마음이 주인되고 지극한

선에 머무르고자 하는 자만이 '대학大學'이라는 큰 학문에 이르는 길이라는 것을 대학의 3강령으로 제시하는 이유이다. 이를 꼭 입으로 제시하지 않았다고 해서 말한바 없다는 것은 동양사상의 몰이해에 기반한다. 그러므로 주자도 '십훈十訓'으로, 율곡도 '구용九容'과 '구사九思'로, 구한말의 최고의 유학자라 일컬어지는 면우 곽종석 선생도 이러한 어린이 시절의 행동지침을 '몽어蒙語'라는 형태로 제시하고 있다. 성경의 유명한 말 중에 '두드려라! 열릴 것이다'라는 문장이 있다. 누구든 그 앞에까지 끌고 갈 수는 있겠지만 문을 여는 것은 바로 그 당사자의 실천의 몫이 없이는 불가능하기 때문이다. 이를 생활문화에서 자리잡도록 '동몽童蒙'에 주목한 것이다.

오늘날 몸만들기와 더불어 수행과 수신에 대한 사회적 관심이 높다. 이는 사회적인 열풍으로도 확인된다. 그렇다면 현대사회에서 수행의 진정한 의미는 무엇일까? 바로 소외된 현대사회에서의 잃어버린 자기정체성에 대한 성찰과 재발견일 것이다. 육체와 외물, 현대 자본주의의 탐욕적인 물질의 노예에서 벗어나 주인되는 삶에 대한 자각이다. 물질적 풍요와 경쟁을 중심으로 하는 신자유주의적 세계화시대의 물질의 포로에서 벗어나는 것은 내가 나답게, 나의 본래 모습에 대한 재발견의 과정이다. 이는 사회를 새로운 방향으로 이끌어가는 힘이 될 것이다. 서구 사회학의 위기에 대해 동양의 사회사상에서 그 해답을 찾고자 할 때 첫 번째로 마주하게 되는 관문이 바로 '수신'이다. '수신'과 '수행'의 사회학적 고찰이 필요한 이유가 여기에 있다.

서구사회학의 위기는 맹목적인 실증자료와 통계분석의 이면을 넘어서야 극복 가능하다. 결국은 '사람'이 문제이고 사람의 문제가 본질이기 때문이다. 그 사람됨의 과정에서 만나는 수신과 수행이 사회적 실천의 요체라는 사실을 확인하는 과정에서 새로운 가능성을 찾아볼 수 있을 것이다. 이러한 시대적 과제에 부합하는 한국사상을 대표할 수 있는 이가 북창 정렴 선생과 용호비결이다.

3. 북창 정렴의 삶과 용호비결

1) 북창 정렴의 생애와 삶

북창 정렴(鄭磏, 1506~1549) 선생은 본관이 온양溫陽이다. 부친은 순붕(順鵬, 1484~1548)이다 자는 사결士潔, 호는 북창北窓이다. 주요저서로는『龍虎秘決』,『東垣珍珠囊』,『劉氏脈訣』, 북창시집이 있다.

정렴 선생은 중중원년(1506) 3월 갑신甲申일에 태어났다. 그의 선조는 탕정현(온양)사람이며 그의 아버지 순붕順鵬은 중종, 인종, 명종대를 섬긴 분이다. 그의 어머니는 양녕대군 제堤의 증손녀이다. 선생은 조선시대 최고의 단학가로 불린다. 용호대사라고도 불리운다. 포천현감을 지냈다. 유불선에 두루 통하고 의학에도 정통, 유의儒醫라 불리기도 한다. 이외에도 천문, 지리, 의학, 복서에 두루 능하였고, 약의 이치에도 밝았다고 한다. 선생의 무덤은 양주 사정산砂井山선영아래 있으며 비석이 있다. 선생에게는 지복之復, 지임之臨 두 아들이 있었으나 둘 다 요절하였고 조카 지승之昇의 아들 시時가 북창의 가계를 이었다.

미수眉叟 허목(許穆, 1595~1682)의『미수기언眉叟記言』에서 북창 선생의 전기를 자세하게 소개하고 있다. 성익수가 지은 〈정렴행장〉에서, 선생이 14세 때에 중국을 관광하였는데, 봉천전奉天殿에서 도사와의 문답이 유명하다. 〈황정경〉, 〈참동계〉, 〈도덕경〉, 〈음부경〉등의 도경으로 도사를 굴복시키는데 유구에서 온 사신이 역학 배우기를 청하자 유구말로 주역을 가르쳤다는 기록도 등장한다. 이를 『해동이적』[03]에서는 다음과 같이 근거를 남기고 있다.

> "소시에 산사에서 선가禪家의 육통법을 시험해 보려고 삼일 동안 정관하였더니 백 리 밖의 일을 훤히 알았다. 이로부터 천문, 지리, 의약, 복서, 율려, 산수, 한어 및 외국어를 두루 배워서 못하는 바가 없었다. 비록 천 리 밖의 일이라도 마음을 고요하게 하여 집중하면 곧 알아내었다"(『海東異蹟』).

『어우야담』에 이르기를 정렴의 휘파람소리는 손등孫登, 완적阮籍, 소문蘇文의 휘파람이 따라가지 못할 것이라고 기록하고 있다. 그러나 다양한 이적에도 불구하고 선생은 유·불·선의 삼교三敎를 관통하였다. 그러나 공부의 근본을 성학聖學에 돌려 그의 유훈에도 효제孝悌를 오로지 힘쓰게 하였다. 특히 『소학』, 『근사록』을 초학자의 지름길로 삼았던 것은 어렸을 때의 교육에 주목하는 대부분의 한국사상가들과 공통된다. 일찍이 선생께서는

> "성학은 인륜을 중시한다. 그러므로 긴요하고 오묘한 곳을 말하지 않는다. 그러나 선불仙佛은 오로지 마음을 닦고 본성을 깨닫는 것을 근본으로 삼는다. 그러므로 상달上達한 사람은 아는 것이 많고, 하학자下學者는 단순하니, 이것으로 해서 삼교가 다르다고 하는 것인데 선불仙佛은 대동소이한 것이다"하였다(「연정회보」, 제12호, 3쪽).

---

03 1666년(현종7)에 홍만종이 단학설화를 수집하여 정리한 책이다. 단군에서 곽재우에 이르는 38인의 이적을 인물과 시대순으로 배치하여 정리하고 있다.

조정에선 선생이 천문, 의약, 율려에 능통하다 하여 장악원掌樂院 주부를 시키더니 그 후 관상감觀象監, 혜민서惠民署 교수教授로 임명하였다. 얼마 후 외직으로 포천현감抱川縣監을 하게 되었으나 곧 그만두고 양주의 괘라리掛羅里라는 곳에서 두문불출하고 연단화후법鍊丹火候法에 몰두하며 살아갔다. 선생의 부친 정순붕이 을사사화의 주역이 되자 이를 말리다가 뜻을 이루지 못하고 은거한 것으로 보인다.[04] 하루는 자신의 만가輓歌를 지었는데,

> 일생독파만권서一生讀破萬卷書 일생동안 만권의 책을 읽고
> 일일음진천종주一日飮盡天鍾酒 하루에도 천 잔의 술을 마셨네.
> 고담복희이상사高談伏羲以上事 태고적 일에는 소리 높여 담론하나
> 속설종래불괘고俗說從來不掛口 속된 애기는 입에 담지도 않았네.
> 안회삼십칭아성顔回三十稱亞聖 안자는 30을 살았어도 아성이라 불렸는데
> 선생지수하기구先生之壽何其久 선생의 수는 어찌 그리 긴고.
> (『北窓集』)

라 하였다. 여기서 선생은 북창 선생 자신을 언급한 것으로 보인다. 그리고 앉은 채로 세상을 뜨니 이때 나이 44세였다. 이에 대해 〈해동전도록〉[05]에서는 다음과 같이 기록하고 있다.

---

04 이능화, 조선도교사, 보성문화사, 1996, pp229~231.

05 한무외(韓無畏)가 쓴 해동전도록의 머리말에, 인조 때 어떤 중이 관동지방을 돌아다니다가 도적과 연루된 혐의를 받아 관원이 소지품을 검사하였는데, 바랑에서 한 권의 책이 나왔는데 책 이름이 〈해동전도록〉이었다. 고을수령이 보고 이상하게 여겨 그 중을 놓아 보내고 책을 택당(澤堂, 李植)에게 보내니 택당이 그 책을 세상에 전하였다. 이식의 발문과 한무외의 행적이 붙어있다.

"북창은 본래 이인으로 저절로 외국어와 조수의 알았다. 3일간 고요히 앉아 있은 뒤로는 백 리 밖의 일을 환하게 알게 되었다. 양주楊州에서 눈을 감고 10년을 앉았다가 병도 없이 떠나가니 당시 사람들이 말하기를 '신선이 되어갔다'고 하였다."(『해동전도록』)

선생은 스승이 없다고 전하지만 해동전도록을 보면 정희량에게서 도를 전수받은 중 대주大珠에게서 사사하였다고 기록하고 있다. 또한 제자도 없다고 전하고 있으나 용호결(북창결)을 내놓아 많은 사람을 가르쳤으니 후세에 이를 보고 단을 익힌 사람은 누군들 제자가 아니겠는가? 또한 여러 가지 행적들에 보면 구봉 송익필, 율곡 이이, 우계 성혼 등과도 깊은 교유관계를 가졌다는 논의들이 있는 것을 고려하면 동시대의 사회사상의 중심적인 교유의 위치에 있었음은 분명한 사실이며, 조선중기 한국사상사의 중시조반열에 든다고 평가할 수 있을 것이다.

세상에서는 북창 선생이 시해선尸解仙이 됐다고들 한다. 선생의 아우 고옥(정작)의 만시輓詩에서 다음과 같이 안타까움을 시구에 담아내고 있다.

수문계아성修文繼亞聖 글을 닦아 아성을 이었으나
염세화태선厭世化胎仙 염세 끝에 태선으로 화했네
적실삼생화寂實三生話 적막하구나 삼생의 이야기여

미수眉叟 허목(許穆, 1596-1682)은 선생의 행적에 대해 "정렴은 남과 이야기 할 때는 단 한마디라도 공자의 학문에서 벗어난 적이 없으니, 그 깨달음은 중과 같고 그 행적은 노자와 같았으나, 사람을 가르치는 데는

성인으로 종지를 삼아서였을 것이다"라고 평하고 있다.[06]

고옥은 북창 선생의 막내아우로서 이름을 작碏이라 하고, 호를 고옥古玉이라 하였다. 일찍이 형 북창 선생으로부터 단학을 배우고 후에는 수암守庵 박지화를 따라 금강산에 들어가 수련하였다. 수암 박지화는 본관이 정선이며, 화담 서경덕의 제자로 북창과 친했다. 고옥은 성정이 맑고 깨끗하여 여색을 멀리하고 책 읽기를 좋아했으며, 시에 능하고 의술, 방술方術등 모두 능통한 사람으로 명리를 구하지 않았다. 이후 선조 29년(1596)에 〈동의보감〉 편찬에 참여하고 벼슬은 사평司評까지 지냈으나 그의 부친이 을사사화乙巳士禍에 가담하자 벼슬을 버리고 방랑생활을 하여 일생을 금단의 비술 연마에만 마음을 쏟았다. 그의 벗으로는 임진란의 의병장 이순李順, 고경명高敬命이 있으며, 선배로는 격암格庵 남사고南師古가 있다. 고옥은 늙어갈수록 큰형 북창 선생과 함께 단학을 공부하며 시를 짓던 때가 눈에 선연한 듯 시를 주어 형을 추모하였다. 선조 갑진년(1603)에 하찮은 병으로 71세에 앉은 자리에서 세상을 떠났다. 그의 사촌형인 계헌桂軒 정초(鄭礎, 1493-1539)도 대과에 합격하여 교리에 이르렀으나 사직하고 단학공부에 정성을 다하였다 한다. 한 집안에서 이처럼 이름난 단학가가 같은 시대에 태어난 것도 드문 일이라 한다.

2) 도맥의 흐름

한국선도의 흐름을 살펴보는 데 있어서 자료들이 태부족이지만 〈청학집〉이나 〈해동이적〉, 〈해동전도록〉, 〈규원사화〉와 같은 책들은 중요한 참고도서이다. 유교중심의 세계관에서 도교나 선도의 흐름을 찾아볼 수

---

06 윤홍식 · 오병문, 『조선선비들에게 배우는 마음 챙김의 지혜』, 봉황동래, 2006.

있는 중요한 자료들이다. 특히 환인과 단군을 중요한 위치로 부상시키며 우리의 역사와 사상에 대한 자부심과 주체적 인식이 강하게 나타나고 있다는 사실이 눈길을 끈다. 한국선도의 흐름을 알 수 있는 이름과 행적들이 강하게 부상하고 있다는 사실에서 한국의 사회사상을 읽어보는 중요한 기준점이 될 수 있다.[07]

『청학집』에 따르면 조선 선가의 도맥에 대해 비교적 상세하게 대략 4개 계통으로 전해지는 것으로 서술하고 있는데, 본파와 별파로 크게 나뉘어지고, 본파에서 보덕의 分派가, 별파에서 大世·仇柒의 일파가 갈라져 나온 것으로 추정된다. 선가의 본파는 古仙人 廣成子와 明由를 시작으로 桓仁眞人→환웅천왕→단군→文朴氏→永郎→寶德으로 이어지며, 別派는 신라의 瓢公을 시작으로 참시昰始선인과 玉龍子에게 계승되는데, 참시선인의 도맥은 직접 勿稽子→대세 구칠→원효, 최치원, 이명李茗 등으로 계승된다.[08] 그러나 그 뒤의 고려·조선 시대의 승계는 애매모호하게 나타난다.

물론 청학집의 도맥의 계보를 있는 그대로 인정하기는 어렵다. 제대로 파악하려면 상고대로 올라갈수록 그 사실여부에 대한 비판이 겸해져야 하지만, 신선사상 및 도교사상이 지닌 초역사적인 성격과 사람을 통해 비전되는 속성 그리고 인용 자료의 부족으로 단정짓기는 어렵다.

물론 이 시기는 붕당정치가 시작되기 전, 임진왜란을 눈앞에 둔 시기였다. 대내외적으로 조선이 안정기를 거치며 정치, 경제적으로 제도화의 안정기를 구가하며 도학정치의 이상을 실현하기 위해 안간힘을 쓰던, 성

---

07 물론 이에 대한 부정적인 의견들도 있다. 위서(김성환, 2012)이거나 왜곡된 민족주의자의 위작이라는 박광용(1990)의 지적에서처럼 진위를 둘러싼 문제점과 아류민족주의의 산물이라는 비판도 충분히 가능하다. 그러나 책 자체에 대한 논의를 넘어 시대사적으로 공감되어 온 집합의식이자 사유의 상징적 산물이라는 점에서 긍정적으로 검토하는 데 큰 무리가 있다고 생각되지 않는다.

08 김성환, 「선가자료 『청학집』의 자료적 검토」, 선도문화 6집.

종대의 융성시대에서 연산군대의 사화를 겪고 훈구파에 맞선 좌절감을 느끼거나, 과거에 탈락하여 유학으로 뜻을 펼칠 수 없었던 많은 선비들이 전국을 주유하며 산천을 방랑하며 조선의 도가 및 고유한 선도사상과 만나기 시작했을 것이라는 유추는 자연스럽다.

『해동전도록』에서, 신라 말 최승우가 중국에서 종리권鍾利權으로부터 단학을 전수받은 이후 최치원, 고려의 李茗, 조선의 김시습을 거쳐 한무외까지 이어진 단학수련의 계보가 밝혀져 있다. 즉 내단 수련의 전통이 김시습을 거쳐 용호비결의 찬자인 정렴 등 단학파 도인들에게 이어졌다는 것이다. 조선후기 도가 사학자 홍만종은 정렴의 후손인 정두경에게 수학하였다. 따라서 그의 저술인 해동이적에 '金可紀', '權眞人', '徐敬德', '鄭磏', '柳亨進', '곽재우' 등 내단 수련가들에 대한 내용이 적지 않게 수록되어 있는 것은 당연한 일이었다.[09]

그러므로 16세기 후반인 명종·선조 때의 사림파와 선파仙派 인물들이 사생제관계師生弟關係를 맺어 새로운 도맥을 형성했다는 것은 자연스러운 현상으로 보인다. 또 사제관계가 뚜렷하지 않은 인물들도 많이 등장하지만, 조선 중종·명종 때의 남사고南師古와 정작鄭碏·홍유손洪裕孫 등의 내단파 문인들도 연결되어 있다는 점들을 고려하면 조선 중기 이후의 선도의 인맥에도 빈번한 교류와 융합이 있었던 조선 중기는 '한반도에서 선도사상의 르네상스'의 시기였음은 분명하다.

09 김경수, 「봉우 권태훈의 생애와 현실인식」, 『고조선단군학』 제35호, 2016, 36쪽.

4. 시대적 상황과 배경

1) '사림', 사림파의 형성

조선시대 정치사는 정치주체에 따라서 다양하게 구분된다. 사대부정치, 훈신정치, 사림정치, 탕평정치, 외척세도정치가 그것이다. 훈구세력들이 연로하고 물러나면서 중종조에서 명종조까지의 시기에는 외척 권신들의 시기가 있었고, 선조대에 이를 청산하는 과정에서 사림정치의 시대가 열린다.

사림이란 원래 사대부의 무리를 지칭하는데, 정만조는 '문자 그대로 선비의 숲이란 뜻이며 사족의 군집성을 드러내는 표현인데 대개 15세기 말엽부터 사용되며, 사회적 존재로서는 현직 관인보다는 진사층을 중심으로 한 재야 지식인을 포괄하면서 사장보다는 경학 그리고 그것의 기본정신을 성리학에서 구하는 공통점'을 가지고 있는 집단(정만조, 1985)[10]이라고 칭하고 있다. 고려 말과 조선 초기에는 문관과 무관을 통틀어 사대부라고 했다. 이성무(2000: 107)는 '문·무 양반관료와 그 일족 그리고 벼슬하지 않은 선비들까지 포함하는 말'이라고 칭한다.[11] 여말선초의 왕조교체기와 세조 집정을 전후하여 등장한 사대부계층은 집권세력과 재야세력으로 분화된다. 특히 세조의 계유정난이후 성종조에 이르는 18년 동안 250명의 공신들을 중심으로 형성된 훈구파가 정권을 차지하게 되었는데 이때 소외된 부류들을 '사림파'라 부르기 시작했다. 사림은 우리가 일반적으로 지칭하는 김종직 일파로서 집권층인 훈구파와의

---

10 정만조, 「조선시대의 정치적 갈등과 해결」, 『조선시대 정치사의 재조명』, 범조사, 1985.
11 이성무, 『조선시대당쟁사1』, 동방미디어, 2000, 107쪽.

대칭이며 포은圃隱 정몽주와 야은冶隱 길재의 학통을 잇고 주자학적 실천 윤리를 강조하던 신진사류로서 처음에는 영남지방 출신이 주류를 이루고 있어 영남사림파라 부르기도 하였다(이수건, 1980: 20).[12]

2) 정치적 갈등과 사화士禍

일반적으로 4대 사화士禍는 연산군 4년(1498)과 10년(1504)에 발발한 무오사화, 갑자사화, 중종 14년(1519)의 기묘사화, 명종 즉위년(1545)의 을사사화를 통칭한다. 16세기 전반기, 약 50여 년에 걸쳐 발생한 4대 사화는 일반적으로 조선왕조가 초기에서 중기로 전환되어가는 과도기에 발생한 사건들이다. 이 시기는 신구 정치세력의 충돌과 교체기였다. 여기서 구세력인 훈구파는 세조 이후 거듭된 비정상적 왕위계승과 정변 등에 관여하여 공신으로 책봉된 대신들로서 정치경제적 특권을 과점하는 배타적인 특권집단을 형성하고 있었다. 한편 성종 집권기 이후 본격적으로 등장한 신진세력인 사림파는 삼사, 즉 홍문관, 사헌부, 사간원과 같은 간쟁기구에 진출하여 훈구파와 대립하고 있었다. 정통 주자학자들인 사림파는 조선을 주자학의 교의대로 철저히 개조하고자 하였다. 아울러 이들은 왕통과 도통의 분리를 전제로 정치의 올바른 방향을 실질적으로 담지하고 있는 주체는 왕통을 물려받은 국왕이 아니라 도통을 전수받은 자신들이란 신념을 가지고 있었다(김상준 2001, 214).

예종이나 성종대에 훈구파를 억제하기 위해 신진사대부의 등용이 많았는데, 이들은 주로 언관, 전랑, 사관직을 맡아 부패한 훈구세력의 비판에 열심이었다. 조광조의 도학정치가 절정이었는데 이러한 급격한 개혁

---

12 이수건, 『영남사림파의 형성』, 영남대학교 민족문화연구소, 1980, 20쪽.

요구에 염증을 느낀 중종은 훈구세력들과 결탁해 오히려 조광조 등 사림파를 몰아냈다. 이를 기묘사화己卯士禍라고 한다. 이때부터 훈구세력들의 외척 권신정치시대가 시작된다. 기묘사화로 큰 타격을 받은 사림파는 중종말기 인종조에 다시 복귀한다. 그러나 어린 왕이 1년여도 못 채우고, 그 아우인 명종이 즉위하자 인종의 외척인 대윤(大尹, 윤임 세력)과 명종의 외척인 소윤(小尹, 윤원형)사이에 권력 쟁탈전이 벌어졌다. 이들 외척 세력은 사림을 대하는 태도에 있어서도 차이가 있었는데, 대윤(윤임 일파)은 사림을 비호하였고, 소윤(윤원형 일파)은 반대했다. 그 결과 명종 초기의 을사사화乙巳士禍로 윤임 세력뿐만 아니라 많은 사림파가 희생당하게 된다.

명종이 나이 20세가 되자 명종 8년(1553) 문정왕후의 수렴청정이 끝나고 명종이 친정을 시작한다. 윤원형의 발호를 견제하기 위해 불러들였던 이량의 사림 축출시도가 심의겸의 도움으로 방지되고 문정왕후의 죽음을 계기로 사림파는 본격적으로 재등장하게 된다. 결국 선조 이후 기묘사화 이후 축출되었던 사림파가 대거 정계에 입문하면서 명종과 문정왕후의 비호 아래 권세를 휘두르던 훈구파는 참패하고, 이른바 '사림정치'의 시기로 접어들게 된다. 그러나 훈구세력과 권신들이 정치무대에서 사라지면서 적대세력이 없어진 사림파는 스스로 분열과 갈등은 동서분당과 붕당정치로까지 나아가게 된다. 이러한 사림들 중심의 대의명분론적 유교정치는 선조대로 이어져 권력지향적인 붕당의 싹이 되었다.

다시 말하면, 조선 전기의 사화들은 그것이 훈구세력에 의해서든 궁중 또는 외척에 의해서든 간에 화를 당한 쪽이 거의 신진사류였다는 공통점을 가지고 있으며, 그것이 정쟁의 형태를 취하고 있었다는 점에서 후세의 당쟁과 연결된다. 다만, 사화에서는 학통과 정치 이념상의 문제가 큰 비중을 차지하고 있으나, 당쟁은 순전히 정권을 잡기 위한 정치투쟁적인 성격으로 말미암아 정치적 당파성이 강하였다. 그럼에도 불구하고 사화의 영향으로 사림들이 고향에 은둔하고 학문연구에 전념하여 성리학의 발전을 가져왔다. 한편, 은둔한 사림들에 의해 서원書院이 일어나 사림의 학문적 도장으로, 정론政論의 광장으로 후세 당론의 진원지가 되어 붕당세력의 온상이 되기도 하였다. 이러한 서원의 발달과 성격은 조선왕조의 정치문화적 특성과 정치투쟁의 새로운 양상을 가져오게 한 요인이 되었다는 점에서 주목된다.

3) 훈구파와 사림파의 경제적 갈등

사림파들은 일반적으로 경제적으로도 지역에서 기반을 가지고 있는 중소지주층들이었다. 서원과 향촌활동을 구심점이자 거점으로 삼았으며, 향약에 기초한 향당 조직을 기반으로 하고 있었다. 중소지주층의 지식인화는 그들의 진출을 발판으로 개창된 조선왕조에 와서는 정책적 배려에 의해 보편적 확산을 보게 된다. 새 왕조의 교학정책에 의하여 성균관, 향교, 학당에서의 교육이 장려되고, 한편 사학에 의해서 성리학의 보급이 꾸준히 전개되었던 것이다. 더구나 대다수의 중소지주층은 재지지주在地地主로서 그 교육적 기반을 서재書齋, 서당書堂, 사숙私塾과 같은 사학에 연결시켜 사림이라는 지식인집단을 형성하여 갔다(최완기, 1993: 261).[13] 후일 농장을 중심으로 대부분 서원이 설립된 데에는 이러한 근거가 있었다. 조선 초기의 국내외 정세는 중앙집권과 부국강병이 절실하게 요청되었던 시기에는 사림파의 왕도 정치적 이상을 실현하기에는 한계가 많았다. 결국 이 시기는 '훈구파의 부국강병정책과 사장 중심의 학풍을 비판하고 유향소를 비롯한 향촌 자치제의 실시를 강력하게 주창'(최완

13 최완기, 『한국성리학의 맥』, 1993, 261쪽.

기, 1993: 262)함으로써 훈구파와 사림파는 정치, 경제, 사회적인 측면에서 대립적인 상황에 있었다는 사실에 주목해야 한다. 이러한 과정에서 일어난 사건들이 4대 사화士禍였다. 사창제社倉制[14]의 실시와 유향소留鄕所의 복원, 향약鄕約의 전국적 실시와 같은 사림파가 내세우는 향촌 정책은 훈구파의 그것과는 매우 대립적이었다. 그러나 훈구파의 탄압으로 결실을 내지 못하고 있었다.

4) 북창 정렴의 부친, 정순붕의 사화참여

명종 1년이던 1545년, 대윤(윤임)과 소윤(윤원형)의 충돌로 소윤이 승리하여 대윤 일파가 모조리 숙청된 사화士禍가 을사사화였다. 을사사화 자체는 대윤, 소윤 대신들 내부의 대결이었으며 그와 동시에 파평 윤씨 간의 내부적 대결이었다. 특히 을사사화 이후로 벌어진 사건들에서 대윤에 협력했던 사림들이 피해를 많이 입어서 사화라고 불린다고 이해하는 것이 나을 것이다.

훈구파에는 세조 등극에 공헌한 계유정난 공신들과 그들의 파벌인 구 공신파(정난 공신파)를 시작으로 이시애의 난을 진압한 신 공신파, 중종반정에 공을 세운 반정 공신파 등이 있다. 신 공신파는 남이의 옥사에, 구 공신파는 갑자사화에서 밀려났으며 살아남은 훈구파의 일부가 반정공신이 되지만 그나마도 수명이 다하거나 여러 옥사로 많이 없는 상황이었다.

중종이 승하하고 인종이 즉위하게 되자 윤임을 비롯한 대윤파가 득

---

14 주자가 고안한 사창법은 일종의 진대제로서 모곡의 마련에서부터 운영에 이르기까지 자치적일뿐만 아니라 그 이자가 저리였다.

세하였다. 소윤은 윤원형의 밑에 모여서 윤임 일파에 대한 반격의 기회를 엿보고 있었다. 재위 8개월 만에 인종이 승하하고 명종이 즉위하자 문정왕후가 수렴청정하게 되니 전세는 역전하였다. 윤임 일파는 이들의 대두를 막으려고 윤원로를 귀양보냈으나 이는 되려 투지만 살려준 꼴이 되었다. 예조참의 윤원형을 위시하여 지중추부사 정순붕鄭順朋, 병조판서 이기, 호조판서 임백령林百齡, 공조판서 허자許磁가 상소를 올려 문정왕후가 직접 나서 형조판서 윤임 및 그 일파인 이조판서 유인숙柳仁淑, 영의정 유관柳灌을 내쫓았다. 여기서 중종 시기만 해도 양쪽을 모두 비판하던 정순붕이 소윤으로서 결정적인 역할을 했다는 것이 주목된다. 정순붕은 원래 기묘사화를 당한 조광조 일파의 선비였고, 남곤, 심정, 김안로가 그랬듯이 대다수 권신은 사림 출신이 많았다.

정순붕은 관직 초기 만해도 조광조의 일파를 자처하며 급진적인 모습을 보였으나 기묘사화로 관직운이 꼬이고 이십년 가까이 야인생활을 했다.[15] 정순붕은 북창 정렴과 정작의 아버지이기도 하다. 북창 선생의 은둔생활에는 부친의 변절과 악행으로 인한 회의감, 죄책감에 나온 행동이었다는 평가가 지배적이다. 정순붕의 관직과 작위는 선조 때 삭탈된다.

근대 이후의 정치적 인물들에 대한 평가는 혈통·가문·지연·학연보다는 당사자의 업적이나 정치적 견해에 근거해서 판단하는 것이 일반적인 흐름들이다. 그러나 조선조와 같은 왕조 국가에서는 가문·지연·학연과 같은 혈통이나 신분적 출신과 배경이 그 인물됨을 평가하는 중요한 기준으로 작용하기 마련이다. 사회적 신분과 지위와 학맥들이 자아와 정체성에 미치는 영향은 지대했기 때문이다. 이러한 시대적 단면을 뚜렷하게 보여주는 사회상도 있다. 과거시험 답안을 제출할 때, 당사자의 아버

15 '정순붕이 정적 유관의 재산을 물려받았는데 유관의 여종 하나가 주인의 원수를 갚기 위해 정순붕 베게 안에 역병 걸려 죽은 사람의 팔뚝을 구해 저주를 걸었다. 저주대로 정순붕은 죽어버렸고 여종도 이 일이 들통나 맞아 죽었다'는 야사도 전한다.

지로부터 증조부에 이르는 3대의 관직과 이름 등을 명기하게 했었던 것처럼 회피하기 어려운 연좌제와 같은 연줄망의 사회였다. 여기에서 한 개인이 역적이나 난신으로 이름을 올리게 되면 그 후과는 그 집안과 자손 전체에 영향을 미쳤다.

이러한 상황에서 조광조를 위시한 사림파의 영향을 강하게 받고 있던 부친이 을사사화의 주모자로 등장하며 지탄을 받는 상황이 북창 선생에게는 엄청난 심리적 압박이었을 것이다. 여러 번의 간청과 노력에도 불구하고 회피하기 어려운 상황에서 은둔과 처사로서의 정체성을 추구하고 '선도仙道'를 추구하였던 것은 어쩌면 회피하기 어려운 선택이었는지도 모르겠다.

5. 용호비결의 핵심내용 및 의미

1) 용호비결의 문헌학적 평가

북창 정렴의 저술인 용호비결龍虎秘訣은 판본에 따라 '용호결龍虎訣', '丹學指南', '養生指南' 등으로 다양하게 지칭된다. 용호비결의 의의에 대해 정재서(2006: 267-268)는 "「용호비결」은 현존하는 한국 최초의 도서이자 중국 이외의 지역에서 창작된 최초의 도서"이며, "당시 수련인들이 중국 도서에만 의존해 어렵게 공부하던 실정에서 탈피하여 한국 선도의 입장에서 새롭고 쉽게 씌여진 도서"이며 "한국 선도에 대한 자부심의 표명"이라고 평가하고 있다. 이에 대해 대부분의 도학자들은 동의할 것이다. 이능화 역시 「조선 도교사」에서 정렴을 비롯한 조선의 선도 수행자들을 '단학파'라고 불렀는데 용호비결은 바로 이 조선 단학파의 교과서였다.

안동준(2014: 222)은 용호비결은 유염의 〈주역참동계발휘〉를 근거로 〈참동계〉의 하수처를 밝혔는데, 참동계의 본래 지향점인 〈용호경〉의 구결을 제시한 점에서 이를 '용호결'이라 일컬었다고 본다. 그 점에 있어서 '용호결'은 참동계의 핵심이며 조선시대 단학파의 최대성과라고 평가해도 결코 지나치지 않는다.[16]

문헌적 계보를 중심으로 살펴보면, 용호비결의 판본으로는 〈研精院판본〉과 동국대학영인본인 〈이능화 手稿本〉이 널이 알려져 있고 그 이외 〈규장각본〉과 〈장서각본〉이 있다. 근년에 발굴된 「단학지남」 및 「중묘문」에 산견되는 용호비결의 내용을 고려하면 현전하는 용호비결의 판본은 모두 6종이 있다(안동준, 2014: 224).

그 외에도 이규경(1788-1856)의 『오주연문장전산고五洲衍文長箋散稿』[17]의 '道敎仙書道經辨證說'에서도 정렴의 '丹家要訣'이 언급되고 있으며, 규장각본 『海東傳道錄』[18]에서 '北窓著 龍虎訣'이라고 언급하고 있다. 또 단학지남[19]에서 "此養生指南 陽井道人鄭磏北窓著"와 같이 기록되고 있다. 홍만종(1643-1725)이 숙종 4년 1678년에 저술한 순오지旬五志[20]에서

16 안동준, 「'『용호비결』의 문헌적 계보'」, 『남명학연구』 제44집, 2014, 222쪽.

17 五洲衍文長箋散稿 經史篇二, 道藏類一, 「道藏總說」, '道敎仙書道經辨證說', "崔 孤雲亦入唐, 得還反之學以傳, 幷爲東方丹學之鼻祖. 其最者參同契十六條口訣也. 丹派中著書傳授者, 鄭 丹家要訣, 權克仲參同契註解, 李之菡服氣問答, 郭再祐服 氣調息眞訣, 爲其管鍵."

18 해동전도록은 정조이후 철종이전의 문헌으로 알려져있다.

19 신돈복이 저자로 알려져있으며 숙종연간에 저술.

20 旬五志 卷下(洪萬宗全集 上, 태학사, 1997), 75-76쪽. "盖其術亦自至理中出, 一生兩, 兩生四, 四生八, 以至於六十四, 分以爲萬 物萬事者, 人道也. 疊足端坐, 垂簾塞兌, 收拾萬事之紛擾, 歸於一無之太極 者, 仙道也. 苟能眼視鼻白, 鼻對臍輪, 入息綿綿, 出息微微, 常使神氣相注, 於臍下丹田. 得其所謂玄牝一竅, 則百竅皆通由是而胎息, 由是而周天火候, 由是而結胎. 此有必然之理. 至於成道與否, 只在其人之誠不誠如何耳."

도 언급되고 있다.

이진수(2003: 100)는 단학지남에 비해 이능화의 용호결이 오래된 가능성이 높다고 지적하며 도교학계의 숙제가 될 것이라고 언급하며 논란의 여지가 있다고 언급한다. 또 양은용(1984: 376)은 북창의 시문집인 『북창고옥선생시집』에 수록되지 않았고, 행장이나 다른 기록에도 전혀 언급이 없으므로 찬술의 진위여부가 석연치 않다는 지적도 하고 있다. 또, 15세기 무렵의 갑인자본 『주역참동계발휘』가 1988년에 국내에서 발굴되어 용호비결 저술 당시의 기본적인 자료가 공개되어 새로운 논의가 필요하다는 지적도 있다. 안동준(2014: 225)도 판본에 따라 동의보감, 태식법의 내용들이 용호비결에 편입되어 있어 현전하는 용호비결의 저자가 과연 정렴인가 하는 의문을 제기하기도 한다. 그러나 북창 선생의 동생이신 고옥 정작은 유의儒醫로 불리었는데 1596년(선조29)에 선조의 명으로 허준의 〈동의보감〉편찬 작업에도 동참하였다는 사실을 고려하면 저자의 여부는 의미없는 지적들이다. 정렴 사후에 용호비결이 유통되는 과정에서 일정 정도의 내용의 첨삭이나 수정작업이 이루어졌을 수도 있다. 그러나 자구와 문장에 대한 강조가 아니라 '수행'학의 체계와 내용의 측면에서 본다면 획기적인 변화와 변질이 있었다고 말하기는 어렵기 때문이다.

2) 용호비결의 핵심내용

용호비결은 엄밀한 체계를 갖추고 있음에도 불구하고 많은 부분에서 자세한 설명이 없다. 원고지로 50매도 안 되는 문헌에서 수행의 의의와 자세 및 방법론을 설명하고 있다. 또 그에 따른 결론까지 담고 있다. 짧은 글 안에서 구체적인 실천항목까지 그 답을 기대하기는 어려울 것이다. 용호비결은 기본적으로 혼자서 독학할 수 있는 글이 아니다. 제시하고 있는 이론이 지나치게 간결하여 그로 말미암은 곡해와 오해의 소지가 많기 때문이다. 그러므로 다른 수행관계 문헌의 도움을 받고 나아가 의학서적의 도움까지 받으면서 그 내용을 구체적으로 확인하는 과정이 필수적으로 뒤따라야 한다. 또 이를 구체적인 실천으로 옮길 때는 반드시 이끌고 검증해 줄 수 있는 '스승'이나 '도반'과 같은 수행의 '인연'이 있어야만 한다. 여기서는 몇 가지 중요한 개념들을 살펴보자.

(1) '용', '호'란 무엇인가?

용호는 무엇인가? 용호는 상징象徵이다. 용호비결을 이름 그대로 풀이한다면 '용과 호랑이가 서로 만나는 비밀스런 요결'이라고 풀이할 수 있다. 옛사람들은 용호를 명확하게 드러내어 설명하지 않았다. '괘'나 '효', '수'와 같은 비유적 상징으로 표현되었다. 결국 용호는 '들숨'과 '날숨'을 의미한다. 또 '용龍'은 불火을 말하고 '호랑이虎'는 물水을 말한다. '불'은 상승하고 밖으로 발산되는 성질을 지닌 양적 에너지를 말하며, '물'은 하강하고 안으로 수축하는 성질을 지닌 음적 에너지를 말한다.[21] 결국 '정신'이 불이라면, '정기'는 물이라는 것을 의미한다. 그러나 분명한 의미를 지니고 있음에도 불구하고 이를 어떻게 이해하는가에 따라 수행의 방법과 틀이 수련의 문파마다 달라지기도 한다.

북창 선생은 기존의 〈참동계〉에서 주역의 '괘'와 '효'라는 상징을 표현하는 것에 비판적으로 대하고 있다. 그러나 용호비결에서도 부분적으로 주역의 괘를 빌어서 설명하고 있는 점을 고려하면, 동양사상에 있어서의 주역의 논리가 수련의 체계와 밀접한 관련이 있음을 반증한다. 추상적인 형이상학을 실천적인 수행의 틀로 끌어오는 매개체가 바로 '괘'와

---

21 윤홍식, 윤홍식의 용호비결 강의, 봉황동래, 2009.

'상'의 역할이었다. 문왕 팔괘의 구궁수의 원리가 황제내경 이래의 한의학의 체계와도 맞닿는다는 사실을 고려하면 동양사상에서의 이론과 실천의 합일을 설명하는 상징적인 장치가 바로 '용호龍虎'라는 개념적 상징으로 설명되고 있다. 결국 '용'이라는 하늘의 기운을 '호랑이'라고 하는 땅의 기운으로 끌어내려서 호흡으로 집중하면 용과 호랑이가 서로 뒤섞이며 새로운 생명으로 탄생한다는 것이다.

'비결'이라고 덧붙이고 있는 데서도 짚어볼 대목이 있다. 이는 동양사상의 심법의 전수 체계에 있어서 공통적으로 나타나는 무엇보다도 중요시되는 실천지침에 대한 언급이기 때문이다. 가르침을 전하는 데 있어서 비인부전非人不傳은 '바로 그 사람의 사람됨이 올바르고 진실하지 못하면 전하지 말라'는 것을 의미한다. 이는 동양사상의 수신을 강조하는 심학적인 전통에서는 불문율이다.

(2) '단丹'

수많은 단학丹學관련 경전들에서 단은 추상적으로 표현된다. 단의 재료인 정액, 기운, 정신을 수은이나 납으로 비유해서 설명하기도 하다. 일반적으로 단丹은 호흡 수련의 과정을 통해서 형성된 그것을 지칭한다. 용호비결의 첫머리에서 '수단지도 지간지이修丹之道 至簡至易'라고 하며 '단을 수련하는 도는 지극히 간단하고 쉬운 것'이라고 언급한다. 여기서 단丹은 '호흡'수련을 의미한다.

> "인간 생명의 근원인 숨결을 고르게 함으로써 자기 자신을 영적靈的, 육체적으로 가다듬고, 자신이 속해 있는 우주와의 조화調和 및 합일合一에까지 도달할 수 있다는 가르침이며, 품성을 기르고 기운을 연마하여 인간이 지니고 있는 잠재능력을 최대한 발휘토록 하여, 얻어진 능력으로 인간 세상을

이롭게 하는 홍익인간弘益人間의 이념입니다. 이는 상고上古시대로부터 백두산족의 정신철학精神哲學의 근원이었으며, 시대를 흘러 현묘지도玄妙之道로 표현되기도 하고, 丹이라는 달로 상징되기도 하니, 丹이라는 말 자체가 해日와 달月의 합성어로서 밝음明 또는 음양陰陽, 호흡呼吸을 상징합니다."(한국단학회연정원)[22]

단전의 위치는 '배꼽 아래 3치'를 기준으로 하지만 '관원關元' 또는 '기해氣海'혈을 지칭하는 경우도 있다. 배꼽 근처의 하단전과 가슴 부위의 중단전 그리고 이마 부위의 상단전으로 구분해서 설명하기도 한다. 단丹의 완성은 하단전에서 충만한 기운이 '임맥任脈'과 '독맥督脈'을 축으로 두루 돌아서 충만한 상태를 지칭하는 것이 일반적이다. 이러한 기운이 충만하여 완성된 상태를 '주천화후周天化侯'이며 단의 완성이라고 정의하고 있다.

(3) 단학수련을 위한 실천적 지침, 폐기閉氣

북창 선생은 이때까지의 수많은 단학서적들과 수행자들이 이를 얻기 위해서 노력하였고 단丹을 표현한 내용들이 황홀하게 표현하였지만, 이해하기가 어려웠고, 도리어 요절하는 사람들이 많았다고 하면서 단학의 가장 긴요한 요결이 오직 "폐기閉氣"에 있음蓋下手之初 閉氣而已을 밝히고 있다. 옛사람들이 누구나 이를 숨겨서 내놓지 않으려 하고 쉬운 말로 하려고도 하지 않았다는 점을 지적하고 있다. 결국 이는 '단전'에 기운을 모으라는 것을 말한다. 폐기를 하고자 하는 자의 자세와 태도에 대해 다음과 같이 언급하고 있다.

---

22 http://www.dahn.org.

> "먼저 마음을 고요히 하고 다리를 포개어 단정히 앉아서 눈썹을 발처럼 드리워 내려다 보되 눈은 콧등을 대하고 코는 배꼽언저리를 대하며, 들이쉬는 숨은 면면히 끊어지지 않게 하고 내쉬는 숨은 조금씩 아주 미미하게 하여 항상 신과 기로 하여금 배꼽아래 한치 세푼의 자리에 있는 단전에 서로 머물게 하라今欲閉氣者 先須靜心 疊足端坐 佛書所謂金剛座也 垂簾下視 眼對鼻白 鼻對臍輪 入息綿綿 出息微微 常使神氣 相住於臍下 一寸三分之中"[23]

이와 같이 누구든지 함께 수행에 참여할 수 있는 방법으로 구체적으로 안내하고 있다. '폐기閉氣'는 복기伏氣 또는 누기累氣라고도 하는데 '정과 기를 쌓아가는 것을 참된 길로 하는 것'이라고 한다. 이러한 과정에서 중요한 관절을 '현빈일규玄牝一竅'라 칭한다. 현빈은 단전의 다른 이름으로 단전에 기운이 가득차게 되면 기운의 경로가 열리는데 이로써 태식과 주천화후의 길로 나아갈 수 있게 된다는 것이다.

폐기라는 것은 '눈을 깃발로 삼아 기의 오르내림과 전후좌우를 뜻하는 바대로 하지 않음이 없다'. 복기하는 가운데 맺고 기는 태가 있는 가운데에서 쉰다. 이를 태식胎息이라고 하며 '근본으로 되돌리고 근원으로 돌아가는' 단계로 나아간다고 한다. 이후에 '따뜻한 기운이 미미한 상태에서 차츰 뚜렷해지고 아래에서 위로 올라가는 것이 마치 꽃봉오리가 점점 피어나는 것 같아서 소위 화지에 연꽃이 피어난다고' 하는 주천화후周天化侯의 단계에 도달하게 되는데, '배속이 크게 열려 아무것도 없이 텅 빈 것처럼 되면 삽시간에 열기가 온몸으로 두루 퍼지게 된다'는 것이다.

23 봉우 권태훈, 『봉우수단기』, 한국단학회연정원, 1990.

(4) 용호비결의 흐름

용호비결의 주된 내용에 대해 안동준(2014: 229-230)은 여러 판본들의 비교를 통해 다음과 같이 정리하고 있다.

(가) 폐기법 소개: "修丹之道…(中略)…閉氣而已矣."
(나) 폐기의 실제 방법과 그 효능: "今欲閉炁者…(中略)…恕其狂僭, 幸甚."
(다) 선도수련의 원리: "謹按…(中略)…難與於上仙之列也."
(라) 폐기와 관련된 황정경 인용문: "閉氣…(中略)…正謂此者也"
(마) 眼球를 통한 주천 방법: "閉炁者…(中略)…只轉睛上視, 亦得也."
(바) 폐기 수련의 현상: "然世人皆上盛下虛…(中略)…皆邪說妄行耳."
(사) 태식과 관련된 태식경 인용문: "胎息…(中略)…是眞道路."
(아) 태식의 요령과 그 효과: "閉炁稍熟…(中略)…其以閉炁胎息也."
(자) 화후의 종류와 방법: "周天火候…(中略)…不可不審也."
(차) 화후에 대처하는 요령: "周天火候者…(中略)…反有火傷於身."
(카) 주천화후의 현상: "則溫溫之炁…(中略)…所謂玉漿金液也."
(타) 니환궁에서 玄珠를 얻는 과정: "腹中大開…(中略)…但早達爲貴."
(파) 태식의 효과에 대한 설명: "抑又聞之…(中略)…豈不可平路登仙乎."
(하) 수련절차에 대한 설명: "右三條…(中略)…唯其誠耳."

그러나 용호비결의 실천적 의미는 〈폐기〉, 〈태식〉, 〈주천화후〉의 3단계로 구체적인 수련의 단계에 따른 내용과 증상까지 제시하고 있으므로, 이러한 문헌고증적인 분석의 노력과 의미성은 반감된다. 문자의 논리적 흐름보다는 실천적 과정과 경과가 더 의미 있기 때문이다. 『봉우수단기』를 통해 북창 선생의 용호비결을 오늘날에 이르기까지 대중화시킨 장본인이셨던 봉우 권태훈 선생은 북창 선생의 이른바 "폐기"의 핵심은 '기운을 단전에 머무르게 한다는 유기留氣'로 이해해야 한다고 강조하고 있다.

6. 현대사회에서 용호비결의 실천적 함의

1) 조선 단학의 정체성을 밝히다

당대의 사회사적 상황은 물론 오늘날의 도교 연구자들은 대부분 조선의 도맥을 중국 도가의 영향 아래 있다고 평가하고 있다. 그러나 북창의 용호비결은 중국적인 도가의 흐름에 치우쳐 있던 것을 한국적으로 재해석한 명확한 기준이 되는 서책이다. 북창 선생 역시 〈참동계〉의 여러 가지 의의와 문제점들에 대한 지적을 통해 상징과 비결로써 숨겨왔던 수행의 실체를 드러내어 누구나 수행에 가까이 갈 수 있도록 길을 제시하고 있다는 점에서 한국 선도사상사에서 획기적인 전기가 된다는 평가는 정당하다.

용호비결에서는 당대의 유·불·선을 포함한 학문적 교류와 전통 선도적 수행의 체계가 분명하고 명확한 형태로 전해지고 있음은 확연하다. 더구나 그의 형제들과 교유하였던 구봉 송익필, 율곡 이이, 미수 허목, 토정 이지함과 같은 시대적 지식인들이 공히 교류와 공감하고 있었다는 사실을 고려하면, 우리의 전통적인 수행의 실체를 매개로 연결된 한국 선도사상의 르네상스시기에 조선 단학을 통한 사상적 교유와 연결망을 확인할 수 있다. 더구나 오늘날에도 봉우 권태훈 선생의 〈봉우수단기〉를 통해 용호비결의 실천적 의의가 재발견되고 계승됨으로써 용호비결은 선도와 관련한 다양한 학파의 공통기준이 되고 있다는 사실을 고려하면 한국 선도사상의 분기점이자 정체성을 용호비결에서 찾아볼 수 있는 것이다.

2) '봉우수단기'를 통해 재발견된 용호비결의 가치

오늘날에는 선과 명상이 열풍이다. 선이나 대부분의 명상에서도 호흡법을 중시한다. 남방불교계통인 위파사나 수련법을 위시하여, 불교적인 부분들에서도 다시 선명상을 도입하고 있는데 호흡의 중요성에 대해 공감하고 있는 것은 보편적이다. 전국의 대학에서도 선명상과 관련한 학과들이 등장하고 있는 흐름들도 이와 무관하지 않다 하겠다.

이러한 흐름에 일조한 것은 1984년, 권태훈 선생의 삶을 소설로 한 책 『단』의 발간이었다. '丹'은 출간 이후 최근까지 수백만 부가 팔리며 '단'열풍을 불러왔다. 이는 최근 80년대 이후 붐을 이루고 있는 요가, 명상의 붐과 더불어 단학丹學의 강조를 통해 더욱 활성화되어 전국적으로 헤아릴 수 없는 수련 단체와 더불어 수백만명의 대중적인 수련인을 확보하고 있는 현실을 통해 일상에서의 관심과 중요도를 짐작해 볼 수 있을 것이다.

봉우 권태훈 선생은 구한말 만주에서 다양한 독립운동에 동참하였다. 그 과정에서 한국 전통사상의 원류에 해당하는 다양한 흐름을 접하였다. 또 대종교와 관련한 활동과 독립운동에 참여하며, 수많은 역사서적들과 단학비서들을 수집하였다. 〈용호비결〉을 포함한 다양한 자료들이 보존된 것 또한 그에 힘입었다 할 수 있을 것이다.

북창 선생의 용호비결은 사실상 봉우 권태훈 선생의 〈봉우수단기〉를 통해 대중적으로 공개되었다. 권태훈 선생은 〈용호비결〉의 '폐기'법의 중요성을 강조하면서 더욱 쉽게 일반인이 접할 수 있도록 '오행연기법五行硏氣法'으로 더욱 대중적으로 접근할 수 있는 내용으로 풀어서 설명하고 있다. 특히 봉우 권태훈 선생이 북창 정렴선생의 〈용호비결〉의 가치를 재해석하고 단학수련의 지침으로 천명한 것은 한국 단학사에서 중요한 기준이 될 것이다. 이에 더하여 용호비결에 따른 자세한 수련의 경험과 경로를 기록하여 〈봉우수단기鳳宇修丹記〉라는 책으로 부연설명함으로써 이러한 단학열풍의 시원지가 되도록 하였다. 이로써 〈용호비결〉과 〈봉우수단기〉라는 한국 전통 선도仙道의 수련법은 그 실체를 드러내게 되었다.

3) 위기의 일상의 재편전략으로서의 修身(단학)과 용호비결

용호비결은 수행학의 교본이다. '단'에 대한 강조를 통해 사람됨의 근거와 밝음에 대한 지향을 명확히 하고 있으면서도, 요절하지 않고 오래 살 수 있는 비결을 제시함으로써 몸속을 돌아다니는 풍사風邪의 위협을 없앰으로써 무병장수할 수 있다고 주장한다.

일상적인 수행의 방법중에서 가장 긴요한 것이 바로 수신의 학문이자 체계이다. 그러나 고금이래로 선사先師들이나 학자들은 구체적으로 어떻게 수련할 것인가에 대해서는 밝히지 않아 왔다. 이를 가장 분명하게 드러낸 것이 바로 '용호비결'과 '봉우수단기'에서의 호흡법에 대한 강조이다. 호흡에 대한 '정일精一'과 '집중執中'을 통해서 마음의 안정과 몸의 평화를 도모할 수 있다는 논리이다.

흐트러진 일상을 누구나 할 수 있는 '호흡'에 대한 집중을 통해서 몸과 사고의 항상성을 확보할 수 있으며, 이를 통해 정신의 집중과 수련으로 나아갈 수 있다는 사실은 위기의 현대사회를 살아가는 사람으로서 가장 쉬우면서도 당면한 위기를 확실하게 타파하고 넘어설 수 있는 수단이자 일상을 재편할 수 있는 기예가 될 수 있다. 문제는 지치고 바쁜 일상 속에서 무너진 집중력과 산만한 마음과 정신을 가라앉히는 일이기 때문이다.

일상생활에서 가장 소중하지만 놓치고 있는 호흡의 재발견을 통해 정신을 맑게 할 수 있다. 이러한 수련의 요지는 대부분의 경전들에서 호흡을 통해 평범한 사람들이 성인聖人의 깨달음과 도道에 도달할 수 있다는 것이다. 이는 조선 선도사상사의 가장 중요한 실천적 수행학의 지침이 숨을 고르는 호흡, 조식調息에서 시작한다는 것을 의미한다.

4) 위기의 시대를 살아가는 진정한 '사랑'

"사랑한다는 것은 상대방으로 하여금 살도록 하는 것이다愛之欲其生."

북창 선생은 수단修丹의 도를 '부지런히 수행하면 수명을 연장하여 죽을 기한을 물리칠 수 있으며 그 찌꺼기만 얻어도 평안하게 천명을 마칠 수 있을 것'이라고 언급하며, '내가 이 공부법을 전하는 것은 서로 사랑하는 도道'이기 때문이라고 언급한다.

이는 오늘날의 인간관계론에 많은 시사점을 준다. '홍익인간弘益人間'이라는 단군 이래의 우리 민족의 공통공감대의 실천적 이념을 이보다 더 잘 드러낼 수는 없을 것이다. 널리 사람을 이롭게 한다는 것은 사회적 존재로서의 인간관계에 대한 구체적인 실천지침이다. 중용에서의 '혈구지도絜矩之道'의 논의에서 '전후좌우를 미루어 걸림이 없는' 중용의 상태와 맞닿는 지점이 바로 이곳이다. 이렇듯 우리가 동양사상적이라고 하는 구체적인 실천지침과 방향성에 대해서 북창 정념은 〈용호비결〉에서 명확하게 제시하고 있다. 홍익인간의 이념과 실천적 행위로서의 '중용'적 실천을 북창 선생은 사람을 살리는 것이 가장 구체적인 '사랑'이라고 표현하고 있는 것이다. 우리가 동양사상이라고 지칭하는 대부분의 논의에는 이러한 전통적인 실천지침이 함께 내재되어 있다.

결국은 사람이다. 문제는 '상대방으로 하여금 살도록 하는 것' 이것이 진짜 사랑이자 실천의 지향점인 것이다.

5) 이론과 실천의 통합이 진짜 학문이다.

오늘날의 수많은 과학이라는 이름의 이론과 논리와 삶의 영역의 설명력의 괴리감은 높아지고 있다. 이론과 실천의 갈등과 대립도 마찬가지이다. 〈용호비결〉에서는 이론과 수행, 실천이 하나로 이어진다. 관념적이던 〈참동계〉의 논의를 실천적으로 재해석하고, 경험에 치우치기 쉬운 편향성에 대해 〈폐기〉, 〈태식〉, 〈주천화후〉라는 명확한 수행의 방향을 제시하여 이론화한다. 섣부른 경험론이나 수행으로 인한 부작용을 줄이려 노력함으로써, 애매모호함과 추상적인 내용으로 치장하는 이론적인 경향성의 위험성을 경계하고 있다.

서구사상사의 전통에서도 일상적인 평범한 것은 정치적인 것에 대항하는 것이었다. 그러한 의미에서 사소한 일상의 모습은 현실에서 다소 경멸적인 의미를 내포한다고도 말할 수 있다(M. Maffesoli, 1994: 3). 그러나 이러한 현실에 대해서도 동양적 관점에서는 세상과 우주가 통체적으로 하나로 연결되어 있다는 전체론적인 관점이 주된 인식의 원리로 자연스럽게 받아들여진다. 여기에서는 세계와 우주, 개인의 일상은 분리되어 따로 존재하는 것이 아니라 동시적이다. 이러한 논리는 동양사상에서는 일반적이다. 인간의 무의식과 생활세계와의 만남은 너무나 자연스럽게 다가온다. 유불도의 사상적 흐름에서도 공히 공감한다. '평상심이 도平常心是道'라는 말에서처럼 '일상생활에서의 깨달음', 평범한 일상의 천착이 전부이다. 현대사회의 위기에 대한 대응에 있어서도 외부적이고 경험적인 것에 집중하기보다는, 내면적인 인식과 일상의 깨달음 그리고 수신修身을 통해 일상의 위기를 넘어서려는 일상생활의 재편전략이야말로 위기의 시대를 살아가는 동양사상의 대안이 될 수 있을 것이다.

"역은 생각함도 없고 하는 것도 없으며, 고요하여 움직이지 않다가 (홀연히) 천하의 이치에 느끼어서 통하게 된다. 천하의 지극한 신이 아니면 누가 능히 여기에 참여하리오?"(『주역』「계사전」)

7. 맺음말

오늘날의 현대사회에 대하여 혁명적(revolutionary)인 또는 폭발적(exp1osion)인 변동이라는 표현에서처럼 4차 산업혁명을 포함한 시대변화와 흐름은 가히 극적으로 변화하고 있다. 갤브레이스가 언급한 『불확실성의 시대』에서 진단한 모습에서처럼 다양한 사회적 위기와 제도적 혼란상은 한 치 앞을 내다보기 어렵다. 차라리 아놀드 토인비가 『현대문명의 위기』에서 지적한 것처럼 오늘날의 정치경제적 위기와 정신적 위기를 넘어설 수 있는 길은 오직 '중도'를 발견하는 데 있다고 지적한 것은 서구에서의 동양적 가치의 중요성에 대한 관심과 자각이 이미 오래되었음을 의미한다. 이러한 흐름은 이미 근래의 신과학자들에게까지 이어졌다. F. 카프라와 같은 이들은 현대 물리학과 동양사상의 만남을 제시하며, 특히 주역에 지대한 관심을 표한 바 있다.

그러나 이제는 이론적 관심에 머무르는 단계를 넘어 이론과 실천의 통합적 인식으로 나아가야 할 때이다. 〈용호비결〉이 배경으로 하고 있던 시대적 상황은 오늘날과 물론 다르다. 그러나 다양한 정치세력의 각축과 경제적 대립 그리고 이론과 실천적 갈등의 양상은 마찬가지의 흐름을 보이고 있다. 시대적 혼란과 난맥, 정치적 갈등과 일상을 위협하는 요소들의 사회사적 맥락은 유사하기 때문이다. 사회학적 상상력은 여기서 유용한 분석의 틀로 기능한다.

삶과 죽음의 문제 역시 마찬가지이다. 몸의 흐름을 중심으로 물질을 중심으로 현세의 이기와 삶의 근본을 추구하는 것은 인간 삶의 초역사적 보편성이다. 그럼에도 불구하고 우리는 왜 이 시점에 다시 용호비결을 소환하는가?

북창은 '사랑한다는 것은 상대방으로 하여금 살도록 하는 것이다'라는 문장을 남겼다. 이기와 갈등, 대립으로 적자생존의 살아남는 자의 아름다움에 대한 기대를 벗어나, 생명과 살림에 대한 북창 선생의 언급과 시대정신은 오늘날의 혼탁한 현대 자본주의에서도 뚜렷한 시계추와 나침반의 역할을 할 수 있다. 세계적인 사상으로서의 가치와 현대문명의 미래에 대한 뚜렷한 방향제시하고 있다. 고독한 수행자로서 시대를 앞서 갔던 북창 선생을 실천적 사회사상가이자 선도수행자, 도인道人의 실천적 이념형이자 충분한 역할모델로서 되새김하는 작업은 오늘을 살아가는 현대인에게도 충분한 의의가 있다 하겠다.

유·불사상의 관점에서 본 일탈행위

김보경

유 · 불사상의 관점에서 본 일탈 행위

—

김 보 경

1. 새로운 일탈이론의 필요성

2019년 후반기에 발생한 코로나(covid-19)는 현재 우리가 익숙하게 살아왔던 생활세계를 전면적으로 급격히 바꿔놓고 있다. 더하여 예측할 수 없는 기후이상은 우리 삶의 많은 부분들을 불편하게 하고 있다. 이상기후는 재난현상으로 이어지고 '기후위기'라는 말처럼 세계 도처에서 그 빈도가 나날이 잦아지고 정도가 심각해지고 있다.

한편, 현재는 초연결(hyperconnectivity)과 초지능(superintelligence)의 특징으로 대표되는 4차 산업혁명시대가 열렸다. 빠르게 발전하는 빅데이터, 사물인터넷, 인공지능은 사회체제의 핵심 기술로 자리하여 사회체제 전반을 급속도로 바꿔가고 있어 인간은 긍정적이든 부정적이든 그 영향 아래 살아가게 되었다. 이처럼 급격한 사회 변동 속에서 우리는 인간이란 무엇이며, 무엇을 선택하며 어떻게 살아야 할 것인가라는 고전적인 의문을 다시금 되묻지 않을 수 없게 되었다.

이와 관련하여 미래학자들은 앞으로 펼쳐질 사회에 대해 긍정적 예견보다는 부정적 예견을 더 많이 쏟아내고 있다. 일찍이 슈펭글라는 『서구의 몰락』(1918)에서 현재적 세계관의 지속은 서구 문명이 몰락하게 한 원인이라고 지적했으며, 최근의 제러드 다이아몬드 역시 슈펭글라와 유사한 관점으로 『문명의 몰락』(2005), 『나와 세계』(2015)에서 '기후 변화, 환경문제 적응 실패, 이웃에 대한 적대적 태도, 무역 상대국의 몰락' 등으로 현 문명이 붕괴할 것이라고 예견하고 있다.

이들의 논의와 예견은 지적 유희로 치부하고 지나칠 사안이 아니다. 이들 주장은 급격한 환경 변화에서 비롯된 인간의 생존과 연결된 문제이므로 인간이 지구라는 공간 안에서 살아남기 위해서는 생존과 삶의 방식을 변화해야 한다는 절박한 외침이나 다름없다. 따라서 인간의 삶을 직접적으로 연구하는 사회학에서는 삶에서 실천으로 이어질 수 있는 논의들을 진행해야 한다. 근래에 인간 존재론에 근거한 철학적 사유와 논의가 다시 활발히 이루어지고 있는데, 본 연구 역시 이러한 문제의식에 기인한 것이라 할 수 있겠다.

따라서 본 연구에서는 사회문제와 직접적인 관련을 맺고 있는 '일탈'에 주목하여 유학儒學과 불학佛學 사상을 통해 현대사회의 인간의 일탈 행위에 대해 재해석해 보고자 한다. 유학과 불학은 지금까지 인간과 사회를 분리된 단위로 논의하였던 사회 이론에 이들을 하나로 연결하여 살피게 하는 사상적 혜안을 제공한다. 유학과 불학은 통체적 관점에서 인간과 사회, 인간과 자연, 나아가 인간과 우주까지 사유를 확장하도록 한 세계관을 토대하며, 이는 우리 문화를 지탱해 온 전통사상이기도 하다. 이들 전통사상은 서구사회학의 한계점을 극복하고 이 지구적 위기에 대처하며 사회적 실천으로 이어지게 하는 사상적 토대가 될 수 있다. 따라서 본 연구에서는 인간행위에 있어서의 '일탈 행위'와 지금까지 사회과학에서 전개된 '일탈론'을 유학과 불학 사상을 통해 실천성을 내재한 논의로 재구성하는 것을 목적으로 했다.

지금까지 전개된 일탈론은 인간이 빠진 이론이라 해도 과언이 아니다. 일탈 행위는 인간의 의식과 행위, 인간 의식과 사회와의 관계 등 인간이 맺는 전면적인 관계 속에서 발생하므로, 인간 존재에 대한 분석이 선행되어야 한다. 그럼에도 불구하고 지금까지의 일탈론은 이 부분이 미약하다. 거칠게 단언하자면 지금까지의 일탈론은 사회적 규범과 사회적 제도를 기준으로 인간의 행위를 정상과 비정상으로 나누어 접근하고 있다고 할 수 있다. 이는 일탈 관련 연구가 대부분 사회질서의 훼손을 가져오는 범죄연구와의 관련하에 진행되거나 일탈유형의 성격을 통한 사회문화적 변동의 측면을 중심으로 연구되어 온 것을 통해 알 수 있다.

예로서 '일탈의 사회학'을 성립시키는 데 큰 영향력을 발휘했던 뒤르켐(E, Durkheim)의 '자살론'이 이후에 사회해체이론, 사회통제이론, 아노미이론 등 대표적인 범죄학의 뿌리가 된 것을 들 수 있다(신동준, 2008). 이들은 '사회질서'와 '사회통제'의 관점에서 인간의 일탈 행위를 사회변동의 기능적 측면에서 접근하고 있어 특정 시기와 장소에서의 사회문화적 성격을 파악하고 이해하는 데는 유용한 관점을 지니며 또한 일탈현상에 대한 경험적 연구로서도 의의를 가진다. 그러나 사회문화마다 다르게 규정되는 일탈 행위이론에서는 인간의 주체성과 연결되는 일탈에 대한 논의가 간과되고 있어서 일탈로 빚어진 사회문제들을 해결할 인간 행위의 실천론으로 나아가는 데는 한계가 있을 수밖에 없다. 일탈의 문제는 일차적으로 사회적 규범의 문제이기도 하지만 인간의 주관적 의식과 행위와의 관계에서 비롯된 문제로도 볼 수 있기 때문이다.

따라서 일탈 행위에 대한 논의는 행위의 주체자인 인간 존재의 보편성과 특수성의 논의에서부터 시작될 필요가 있다. 인간은 사회문화마다 특수한 모습을 보이기도 하지만, 보편적인 특징들도 지닌다. 이러한 인간 존재에 대한 면밀한 분석을 통체적 관계를 통해 보았던 유학과 불학 사상은 서구 사회학의 일탈논의에서 규정했던 일탈적 의미와 상황을 달리 해석하게 한다. 일탈연구의 출발을 유학과 불학 사상의 인간 존재론에 근거하여 전개하고자 하는 것은 이러한 이유에서이다.

본 연구에서는 위와 같은 문제의식에서 출발하여 현대 사회학에서 전개된 일탈론의 흐름을 살펴보고 그것이 가지는 한계점을 분석한 후 유학과 불학사상에서의 '인간 이해'를 통해 정의내릴 수 있는 일탈 행위의 의미에 대해 논의하고자 한다.

2. 일탈론 연구의 검토 및 비판

사회과학 사전에 '일탈 행위'(deviant behavior, 逸脫行動)는 규범적 규칙이나 비정상적 행동 또는 사회체제의 기대를 위반하는 행동으로 정의된다(Social Sciences Dictionary, 1968). 이 정의를 통해 '일탈 행위'가 상대적 개념으로 상용되었음을 알 수 있다. 지역과 시대에 따라서 규범과 사회체제가 기대하는 정상범주의 행위는 상대적으로 변화하고 달라지므로 '일탈'개념 역시 상대적일 수밖에 없게 된다. 따라서 일탈 연구는 사회질서와 사회변동의 관점에서 연구가 진행되어져 왔고 이 두 관점을 토대로 일탈의 긍정적 측면과 부정적 측면의 연구가 함께 이뤄졌다.

일탈연구에 대한 선구적 역할을 한 학자는 뒤르켐으로서 그는 구조기능론적 입장에서 일탈원인과 일탈의 기능적 역할을 설명했으며, 이후 사회적 유대와 규범의 관점에서 자살론을 전개하였다. 머튼(R.K.Merton) 역시 구조기능적 입장에서 뒤르켐이 제시한 아노미이론을 더욱 정밀하게 체계화시켜 나간다. 그는 인간의 욕구를 사회, 문화적인 것으로 조건지우면서, 일탈의 원인을 사회 질서에서의 문화적 목표와 구조적 기회간의 불일치에서 오는 긴장으로 봤다. 이후 이들의 이론은 시카고학파를 중심을 진행된 범죄학연구에 큰 영향을 미치게 된다. 서덜랜드(E.H.Sutherland)의 차별교섭이론이 대표적이며, 앞서 진행된 모든 이론을 종합하여 클라워드(R.Cloward)와 올린(L.Ohlin)이 아노미 이론을, 베커(H.Becker)가 낙인론으로 일탈론을 확장시킨다. 이처럼 일탈 논의는 범죄연구와 깊은 관련을 맺으며 발전되어 왔고 현재는 대부분 범죄연구의 영역에서 다뤄지고 있다.

한국 사회학에서도 일탈연구 초기(1964-1979년)에는 서구에서 진행된 일탈 이론 분야에 관한 연구가 주를 이루고 범죄와 관련한 행위 이론 및 통계 연구가 함께 진행되었다. 1980-1999년에는 주로 범죄·비행·청소년, 스트레스·영향·관계 등을 키워드로 하는 일탈 연구가 주를 이루고, 행위·구조·이론, 인간·공동체·사상, 집단·모델·공동체 등 이론 관련 주제들이 연구되었다. 2000-2017년에는 청소년·비행·폭력, 범죄·자살·두려움 등의 주제 연구가 주를 이루고, 법·제도·언론과 같은 주제도 새롭게 등장한 연구주제가 되었다(설동훈·고재훈·유승환, 2018).

이상과 같이 지금까지의 일탈 논의는 서구사회학에서든 한국사회학에서든 주로 구조적인 측면과 범죄학과의 밀접한 관련 내에서 진행되고 있음을 알 수 있다. 여기서 우리는 중요한 사실을 하나 발견하게 된다. 그것은 인간의 일탈 행위에 대한 분석에서 인간 존재에 근거한 행위분석이 치밀하게 이루어지지 않은 채 사회구조적 측면에서 일탈 행위를 설명하고 있다는 점이다. 즉, 일탈의 주체가 인간임에도 불구하고 일탈 행위의 기준이 사회의 규범과 관습 등 사회구조적 특성에 따라 결정되고 있다는 점이다. 이는 인간의 주체성과 가치 추구에 대한 기준이 간과된 논의들로서 급변하는 오늘날과 미래사회의 인간의 일탈 행위를 설명하기에는 한계가 있다. 다시 말해 지금까지의 논의된 일탈론은 사회 구조적 요인에 치중하여 일탈 행위를 분석하고 있어 인간 본성에 근거한 주체적인 개인의 행위를 간과하고 있다. 이러한 점은 일탈 행위의 범위가 축수될 수밖에 없다. 그러나 인간을 둘러싼 모든 문제는 인간의 일탈과 깊은 관련을 갖는다. 따라서 오늘날 발생하고 있는 심각한 문제-가령 기후문제, 4차 산업혁명시대의 기술문제 등-까지도 지금까지의 일탈 행위로 설명하기에는 한계가 있다.

지금까지의 일탈논의는 경험적 산출로 나타난 논의로서 일탈 행위의 원인에 대한 핵심으로의 접근에 다가가지 못하는 오류를 범하고 있다. 경험적으로 나타나는 잔영만 쫓을 뿐, 이렇게 얻어진 귀납적 결론은 시간과 공간이 달라지면 그 내용도 달라진다. 실재하는 경험적 결과와 더불어 일탈 행위를 하는 인간 존재와 그를 둘러싼 세계 그 자체에 대한 심층적인 논의가 함께 진행되어야 한다(박병원, 1993). 그럴 때 변화하는 세계에서의 인간의 일탈 행위를 예견할 수 있으며, 그 속에서 인간 실존의 모습이 나아갈 방향을 설정해 줄 수 있다.

따라서 실천성이 결여된 일탈론에 생명력을 부여한 논의를 전개시키기 위해서는 '사회'라는 개념을 인간을 포함하는 사회와 인간을 둘러싼 자연과 또 우주까지도 확장하여 논의하여야 하며, 또한 이 속에서의 인간 존재에 대한 특성에 대한 논의가 함께 이뤄져야 한다.[01] 이러한 논의를 전개시킬 사상이 동양의 유학과 불학이라는 전통사상 안에 내재해 있다. 19세기말 '기적 인식론'을 통해 만물과 인간, 사회체계들을 유기적 소통관계 속에서 설명하고자 했던 유학자 혜강 최한기 역시 사회학자다운 면모를 지닌 인물이었다. 서구의 과학적 방법론의 유용성을 동양의 세계관 안에서 해석하고자 했던 시도는 그 전까지 보지 못했던 관점들을 발견하게 했다. 이렇듯 사회현상은 유학과 불학이 전제하는 자연, 인간, 사회, 우주까지 통체적으로 접근한 관점으로 논의할 필요가 있다. 그 속에

01 지금까지 사회학에서 사용되었던 '사회'라는 개념은 공동생활을 하는 모든 형태의 인간 집단이라는 의미로 사용되어 왔다. 따라서 사회학에서 인간 행위에 대한 논의는 인간 집단의 범위를 벗어나지 못하는 한계를 지니고 있다. 본 논의의 주제인 '일탈'뿐만 아니라 새로운 관점의 사회학적 시도는 '사회'라는 개념을 새롭게 정의하는 데부터 시작된다고 여겨진다. 논자가 서술한 '사회'의 의미는 박병원의 『일철학』(2016), 『대승기신론 강의』(1~7권)(2003) 등에서 아이디어를 얻은 것임을 밝힌다.

서 논의되는 인간 행위에 대한 분석은 현재의 문제에 대한 새로운 시각을 제공하고 나아가 해결방법에까지 접근하게 한다. 세상 간물을 상호 소통하고 운동하여 변화하는 거대한 유기체로 상정하고 이 속에서 인간의 일탈 행위를 논하는 것은 미래사회의 인간 존재의 생명력을 회복하는 일이요, 실천성을 담보하는 일이 될 것이다.

3. 유학 사상에서의 일탈 의미

유학적 일탈의 개념은 우주의 이치로 대치되는 천지자연의 이치와 인간의 관계를 통해서 설명된다. 유학에서의 인간은 천지자연과 관계를 맺고 있는 존재이며, 천지자연의 이법으로부터 인간다운 행동과 삶의 도리를 얻는다. 따라서 한 사회에서 인간 행위의 일탈에 대한 논의는 천지자연의 이치에 근거한 인간의 모습과 천지자연의 이법에 근거한 한 사회가 갖는 규범과의 상응관계 속에서 이뤄져야 한다.

1) 유학 사상에서의 자연과 인간, 그리고 삶

유학에서는 우주의 이치 또는 이법이 사회 질서의 원리와 동일한 것으로 보고 있다. 사회규범은 천지자연의 이법이 구현된 것이며, 인간은 이 질서를 실현해 내는 존재자로 규정한다. 『주역』에서는 건괘乾卦를 하늘 또는 아버지로 형상하고, 곤괘坤卦를 땅 또는 어머니로 설명한다. 이를 근거로 장횡거張橫渠는 「서명」에서 하늘은 인간이 아버지요, 땅이 인간의 어머니라고 하는 우주론적 가족관계를 제시하고 있다. 따라서 인간은 하늘로부터의 성품과 땅으로부터의 육신을 부여받은 존재이다. 인간은 이들의 이치가 마음에 내재된 존재이며 육신과 결합하여 생명을 영위하는 존재이다. 마음은 육신에 상대되는 구성요소로 파악되기도 하지만, 오히려 마음이 성품이나 육신을 모두 자체 안에 포함하고 있는 인격통합의 중심체이기도 하다(금장태, 1996). 또한 인간이 하늘로부터 받은 마음은 인격의 통합적 중심이며, 올바른 인격의 상태를 실현하기 위해 노력하는 도덕적 주체이기도 하다.

인간은 자사子思의 '천명天命의 성性', 맹자의 '성선性善의 성性', 정자程子가 말한 '성즉리性卽理의 성性', 장자張子의 '천지天地의 성性'에서와 같이 이치로서의 자연의 법칙성과 도덕성을 근거로 하는 성으로서의 특징을 품부받은 존재이다. 또한 도덕적 본성의 '성性'이 물질세계로 드러나게 하는 '정情'의 감정을 지닌 존재이다. 「심통성정론」에서의 '심은 성정을 통솔한다[心統性情]'과 진순(북계)의 '마음은 한 몸의 주재이다.'라고 한 것과 같이 성과 정은 이 마음에 속하는 것으로서, 인간에게 마음이란 천지자연의 이치를 물질적 세계인 현실에서 통교하게 하는 인격통합의 중심체라 할 수 있다.

이렇듯 인간은 하늘로 대변되는 우주로부터 보편적 이치를 부여받은 존재이기도 하지만 가변적이고 충동으로 흐르기 쉬운 육체를 지니고 있어 선善의 기준에서 이탈하기 쉬운 존재이기도 하다. 『서경』, 「대우모大禹謨」에서 "사람의 마음은 위태롭다"라고 한 것과 같이 인간은 자신의 마음속 도덕적 본성과 육체의 욕구 사이에서 갈등을 일으키기 쉽다. 이러한 욕구에 따라 흐르는 정情의 치우침을 인간은 자신의 마음 작용인 의지와 사려를 통해 자신에게 부연된 하늘의 이치를 실현하는 주체적 존재이다. 이러한 우주관과 인간관을 토대로 유학에서의 인간 삶의 목표는 하늘의 성품을 실현시키는 것에 있다. 인간이 자신의 내면에서의 욕심을 억제하고 도덕규범을 실천하여 자기완성의 길로 나아간 자를 '성인聖人' 또는 '대인大人'이라 일컫는다.

한편, 하늘의 이치가 인간관계를 통해서 드러난 사회적 규범을 '오륜五倫'으로 규정해 놓고 있다. 가장 가까운 혈연관계인 부자 관계에서부터 부부, 붕우, 장유, 군신의 사회적 관계로까지 지켜야 할 규범의 제시는 하늘이 인간에게 부여한 성품인 인의예지신仁義禮智信의 오상五常과 상응하는 내용이다. 따라서 유교의 인간완성은 오상으로 규정할 수 있는 인간관계를 통하여 이뤄지며, 이것이 기본이 되어 사물이나 초월적 세계에 대해서도 인간관계의 규범을 확장시켜 설명한다(금장태, 97쪽).

유학에서는 이러한 오륜이라는 사회적 규범에서도 중中과 화和라는 행위의 가치 기준과 규범적 의義와 예禮라는 규범적 기준을 제시한다. 『중용』에서 "희노애락의 정情이 발하지 않은 것을 중中이라 하고 발하여 절도에 맞는 것을 화和라 하니, 중은 천하의 큰 근본[天下之大本]이요 화는 천화의 공통된 도리[天下之達道]이다"라고 하였다. 정이程頤 역시 '중'을 희노애락의 미발의 상태로서 고요하여 움직이지 않는 것으로 보고, '화'는 이발하여 절도에 맞는 것으로 보고 감통하여 통하는 것으로 정의하고 있다.[02] 이렇듯 인간 행위에 있어 가치 기준이 되는 것은 하늘의 본성이 인간에게서 그대로 드러난 '중'의 상태이며, 이것이 현실로 가장 적절하게 드러날 때의 상태가 '화'일 때이다.

---

02 진순(陳淳)도 중과 화를 다음과 같이 정의한다. "중이란 아직 사물과 접하지 않아 희노애락(喜怒哀樂)으로 감정이 생겨나지 않은 때에 미분화된 상태로 그 안에 있는 것으로 치우치거나 기울어지지 않은 상태를 말한다. 이것이 바로 성(性)이다. 밖으로 나오게 될 경우에는 기쁘면 기쁨에 치우치고 노하면 노함에 치우치게 되니 중이라고 할 수 없다. 그런데 아직 지나치다거나 모자라다는 말은 할 수 없다. 드러나서 중절을 이루었을 때에야 비로소 화(和)라고 부른다. 화는 어그러짐에 없는 것이다. 내부의 도리가 드러나서 기뻐해야 할 때 기뻐하고, 노해야 할 때 노하여 이치(理)에 어그러짐에 없는 것, 그것이 바로 중절이다. 중절은 마땅히 그러해야 하는 리를 얻은 상태로서 조금도 지나침이 없고 조금도 모자람이 없어서 이 리와 어긋나지 않는다. 그러므로 그것을 화라고 이름한다." 『北溪字義』, 「中和」정의

반면에 '의'와 '예'라는 규범적 기준은 행위 규범으로서 '의'는 사심私心이 개입되지 않은 마음에 따라 사물의 이치를 그대로 따르는 것을 말하며, '예'는 의를 표현하는 행위 규범이다. 『논어』「이인」편에서 "군자는 천하의 일이 있어서 오로지 주장함도 없으며, 그렇게 하지 않는다는 것도 없어서 의를 따를 뿐이다"라고 했듯이 의는 자신의 사심과 아집이 주가 되는 에고(ego)가 개입되지 않는 상태를 의미한다. 이러한 의가 절도에 맞게끔 드러나는 것을 '예'라 할 수 있다. 『논어』「안연」편에서 공자는 예가 아니면 보지도[非禮勿視], 듣지도[非禮勿聽], 말하지도[非禮勿言], 움직이지[非禮勿動]도 말라고 했듯이 인간의 행위는 예에 준거하여 언행동정을 취하여야 함을 강조하고 있다. 예는 인간의 욕망을 제어하는 기제이기도 하며 동시에 인간의 본성을 깨우치게 하는 하나의 행위 기준으로서의 기능을 가진다. 풍우란(1999, 538)은 예를 인간에게 중도를 얻게 하는 표준적인 외부 규범이라고 정의했다. 물론 인과 예는 '중'에 합치할 때 그 의미를 가진다.

이러한 인간의 도덕적 본성에 대한 가치기준과 행위기준이 실제 인간 행위에서 '중'에 정합한 상황으로 드러나기 위해서는 수양이 뒷받침되어야 한다. 천리본성이 실현된 존재를 위해서 실천해야 하는 방법으로 유학에서는 학자들마다 다른 용어들로 제기하지만 주자학 이후 '경敬' 공부로 대표된다.

주희에게 학문적 영향을 끼친 북송오자北宋五子 가운데 가장 큰 영향을 끼친 정이程頤는 성인에 이르기 위한 구체적인 방법으로 경을 통한 마음의 함양 공부와 치지 공부를 제시한다. 함양 공부는 반드시 경의 방법을 써야하고, 진학 공부는 치지하는 데 달려 있다.[03]"고 한 것과 같이 성인됨의 경지를 위해서는 마음에 대한 경의 함양 공부와 더불어 사물에

03 『河南程氏遺書』 권18권, "涵養須用敬, 進學則在致知."

대한 치지 공부가 모두 필요하다고 강조했다.

주희는 정이가 후학들에게 남긴 것 가운데 가장 중요한 것이 이 경에 관한 내용이며,[04] 이 경공부야말로 성인 문하에서 가장 중요한 것으로 공부의 처음과 끝을 관통하는 것이므로 잠시도 멈춰서는 안 된다고 하였다.[05] '경'은 '주일무적主一無適'으로서, 즉 한곳에 마음의 중심을 잡아 흐트러짐 없이 어느 곳으로도 가지 않는 것을 말한다. 경공부를 통해 마음의 중심을 잡게 되는 함양 공부를 하게 되면, 마음은 제 마음대로 가지 않게 되어 어느 한쪽으로 치우치지 않는 '중'의 상태를 유지할 수 있게 된다. '중'은 미발상태에서 경공부를 통해서 얻게 되는 것으로서, 구체적인 상황을 직면할 때 '화'로서 드러나게 하는 근거가 된다. 따라서 경은 흐트러지지 않는 마음을 유지하는 실천적 공부방법이며, 이를 통해 얻게 되는 마음가짐은 인지적 정황에서의 객관적 인지와 도덕적 정황에서의 참된 앎을 가능하게 하는 토대가 된다. 따라서 외물에 마음이 치우치지 않게 하여 마음의 감정[情]이 불선으로 이어지지 않게 하는 것이다.

경공부는 퇴계에게서도 강조된다. 퇴계도 천명이 인간 사회에 올바로 실현되려면, 가장 중요한 것이 마음의 허령성과 통섭성이 가장 잘 발휘되어야 한다고 했는데(김종석, 2007), 그 마음이 잘 발휘되기 위해서는 외적 행동을 제재하여 마음을 기르는 궁리窮理의 방법과 마음 자체를 직접 다스리는 거경居敬의 공부방법이 병행되어야 한다고 강조한다. 퇴계가 선조에게 올린 『성학십도』의 「심학도」에서도 경 공부가 필요함을 강조한 점을 살펴볼 수 있다. 성과 정을 통솔하는 '심心'은 도심과 인심으로 나누어지는데, 도심은 허령하고虛靈, 지혜로 깨어있으며知覺, 한없는 밝음神明을 특징으로 하여 일신을 주재하는[一身主宰] 적절한 상태로 발현

---

04 『朱子語類』 권12, 「持守」 참조.
05 『朱子語類』 권12, 「持守」 참조.

되지만, 인심은 적절한 상태를 벗어나 발현되기도 한다고 했다. 도심은 의리를 깨달은 마음이지만 인심은 욕망에 눈 떠 흘러가는 마음이므로 쉽게 적정선을 지나치기 쉽다. 이를 막기 위해서 '경敬'공부가 필요하며, 이를 통해 도심을 보존해야만 한다. 따라서 경공부는 나의 본성을 보존하게 하는 실천행위라 할 수 있다.

이상을 통해서 유학이 추구하는 인간과 삶의 가치, 또 그것을 이루기 위한 실천의 방법을 개괄적으로나마 살펴보았다. 이러한 내용을 통해 유학적 일탈의 의미를 다음과 같이 재구성할 수 있다.

2) 유학 사상에서의 일탈 의미

유학적 인간의 존재 특징은 인간의 일탈 논의에서 도덕적 규범과 이를 실현하는 사회적 관계에서의 행위로 설명할 수 있다. 이영찬(2002)은 『유교사회학』에서 "일탈은 천명과 천도를 어기는 것이고, 인성과 인도를 벗어난 것이다."라고 정의하고 있다. 그는 『주역』의 음양 이론을 통해 일탈적 질서를 살폈으며, 유학에서 일탈적 행위를 규정하는 기준을 '중中'과 '의義'의 이념에서 찾았고, 유학의 이상적 인간상인 '군자君子'와 그에 대비되는 '소인小人'의 행위 양식을 분석하여 일탈 행위를 유형화하였다. 한 걸음 더 나아가 이러한 일탈 행위를 통제하는 기제로 '덕德과 예禮', '법法과 형刑'을 제시하였는데, 전자는 적극적 통제로 후자는 소극적 통제 기제로 상정하였다(이영찬, 2002, 352).

일탈을 이렇게 해석할 수 있는 이유는 유학사상이 하늘과 만물 곧 우주의 모든 존재를 인간과의 관계 속에서 이해하려는 입장에 있으며 우주적 연관 속에서 인간이 인간답게 행동하고 살아가는 도리를 근본문제로 삼고 있기 때문이다. 따라서 본 논의에서는 『유교사회학』의 논의를 확장시켜 유학적 일탈의 의미를 관계적 측면과 실천적 측면으로 나누어 살펴보고자 한다.

(1) 도덕적 관계로부터의 일탈

유학의 인간 존재관을 통해 일탈을 정의 내리면 "인간에게 품부 받은 천리 본성을 현실에서 실현하지 못한 채 사적 욕망의 감정으로 치우쳐 중도적 삶을 벗어난 모습"이라 할 수 있겠다. 이 정의에 따라 관계적 측면으로 일탈을 재정의하면 '도덕적 관계로부터의 일탈'이라고 할 수 있다.

유학에서의 인간은 천지의 이치[天理]를 삶에서 체득하고 실현해 나가는 존재이다. 대우주의 원리를 지닌 소우주로서의 인간은 자연과 인간, 나아가 사회와의 관계 속에서 자신의 도덕성 발현과 실천을 통하여 자신을 실현해 나가는 주체적 존재자이다. 이런 주체적 인간은 자신과 맺는 모든 관계를 이원적 구분도, 지배와 착취의 대립적 관계로도 받아들이지 않는다. 단지 자신의 존재성을 확보해 주는 대상이자 상호성취를 위한 추동력의 대상으로써 상대와 대대적待對的 관계를 맺을 뿐이다.

대대적 관계는 상반적인 타자를 적으로 여기는 것이 아니라 자신의 존재성을 확보하기 위한 필수적인 전제로 요구하는 관계이며, 대상을 상호 성취의 관계 더 나아가 추동력의 근거로 보는 관계를 말한다. 또한 대대관계에 있는 양자는 대대관계에 있다는 그 자체로써 균형과 조화를 이루고 있다(최영진, 1992, 395-6). 이런 대대적 관계를 통해 인간은 도덕적 본성의 실현을 이뤄간다. 따라서 일탈은 대대적인 관계를 통한 '시중時中'이 확보되지 않을 때 발생한다. 시중은 때와 상황에 맞는 행위가 발현되는 것으로서 그 자체가 도덕적 관계의 실현이자 성취가 된다. 일탈을 달리 표현하면 도덕적 관계로서의 시중적 상황으로부터 벗어남이라고 할 수 있겠다.

대대적 관계 속에서 '시중'적 관계가 잘 발현된 관계가 오륜五倫이다. 군신·부자·부부·장유·붕우의 관계는 대대적 관계로 설정되어 있으며, 임금과 신하의 관계에서의 '의로움義', 부모와 자식 사이에서의 '친함親', 부부사이에서의 '다름別', 어른과 아이에서의 '차례序', 친구 사이에서의 '믿음信'은 대대적 관계를 통한 조화로운 상태和를 말한다. 이는 인간의 마음에서 정감이 올바르게 발현된 속성들로서 천리에 합일된 내용이라 할 수 있다. 『중용』에서 "기쁨, 성냄, 슬픔, 즐거움과 같은 정감이 어떤 상황에 맞닥뜨려 드러나는데, 그 상황에서 도덕적 규범에 딱 맞는 정감이 '화和'이다"라고 한 것과 같이 오륜의 내용은 관계들 속에서 일어날 수 있는 감정情이 시중을 확보하여 조화의 상태로 드러난 것이다. 이러한 관계는 인간의 본성이 최대한 발휘된 관계로서 도덕적 관계라 할 수 있다. 따라서 이들의 내용에서 벗어난 관계는 일탈적 상황이라 할 수 있다.

정이程頤는 『논어』「학이」편에 나오는 유자가 말한 "예의 용은 화가 귀함이 되니, 선왕의 도는 이것을 아름답게 여겼다. 그리하여 작은 일과 큰일에 모두 이것을 따른 것이다.[06]"라는 내용에 대해 "예가 치우치면 지리支離해지므로 예의 용은 화가 귀함이 되는 것이다. 선왕의 도가 이를 아름답게 여겨서 작은 일, 큰 일 모두 이것을 따랐다. 낙樂이 치우치면 방탕한 데로 흐른다. 그러므로 행하지 못할 것이 있으니, 화만 알아서 화를 하고 예로써 절제하지 않는다면 이 또한 행할 수 없는 것이다."[07]라고 풀이했다. 이처럼 각기 다른 대대적 관계에서 하나의 규범으로 제시된 예는 시중을 통한 '화'가 중요하다. 그렇지 못할 경우 예는 일탈적 행위로 이어지게 되는 것이다.

그런데 여기서 한 가지 의문이 생긴다. 인간의 본성이 그대로 실현되

---

06 『論語』「學而」12, 有子曰 : 禮之用 , 和為貴。先王之道斯為美 , 小大由之。

07 『論語』「學而」12, 程子註: 程子曰 :「禮勝則離 , 故禮之用和為貴。先王之道以斯為美 , 而小大由之。樂勝則流 , 故有所不行者 , 知和而和 , 不以禮節之 , 亦不可行。」

지 않는 일탈적 상황으로 몰아가는, 즉 시중적 상황을 일그러지게 하는 것은 무엇일까?라는 것이다. 이는 인간의 인심에서 발현되는 감정들르서 설명될 수 있을 듯하다. 『예기』「예운」 편에 제시된 기쁨, 성냄, 슬픔, 두려움, 사랑, 미움, 욕구[喜怒哀懼愛惡慾]로 언급되는 일곱 가지의 감정[七情]은 인간이라면 누구에게나 있는 감정들로서 때에 맞게 발현될 때는 인간의 본성실현을 위한 필요조건이 되지만 시중적 상황에서 벗어날 때는 일탈적 행위로 이어지게 하는 근원이 된다.

오늘날 빈번하게 발생하는 사회문제들의 원인으로 개인들의 우울증, 분노조절과 관련한 정신질환을 원인으로 많이 꼽는다. 유학 사상으로 진단한 이러한 상태는 자신에게 내재된 슬픔과 두려움, 미움, 성냄, 미움과 같은 감정이 시중을 벗어나 발생한 것이라 할 수 있을 것이다. 또 성냄과 미움의 감정이 시중을 얻지 못하면 분노와 증오로 이어져 다양한 형태의 폭력으로 이어지게 하며, 즐거움과 기쁨이 지나쳐 시중을 얻지 못하면 탐닉과 방탕으로 흐르고, 더욱 심해지면 중독과 같은 일탈 행위의 결과로 나타나게 된다. 따라서 일탈의 출발은 자기에게 내재된 도덕성이 관계 속에서 시중적이지 못한 채 발현되는 현상으로 진단할 수 있을 것이다.

(2) 수양적修養的 삶으로부터의 일탈

두 번째 일탈의 의미로서 제시할 수 있는 것은 '수양적修養的 삶으로부터의 일탈'이라는 삶의 실천적 측면이다.

『서경』에서 요임금이 순임금에게 왕위를 물려주며 전한 16자 심법을 통해서 우리는 인간이 지닌 마음의 특성과 인간이 올바르게 살아가기 위해서 해야만 하는 내용을 추측할 수 있다. 그 내용은 "인심은 위태로워서 악으로 흐르기 쉽고 도심은 은미하여 잘 드러나지 않는다. 오로지 정성을 다하여 하나로 하여야 중을 잡을 수 있다."[08]이다. 여기에서 우리는 인간 마음의 두 가지 주요한 측면을 읽어낼 수 있다.

먼저, 요임금이 인심의 위태로움을 먼저 언급한 부분을 통해 인간 삶이 보편적으로 일탈적 상황으로 흘러갈 수 있는 가능성이 매우 크다는 것이고, 둘째는 위태로운 마음을 극복하는 것이 매우 어려운 일이라서 인간의 주체적 의지와 실천이 절대적으로 필요하다는 것이다. 이는 집중과 정성을 필요로 하는 실천이 강조되고 있는 것이기도 하다. 정이程頤도 '천리를 보존시키고 인욕을 제거하라[存天理去人慾]'라고 한 것과 같이 수양의 중요성을 강조하였다. 인간의 마음은 성정性情을 통솔하여 천리에 합일된 모습으로 나아가도록 하는 주체적 존재의 근원이기도 하지만, 외물에 마음이 치우쳐 일탈된 행위로 나아가기도 쉬운 특성이 있다. 따라서 인간이 본래 지닌 성품을 유지시키고 보존하기 위해서는 반드시 수양이 뒤따라야 한다.

수양적 실천이 뒷받침되지 않을 경우 인간의 마음은 사심(私心)이 침범하기에 좋은 환경이 되며, 이를 통해 천리의 본성이 가려지게 된다. 유학의 일탈적 정의가 '천리본성의 실현을 벗어나 사적 욕망의 감정으로 치우쳐 중도를 실현시키지 못한 행위'인 것과 같이 인간의 사적 마음은 인간 본래의 공적 모습에서 멀어지게 하는 원인으로 일탈 행위의 출발이 된다고 할 수 있겠다. 「중용」에서 "마음에 사私가 생기면 인심과 도심이 뒤섞이면서 천리의 공公이 인욕의 사私를 이기지 못하게 된다. 마음을 맑고 한결같으면 도심이 인심을 이끌게 되고 행동거지가 과불급의 어긋남이 없게 된다"라고 했듯이 개인적 이기심은 일탈 행위의 출발이 된다.

사적 마음私心은 천리이자 인간의 본성인 공적 마음公心을 설명하는 맹자의 4단四端을 통해 쉽게 이해할 수도 있다. 4단은 다른 사람을 측은

---

08 『書經』, 人心惟危, 道心惟微, 惟精惟一, 允執厥中.

히 여기는 마음인 측은지심惻隱之心, 자신의 잘못에 대해 부끄러워하는 마음인 수오지심羞惡之心, 다른 사람의 친절에 대해 사양하는 마음인 사양지심辭讓之心, 옳고 그름에 대해 스스로 판단하여 알 수 있는 마음인 시비지심是非之心을 일컫는다. 이 네 가지 감정은 누구나 타고난 사람의 본성이자 맹자가 말한 선한 감정으로서의 단서이다. 7정이 일반감정이므로 시중적 상황에 따라 선과 불선으로 나뉘는 것과는 다르게, 4단은 인간이 본래 지니고 있는 그 자체로 선한 감정이다. 경공부를 통해 보존해야 하는 마음이기도 한 것이다. 따라서 유학에서는 경공부를 통해 4단과 같은 감정이 생명력을 갖게 하는 천성을 보존하고 기르는 존양의 공부와 이미 발한 마음을 되돌아보고 반성하는 성찰의 공부를 강조하였다.

경공부를 통해 얻게 되는 마음가짐은 인지적 정황에서의 객관적 인지와 도덕적 정황에서의 참된 앎을 가능하게 한다. 따라서 외물에 마음이 치우치지 않게 하여 마음의 감정情이 불선으로 이어지지 않도록 하는 작업은 일탈적 행위로 나타난 상황을 미연에 방지하는 역할을 한다.

일탈 행동에 대해 구체적으로 드러나는 모습은 경전들 속에서 군자로 대비되는 소인의 모습을 통해 쉽게 살펴볼 수 있다. 군자는 인격의 완성을 이룬 존재가 아니라 끊임없이 천리와 본성을 회복하려 노력하는 수양인이며, 소인은 이러한 천리에서 벗어나 자신의 이기심과 욕망을 채워가는 인간상이다. 『주역』에서의 군자는 대부분 성인을 닮으려고 노력하는 현실적 인간으로 묘사된다. 현실의 삶 속에서 부딪히는 매 상황마다 인간의 본성을 최대한 구현하기 위해서 끊임없이 노력하는 개별 인간들에게 요청되는 이상적인 인간형이 군자라 할 수 있는 것이다(김재범, 2001, 133). 그에 반해서 삶 속에서 끊임없이 발생하는 갈등의 순간에서 소인은 자신의 도덕적 본성을 잊은 채 자신의 이기심에 따라 움직이는 인간상이다.

『논어』는 군자의 모습과 대비하여 소인의 모습을 잘 말해주고 있다.

군자는 의로움에 밝으며, 상달上達하고, 언제나 떳떳하며, 자신에서 구하며, 남의 아름다움을 이루도록 해 주며, 남의 나쁜 점은 이루지 못하도록 노력하여 중용을 지키는 자이다. 반면에 소인은 이익에 밝으며, 하달下達하며, 마음이 늘 근심으로 가득하고, 남의 아름다운 점을 비방하고 이루지 못하게 하는, 즉 중을 어기는 자이다.[09] 또한 군자는 덕으로 나아감을 수양의 목적으로 삼기 때문에 자신에 대해 끊임없이 반성하지만, 소인은 모든 일의 원인과 책임을 타인으로부터 구하기 때문에 언제나 마음이 고통스럽고 편안하지 못하다.

위 내용을 통해 우리는 소인의 모습이 일탈된 모습임을 알 수 있다. 소인은 자신의 이익을 좇아 욕망과 부귀를 추구하고, 늘 마음의 근심 걱정으로 불안하며, 남을 비방하는 것을 좋아할 뿐만 아니라 모든 일의 원인과 책임을 타인에게서 찾는다. 개인의 사적 이익을 좇음으로써 자신과 관계를 맺고 있는 가족 관계 및 사회적 관계 모두를 어긋나게 만든다. 어긋난 행위는 가까이 보면 자신 스스로에게 중독과 자살 등과 같은 결과를 가져오며, 한 걸음 나아가서는 다양한 폭력과 분노가 관계들 안에서 표출되어 가족관계는 물론이거니와 직, 간접적인 사회적 관계에도 영향을 미치게 된다. 이는 결국 자신이 예상치 못한 다양한 관계의 파괴로 이어지게 한다. 이러한 소인의 모습이 곧 일탈 행위로 나타나는 인간의 모습이다.

도덕적 관계로부터 벗어나 소인의 모습을 취하고 있는 일탈된 모습을 우리는 주변에서 흔히 볼 수 있다. 단지 일탈된 모습의 정도에 따라서 남에게 피해를 주지 않는 수준이냐, 범죄와 같은 사회적 문제의 수준이 되느냐가 결정될 뿐이다. 정도가 어떻든 일탈의 모습에서 본래의 모습으로 회복하기 위한 수양적 삶이 개개인들에게 각인되지 않는 이상 우리

---

09 『논어』(里仁, 16장), (憲問 24장), (衛靈公 21장), (泰伯 31장), (顏淵 16장)

사회의 일탈 정도의 비율은 증가할 수밖에 없을 것이라고 여겨진다. 따라서 우리가 수양적 삶을 통해 도덕적 본성의 마음을 보존存心해 나갈 때 일탈 행위와 그로 파생되는 문제들을 해결해 나갈 수 있을 것이다.

4. 불학 사상에서의 일탈 의미

불학에서의 일탈적 행위에 대한 개념은 연기적 세계관을 통해서 설명할 수 있다. 유학에서의 일탈개념을 인간 존재의 성격과 행위를 천지자연의 이치와의 관계에서 설명한 것과 같이 불학에서도 역시 인간을 둘러싼 모든 관계 속에서 인간의 행위와 일탈 행위를 정의할 수 있다. 단지 유학이 인간에게 천지자연의 이법으로부터의 도덕적 본성과 인간다운 삶의 규범적 행위에서 정당성을 얻는 관계관에 토대한다면 불학에서는 인간을 둘러싼 세계가 생주이멸生住異滅하고 성주괴공成住壞空하는 과정 속의 상호 인과적 연기관계로 파악한다는 점에서 차이를 보인다. 불학 사상에서 인간 일탈에 대한 개념과 의미를 살펴보기 위해 다음에서는 불학의 핵심 사상이라 할 수 있는 연기적 관계와 그 연기적 관계에서의 인간과 인간 행위에 대해서 살펴보겠다.

1) 불학 사상에서의 세계와 인간, 그리고 삶

불학에서는 인간을 둘러싼 물질세계와 정신세계가 생주이멸生住異滅하고 성주괴공成住壞空하는 과정 속의 상호 인과적 연기관계에 있음을 보여준다.

> 이것이 있으므로 저것이 있고, 이것이 생기므로 저것이 생긴다.
> 이것이 없으면 저것도 없고, 이것이 사라지면 저것도 사라진다.
> 此有故彼有 此生故彼生
> 此無故彼無 此滅故彼滅[10]

이는 『상윳다 니까야』와 『잡아함경』에서 '연기'에 대해 정의한 구절로서, 연기에 대한 가장 간명한 표현이라 할 수 있다. 세상의 어떤 유무형의 존재든 그것의 존재 성립 근거는 다양한 대상과의 관계 속에 있음을 잘 표현하고 있다. 또 붓다가 "연기를 보면 곧 진리法을 본 것이요, 진리法을 보면 곧 연기를 본 것이다.[11]"라고 한 것과 같이 불교가 진리에 대한 가르침이라면 곧 연기에 대한 가르침이라고 할 수 있다. 붓다가 깨닫고 난 후 사람들에게 연기법을 깨닫도록 가르친 것이 사성제와 팔정도, 중도였다. 초기불교는 이후 전개된 부파불교, 대승불교까지 복잡하고 다양한 교리가 발전하였지만, 그 핵심적 내용은 바로 '연기법緣起法'이다. 불학사상은 연기법을 통해 인간과 인간을 둘러싼 세계를 설명한다. 그렇다면 연기란 무엇이며, 어떤 특징을 지니는가?

> 비구들이여, 어떤 것이 연기인가? 비구들이여, 태어남을 인연으로 하여 늙어 죽는다는 법은 여래가 세상에 나타나든 나타나지 않던 그 界, 즉 法의 住性, 定性, 條件性은 상주한다. … 여기에는 객관성과 필연성과 불변성과 조건성이 있다. 비

---

10 『상윳다 니까야(Saṃyutta-Nikāya)』 vol.2, p. 28, p. 65, p. 70: 『잡아함경』, 「제일의공경」 제30권 335경

11 『중아함경』「상적유경」

구들이여, 이것을 연기라고 부른다.[12]

이는 『상윳다 니까야』에 담긴 붓다가 연기에 대해 설한 내용이다. 연緣한다는 것은 '어떤 것을 조건의 원인으로 하여 결과인 어떤 것(사물 또는 사건)이 발생하거나 성립하는 것'이다. 또, 연기는 "여래가 세상에 나타나든 나타나지 않든 그 界, 즉 法의 住性, 定性, 條件性"에서와 같이 주성, 정성, 조건성의 특징을 지닌다. 이중표는(2009) 여기에서 제시된 주성住性은 상호인과의 법칙이 존재함을 의미하고, 정성定性은 그 법칙이 불변의 결정성을 지니고 있음을 의미하며, 조건성條件性은 그 법칙이 여러 조건들의 상호관계의 법칙임을 의미한다고 했다. 이러한 상호인과관계에 의해 나타난 현상을 붓다는 법(法, dharma) 즉 진리라고 한 것이다. 이 법이라는 것은 존재와 세계에 선행하는 진리이며, 존재와 세계의 유일한 궁극목적이기도 하다. 이러한 법으로서의 연기적 관계 즉 상호인과관계 또는 의존적 발생의 원리는 공간적 차원에서는 관계론적 시각을 갖게 하며[無我], 시간적 차원에서는 과정론적 관점[無常]을 갖게 한다(유승무, 2014).[13] 이처럼 무수한 관계들의 운동성과 흐름의 과정을 파악하게 하는 이 연기적 관계는 인간을 비롯한 세상 만물이 독립적인 개체가 아니며, 독자적인 운동성이 아니라 상호관계 속에서의 존재이며 전체의 운동성은 세상 만물들의 운동성과 상호관련성을 맺고 있음을 말한다.

불학에서의 상호인과적 시각은 일반시스템이론의 아버지로 알려진 서구의 생물학자이자인 폰 베르탈란티(L.V.Bertalanffy)의 저서에서도 발견된다. 그는 실험입증을 통해 생명활동이 단선적 방향의 인과관계 속에

12 『샹윳다 니까야(Saṃyutta-Nikāya)』 12, 20.

13 저자(유승무 2014)는 연기적 관계에 대한 이해를 돕기 위해 화엄사상의 상즉상입의 개념으로 세상존재들의 상호의존성을 잘 설명하고 있으며 나아가 사회적 행위자로의 인간의 마음이 결정적인 사회적 의미를 갖고 있음을 잘 분석하고 있다.

서 작용하고 있는 분리된 단위들의 체계로 설명하는 것은 적절하지 않으며 상호작용하는 요소들의 시스템에 대하여 생각해야만 한다고 주장했다(Bertalanffy, 1968, 44). 폰 베르탈란티의 이론을 계승한 시스템과학자들은 자신들의 연구결과에서 순환적 인과관계, 호혜적 인과관계, 상호적 인과관계, 또는 상호결정과 같은 용어들을 사용하며(메이시, 2020) 과정으로서의 작용과 생명관련 연구를 진행해 나가고 있다. 이들의 상호인과율에 대한 관점을 메이시(2020)는 불교의 연기관과 닮아 있다고 주장한다. 나아가 불교가 자기 조직적 시스템(연기적 관계)들의 발생과 상호작용 속에서 고통의 원인이 무엇이고 고통으로부터 해탈할 수 있는 방법이 무엇인가를 우리에게 알려준다고 말하면서, 이 사상을 토대로 사회운동을 실천해 나가고 있다. 이처럼 연기적 관점은 단선적 인과관계와 이원론적 세계관이 가졌던 자연과학의 한계점들을 극복하는 토대가 되고 있다.

세상 만물이 모두 그러하듯 인간 역시 연기적 세계관 속에서 살아간다. 불학에서의 인간은 연기적 존재로서 오온(五蘊: 色受想行識)의 이합집산에 따라 생성소멸하는 무아無我적 존재이다. 물질적 영역(몸)과 정신적 영역(마음: 정신과 의식)으로 나누어 볼 수 있는 인간은 이들의 끊임없이 운동성 속에서 조금의 오차도 없이 연기의 이치를 적용받으며 유동하고 있다. 이 삶 속에서 인간은 괴로운[苦] 삶을 살아가고 있는 존재이다. 인간의 괴로운 삶에 대한 비유로서 『불설비유경』을 살펴보자.

> 어떤 사람이 광야에서 사나운 코끼리에 쫓기고 있었다. 두려워서 도망가는데 피할 데가 없었다. 그러다 한 우물을 발견하였고, 그 우물 안으로 나무뿌리가 늘어져 있음을 발견한다. 그 사람은 나무뿌리를 타고 우물 아래로 몸을 피했다. 그런데 검은 쥐와 흰 쥐가 나무뿌리를 갉아먹고 있었다. 우물 주위에는 네 마리의 독사가 있어서 그 사람을 물려고

> 했고, 아래에는 독용毒龍이 있었다. 용과 뱀 때문에 마음은 두려웠고, 쥐들이 갉고 있는 나무의 뿌리는 언제 끊어질지 모르는 위험한 상태였다. 그런데 나무뿌리에는 벌집이 달려 있었고 꿀이 다섯 방울씩 입으로 떨어졌으며 나무가 흔들리면 벌들이 벌집에서 나와서 이 사람을 물었다. 한편 나무에서 불이나 이 나무가 타고 있었다.[14]

이 비유에서 등장하는 내용은 각각 인간을 둘러싼 유, 무형의 관계[15]들을 의미한다. 이 비유는 인간의 실존적 현실을 적나라하게 묘사하고 있다. 죽음 앞에 놓인 사면초가의 상황에서 인간은 극심한 불안과 고통 속에 있으며, 그 속에서도 꿀맛의 쾌락과 욕망을 즐긴다. 붓다는 이러한 인간의 허무하고 불안한 실존적 상황에서 인간은 어떤 존재이며, 어떠한 삶을 살아가야 하는가라는 문제를 풀기 위해 출가했으며, 연기법을 깨달음으로써 괴로운 상황을 벗어나는 답을 찾아냈다.

불학에서 인간은 물질적 자아인 색과 의식적 자아인 수, 상, 행, 식이라는 오온五蘊의 합으로 이뤄진 존재이다. 온蘊은 팔리어 칸다(kkhanda)로 무더기, 덩어리란 뜻을 가졌으며, 따라서 오온은 다섯 무더기인 색온色蘊, 수온受蘊, 상온想蘊, 행온行蘊, 식온識蘊을 말한다. 색은 팔리어로 rūpa를 말하는데, 이 뜻은 변형, 부서짐으로 해석된다. 따라서 색은 변형되는 물질을 의미한다.[16] 더하여 색은 안이비설신眼耳鼻舌身意의 오근五根과 색상

---

14 『대정장』 4. p81bc.(『대정장』=『大正新修大藏經』)

15 광야: 무명으로 생사를 거듭한 인간(중생)의 긴 삶, 쫓기는 사람: 중생, 코끼리: 무상(無常), 우물: 생사, 나무의 뿌리: 수명, 흰 쥐와 검은 쥐: 낮과 밤, 쥐들로 갉아지고 있는 나무뿌리: 인간수명의 짧아짐, 네 마리의 독사: 지수화풍(四大: 地水火風), 다섯 방울의 꿀: 다섯 가지 감각적인 욕망(五欲), 벌: 사견(邪見), 불: 노사(老死), 독용: 죽음이다.

16 『상윳다 니까야』〈삼켜버림경〉(s22:79) 4: 각묵 스님 지음. 색의 의미는 각묵스님의 번역에 따른 것임.

향미촉色聲香味觸이라는 오경五境까지도 포함한 물질의 세계를 의미한다. 이렇게 나의 육신을 이루는 물질과 외부의 사물을 이루는 물질을 오온의 색으로 간주한다(이중표, 2010, 200). 수는 '감수', '느낌'으로서 즐겁고, 괴롭고, 즐겁지도 괴롭지도 않은 느낌을 말한다. 상은 '표상', '인식' 등을 말하며, 행은 '심리현상들'로서 항상 복수로 나타난다. 식은 '분별', '식별'을 의미하는 것으로서 식은 감각장소와 대상을 조건으로 하여 발생한다. 그리하여 감각장소를 통해서 대상을 아는 것을 식이라 한다.[17] 이 네 가지 온은 물질적 온인 색온에 의거하고 있으며, 이들은 유기적으로 결합되어 있다.

인간은 색을 통한 지각활동, 수의 감각활동, 상의 사유활동, 행의 의지활동, 식의 사물을 분별하는 인식활동이 유기적으로 결합되어 형성되고 사라지는 그 무엇일 뿐이다. 그럼에도 불구하고 오온을 통해 형성된 그 무엇에 집착하여 그것을 자기 자신[有我]이라 여긴다. 붓다는 사람은 이 다섯 무더기가 모인 존재로서 무명無明으로 인해 오온들로 형성된 것들을 자신이라고 여긴다고 말했다.[18] 인간의 고통은 여기서부터 시작되는 것이다. 고통은 인간이 본래부터 어떤 본질을 갖고 있으며 이에 대해 집착하는 것에서부터 발생한다. 보고, 느끼고, 사유하고, 행위하고, 인식하는 삶 자체는 흘러가는 것일 뿐인데, 이러한 삶의 실상을 알지 못하고 헛된 욕망과 집착을 일으키는 것에서 그 고통의 본질이 있는 것이다. 따라서 인간은 본래적으로 어떤 본질을 갖고 있는 존재가 아니라 삶에 의해 형성되어 가는 과정적 존재로서 인간이 곧 삶이라고 할 수 있는 것이다(이중표, 1998: 309).

위와 같은 오온의 취합으로서의 과정이 삶이라는 근본불교의 인간

17 『상윳다 니까야』〈삼켜버림경〉(s22:79) 4: 각묵 스님 지음.

18 『雜阿含經』, 권2, "遇凝無聞凡夫 以無明故, 見色是我, 異我, 相在."

관은 중관학, 유식학, 여래장사상 등으로 대승불교에서 더욱 치밀하게 분석되어져 간다. 근본불교의 업보와 마음의 관계를 세밀하게 분석한 대표적인 것이 유식학이다. 유식학은 인간의 마음을 심, 의, 식으로 나눠 설명하면서 우리가 행위 하는 모든 것은 심이라는 영역[아뢰야식阿賴耶識]에 모여 있어[19] 이것이 원인이 되어 7식인 말나식末那識과 6식六識을 거쳐 지각되는 행위로 나오게 된다고 보고 있다. 우리가 있다고 여기는 자아와 세계는 모두 이들 마음의 전변을 통한 것이다.[20] 이 8식의 마음은 범부나 부처나 동일하게 존재하는 것이다. 단지 범부중생들은 끊임없이 자신의 행위결과로 나타나는 또 다른 결과들을 원래 인간이 지닌 불성으로부터 이탈된 모습으로 새로운 종자를 만들어내지만, 부처는 새로운 윤회의 결과를 짓지 않는다는 점에서 차이가 있다. 새로운 업의 윤회를 짓지 않는 부처의 마음, 분별을 떠나 행복하게 하는 청정한 마음자리가 불성이자 원래 인간의 참모습이다. 후기 대승불교에서는 이러한 인간 참모습의 다른 이름을 진여眞如, 불성佛性, 법신法身, 여래장如來藏으로 부른다.

인간은 누구에게나 깨달을 수 있는 씨앗이 존재하며, 본래부터 여래가 감춰져 있는 존재인 것이다. 『능엄경』에서 "중생의 근본 마음자리는 항상 머물며 변화하지 않는 진실한 마음이며, 본성은 청정한 지혜의 밝음 그 자체이다[常住眞心性淨明體]"라고 한 것과 같이 모든 인간은 그 자체가 진실되고 깨끗하며, 그 자체가 환하다. 이 원래의 자리를 알아 자신의 마음이 변해가는 마음공식을 알아차리게 되면 그가 창조하는 삶은 부처의 삶과 같다.

이렇듯 인간은 스스로의 마음으로 행위의 결과인 업을 낳고, 그 결과로서의 업이 또 씨앗인 원인이 되어 또 다른 결과의 업을 낳는 반복된

19 현장 역, 『成唯識論』, 권2. (『대정장』 31, 86쪽) "種子旣是習氣異名."

20 현장 역, 『成唯識論』, 권2. (『대정장』 31, 1a쪽) "由假說我法 有種種相轉, 彼依識所變 此能變唯三, 謂異熟思量 及了別境識."

삶 즉 윤회를 한다. 현재 자기의 모습에서 머물지 않고 끊임없이 자신과 자신의 세계를 창조해 가는 존재인 것이다. 따라서 진여와 불성, 법신, 여래장이 행위의 원인으로 작용하여 어떠한 결과를 낸 것은 부처의 세계이며, 업에 의한 중생의 마음으로 행위의 결과를 지어낸 것은 중생의 세계가 된다. 모든 인간은 창조적인 삶의 결과로 살아가고 있으며, 그러한 의미에서 부처와 다름없는 창조의 삶을 살아가고 있는 존재이다.

중생으로 살 것인가, 부처로 살 것인가를 선택하는 것도 결국 한 개인의 몫이다. 그러나 한 개인이 지어낸 삶은 가까이로는 자신의 행복과 불행으로 드러나지만, 다른 것들과의 연기적, 역학적 관계를 통해서는 자신을 둘러싼 세계의 성격을 결정하게 한다. 자신의 하나하나의 행위결과는 자신의 다음 행위를 위한 원인이 됨으로써 자신의 삶의 시작과 끝도 자신이 아닌 것이 없다. 그러나 이 자신의 삶은 개인에게만 머무르지 않고 연기적 관계를 통해 중중무진重重無盡으로 상호 영향을 주고받으며 이 세계를 형성해 나간다. 자기장을 가진 자석이 또 다른 자석을 만나서 서로 영향을 미쳐 새로운 형태와 힘의 자기장을 형성하듯이 인간들의 삶 역시 알게 모르게 상호 영향을 주고받으면서 이 세계는 생겨나서 머물고 변화하고 사라지고 있다.

한편 불학에서는 연기적 세계 안에서 인간이 아집과 집착에서 벗어날 수 있는 방법이 초기불교에서부터 대승불교까지 수행방법으로 전해지고 있다. 초기 불교에서는 도성제 안의 팔정도, 대승불교에서는 보살행인 바라밀다행(6바라밀, 10바라밀)로 제시된다.

붓다가 깨달은 후 녹야원에서 처음 설한 내용이 사성제, 중도, 팔정도의 가르침이었다. 이 중에서 사성제는 중도와 팔정도의 내용을 모두 포함하고 있다 해도 틀리지 않다. 고성제, 집성제, 멸성제, 도성제로 이뤄진 사성제四聖諦는 고제와 집제라는 고통을 만들어내는 유전연기와 고통을 없애는 멸제와 도제의 환멸연기로 이뤄져 있다. 늙음과 죽음, 근심과 슬픔, 괴로움, 번뇌[老死憂悲苦惱]라는 고통의 현실[苦聖諦]은 그 원인이 삼독심 즉 탐욕과 성냄과 어리석음으로부터 시작됨[集成諦]을 유전연기에서 자세히 설명하였다. 이어서 고통의 현실을 해결할 수 있는 방법론을 제시했고 문제가 소멸한 상태의 세계를 멸성제와 도성제의 환멸연기를 통해 설명했다. 멸성제는 문제의 상황이 소멸된 상태[滅性諦]로서 '갈애와 번뇌의 소멸', 혹은 '윤회로부터의 해방' 등 다양하게 표현된다. 깨달음으로 향하는 방법은 도성제[道聖諦]에서 제시되는데 이것이 바로 8정도이다.[21]

대승불교에서의 바라밀행은 초기불교에서 강조한 8정도가 세상 속에서의 관계들 안에서의 실천을 통해 깨달음으로 나아가게 하는 방법으로서 제시된 것이다. 인간 삶의 복잡한 관계들 속에서 구체화된 실천적 방법이라 할 수 있다. 『화엄경』 보현행원품에서 강조되듯이 대승불교에서의 깨달음은 세상과 분리된 것이 아니라 세속에서의 회향으로 마무리되어야 한다. '상구보리 하화중생上求菩提 下化衆生'이라는 대승불교의 근본 가르침처럼 나와 세상만물은 동체이며 자타불이自他不二의 관계로서 이들은 서로 독립된 것이 아니라 동전의 양면처럼 함께 하는 것이다. 연기적 세계에서 우리 모두는 서로 의존해 있는 존재이기에 내 삶의 변화는 세상 만물의 변화의 출발이 된다. 따라서 나에게 좋은 것은 타인에게 좋은 것이며, 보이지 않는 모든 관계에도 좋은 것이 된다.

이러한 삶을 실천해 가는 존재가 보살菩薩이며, 그 보살의 행위 공간

---

21 『상윳타 니까야』에서는 열반과 열반에 이르는 길에 대해 다음과 같이 설하고 있다. "벗이여, 사리뿟따여, 열반열반 하는데 열반이란 무엇입니까? 열반이란 탐욕을 소멸하고, 성냄을 소멸하고, 어리석음을 소멸한 경지입니다. 그러면 열반에 이르는 길이 있습니까? 벗이여 열반에 이르는 길이 있습니다. 그러면 그 길은 무엇입니까? 벗이여, 성스러운 8가지 길(8정도)이 열반에 이르는 길입니다. 즉 ① 바른 견해(正見), ② 바른 사유(正思惟), ③ 바른 말(正語), ④ 바른 행동(正業), ⑤ 바른 생계(正命), ⑥ 바른 노력(正精進), ⑦ 바른 주의집중(正念), ⑧ 바른 선정(正定) 등입니다. 벗이여, 8정도는 훌륭합니다. 이러한 8정도는 열반에 이르는 훌륭한 길입니다."

은 세속이라 불리는 일상적 삶의 현장이며, 행위 준거가 되는 것은 바로 보살행인 바라밀다행이다. 바라밀은 보시, 지계, 인욕, 정진, 선정, 반야이며, 여기에 방편, 원, 역, 치를 추가하면 10바라밀이 되기도 한다. 이러한 바리밀이 실천될 때 인간의 참모습이 드러나게 된다. 인간의 참 모습은 법신으로서 시간과 공간 속에 존재하는 실체가 아니라 진여의 깨달음을 통해 실현되는 진실한 세계 즉 법의 세계이다.

이처럼 연기적 세계관 안에서 중생은 자신이 만들어낸 허구의 자아에 집착하여 쾌락과 욕망의 윤회를 거듭하는 인간이지만 수행을 통해 연기적 실상의 세계를 깨달아 자리이타의 삶을 창조해나갈 수 있는 존재이기도 하다. 이러한 인간을 둘러싼 세계의 이해와 인간존재에 대한 실상, 그리고 인간 삶의 전개과정에 대한 불학의 가르침은 일탈 행위의 확장된 관점을 제공하여 실천성과 이어진 이론의 토대를 구성하게 한다.

2) 불학 사상에서의 일탈 의미

불학 사상으로 일탈론을 새롭게 구성할 수 있는 근거는 붓다의 가르침이 모두 인간의 문제를 다루고 있다는 데 있다. 불학 사상은 인간의 고통스러운 삶의 원인과 이를 해결해 나가는 방법의 내용으로 크게 이뤄져 있다. 인간의 문제는 이 세계를 이루는 모든 것들과의 연기적緣起的 관계 안에서 파악될 수 있으며 문제를 해결할 수 있는 방법과 방향은 주체적 인간으로부터 시작되어야 함을 제시하고 있다.

앞서 전개된 불학에서의 인간이해를 근거로 인간 일탈에 대한 정의를 내린다면 다음과 같다. '인간이 무명無明으로 인해 불성과 진여의 본성으로 이탈되어 탐욕, 분노, 어리석음의 상태에 놓여 관계의 실상을 파악하지 못하는 상태'이다. 그 내용을 구체화시켜 보면 다음과 같다.

(1) 연기적緣起的 관계관으로부터의 일탈

앞서 정의한 불학에서의 일탈적 상황은 연기적 관계의 법칙에 따라 변화하는 실상을 파악하지 못하는 무명의 상태로서, 이는 곧 '연기적 관계로부터의 일탈'이라고 할 수 있겠다. 불학에서의 인간은 물질과 비물질의 세계에서 그 어떤 것과도 연결되지 않은 것이 없는 중중무진[22]의 연기적 관계의 존재이다. 또한 나의 의식 또는 마음을 통해 이 세계의 실상을 객관적으로 파악할 수 있는 불성이 내재된 존재이며, 자신의 불성을 통한 창조적 삶을 영위할 수 있는 존재이기도 하다. 그럼에도 불구하고 인간은 스스로가 끊임없이 만들어내는 환영과 같은 자아에 집착하여 욕망을 채우고, 감각적 쾌락을 탐닉하거나 또는 이러한 것이 없다고 여기는 허무의 병폐에 빠져 삶을 포기하며 살아가는 존재이기도 하다.

밝지 못하다는 뜻의 무명無明은 12연기에서 첫 번째로 언급되는 고통의 원인으로 제시되기도 한다. 『잡아함경』과 『연기경』에서의 내용을 통해 이해를 도울 수 있는데 '알아야 할 것을 알지 못하는 상태'와 '관계에 대하여 무관심하고不知 관계성에 어두운 상태'로 나누어 볼 수 있다.

『일철학』(박병원, 2016)에서는 이를 각각 '부지不知'와 '무지無知'라는 개념으로 현실적 상황과 접목하여 자세히 설명하고 있다. 부지不知'는 관계에 대하여 무관심하고 관계성에 어두운 것으로서 자신이 처한 관계를 알지 못하는 것이 아니라 충분히 알 수 있고 할 수 있음에도 불구하고 귀찮고 게을러서 알려고 하지 않는 것으로 본다. 일종의 부주의나 무관심이 여기에 속한다.

---

22 중중무진(重重無盡)은 『화엄경』에 나오는 용어로서 우주만유의 일체가 서로 무한한 관계를 가지고 하나가 되어 작용하고 있음을 말한다. 화엄경에서는 그 비유로서 제석천궁의 '인드라망'을 들고 있다. 관계들은 상즉상입(相卽相入)의 성격으로 있으며, 이에 대한 또 다른 표현으로 일중일체다중일(一中一切多中一)이 있다.

반면에 무지는 갖추고 있어야 하는데 갖추지 않고 있는 것으로서 바꾸어 말하면 알아야 했지만, 여전히 알려는 생각조차 없는 상태를 말한다(같은 책, 93). 이러한 부지와 무지의 무명으로부터 시작한 삶은 아만과 교만으로 이어지고 현실에서는 탐욕과 분노와 어리석음이라는 삼독의 상태로 드러나 인간이 맺는 모든 관계들을 일탈적 상황으로 몰고 간다. 더 지독한 것은 이러한 무명의 삶이 끊임없이 반복된다는 것이다. 불학에서는 이를 윤회라고 하며 이를 끊어내는 것이 바로 해탈이자 깨달음이라고 했다. 따라서 무명에 의한 관계성의 부지와 무지는 불성과 진여로 일컫는 인간 본연의 본성을 가리게 되어 물질에 대한 의존성依存性, 이기성利己性 등을 특징으로 하는 현실적 결과를 만들어 낸다.

무명無明은 행行, 식識, 명색名色, 육입六入, 촉觸, 애愛, 취取, 유有, 생生, 노사老死의 수순에 따라 윤회한다. 따라서 일탈이라 함은 연기적 관계에서 관계를 관계답게 보고 관계에 합당한 행위를 하지 못하는 것과 다름없다. 관계가 관계답다는 것은 『금강경』에서 나오는 '아상我相, 인상人相, 중생상衆生相, 수자상壽者相'에서 벗어나 자신과 관계를 맺는 것들의 객관적인 관계성을 그대로 인지하여 그에 따라 행위로 이어지게 하는 것을 말한다. 이는 자신이 가진 본래의 성품과 합일된 상태이기도 하다.

반면에 일탈은 객관적 법칙성에서 벗어나 주관적 인식하에 관계를 맺고 행위를 하는 것을 말한다. 『일철학』에서는 객관적 법칙의 특징을 관계에서의 무잉여의 상태, 보편적이고 타당한 일반적인 가치, 인간의 투명한 본성의 발현상태가 관계성이 온전히 드러난 상태라고 말하고 있다. 이처럼 무명으로 인한 관계성의 무지와 부지는 모든 일탈 행위의 출발이라 할 수 있는 것이다.

연기적 관계에서의 일탈이란 관점으로 보면 인간 행위로 빚어지는 다양한 관계에서의 일탈 문제를 해석할 수 있다. 가까이로는 인간 개인 안에서 이뤄지는 일탈의 문제로서 자신의 의식과 행동의 괴리, 몸과 마음의 분리의 상태를 들 수 있다. 나아가 관계를 확대하면, 한 개인과 관계를 맺는 가족, 국가, 세계, 자연까지 살필 수 있으며 일탈 행위의 발생을 파악할 수 있다. 물론 이들도 편의상 나눠놓은 것일 뿐 각각의 것들은 상호의존적 관계를 맺고 있으므로 순서대로, 선형적으로 일어나지 않고 동시 발생적으로 다양한 접촉과 운동과 흐름을 통해 상대를 부추기기도 하고 보강하기도 하면서 다양한 상황과 사건들을 발생시킨다.

우선 일탈의 상황을 개인적 차원의 일차적 일탈과 사회적 차원의 이차적 일탈로 나눠서 살펴보도록 하자.

일차적 일탈이라 함은 행위자 자신에게 국한되어 발생하는 일탈을, 이차적 일탈은 자신의 범위에서 벗어나 자신과 관계를 맺는 모든 유, 무형의 관계적 일탈이다.

먼저 쉽게 인식할 수 있는 범위 내에서 개인적 일탈의 문제를 살펴보자면 몸과 마음의 분리 의식과 행동 간의 괴리 또는 불일치의 결과로 나타나는 신체적 질병과 정신적 질환을 들 수 있다. 몸과 마음이 서로 깊은 관련을 맺고 있음은 현재의 의학적 연구결과들로도 충분히 설명 가능하지만 우리 전통의학 사상가 중 사상의학의 체계를 세운 동무 이제마의 심신관을 통해서도 잘 이해할 수 있다. 그는 인간이 느끼는 희노애락의 감정 상태에 따라 신체 내부 장부의 생리적, 병리적 상황의 유무와 기능의 차이를 발견했다.[23] 이를 통해 몸과 마음의 관계성의 특징에 대한 무명은 정상적이지 못한 일탈을 초래한다는 근거를 마련하기도 한다. 또 의식과 행동 간의 괴리 및 불일치의 문제는 감각적 쾌락의 탐닉과 중독, 정신분열증세 등의 정신적 질환으로 나타나며 극단적인 자살의 형태로 나타나기도 한다. 보태서 부와 명예의 추구 등도 불학의 불성이라는 본

23 『東醫壽世保元』「醫源論」 "古之醫師 不知心之愛惡所欲喜怒愛樂偏着者爲病 而但知脾胃水穀風寒暑濕侵犯者爲病"(박서연 · 박성식, 2012, 재인용).

성적 측면에 비추어보면 정신적 질병의 상태라고 할 수 있다. 이들은 주체적 자아의 상실 및 인간 마음에서 발생하는 탐, 진, 치가 중도를 벗어나 문제적 상황으로 초래된 것으로서 일탈적 모습이라고 할 수 있다.

다음은 사회적 일탈로서 불평등 관련한 계층의 문제, 물신 풍조, 사회적 사건에 대한 무관심, 환경 문제 등이 있다. 이들 역시 인간의 일탈 행위로 나타나는 결과로서 이차적 일탈이라고 할 수 있다. 언뜻 보기에는 한 개인의 일탈 행위 결과로 보기 어렵지만, 이들 역시 개인들의 일탈 행위로부터 비롯되었음은 자명하다. 현재 우리의 삶을 크게 바꿔놓고 있는 코로나-19 또한 인간이 환경과 자연에 대한 무지로부터 비롯해 일탈 행위로 초래된 것이라 할 수 있다. 현재 당장 문제가 되고 있는 질병의 문제는 환경파괴와 직결되어 있으며, 이에 대한 원인은 우리 인간이 누리는 편리함과 소비행태로 비롯된 것이다. 일례로 우리가 과다하게 섭취하고 있는 육류와 매일 이용하는 교통수단들은 환경의 생태시스템을 파괴하는 중대한 이유 중 하나이다. 그 결과 우리는 부지에서 누린 편리함의 대가를 고통으로 받고 있는 것이다. 따라서 이차적 일탈은 우리 인간의 본성이 지닌 공감성과 연대성이 상실된 결과로서 나타나는 현상이라 할 수 있다.

이렇듯 불학에서 인간행위의 일탈에 대한 정의는 세상 만물이 하나로 연결되어 상즉상입하며 운동하는 연기적 관계를 인지하지 못하는 즉 '연기적 관계에서의 무명'이라 할 수 있을 것이며, 이러한 정의는 인간자신의 문제에서부터 사회적 문제까지 개인행위의 일탈과 다름 아니라는 시각을 갖도록 한다.

(2) 수행적修行的 삶으로부터의 일탈

불학적 세계관과 인간관을 바탕으로 규정할 수 있는 두 번째 인간의 일탈은 '수행적 삶으로부터의 일탈'이다. 인간 본연의 진여, 불성, 여래장과 같은 자성청정한 자리에서 발현되는 삶의 유지와, 이로부터 이탈되었을 때의 삶을 제자리로 돌리고자 하는 노력은 바로 '수행'이라는 인간의 실천적 노력을 통해서 가능해진다. 앞서 정의 내렸던 연기실상에 대한 무지는 관계론적 측면의 일탈 모습이라면, 수행적 삶으로부터의 일탈은 삶의 실천적 측면으로부터의 일탈이라고 할 수 있다.

"그대들에게 당부하노니 형성된 것들은 소멸하기 마련인 법이다. 게으르지 말고 해야 할 바를 모두 성취하여라." 이는 『대반열반경』에서 붓다가 입멸 전 제자들에게 말한 마지막 유훈이다. 이는 붓다가 평생 동안 설한 불학의 핵심 내용 두 가지를 포함하고 있다. 형성된 것들은 모두 소멸한다는 객관적 연기실상에 대한 법이라는 내용과 연기실상을 알아차리기 위해서는 게으르지 않고 끊임없이 수행해 나가야 한다는 인간 삶의 실천적인 내용이 그것이다.

불학의 궁극적 목표는 해탈과 깨달음을 얻는 것이다. 자신으로부터의 속박에서 벗어난 인간은 삶 전체에서 자유로운 삶을 얻게 된다. 이 말을 달리 표현하면 자유로운 삶은 인간 자신의 생명이 지닌 물질적·정신적 운동성이 객관적 세계의 운동성과 일치하여 영위되는 삶과 다름 아니다.(박병원, 1993) 따라서 이러한 해탈과 깨달음은 플라톤이 말한 이데아와 같은 또 다른 세계에서 존재하는 것이 아닌, 인간이 발 딛고 서 있는 바로 지금, 여기에서 일어나는 사건일 뿐이다.

인간이 물질적 세계에 태어난 이상 그 자체가 관계의 산물이므로 살아가면서 맺는 관계 속에서 해탈을 추구해야 한다. 『능엄경』, 『능가경』, 『유마경』, 『승만경』, 『대승기신론』과 같은 경經·논論에서는 이러한 미혹한 인간의 세계가 깨달음의 세계인 부처의 세계와 회통되어 있음에 대한 내용을 다루고 있는데, 이는 인간이 현재, 머물고 있는 이곳에서 깨달음 즉 자유로움이 일어나야 함을 함께 강조하고 있다. 따라서 깨달음은 신통 또는 초능력적인 힘을 얻어 이를 발휘하는 것이 아니라 번뇌 망상의 결박으로부터 나오는 욕망과 이기심, 분노와 적대감으로 영위하던 삶에서 벗어난 삶을 의미한다. 이는 일차적으로는 자신의 고통으로부터 벗어나는 것이고 이차적으로는 자신이 본래 지닌 지혜와 자비, 평화의 속성이 관계를 통해 발휘되는 것이라 할 수 있다.

위와 같은 깨달음의 내용에 비추어 현대인을 보면 오늘날 사람들은 스스로가 만들어 놓은 결박 속에서 고통스러워하고 있다. 현대인은 채워지지 않는 욕망의 속성을 잊은 채 물질적, 정신적 잉여물들을 끊임없이 생산해 내고 있으며, 자신이 서 있는 자리보다 더 높은 곳을 향해 혈안이 되어있으며, 그러면서도 자신과 연결된 사회적 사건에 대해서는 무관심한 태도를 보인다. 자신만을 위해 영원한 그 무엇이 있어 주길 바라는 마음, 나는 무엇을 가질 것이며, 무엇이 될 것이다라는 욕망으로부터 나오는 생각과 이를 달성하기 위해 살아가는 삶 자체가 수행적 삶에서 일탈되었을 때 나타나는 모습이라 할 수 있다. 나를 비롯한 많은 현대인들은 이렇게 살아왔고 살아가고 있다. 따라서 고통의 삶에서 벗어나기 위해서는 인간은 '어떻게 살아야 할 것인가'라는 물음을 스스로에게 던지며 자신에게 일어나는 사건들을 객관적으로 볼 수 있는 수행적 삶으로 전환해야만 한다.

'수행적 삶으로부터의 일탈'은 인간이 고통으로부터 돌아올 수 있는 길을 제시하기도 한다. 수행적 삶으로 전환하게 되면 고통을 객관화하고 원인과 결과를 성찰하게 되며 이는 삶의 고통이 경감되는 경험을 하게 된다. 물론 이러한 고통으로부터의 점진적 해방은 인간 본연의 진여, 불성, 여래장과 같은 자성청정한 자리로의 회복을 말하기도 한다. 수행적 삶은 인간 스스로가 자신의 문제를 해결할 수 있는 주체적 존재에 대한 신뢰에 기인한 것이다. 『대반열반경』에서 붓다는 "그대들은 자신을 섬으로 삼고 자신을 의지하여 머물고[自燈明] 남을 의지하여 머물지 말라, 가르침을 섬으로 삼고 가르침을 의지하여 머물고[法燈明] 다른 것을 의지하여 머물지 말라."라고 했다. 이는 객관적 세계의 법칙 또는 원칙[法]과 일치하는 인간 자신의 운동성[法則]에 의지하여, 이에 따라 수행해 나가는 삶을 살아야 함을 강조한 내용이라 해석할 수 있다. 따라서 인간의 삶이라는 것은 항상 일탈될 수 있는 가능성이 크므로 이를 제자리로 돌리기 위한 수행적 삶이 필수적이다.

그렇다면 '수행적 삶이란 무엇일까?'에 대해 구체적으로 논의할 필요가 있다. 수행을 한자로 풀이하면 닦는다는 의미의 수修와 행위 또는 행동한다는 의미의 행行으로 이뤄져 있다. 글자 그대로 해석하면 '행실을 닦는다'이며 조금 더 나아가 풀이하면 행동의 출발이 되는 마음을 닦아 바르게 한다는 의미가 될 것이다. 불학에서는 수행이 인간이 살아 숨 쉬는 동안 행위하는 모든 부분에서 이뤄져야 함을 강조하고 있다. 일상에서 일어나는 모든 행위들이[行住坐臥 語默動靜] 선이 아닌 것이 없다고 한 것과 같이 인간은 늘 일탈의 가능성을 지니고 있기에 수행적 삶을 통해 멍에로부터 벗어날 수 있는 것이다. 그러나 삶의 전반에서 수행적 삶을 영위한다는 것이 쉬운 일이 아니다. 항상 깨어있기 위한 방법들의 단련을 통해 가능해진다.

불학에서는 초기불교에서부터 대승불교에 이르기까지 수행적 삶을 위한 방법들이 자세히 제시되고 있다. 『아함경』에서는 깨달음을 이루기 위한 수행법으로 계戒·정定·혜慧 삼학으로 정리되는 8가지의 바른 수행법[八正道]을 제시하고 있다. 계戒는 신구의身口意 삼업을 청정히 하는 것으로서 5계[24]와 마찬가지로 인간이면 마땅히 해야 하는 일과 해서는 안 되는 일에 대한 기준을 실천해 나가는 것을 말한다. 정定은 고요히 머무르는 것으로서 선, 참선, 지관止觀이 모두 여기에 속한다. 최근 '명상'이라

24 『增一阿含經』 제7권 「오계품」 제1-10경에서는 불살생(不殺生), 불투도(不偸盜), 불사음(不邪淫), 불망어(不妄語), 불음주(不飮酒)에 대한 내용이 자세히 기록되어 있다.

는 이름으로 널리 알려진 수행법들이 여기에 속한다. 이는 연기실상에 대한 안목을 얻게 하는 수행법으로서 생사의 근원이 무엇이고 나의 본질이 무엇인지를 알게 하여 윤회로부터 벗어나게 하는 수행법이다. 37조도품, 위빠사나, 중관의 반야공관, 유식의 유식관, 화엄의 해인삼매, 천태의 지관, 선불교의 간화선 등 다양한 수행법들도 모두 여기에 속한다. 혜慧는 지혜를 말하는 것으로써 앞선 수행을 통해 얻게 되는 불안佛眼을 의미한다. 이 세 가지는 서로 유기적으로 맞물려 있어 함께 닦아가야 하는 수행법이다.

이렇듯 인간의 육체와 정신과 관련된 세계의 객관적인 지혜를 얻기 위한 치밀한 수행법은 사회관계 속에서의 수행법으로 확대되어 나간다. 그 대표적인 것이 보살행이다. 세속이라 불리는 일상적 삶의 현장에서 인간이 자신의 불성을 회복하고 모든 대상과의 관계성을 회복하는 행위의 준거를 바라밀다행을 통해 제시하고 있다. 바라밀(波羅密, pāramitā)은 혼탁한 이 세상此岸에서 깨달음의 세계인 열반의 피안波岸에 이르는 것으로서 이를 위해 보살이 닦는 실천을 의미한다. 바라밀은 『반야경』에서는 보시布施·지계持戒·인욕忍辱·정진精進·선정禪定·지혜智慧의 6바라밀로 대표되지만 『해심밀경』, 『화엄경』등에서는 6바라밀에 방편方便·원願·역力·지智를 더하여 10바라밀을 제시하기도 한다. 바라밀다행은 인간이 삶 속에서 스스로 씌운 멍에로부터 벗어날 수 있는 방법으로 제시될 수 있는 실천이다.

이와 같이 불학에서는 다양한 수행법이 제시되어 있다. 『상윳따니까야』의 「우다나경」(자설경, 自說經, Udana)에서도 탐욕, 분노, 사유, 자만을 제거하기 위해서는 사람에 따라 각각 부정, 자애, 호흡, 무상에 대한 지각 등 다양한 수행 방법을 택해야 한다고 전하고 있다.[25] 이렇게 다른

25 각묵 역, 2009, 『상윳따 니끼야』, 초기불전연구원.

종류의 수행법이 제시되는 까닭은 사람의 행동과 감정의 상황이 저마다 각각 상이하기 때문이다. 이처럼 사람의 근기와 상황에 따라 다양한 수행법이 요구된다는 것은 다시 말하자면 삶 자체가 수행이 되어야 함을 말하는 것이라 볼 수 있다.

수행은 알아차림에서 시작된다. 자신에게서 일어나는 심신의 상태에서부터 자신을 둘러싼 모든 관계에까지도 발생했다 사라지는 사건들에 깨어있어, 그에 반응하는 자신을 알아차리고, 연기실상을 보는 궤도에서 멀어지게 하는 욕망과 분노와 무지를 알아차리는 것, 그것이 수행의 시작인 것이다. 이러한 수행적 삶을 통해 당장 얻게 되는 것은 고통으로부터의 해방이다. 자신을 고통으로 이끌었던 욕망, 분노, 무지의 소멸은 일차적으로는 자신에게 자유를 가져다준다. 지금까지 자신의 삶을 이끌었던 알음알이로서의 주관적 삶에서 벗어나게 하고 나아가 자신과 관계를 맺는 것들에게 필요한 것이 무엇인지를 알게 한다. 이로써 자신에게도, 자신과 관계를 맺는 모든 것에 이로운 것을 알고 행동하게 하는 자리이타自利利他적 삶이 실현되는 것이다. 나아가 이 세계가 필요한 것이 무엇인지를 설계할 수 있는 지혜와 실천의 힘도 함께 생기게 한다.

따라서 수행적 삶에서 일탈된 삶은 자신의 고통과 괴로움으로부터 해방될 수 없으며, 자신과 관계 맺고 있는 모든 것들의 고통과 괴로움을 발생시키는 원인이 된다.

5. 유학과 불학의 일탈 사상의 현대적 의의

지금까지 유학과 불학 사상에서의 인간 존재론에 근거하여 일탈의 의미를 재구성해 보았다. 유학과 불학은 이 세계를 하나의 거대한 유기체로 보는 동일한 세계관적 전통이 있어 인간의 일탈 행위를 관계론적 측면에서 정의하도록 하는 공통적인 특징을 가진다.

유학과 불학을 통해 정의한 일탈의 의미는 다음과 같이 정리할 수 있다. 관계론적 측면에서는 각각 도덕적 관계로부터의 일탈과 연기적 관계로부터의 일탈을, 실천론적 측면에서는 각각 수양적 삶으로부터의 일탈과 수행적 삶으로부터의 일탈로 정의하였다. 이는 존재의 개체성과 이원론적 세계관에 근거했던 기존 구조기능론적 일탈론 논의의 한계를 극복하고 일탈 행위의 극복을 위한 실천적 논의의 출발로서 의미를 갖게 될 것이다. 유학과 불학 사상으로 논의한 일탈론이 갖는 현대적 의미를 다음과 같이 정리할 수 있다.

첫째, 유학과 불학사상을 통한 일탈 논의는 지금까지 간과되었던 인간의 주체성을 조명하고 다시금 인간에게 주동적 역할을 부여한다. 서구 사회학에서 논의했던 사회구조 중심의 일탈론은 시대와 환경의 변동에 따라 일탈을 다르게 규정하고 있는데, 이렇듯 일탈을 사회 변동에 따른 상대적 개념으로 규정할 경우 한 개인이 속한 사회문화적 특징과 가치관은 파악할 수 있지만, 그 사회문화를 형성하는 출발점으로서의 인간에 대해서는 간과할 수밖에 없다. 따라서 사회문화의 시원이라 할 수 있는 인간의 주체성을 간과한 채 인간을 객체적 존재로 규정한 상태에서 현대 일탈논의는 전개되고 있다.

반면에 유학과 불학의 관계론적, 실천론적 관점의 일탈론은 소외되었던 인간을 주체적 존재로 되돌림으로써 일탈문제의 원인과 해결의 시작점을 인간으로 되돌린다. 따라서 지금까지 일탈을 바라보던 관점을 전환하여 일탈논의를 새롭게 한다는 의의를 가진다.

둘째, 유학과 불학사상을 통한 일탈 논의는 인간의 관계론적 존재론을 중심으로 일탈을 새롭게 정의하여 지금까지 일탈론에서 다뤘던 사회문제의 범위뿐만 아니라 현재 발생하는 모든 개인적, 사회적, 환경적 문제까지도 설명가능하게 하는 이론적 틀을 제공한다. 유학과 불학사상은 이 세계를 하나의 거대한 유기체로 보는 동일한 세계관적 전통을 가지고 있으므로 인간의 일탈 행위를 관계론적 측면에서 정의한다. 존재의 개체성과 이원론적 세계관에 근거했던 기존 일탈론 논의는 일탈의 문제를 범죄학과 관련한 일련의 사회문제에만 국한하는 측면이 있으나, 유학과 불학의 일탈론에서는 현재 인간을 둘러싼 질병, 환경, 기아, 불평등의 문제까지도 설명가능하게 한다.

셋째, 유학과 불학사상을 통한 일탈 논의는 일탈 문제의 해결이 개별 인간의 실천에서부터 출발해야 한다는 관점을 제공함으로써 현저 만연한 사회문제들을 해결할 수 있는 방안을 제시한다. 세상에서 일어나는 제반 현상은 인간의 행위와 관계를 맺지 않는 것이 없으므로 거슬러 올라가면 결국 관계관의 성격 변화는 인간 행위로부터 출발해야만 한다. 유학의 수양적 삶과 불교의 수행적 삶은 바로 일탈로 빚어진 질병문제, 사회문제, 환경문제 등을 해결할 수 있는 실천론의 출발점이 된다.

요컨대 유학과 불학사상으로 일탈을 새롭게 정의하고 그 의미를 논의한 것은 지금까지 전개된 일탈론에서 놓치고 있던 개인의 주체성이라는 측면을 부각하였다는 점과 현재 일어나고 있는 사회문제들의 대부분이 인간의 일탈 행위로부터 기인했다는 것을 인지토록 하였다는 점에서 그 의의가 있다고 하겠다. 또한 이 논의는 사회문제들을 바로잡기 위한 실천에 대한 방법을 구체화하는 출발점이 될 수 있을 것이다.

정약용의 학문 체계를 통한 사회복지학 체계의 재구성

오세근

정약용의 학문 체계를 통한 사회복지학 체계의 재구성

—

오 세 근

1. 사회복지의 학문적 체계 구성의 필요성과 사상적 질료質料로서 다산의 학적 체계

모든 사람은 경제적으로 여유 있고, 신체 건강하며, 마음이 평안한 상태에서 행복하고 자유롭게 살기를 바란다. 그런 안정된 생활을 유지하는 사람도 많다. 반면에 자신의 바람과 상관없이 빈곤·노령·질병·장애·산업재해·사회관계의 배제와 고립·무주택 등의 문제로 어려운 생활을 하거나, 힘든 나락으로 떨어질지 모른다는 불안감 속에서 살아가는 사람 또한 적지 않다. 전통 사회에서는 개인이나 가족이 스스로 생활상의 곤란을 헤쳐 나가기 어려우면 친척이나 문중 혹은 친구나 이웃 주민 등의 조력으로 해결하는 것이 상례이다. 자본제 사회에서는 가족이나 친척 또는 이웃 사람과 맺고 있는 공동체적 결속의 힘이 약화된다. 그래서 살아가면서 겪는 생활 문제의 많은 부분이 개인이나 가족의 책임으로 떠넘겨진다. 그렇지만 그 정도가 너무 벅차다. 그래서 대부분의 나라는 개인이나 가족의 대처 수준을 넘어선 문제를 '사회적 위험'으로 간주하고, 국가와 시민이 힘을 합친 연대 방식인 '사회복지라는 새로운 문명'의 창출을 통해 해결에 나선다(오세근 외, 2008: 17-19).

그런데, 지금까지 사회복지를 실행해 온 방식을 단순하게 도식화하면

빈곤층, 노인, 장애인, 아동, 여성과 같은 생활 과정의 어려움을 지닌 사회 성원의 삶의 조건을 개선하거나 해소하기 위한 정책·법·제도를 마련하고 개별 서비스를 전달하는 것이라 할 수 있다. 사회문제에 노출된 개인이나 가족 또는 특정 집단에 대한 급여나 서비스 제공은 사회경제적 상태·노동능력 유무·연령·성별·거주지등록 여부·부양의무자 존재 등을 기준으로 분류하고 선정하여 지원한다. 사회복지의 이러한 제도적 실천 방식은 공적 재원 지출에 대한 시민의 동의를 확보함으로써 정당성과 객관성을 뒷받침한다.

하지만 제도적 사회복지 실행에 대한 긍정적 시각의 한편에 사회복지 실천 과정에 내재한 관료적 경직성과 획일성에 대한 의문 역시 제기된다(경향신문, 2019년 4월 1일자). 생활상의 곤란 해소를 위한 공적 개입이라는 명분하에 '사회복지 서비스 제공 주체로서 국가와 서비스 대상으로서 시민' 또는 심지어 '생활 문제 해결에 도움을 주는 국가와 도움을 받는 국민'이라는 상호 분리적인 무심無心한 관계로의 분열에 대한 자각이다. 바꿔 말해 '공급주체와 서비스 대상'이라는 대립항적 구도 설정에 대한 개안이다. 이러한 입장은 사회복지 욕구를 지닌 사람은 공적 서비스의 주체로서 시민임과 동시에 문제 풀이에 적절하게 활용할 수 있는 '삶의 기술'이나 '사회적 자원'을 지닌 능동적 역량의 소유자이기도 하다는 점을 들여다보지 못한 것이다. 이런 이유로 문제 해결에 효과성이 확인된 정책이나 제도에 근거해 기획한 서비스를 제공하거나 사회복지실천에서 역량강화모델(임파워먼트모델)과 강점관점에서 접근하지만 정작 당사자는 삶의 변화를 체감하지 못하기도 한다. 심지어 낙인에 대한 거부감으로 사회복지 서비스를 포기하는 경우마저도 생겨 복지 행정가나 실천가, 전문 연구자는 당혹해한다. 그렇다면 사회복지의 실행 과정에서 이런 현상은 왜 생기는 것일까. 사회복지 실천이 살아있는 사람과 사람이 맺는 사회적 관계에 근거한 상호작용임을 잊고 있거나, 경시한 것에서 기인한 것이라 보아야 할 것이다. 사회복지의 공급자와 이용자가 관계를 형성하고 지속하는 핵심 모멘텀은 의사소통, 상호 교신, 교류 왕래, 정보 교환, 친밀감 형성 등 이른바 '커뮤니케이션'에 다름 아니다. 커뮤니케이션은 타인의 힘든 삶의 상황에 대한 인간적 감응感應에 기원을 둔다. 사회복지는 인간적 감응으로 확인한 타자의 결핍, 결핍에서 발원하는 욕구를 현존하는 사회적 자원을 동원하고 배분하여 충족하도록 함으로써 안정적인 삶의 체제를 만들고, 그 결과 인간의 문명을 한 단계 더 높이는 총체적 프로세스이자 그 업적물이라고 할 수 있다.

최근 사회복지 실천의 주류적 패러다임이 노정하는 한계를 넘어서기 위한 다양한 학문적 논의가 이뤄진다. 2000년 이후로 한정해서 사회복지 정책이나 제도 실행의 전환을 위한 논구의 주요 흐름을 개괄하면 '사회통합을 위한 복지정책의 기본방향 모색(이태진 외, 2010)' '한국형 복지모형 구축(여유진·김미곤 외, 2014; 여유진·김영순 외. 2016; 여유진·김미곤 외, 2017)' '포용적 복지 철학과 정책 방향 정립(김미곤 외, 2017)' 등으로 정리할 수 있을 것 같다. 이 논의는 저출산과 고령화, 고용불안의 일상화, 사회경제적 격차의 심화, 인공지능이나 로봇을 기반으로 하는 생산양식의 변화 등에 따른 생활의 불안정에 대응하기 위해 정책, 제도, 서비스 전달의 운용 틀을 재구조화하려는 것이다.

그런데, 정책이나 제도로서 사회복지는 그 자체 자연적으로 주어진 것이 아니다. 삶의 안정적인 상태를 갈망하는 인간의 본성이나 생활에 필요한 욕구를 충족하려는 전체 사회의 의도적 행위의 생성물이다. 이런 의미에서 사회복지의 학문적 실천은 현실의 불평등과 격차 심화, 고립, 배제 등을 벗어나 삶의 자율성을 회복하고 사람다움을 지키려는 인간 본성과 욕구, 상호의존의 연대 의지가 정책·제도·서비스를 발현시키는 내재적 계기임을 포착해야 한다. 다시 말해 사회복지라는 학문 활동에서 '정책론·제도론'과 '서비스 실천론'은 지배적이고 자기 완결적인 분석 틀이라기보다는 사회복지의 이론적 실천 활동의 부분 영역이기 때문에 인간의 특성, 욕구의 존재 형태, 욕구 충족에 대한 시대별 이념 등을 포함하는 보다 넓은 체계로 확대되어야 한다.

그럼에도 현재 사회복지 학문 활동의 전형적 프레임은 복지 문제를 정책론, 제도론, 실천론으로 분류해 접근하는 방식이다. 이런 사정을 반영하여 사회복지학의 이론적, 실천적 연구에서 인간의 본성이나 욕구 등 인간론에 기반을 두고 진행하는 탐구는 간과되거나 경시된다. 따라서 현대 사회복지의 학문 체계에서 인간의 본성, 욕구, 사회적 관계성 등이 사회복지 정책, 제도, 서비스 창출과 상호 관련하는 방식이나 연관 문법을 통합된 전체로서 제시하는 사회복지의 학문적 체계 경장의 필요성이 대두한다. 더욱이 사회복지의 학문적 엄밀성과 실천의 현실 적합성을 확보하기 위해서도 인간의 본성, 생활 자료나 인간관계의 결핍, 생존 욕구와 필요, 충족의 욕망, 사회적 관계 형성, 정책·제도·서비스의 생성에 의한 욕구 충족 등이 상호 매개하는 양태를 총체적으로 조망할 수 있는 분석틀 정립이 필요하다.

바로 여기서 사회복지의 학문적 체계 구상과 다산의 학적 체계가 만나게 된다. 다산의 학문체계는 주지하듯이 '경학經學'과 '경세학經世學'이라는 일견 학문적 지향이나 관점, 의도와 목적이 다른 듯한 별개 영역이 수미일관한 상호 연계성을 지닌 종합 체계로 고양된 것이다. 경학은 인간의 본성, 몸과 마음의 작용, 마음이 지향하는 욕구의 적절한 충족이나 절제 등의 방안에 대한 근본적 탐구를 통해 학문하는 사람 스스로가 윤리적 본성을 몸과 마음에 체득하는 수기修己의 영역이다. 이에 대해 경세학은 국가의 수탈, 관리나 토호의 착취, 경제외적 토색으로 생존위기에 처한 대규모 인간을 도탄에서 구제하는 도덕 정치의 실현이다. 특히 국가의 통치기구, 행정조직과 그 운영, 경제제도와 조세 구조, 법률 제도 등을 근본적으로 개조하려는 것이다. 이는 백성이 기본적 생활 수단을 확보하도록 하고, 그를 기반으로 '효제자孝弟慈'의 윤리적 본성을 실현하도록 하는 치인治人 활동이다. 다산은 경학과 경세학을 본말本末의 관계로 상정하고, 경세학 저술을 관통하는 연원에 경학의 인간관을 놓는다. 삶의 위기로부터 '존재의 비존재화'를 막기 위한 인간에 대한 사랑의 실현인 인륜이 경세론의 지반이 되어야 함을 강조한 것이다. 이렇게 보면 다산의 학문 체계는 생존 위기로부터 탈주와 사회개조에 대한 아이디어 탐색에서 가장 핵심 요소인 인간 본성이나 욕구를 간과하거나 경시하는 현대 사회복지의 학문 체계를 새롭게 그릴 때 유용하게 끌어 쓸 수 있는 사상적 자원으로서 의미를 지니고 있다고 할 것이다.

이 글은 위와 같은 문제의식을 전제로 다산의 학적 체계를 새로운 사회복지의 학문 체계 구성에 끌어다 쓸 사상적 질료로서 다시 읽는 것이다. 이를 위해 먼저 사회복지의 학문적 실천의 주요 경향과 한계를 살펴본다. 이어서 사회복지의 새로운 학문 체계를 어떤 내용과 형식으로 구성해야 할지 그 실마리를 얻기 위해 다산의 학적 체계를 검토하고 그 함의를 찾아낸다. 나아가, 사회복지의 학문적 체계 구성의 모멘텀으로서 인간본성, 욕구, 사회적 교제와 행사 등이 현대 사회복지의 정책, 제도, 서비스 구성과 어떻게 만나며, 어떤 내용과 형식으로 배치해야 하는지 그 방향을 생각해본다.

2. 사회복지의 학문적 실천 동향과 그 제한성: '인간론人間論' 부재의 제도주의에 관한 성찰적 검토

1) 사회복지학 연구의 주요 경향

사회복지학은 사회과학 분과 학문의 하나로서 '인간 존엄성의 옹호와 지지'라는 가치 실현을 위한 제도와 정책을 마련하고 주요 대상에게 실제 서비스를 전달하는 방식을 궁리하는 분야라고 이해할 수 있다. 서구사회의 경험을 되돌아보면 국가의 온정주의적 시혜 정책이나 자선·박애사업 등 민간의 구제활동에 기원을 둔 근대적 사회사업이 학문으로서 형식을 갖추게 된 계기는 리치몬드(M.E. Richmond)의 『사회진단(Social Diagnosis(1917)』이라는 문헌의 발간이다. 이후 1920년대, 1930년대 대학에 사회사업 관련 학과가 설립되어 연구와 전문 인력 양성이 본격화한다(감정기 외, 2002; 박광준, 2013).

우리나라에서 근대적 의미의 사회복지는 외국원조 기관을 통해 그 기틀이 마련된다. 외국 원조 기관은 해방과 한국전쟁 그리고 절대적 빈곤이 일상이던 1970년대 초반 무렵까지 우리의 생활 곤란 문제 해결을 위한 인적·물적 지원과 더불어 사회사업의 실천 기술 전수에도 기여한다. 비슷한 시기에 사회사업 활동의 이론적·실천적 전문성을 뒷받침하기 위해 주요 대학이 사회사업학과를 설립하고 연구와 교육을 전개한다(남세진 외, 1995: 393-405). 그러나 절대빈곤 문제에 대한 응급구호 성격이 강한 사회사업 단계를 넘어 시민사회 구성원의 다양한 생활 문제를 예방하고 해소하는 사회복지로의 전환은 복지 재원이나 사회적 자원동원의 한계로 상당 기간 지체된다. 1980년대 이후 괄목할 수준의 경제 성장, 분배나 재분배에 대한 사회적 욕구 분출, 시민적 연대 의식의 형성, 사회권에 대한 각성 등을 배경으로 복지정책과 제도 도입, 전달체계 마련, 인력 배치가 비로소 본격화한다. 특히 '1997년 경제공황'을 계기로 가시화한 실업과 고용불안, 소득 격차, 고령화·저출산의 사회적 재생산 문제 등은 사회의 지속 가능성을 지향하는 사회복지 체제의 확충과 대응을 요구한다. 그에 따라 정권 담당 주체들은 사회복지의 새로운 정책 틀을 구상하기 시작한다. 김대중 정부의 '생산적 복지', 노무현 정부의 '참여복지', 이명박 정부의 '능동적 복지', 박근혜 정부의 '맞춤형 복지'는 그것을 상징한다. 문재인 정부는 복지 정책의 이념으로 '포용적 복지'를 내건다.

각 정권은 자신이 설정한 복지 패러다임을 가시화하기 위한 정책이나 제도를 확충하고 서비스 체제를 개편하는 등 다양한 방식으로 사회복지의 재구조화에 나선다. 나아가 사회복지를 시민의 권리이자 생활 문화로서 뿌리내릴 수 있도록 한다. 2019년의 경우를 보아도 정부 총예산 470.5조 원 가운데 사회복지·보건·고용 관련 예산은 162조 1808억 원으로 전체 예산의 34.5%를 차지한다. 이 재정으로 실행하려는 정책의 핵심 방향은 일자리 창출, 경제 활력 제고, 사회안전망 확충, 삶의 질 개선, 안심사회 구현이다(참여연대, 2019). 그런데 시민의 생활조건 개선과 안정된 삶의 상태를 창출하려는 사회복지의 기본 이념이나 철학은 정권이 바뀌면 수시로 변하고, 그로 인해 기왕의 복지정책이나 제도는 일관성을 유지하지 못하는 상황을 반복한다. 그래서 사회복지 분야의 재원 증가나 정책 실현 의지가 곧바로 시민의 복지 체감도 혹은 삶의 만족도 상승으로 이어지지 못하는 역설적 현상이 동시에 존재한다. 이런 모순적 상황을 지양하기 위한 사회복지 운용의 패러다임 전환을 구상하고 복지 정책의 방향을 분명히 하려는 다양한 논의가 진행한다.

여기서는 2000년 이후 사회복지 관련 정책 연구기관에서 수행한 연구와 그 경향을 짚어본다. 또한 사회복지 학술지에 실린 연구 성과를 분석한 글을 통해 최근 사회복지 연구의 흐름을 조감해 본다. 이러한 검토를 통해 사회복지의 학문 체계를 특징짓는 전형적 구성 요소를 이해함과 동시에 사회복지의 주류적 연구 틀이 결락하고 있는 문제 상황이 구엇인지 되짚어 본다.

사회복지의 학문적 자기 점검을 의도한 선도적 작업은 사회복지의 연구 주제와 방법론 분석을 통해 사회복지학 연구의 한계가 양적 방법에 대한 지나친 편향, 질적 방법의 미성숙에서 기인한 것으르 파악한다. 사회복지학의 학문적 제약성을 넘어서기 위한 대안으로는 실증주의 이외의 다양한 연구방법 활용, 타 사회과학 영역에 대한 개방성 등을 제안한다(오정수, 2002: 35-42).

개별 연구자 범위를 넘어 정책 연구기관 차원의 복지 정책 및 제도 운용의 패러다임 전환과 관련한 연구 흐름을 들여다보자. 연구의 주요 경향은 한국형 복지모형 구축, 사회통합 기반 조성, 포용적 복지철학 정립에 방점을 둔 것이 특징이다. 정책 연구기관의 이런 방향 설정 연유는 대체로 다음과 같다. 첫째, 1997년과 2008년 경제공황을 전후해서 국민기초생활보장제도·고용보험·사회서비스 등 복지 제도를 크게 확대했지만 노동시장 불안정과 소득 양극화, 생애주기별 생활 불안정, 저출산 및 고령화, 사회이동성 악화, 가족해체와 같은 새로운 사회문제에 대한 대응이 미약했음을 인식한 것이다(여유진·김미곤 외, 2017: 62-83). 둘째, 사회복지 정책이나 제도의 재구조화 없이는 낮은 정책 효율성, 사회통합 문제, 사회적 불평등 심화, 낮은 삶의 질 문제 등을 해소하기 어렵다는 판단을 한 것이다(김미곤 외, 2017: 43-50).

그러면 복지 정책 운용의 패러다임 전환이라는 정책 연구 기관의 연구는 주로 어떤 내용을 담은 것인지 살펴보자. 우선 한국형 복지모형 구축을 통해 정책이나 제도 운용의 패러다임을 전환하려는 구상이다. 이는 2008년 금융위기로 심화된 저성장, 경제 양극화, 일자리 감소, 소득분배 구조 악화, 인구 고령화 등 새로운 사회적 위험에 대응하면서 지속적 성장을 이끌어 낼 수 있는 사회복지 모형을 설계하려는 것이다. 이를 위해 기존의 한국형 복지정책이나 제도의 문제점을 분명히 한다. 나아가 문제 상황을 극복하기 위한 대안을 국제 비교, 경로 다양성이라는 관점에서 모색한다(노대명·강신욱 외, 2008). 한국형 복지모형 구축에 나선 연구자들은 자신들이 실행하는 연구 평가를 통해 다음과 같은 제한점을 짚어낸다. 첫째, 특정한 사회복지 제도 구축이나 문제 중심적 연구로 인해 사회복지 제도 형성에 영향을 미치는 환경 요인을 무시하는 경향이다.

둘째, 사회복지 제도 형성의 역사성에 대한 인식과 관심이 상대적으로 미약하다. 특히 유교나 불교 등 문화적 배경이나 전통에 대한 관심 부족을 지적한다. 또한 자본과 노동의 관계나 노동의 조직화된 힘, 정부의 성격이나 정치적 지형이 복지제도 도입에 미치는 영향에 관한 상관성 파악에도 한계가 있음을 되돌아본다. 세 번째, 사회복지 정책이나 제도 성립의 근본인 복지 철학의 빈곤과 분석 시각 역시 일관되지 못한 것으로 평가한다(여유진·김미곤 외, 2014: 59-62).

그래서 '신제도주의'라는 분석 틀에 의해 한국의 복지국가를 둘러싼 환경과 제도적 유산을 설명하고 대안적인 복지제도·전달체계·재정방식을 제시한다(여유진·김미곤 외, 2014: 245-381). 아울러, '조절이론'에 근거해 한국 복지국가의 특성을 정리하고 기존 복지정책의 재구조화 방안과 대안적 복지제도의 적용 가능성을 탐색한 연구가 이어진다. 거기서는 기왕의 복지정책이 근로계층을 위한 복지제도, 가족지원 정책, 노후 소득보장으로 변화해야 함을 강조한다(여유진·김미곤 외, 2017: 119-269). 뿐만 아니라 대안적 복지제도로서 자산기반 복지, 사회적 경제, 공유경제, 기본소득 등을 제안한 점이 눈에 띈다(여유진·김미곤 외, 2017: 275-448). 그리고 최근에는 사회복지 정책이나 제도 운용의 프레임 전환으로 '포용적 복지 철학'을 배경으로 한 정책 수립을 모색한다(김미곤 외, 2017: 41-78).

이어서 12년 정도의 사회복지 학술지 게재 논문을 연구 주제, 방법론, 활용 데이터를 중심으로 분석해서 사회복지 연구의 경향을 조망한 글을 검토해 보자. 이 연구는 사회복지학계의 주요 학술지인 『보건사회연구』, 『사회보장연구』, 『사회복지연구』, 『사회복지정책』, 『한국사회복지조사연구』 등 5종에 수록된 2,377편을 분석 대상으로 한다(유혜림·민인식, 2018). 분석 결과에 따르면 사회복지 연구가 관심을 보이는 주요 주제는 '노인' '고용' '빈곤' '소득' '여성' '연금' '장애인' '가족' '복지체제' '우울' 등이다. 분석 방법은 질적 분석보다는 양적 분석을 주로 활용한다. 특히 '회귀 분석' '로짓 분석'을 많이 이용하며, '구조방정식 모형'을 이용한 '조절 회귀분석'과 '매개 회귀분석'이 높은 사용 빈도를 보인다. 활용 데이터로는 질적 연구와 관련된 '설문조사' '면접조사' 데이터를 많이 채택하는데 '보건사회연구원'에서 조사해서 공개하는 '복지패널'을 가장 많이 사용한다. 분석 결과에 근거해 사회복지의 학문적 발전을 위해 노인 관련 연구와 더불어 영·유아, 아동·청소년, 장애인, 여성 등 다양한 사회 집단을 대상으로 한 연구 및 질적 분석과 양적 분석의 조화를 제언한다.

2) 사회복지의 학문 체계에서 '인간론' 부재와 제도주의적 귀결

사회복지 정책의 방향 전환이나 제도 실행의 효율성을 고양하려는 정책 연구기관과 학계의 연구는 그 주체, 탐구 주제, 가치 기반에서 수준을 달리함이 사실이다. 그렇지만 각각의 연구가 전하고자 하는 메시지를 추상하면 사회 성원의 인간성과 인격이 소외되거나 고립·배제되지 않고 자유롭고 행복한 삶의 실현을 가능하게 하는 생활 조건의 기획이라고 할 수 있을 것이다. 사회복지 관련 정책 연구기관이나 학계의 개별 연구에 담긴 이와 같은 적극적 의미의 한편에 다음과 같은 한계 역시 지적할 수 있다.

첫째, 인간의 존엄성을 지지하고 옹호하는 생활 조건을 지원하는 사회복지 실천을 견인하고 방향 잡는 사회복지학의 학문적 본질 실현에 관한 점검이다. 인색한 평가일지 모르지만 사회복지학은 학문의 본질인 비판과 현실적 대안 제시의 가능성을 스스로 제한하고 있지 않는가 하는 느낌을 갖게 한다. 예컨대, 빈곤 계층의 생존권 보장이나 노동할 권리 실현에 관한 이론적 실천보다는 자활사업의 효율적 운영 방안에 관심을 쏟거나, 노인의 소득보장이나 건강권 실현보다는 일자리 사업이나 경로당 지원 체제 구축에 더 큰 비중을 둔달지, 장애인의 사회 참여·교육권 실현·의료보장 체제 마련보다는 지역사회 적응과 돌봄 프로그램을 중시하는 것이 그렇다. 여기서 이야기하고자 하는 것은 그와 같은 일상 생활 지원 프로그램이나 절박한 상황에 바로 대응해야 할 서비스 제공이 불필요하다거나 중요성이 덜하다는 이야기가 아니다. 오히려 그런 기능적이고 공무公務적 활동에 대한 관심은 중요한 것이지만 문제를 지속적으로 생성하는 근본 원인을 해소하려는 학문적 고민 역시 균형 잡아 이루어져야 한다는 의미이다.

둘째, 사회복지학에 대한 사회의 기대와 그에 대한 사회복지학의 이론적·실천적 대응의 지체는 언뜻 보면 학문 자체의 내재적 한계에서 연원한 것처럼 보일 수 있다. 그렇지만 진실은 사회복지학이 발 딛고 서있는 당대 사회의 경제상황, 정치제도, 생활문화 양식의 반영이기도 하다. 말하자면, 우리 사회의 경우 사회복지 제도나 정책을 구상하는 경우 일본의 역사적 경험을 진지한 반성 없이 적용하려는 경향이 큰 흐름을 차지한다. 반면에, 제도와 정책을 실제로 지역과 삶의 공간에서 시행해 가는데 필요한 실천 방식을 마련할 때는 미국 것을 본뜨려 한다. 그런데도 이를 실행하는 사람은 '한국산'이다. 이로 인해 사회복지학 연구에서도 정책이나 제도, 전달 방식, 인적 요소가 맥락을 공유하지 못하고 상호 이질적인 '삼위 불일체'의 모습을 지니게 되는 경우가 많다.

셋째, 연구 활동의 이러한 조건은 사회복지 문제가 생활과정 전체-심리, 경제, 사회, 정치, 문화, 세계체제-와 유기적 관련하에 파생한 것임을 인식하기 어렵게 하는 요인이 된다. 그리하여 복지 문제 해결의 방안을 궁구할 때 생활 과정의 중층적 상호규정성이라는 핵심을 소홀하게 대하게 한다. 비유적으로 이야기해 보자. 우리가 훌륭한 '심장 전문의'라고 말할 때 그것은 심장에 한정해서만 잘 알고 있는 의료인을 말하는 것은 아닐 것이다. 왜냐하면 심장은 신체의 다른 기관과 분리되어 고립적으로 존재하는 장기가 아니라 뇌, 위장, 간장, 혈액, 혈관, 중추신경, 호르몬 등 몸을 이루는 모든 조직 혹은 기관과 연계하여 제 기능을 발휘하기 때문이다. 그러므로 진정한 심장 전문의는 인체라는 하나의 통일적 유기체에 대한 전반적 지식을 바탕에 두고 심장이라는 특수한 장기에 대해 보다 깊은 식견과 경험을 가지고 있는 사람을 말함에 다름 아니다.

사회복지학의 이론적 실천에서 확인할 수 있는 이와 같은 한계는 결국 인간 생활의 유기적 통일성에 대한 종합적 시각 결여에서 발원한 것이라고 할 수 있다. 요컨대 사회복지라는 '역사적 사회현상'을 연구하면서 그 무게 중심을 주로 정책이나 서비스의 효과성이나 효율성 제고로 옮김으로써 사회복지의 주체이면서 대상인 인간 그 자체가 비가시화된 것이다. 이를 반영하여 사회복지란 무엇을 지향하는 인간의 사회적 실천인가라는 근본적 질문을 망각하거나 경시함으로써 학문의 기능적 도구성에 함몰된 것이라고 할 수 있다. 사회복지의 제도나 정책, 서비스는 그 자체 독자적이고 완결성을 지닌 범주가 아니다. 오히려 사회생활에 필요한 생활 자료나 인간관계의 결핍, 거기에 기원을 두고 생성하는 개인적·사회적 욕구와 그 욕구 충족 등 생존의 본질적 과제에 대한 고민이 함께 필요하다. 이렇게 볼 때 현재 사회복지의 학문적 체계란 사회문제 해결을 위한 정책이나 제도론 혹은 서비스론에 치우쳐 있어 근원으로서 인간 자신에 대한 지적 탐구를 결락한 불완전한 것이라고 할 수 있을 것이다.

불안정하고 불평등한 사회에서 안정적인 삶의 조건을 제공하기 위한 사회복지의 내용과 형식은 인간은 왜 존중받아야 하며, 인간을 어떻게 지지하고 옹호하는 것이 인간성과 인격에 어울리는 것인지를 둘러싼 해당 사회의 담론 수준에 따라 달라진다. 특정 사회복지 정책이나 제도 그리고 서비스 실행의 모델 구상은 당해 사회에서 합의되고 승인된 인간 본성, 인간의 욕망과 욕구, 인간의 심성에 대한 이념적 담론을 전제로 아이디어가 발아해서 디자인되는 것이기 때문이다. 그렇기에 사회복지의 학문적 논구 틀에서 인간에 대한 담론, 특히 인간의 본성과 인간의 욕구에 대한 탐구는 간과할 수 없는 핵심 논제이다. 곧 인간을 개체 보존적 이기적 존재로 보는지, 아니면 타인의 욕망과 마음을 헤아리는 연대적 존재로 보는지에 따라 사회복지의 정책 구상의 방향은 달라지는 것이다. 인간을 자기 보존적 본성만을 지닌 존재로 여긴다면 이기적인 사람들로 구성된 사회적 가치에 어울리는 정책, 제도, 서비스가 창출될 것이다. 반면에 인간을 자기 보존을 넘어선 친밀성과 호혜성에 근거해 타자의 욕구에 감응하고 그 실현에 연대하는 본성을 지닌 존재로 본다면 선을 지향하는 사람들로 구성된 사회적 관계에 기반을 둔 사회복지 정책이 도출될 것이다. 따라서 사회복지의 학문 체계에서 '인간론'은 사회복지학의 학문으로서 인식 논리의 과학성을 담보함은 물론 이념적 정당성 정립을 위한 필요하고도 충분한 조건이라고 하지 않을 수 없다.

3. 다산 정약용의 학적 체계와 그 원천으로서 '인간론人間論'

1) 다산의 학적 체계로서 '경학론經學論'과 '경세론經世論'의 조응

자연의 자기 운동이나 인간 행위의 다양한 성과에 대한 지식을 체계화한 것이 학문學問이다. 바로 하늘과 땅의 운행 원리(이른바 자연과학)와 사람이 관계하는 이치(이른바 사회과학)를 궁구하는 인간 지혜의 합리적 정돈과 전승의 산물이다. 학문은 누대에 걸쳐 형성된 앞 세대의 체계적 지식을 배움學에 그치지 않고, 그것이 새로운 현상이나 문제 상황을 설명하지 못하거나 해결하기 어려울 때 스스로 무엇을 해야 하고 할 수 있는가를 묻고 궁리하는問 순환이면서도 새로운 창조 과정 그 자체이다. 각각의 분과 학문은 독단적 의견이나 경험적 지식의 단순한 나열을 벗어나 자신의 학문적 정체성이 분명하도록 연구 대상, 연구 범주, 연구 방법, 공유하는 가치관 등을 포함한 학문의 체계를 명시적이든 묵시적이든 설정한다. 바꿔 말해 학문 체계란 특정 학문의 아이덴티티를 다른 학문의 그것과 구분하도록 하는 구성 요소나 활동의 내적 연관의 필연성을 지칭하는 개념이다. 개별 학문의 체계를 이루는 요소는 다른 학문의 체계 구성에 대해 상대적으로 독자적인 것이면서 그 내적 상호 연관성으로 스스로의 범주를 자기 규정한다.

사람들이 관계하는 이치에 관한 공부 가운데서 특히 사회복지학은 나눔과 배려의 도리에 관한 탐구이자 실천이라고 할 수 있다. 특히 현대적 의미의 사회복지학은 당대의 사회문제를 정책, 제도, 대인 서비스를 통해 해결함으로써 문명의 질을 한 단계 높인 활동이다. 그렇지만 정책, 제도, 서비스에 대한 궁리라고 하더라도 그 근원은 '살아있는 사람의 존재'이다. 그런데, 인간 생존은 필연적으로 인간 존엄성의 옹호와 인간성에 대한 지지 없이는 존립할 수 없다. 때문에 사회복지학 역시 인간성과 인격을 담보하고 지키는 계기를 학문 체계 구성 요소로 담지 않을 수 없다. 그러함에도 앞서 확인했듯이 현재 사회복지의 학문 체계에서 인간의 본성과 인격 보전을 포함하는 인간론에 대한 관심은 경미하다. 여기서는 인간 본성에 대한 이해로부터 사회문제 해결을 위한 정책·제도·법제 수립의 방향을 찾아내 학문 활동의 윤리성과 현실 적합성이 일관되게 조응하는 전형으로 다산의 학적 체계를 살펴본다.

다산의 지적 고투는 생존 위기에 처한 대규모 백성의 삶을 도탄에서 구해 '효제자孝弟慈'의 인륜을 실현하는 능동적 주체로 전환시킬 수 있는 방책을 창안하는 것이다. 이를 위해 다산은 무엇보다 임진왜란 이후 무수한 수탈과 경제외적 강제, 관료의 부패와 대토지 소유자의 착취로 피폐해진 백성의 곤경에 눈감고, 공소한 논쟁과 당쟁에 함닉한 통치 집단 노론의 지배 이념인 성리학을 해체하고[01] 새로운 삶을 직조할 인간관과 사회질서를 현시하려는 것이다.

다산은 자신의 지적 활동의 평생 궤적을 개관한 글이자 자서전 성격을 지닌 「자찬묘지명自撰墓誌銘」에서 자신의 학문 체계는 육경사서에 대한 주석을 통해 몸과 마음을 닦는 수기의 경학과, 일표이서와 같은 사회질서 구축에 유용하게 쓰일 정책 구상인 경세학으로 구성된 것임을 밝힌다.[02] 여기서 육경사서의 경학과 일표이서의 경세학, 혹은 수기와 치인은 본말의 관계로 상호 연관하는 것임을 강조한다. 이는 자신의 학문은 경학을 통해 인간 존재의 도덕적 실행 능력을 밝히고, 경세론을 통해 인륜을 구체적 사회질서로 제도화하는 유기적 프로세스를 밝히는 작업임을 언명한 것이다.

다산의 학적 체계 조응에 담긴 메시지를 좀 더 들여다보자. 다산은 자신의 학적 체계가 수기와 치인의 본말本末 관계임을 말한다. 여기서 본은 근본이고 말은 근본의 제도화이다. 바꿔 말해 다산 학문의 본바탕은 바른 몸과 마음을 지닌 윤리적 인간이다. 그런데 다산은 개개인의 윤리성은 낱낱의 차원에 머물지 않고 사회의 다양한 인간관계와 제도 실행을 통해 하나의 과정으로 통합되는 것임을 강조한다. 이렇게 보면 본은 그 자체로 독자적인 의미를 지닐 수 있지만, 말은 본을 전제로 하지 않으면 독자적으로 성립할 수 없는 것이다. 다산 학문의 체계를 이루는 인간의 윤리성, 행위의 제도화 가운데 중추는 바로 인간 스스로의 윤리적

01 『與猶堂全書』, 「文集 卷十一. 五學論 一」, 今之爲性理之學者, 曰理曰氣, 曰性曰情, 曰體曰用, 曰本然氣質, 理發氣發, 已發未發, 單指兼指, 理同氣異, 氣同理異, 心善無惡, 心善有惡, 三幹五椏, 千條萬葉。

02 『與猶堂全書』, 「文集 卷十六 自撰墓誌銘 集中本」, 六經四書, 以之修己, 一表二書, 以之爲天下國家, 所以備本末也。

존재에 대한 자각과 체득이다. 인간의 윤리성을 사회적으로 널리 구현하려는 행위와 그에 따른 제도화는 본을 세운 이후의 일이기에 그 역은 성립하지 않는다. 성립한다고 생각한다면 그것은 인간이 배제된 공허한 공리공담의 관념학을 학문이라고 아전인수 하는 것에 지나지 않는다. 그래서 다산은 경전 주석 작업을 통해 조선 성리학이 주조한 인간과 사회에 대한 이념 틀을 해체하고, 선한 본성을 지닌 인간들이 좋은 사회적 관계를 욕망한다는 것을 깨달아 그를 몸과 마음에 익히는 것이 학의 근본이라 말하는 것이다. 그리하여 학문은 자연스럽게 백성이나 전호 등 다중을 억압하고 좋은 사회적 관계 형성과 인륜 실행을 저해하는 왕, 관료, 아전, 지주와 같은 제도적 힘이나 지배 계급의 통치 질서를 개변시키는 방안을 찾아 인도人道를 밝히는 것이 학문 본연의 사명임을 분명히 하는 것이다.

2) 다산의 인간론과 '도덕 욕구'의 발견

다산은 조선의 성리학을 지양해서 새로운 사회질서를 창출할 방도를 얻기 위해 경전 주석에 나선다. 다산은 성리학이 인간 본성과 그 연원을 탐구하려는 시대적 고민이자 그에 대한 진지한 지적 고민이라는 긍정적 측면이 있음을 인정한다.[03] 그렇지만 성리학은 불교와 도가의 영향으로 공자의 본래 정신에서 일탈한 사상이라는 점에 주안점을 둔다. 바로 다산의 경학은 주자 성리학의 왜곡된 세계 인식에서 벗어나 공자의 본래 정신을 다시 찾아내고, 경전의 본디 뜻에 비추어 새로운 인간성과 그

---

03 『與猶堂全書』,「文集 卷十一. 五學論 一」, 性理之學 , 所以知道認己 , 以自勉其所以踐形之義也。

에 부합하는 사회질서를 제시하려는 것이다. 유교의 시원이자 공자 정신이 살아있는 선진先秦 시대의 경전 독해를 통해 다산은 탈주자학의 사상체계를 다시 쓰겠다는 것이다(금장태, 1998: 181-183). 특히 다산은 탈주자학적 경전 주석 작업을 통해 군주를 노론화시키고, 공자·맹자·정자·주자를 노론화하며, 우주만물까지도 노론화한 '서인 노론'의 지식 권력인 조선 성리학을 근본에서 해체하려는 강한 의도를 내보인다(최익한, 2011: 298).

다산은 경전 주석에 한대漢代의 훈고학, 청대淸代의 고증학은 물론 양명학, 당시 서양 전래의 과학기술과 천주교 사상의 복합체인 서학, 일본의 이토 진사이伊藤仁齋가 개화시킨 고학古學까지 포괄하는 종합적 사유방법을 활용한다. 그의 경전 주석은 단순한 과거 회귀나, 공맹의 권위에 기대는 것이 아니다. 그보다는 지리분산한 개념 논쟁과 끝없는 당쟁으로 아수라장이 된 세상을 구제할 수 없는 성리학적 사유의 기만성과 수탈성을 폭로하는 것이다. 바꿔 말해 다산의 경학은 합리적 사유를 통해 학문적 객관성을 확보하고, 공자와 맹자에 내재된 본래적 가치를 다시 찾아내 당시의 왜곡된 사상체계를 경장하는 것이다(금장태, 2014: 98-115).

그러면 다산은 경전 주석을 통해 인간과 사회를 어떻게 이해하고, 다산이 발견한 인간 이해의 가장 혁신적 내용은 무엇이며, 다산의 인간관과 사회관이 현대 사회복지학에 제기하는 함의는 무엇인지 생각해 보자.

먼저 다산은 인간을 정신과 신체의 오묘한 결합에 의한 통일체라고 본다. 형체가 없는 정신으로서 신神과 신체인 형形을 결합시키는 신형묘합神形妙合의 추뉴樞紐는 마음心이다. 사람은 그 마음이 선을 좋아하고 악을 싫어하는 기호嗜好를 지님을 본성으로 한다.[04] 그런데 사람 가운데는

04 『與猶堂全書』,「孟子要義 卷一」, 神形妙合。乃成爲人。余謂性者。主於嗜好而言。

재물과 여색을 좋아하지 않는 사람이 없고, 안일安逸을 좋아하지 않는 사람이 없는데도 어찌 사람의 본성을 선하다고 말하는가.[05] 다산은 이에 대해 인간이 세상에 태어날 때 하늘이 이 본성을 부여하여 비록 여색을 탐하고 사람을 참혹하게 죽일지라도 본성은 변하지 않아 충신효자를 보면 선한 사람이라고 찬미하고, 탐관오리를 보면 악하다고 미워하기를 온 나라 사람이 같이 하니 이것이 바로 사람의 본성은 선하다는 증거가 될 수 있다고 말한다.[06] 인간의 본성을 선을 좋아하는 마음을 지닌 존재로 보는 다산의 견해는 인간의 내면에 선이나 악이 선천적으로 주어져 있다는 성리학의 인간관과 다르다. 성리학은 인간에 내재한 보편적 본성을 발휘하여 개체적 감정이나 의지를 억제하고 기질이나 신체의 욕구를 지배하는 상태에서 도덕성을 실현하는 것으로 파악하기 때문이다.

인간 내면에 도덕적 실체가 품부되어 있다는 성리학의 견해를 거부하고, 인간은 그 마음이 선을 기호하는 존재라고 보는 다산의 인간 이해의 핵심은 사람 마음은 선이나 악으로 결정되어 있는 것이 아님을 말하려는 것이다. 그래서 사람은 선과 악이 다투는 격전장에서 선을 기호하면 선을 행하고, 악을 좋아하면 악을 행할 수 있는 자주적 권한을 지닌 존재이다.[07] 이는 벌이 여왕벌을 호위하고, 호랑이가 생물을 해치도록 정해진 마음을 지니고 있는 것과는 다르다. 선을 행할지 악을 행할지 기호하는 자율권이 자신에게 있기 때문에 선을 행하면 자신의 공이 되고, 악을 행하면 자신의 죄가 되는 것이다.[08] 말하자면 다산은 인간 존재를 선

---

05 『與猶堂全書』, 「孟子要義 卷一」, 人莫不好財色。人莫不好安逸。其謂之性善者何也。

06 『與猶堂全書』, 「孟子要義 卷一」, 天命之以此性。雖貪淫虐殺。無所不爲。而此性仍然不變。見忠臣孝子則美之爲善也與國人同。見貪官汚吏則疾之爲惡也與國人同。此所謂性善也。

07 『與猶堂全書』, 「孟子要義 卷一」, 故天之於人。予之以自主之權。使其欲善則爲善。欲惡則爲惡。

08 『與猶堂全書』, 「孟子要義 卷一」, 其權在己。不似禽獸之有定心。故爲善則實爲己功。爲惡則實爲己罪。

이나 악 가운데 어느 것을 선택할지 스스로 판단하여 결정하는 자유 의지를 지닌 주체로 파악한다. 나아가, 선과 악의 상반된 상황에서 인간의 마음은 선을 기호하는 도덕적 존재임을 아울러 강조하는 것이다.

다산은 선을 기호하는 인간 본성을 해명하는 동시에 인간 내면에 사람으로 하여금 행위 하도록 하는 힘인 욕구欲가 있음에 주목한다. 다산은 사람의 마음이 고요하여 욕구가 없다면 선도 행할 수 없고 악도 할 수 없으며, 문학이나 산업도 할 수 없기 때문에 세상에 버려진 둘건이나 마찬가지라고 본다. 또한 다산은 사람의 욕구는 선을 지향할 수도 있고 또 악을 지향하기도 하는 것임을 『심경밀험心經密驗』을 포함해 주요 경학서에서 언급한다. 결국 인간 마음의 욕구를 인정하지 않는 것은 선을 실현하기 위한 방법이 아니라 삶을 포기하는 것과 같은 것으로 이해한다. 따라서 다산은 인간의 욕구나 욕망을 악의 원인으로 단순하게 억제하거나 부정하지 않는다. 오히려 삶의 원동력으로 수용한다. 이는 사람의 욕구나 욕망 자체를 부정하고 '존천리거인욕存天理去人慾'을 내건 성리학 언설의 거부이다.

살핀바와 같이 다산이 발견한 인간은 성리학이 설파하는 선천적이고 내재적인 보편 원리로 환원되는 인간이 아니다. 개체적 자율성과 욕구를 지닌 존재이다. 그리하여 인간은 우주 만물과 관계를 맺으면서도 이들로부터 독립한 자기 독자성을 지닌 존재임을 확인한다. 말하자면 인간 세계는 선천적이고 고정된 내면적 실체를 통해 드러나는 것이 아니다. 시간과 공간 속에서 다른 인간이나 사물과 관계를 맺는 행위를 통해서 형성되는 사회적 존재라는 인간 이해의 새로운 시각을 제출한 것이다(금장태, 1984: 263-265; 금장태, 1998: 393-413).

그러면 다산은 선 혹은 악을 결단하는 자유의지와 욕구를 지닌 인간은 어떻게 사회를 형성하며, 사회의 지속성을 담보하는 기저적 윤리규범의 형성과 운용 원리를 무엇으로 파악하는가. 다산이 있어서 도는 천도天道와 인도人道로 구분되지만, 그의 관심은 일단 천도에서 분리한 인간 사회의 도리에 초점을 맞춘다. 인도는 사람으로 말미암는 것이며, 선을 좋아하는 사람의 본성을 좇아 사람과 사람 사이의 만남을 잘하는 것爲善於際을 의미한다. 인간 사이의 좋은 만남을 교제의 고갱이로 본다. 사람은 삶의 과정에서 다양한 사회적 관계를 형성하고 그 관계 유지에 필요한 본분을 잘 실행하는 것이 중요하다는 것이다. 그래서 다산은 사람이 세상에 태어나 죽어 관을 덮는 날까지 더불어 사는 존재가 사람임을 강조한다. 함께 사는 사람은 모두 서로가 서로를 필요로 하고, 서로가 힘이 되는 교제와 접촉을 하며, 서로 바로잡아 주며 사는 존재이다. 사람이 함께 사는 데서 교제가 생기며 선한 교제를 위해 예법을 만들고 법도를 따르게 한다.[09] 사람과 사이의 좋은 교제를 위한 규범이 바로 인륜이다.

다산은 사람 사이의 좋은 교제를 위한 인륜 실행의 덕목을 마음 내·외의 두 차원에서 살핀다. 하나는 사람의 마음 밖인 부모와 자식, 형제라는 인간의 기층 관계에서 실행하는 덕목인 효·제·자孝·弟·慈이다.[10] 다산은 인간 교제의 원형인 효, 제, 자를 그 다양한 역할 실행을 통해 사람을 사랑으로 결합시키는 최고의 인륜 규범이자 공동체 성립의 근거로 주목한다.[11] 효와 자는 수직적 인간관계에서 실행해야 할 도리를 상징하며, 제는 수평적 인간관계의 실행 도리를 가리키는 것이다. 다산은 효, 제, 자와 더불어 사람 사이의 좋은 교제를 위한 마음 내부의 실행 덕목 또한 살핀다. 다산은 맹자에 의거해 모든 사람은 다른 이에게 '차마하지 못하는 마음不忍人之心'을 지니고 있는데 측은지심, 수오지심, 사양지심, 시비지심의 사심四心이 그것이다. 다산은 사람이 본래 가지고 있는 이 네 가

09 『與猶堂全書』,「論語古今注 卷七」, 原夫人生斯世, 自落地之初, 以至蓋棺之日, 其所與處者, 人而已。皆與我相須相資, 相交相接, 胥匡以生者也。我一人, 彼一人, 兩人之間, 則生交際。

10 『與猶堂全書』,「論語古今注 卷七」, 德者 篤於人倫之名 孝弟慈是已。

11 『與猶堂全書』,「大學公議一」, 仁者人倫之明德, 乃孝弟慈之總名也。

지 마음을 실행行事하고 확충하여 인의예지의 사덕四德에 이른다는 선후 절차를 특히 강조한다. 사람의 마음속에 본래 있는 사심의 행사를 통해 얻은 것이 사덕이다. 때문에 어린 아이가 우물에 들어가려고 할 때 측은히 여기면서도 실제로 가서 구하지 않으면 그 마음을 더듬어 보아도 인仁이라고 할 수 없음을 분명히 한다.[12] 곧 다산은 인간 교제를 좋은 관계로 결합시켜 공동체를 성립하게 하는 인륜이 효제자와 사심임을 말하고, 그것은 행사를 통해 인의예지의 덕으로 전환함을 밝힌 것이다.

그런데 효제자와 사심이 사랑의 공동체를 형성하는 모멘텀이 되기 위해서는 주요한 매개 동력이 필요하다. 달리 말해 효제자가 인으로, 사심을 인의예지의 사덕과 인륜 공동체 실현으로 변전시키는 실천 방법이 요구된다. 다산은 인 혹은 사덕을 이루기 위한 실천 방법을 서(恕)라고 한다. 서는 효제자 또는 사심을 실행해서 사덕을 구현하는 실행 과정이자 방법이다. 서는 다른 사람의 마음이나 처지를 헤아려 자신의 마음을 그의 마음과 일치시켜 가는 행사와 확장이다. 말하자면 인도를 실현하는 원리이다. 다산은 서를 설명하기 위해 자식에게 받고 싶지 않은 일을 부모에게 베풀지 않는 것이며, 부모에게 받고 싶지 않은 일을 자식에게 행하지 않는 것으로 유비한다. 이런 점에서 서는 사람이 자신의 개체적 욕구나 욕망을 줄이거나 접고 타자의 욕구와 욕망을 헤아리는 행위를 하는 극기복례이기도 하다.[13] 공자가 『대학大學』에서 말하는 혈구지도絜矩之道 또한 바로 이 지점에서 서와 상통한다. 결국 서의 실행을 통해 사람과 사람은 선한 관계를 맺으며, 선한 관계를 기축으로 사람들은 사랑이 규범 원리로 작동하는 공동체를 형성하는 기저력을 확보하는 것이다.

---

12 『與猶堂全書』, 「孟子要義 卷二」, 推我在內之四心, 以成在外之四德, 非挽在外之四德, 以發在內之四心也。即此惻隱之心, 便可得仁, 即此羞惡之心, 便可得義。若其仁義禮智之名, 必成於行事之後。是知四心者, 人性之所固有也, 四德者, 四心之所擴充也。未及擴充, 則仁義禮智之名, 終不可立矣。

13 『與猶堂全書』, 「孟子要義 卷二」, 孔子曰 克己復禮爲仁, 明人欲旣克, 然後乃得爲仁。

다산의 이러한 인간관과 사회관이 사회복지학의 새로운 체계 구성 작업에 제시하는 함의는 다음과 같이 생각해 볼 수 있을 것 같다. 첫째, 다산의 아이디어는 인간을 자본의 잉여가치 확대와 이윤 획득에 동기 지어져 행동하는 이기적이고 경쟁적 존재로 바라보는 자본주의적 인간관이나 사회관을 탈주해서 사회복지의 새로운 인간관과 사회관을 세우는 데 유용한 실마리가 될 것이다. 둘째, 다산이 밝힌 선을 좋아하고 악을 부끄러워하는 인간의 본성, 좋은 사회적 교제와 사랑의 공동체를 형성하려는 도덕적 욕구의 소지, 타자의 욕망에 대한 헤아림을 통해 인의 실행을 이끌어 내는 서의 실행 등은 현행 사회복지 정책이나 제도, 서비스 실행의 타성적 문법을 전환하는 중요한 계기가 될 수 있을 것이다.

4. 사회복지의 학문적 체계 생성의 모멘텀: 욕구欲求, '사회적 교제交際와 행사行事'에 의한 욕구 충족

1) 사회복지 정책·제도·서비스 생성의 기저력基底力으로서 인간의 욕구

사회복지의 학문적 체계 구성을 이해하는 전형은 정책론, 제도론, 서비스론으로 접근하는 것이다. 이는 사회복지학을 문제 상황의 확인, 정책 과제와 목표 설정, 관련 제도 마련, 서비스 실행 및 평가 등 사회복지 실천의 주요 과정에 가장 합리적 방책을 제공하는 지적 활동으로 바라보는 것이다. 사회복지학의 학문적 특성을 전형적으로 보여주는 연구자로 길버트(N. Gilbert)를 생각할 수 있다. 그가 정책과학으로서 사회복지학의 연구 틀(analytic framework)을 사회적 할당, 사회적 급여, 전달체계,

재원의 차원으로 나누어 살핀 것은 주지의 사실이다(닐 길버트·폴 테렐, 2007). 그런데 사회복지학의 체계를 이런 식으로 파악하는 것은 사회복지의 주체이면서 대상인 인간 자신에 관한 본질적 탐구를 결여한 불완전한 체계에서 연유한 것임은 앞서 확인한 대로다. 그래서 인간론 특히 인간의 본성이나 욕구에 연원을 두고 디자인한 사회복지의 새로운 학문적 체계 구성이 필요함을 제안하고, 그 작업에 필요한 사상적 자원으로 다산의 학적 체계를 다시 읽은 것이다. 다산의 아이디어에 따르면 인간은 본시 선善을 기호하는 존재이다. 그 본성에 따라 사람은 좋은 만남을 형성하고 유지하려고 한다. 사람 사이의 좋은 교제交際에 기반한 사랑의 공동체를 이루는 핵심 기제는 다른 사람의 마음이나 상황을 헤아려 그에게 자신을 맞추어 가는 서恕의 행사이다. 바로 자신의 욕구나 욕망의 충족만이 아니라 타자의 욕구와 욕망을 함께 실현하려고 하는 인륜 혹은 도덕적 욕구가 인간의 생활과 사회 질서의 기저에 있는 것이다.

여기서는 다산의 인간성, 선을 기호하는 존재, 좋은 만남, 교제, 타자, 서, 욕구, 인륜, 도덕적 욕구, 사랑의 공동체 등의 개념을 사회복지학에 접속하여 새로운 체계 구성의 요소로 자기의미를 지닐 수 있도록 배치한다. 이때 중요한 것은 각각의 개념이 사회복지의 실행 과정에 어떤 의미 단위로 연결되는지, 나아가 사회복지학의 각 층위에 배치되어 현상을 분석하고 설명할 때 논리적 엄밀함을 담보하기 위해서는 어떤 조건을 충족해야 하는지를 밝히는 것이라고 할 수 있을 것이다. 그래서 먼저 인간론의 바탕이 되는 욕구 개념의 의미를 명징하게 정리해 둔다. 이어서 다산의 인간론에서 포착한 욕구와 그 밖의 개념을 사회복지의 정책·제도·서비스 생성의 기저력基底力으로 전화시키는 매개 기제와 접속의 프로세스를 살펴본다.

사회복지의 이론적, 실천적 활동의 연원이 되는 욕구를 사상적 이해의 대상으로 삼아 조리 있는 개념으로 제시한 다산, 칸트(I. Kant 1724

년-1804년), 헤겔(G. W. F. Hegel 1770년-1831년)의 견해부터 살펴보자. 다산은 『중용강의中庸講義』에서 욕구라는 마음의 현상을 개념적으로 명료하게 드러내기 위해 욕欲자를 비어있음을 말하는 곡谷과 아쉬워하는 흠欠 두 글자를 합한 회의문자로 본다. 그래서 사물이 비어서 아쉬운 때는 항상 다른 사물을 취하여 채우듯이, 사람 역시 비어서 아쉬움을 가지면 채우려는 욕구가 생긴다는 것이다. 다산은 욕구란 추구하는 방향에 따라 통제의 대상이기도 하지만 도를 실현하는 계기가 되는 양면성에 주목한다. 그 지점에서 다산의 욕구 이해는 당대의 성리학과 입장을 달리한다(금장태, 2005: 24-29).

칸트나 헤겔과 같은 서양 사상의 흐름에서도 욕구에 대한 이해는 다산과 비슷한 견해를 보인다. 칸트는 욕구(Bedürfnis)란 본래 주체에서 어떤 종류의 결핍 상태를 가리키며, 이러한 결핍을 극복하고자 하는 활동의 원인을 이룬다고 본다. 말하자면 욕구의 기원을 결핍과 연관하여 파악한다. 또한 칸트도 다산과 비슷하게 욕구나 욕망(Begierde)을 도덕적으로 중립적 입장에서 파악하기 때문에 욕구나 욕망을 악으로 생각하는 당시의 루터주의(Lutheranism)와 견해를 달리한다(사카베·아리후쿠 엮음, 2009: 469-470). 다산과 출생이나 몰년의 시기가 비슷한 헤겔은 칸트의 견해를 이어 받으면서도 욕구와 욕망 개념을 주체와 객체의 분열과 극복이라는 관점에서 종합한다. 헤겔에게서 욕구와 욕망은 모두 주체의 결핍 상태를 나타내며 이 결핍을 충족하기 위한 활동의 기점으로 규정된다. 그러나 헤겔에게서 두 개념의 구별은 엄밀하다. 욕구란 '주체에 있어 어떤 것이 결핍되어 있는 상태'로서 욕망의 실제적 전제를 이루며 주체와 객체의 분열을 가리킨다. 이에 반해, 욕망은 '욕구에서 제시된 결핍을 채우고자 하는 주체 활동의 기점이 되는 것으로서 주체와 객체의 분열을 극복하고 그것의 통일을 실현하는 방향'을 의미한다. 그런데 헤겔은 근대 시민사회를 서로의 욕구를 매개로 결합한 '욕구의 체계'로 파악한 것에서 보듯 욕구 개념을 본격적으로 사회적 맥락에 위치 지운 점에 또 다른 중요한 의미가 있다. 예컨대 인간의 욕구 가운데서 생존 욕구의 실체는 의, 식, 주인데 이 욕구 충족은 사회생활의 물질적 생활의 생산을 통해서만 가능한 것을 밝힌 것이다. 이와 같은 입장을 전제로 헤겔은 인간의 활동을 '욕구·욕망노동향유'의 변증법적 연쇄 과정으로 파악한다. 더욱이 헤겔은 욕구란 어떠한 시대에도 변하지 않는 불변의 것이 아니라 동물적 단계로부터 인간적 단계로, 그리고 인간적 단계에서도 역사적으로 발전하는 것으로 파악한 점은 높이 평가할 수 있다(가토·구보 외 엮음, 2009: 285-287). 다산, 칸트, 헤겔의 욕구에 대한 사상적 이해의 공통분모는 주체의 결핍(비어서 아쉬움)과 욕망 충족의 활동(취하여 채움)으로의 전화이다. 특히 욕구 충족을 인간 개체 수준에 한정하지 않고 사회적 관계의 맥락에 위치한 것임을 밝힌 헤겔의 생각은 다산의 욕구론에 비견할 탁견이다.

그러면 사회복지학의 이론적 실천은 왜 욕구를 포함한 인간의 본성을 설명하는 주요 행위 개념을 지적 탐구의 출발점으로 삼아야 하며, 접속 방식은 어떠해야 하는지 그 대강을 그려보자. 인간의 본성이나 욕구는 명시적이든 묵시적이든 모든 사회과학 탐구의 바탕 개념으로 자리하고 있다. 호모 에코노미쿠스(Homo economicus), 호모 폴리티쿠스(Homo politicus), 호모 소시올로지쿠스(Homo sociologicus) 등은 인간의 본질에 대한 통찰력을 바탕으로 경제학, 정치학, 사회학이 자신의 학문적 정체성을 드러내는 용어이다. 말하자면 인간성이나 인간의 욕구 등에 대한 개별 학문의 입장이나 태도는 특정 학문의 범주나 연구 대상을 규정함으로써 학문 활동을 조직하는 기본 원리가 되는 것이다.

사회복지학의 학문적 조직 원리 또한 이런 관점에서 크게 벗어나지 않는다. 아니 오히려 사회과학의 분과 학문 가운데서 인간의 욕구나 상호 의존성에 대한 관심은 사회복지학의 학문적 정체성 형성의 지반으로서 정책을 구상하고 실행 전략을 수립하는 중추적 개념이다. 어떻게 보면 사회복지학의 성립은 인간의 욕구 해석을 둘러싼 지적 대립과 지양을 통해서 이루어진 것이라고 할 수 있다. 바로 사회복지학을 거칠게 설명하자면 인간의 욕구 해석과 충족을 위한 어프로치 산출이라고 해도 과언은 아닐 것이다(Dean, 2010: 1-2). 어떤 사회복지 정책이나 제도든 욕구가 있기에 만들어진다. 따라서 욕구를 생성하는 상황을 해소하고 적확한 욕구 충족을 하지 못하는 사회복지 정책이나 제도는 무익할 뿐 아니라 재원이나 인력 낭비이기 때문에 심지어 유해하다고까지 평가할 수 있다. 비근한 말투를 빌리자면 바라는 것과 다른 것은 그것을 아무리 많이 준다한들 욕구 충족을 하지 못하고 오히려 역효과를 가져오기 때문이다(上野千鶴子 外 編, 2010: 10). 등이 가려운 사람에게 등을 긁어주어야지 무릎을 아무리 넓게 그리고 자주 긁어 준다 한들 가려움을 해소하지 못 하는 것과 마찬가지 이치다. 이를 다시 말하는 것은 사회복지의 다양한 문제를 풀어내려는 지적 궁리는 무엇보다 욕구에 근거해 설계해야 할 뿐 아니라, 욕구를 중심으로 그 정책 효과 역시 평가해야 함을 강조하기 위한 것이다. 그래서 일찍이 티트머스(R. Titmuss) 역시 집단적으로 제공된 모든 서비스는 일정하게 사회적으로 조직된 욕구 충족을 위해 신중하게 구상된 것임을 지적한다. 따라서 사회복지의 정책이나 제도는 ① 유기적 전체로서 생활하는 사회의 의사를 ② 어떤 사람의 생존을 지원하려고 하는 모든 사람의 표명된 희망이라고 할 수 있다는 것이다. 바꿔 말해 사회복지가 기획하는 전략과 목표는 인간의 욕구를 반영하고 있는 것에 다름 아님을 언명한 것이다(Dean, 2010: 3-4).

2) 욕구의 '사회적 욕구'로의 전환 그리고 '사회적 교제와 행사'에 의한 욕구 충족

사회복지학은 '티트머스'에 의거하지 않더라도 학문의 연원이나 정체성 형성의 바탕에 욕구 해석과 충족선 설정, 과제 해결을 위한 방책 창안, 실행, 평가와 같은 일련의 지적 활동이 자리하고 있음은 널리 알려진 사실이다. 이 절에서는 인간성과 인격을 실현하는 행위의 기저력으로서 욕구를 사회복지학의 이론적 실천 활동에서 활용 가능한 분석적 개념으로 재구성한다. 아울러 개별적·추상적 수준의 욕구가 사회 성원에게 수용되어 제도를 통해 충족되는 프로세스를 살핀다. 특히 욕구 충족 과정에서 사회적 교제와 행사, 바꿔 말해 사회적 욕구가 권리성을 승인받고 제도 실행을 통해 채워지는 '욕구의 정치' 과정을 헤아려 본다.

먼저 욕구를 정의, 특성, 유형 등 세 차원의 분석 개념으로 재구성해 보자. 욕구는 생활 주체가 생존에 필요로 하거나 원하는 것, 또는 구비해야 할 삶의 조건이 결여되어 생활의 항상성이 흐트러진 상태를 의미한다. 동시에 욕구는 필요한 것 또는 조건을 획득하거나 충족하기 위한 생활 주체의 다양한 사회적 행위를 이끌어내는 동인이기도 하다. 역으로 욕구는 충족의 사회적 행위나 그 산물에 의해 규정받기도 한다. 바로 의, 식, 주 같은 욕구는 사회의 물질적 생활자료 생산에 의해 채워지지만, 사회적 생산물에 의한 욕구 충족 자체가 사람의 새로운 욕구를 재생산하는 것이 그러하다(임석진 외 편, 1987: 497; 森岡清美 外 編, 1993: 1448). 따라서 욕구는 결핍 혹은 결여라는 속성과 더불어 생성의 모멘텀이라는 속성을 동시에 지니고 있는 것임을 알 수 있다. 그런데 생성의 기저력으로서 욕구가 실재하는 것으로 바뀌기 위해서는 사회적 관계 맺음과 조직적 실행을 매개로 하지 않을 수 없다. 이런 점을 전제로 욕구의 내재적 필연성을 다음과 같은 두 가지 수준으로 정리할 수 있을 것 같다. ① 욕구는 인간 행위에 존재하는 객관적 측면과 주체적 측면이 대대對待하고 있는 특성을 표현하는 것이다. 객관적인 것이란 욕구가 생기는 것은 불가피하며 살아가기 위해서는 욕구를 충족해야 하고 욕구가 합법칙적으로 발전해 가는 것을 막을 수 없다는 의미이다. 주관적 성격은 욕구 충족 대상을 획득함으로써 주체는 자기 실존을 확증한다는 말이다. ② 또한 욕구는 능동성과 수동성이 동시에 어우러진 것이다. 욕구는 인간이 욕구 대상과 욕구 만족에 의존하는 측면과 욕구 충족을 위해 자기 밖의 세계를 변화시키는 합목적적인 활동을 필수적으로 전제한다는 특성을 자기 안에서 동시에 결합시키고 있기 때문이다(한국철학사상연구회 편, 1992: 927).

욕구와 거기서 파생한 동인은 내적으로 분화하여 다양한 욕구 유형으로 현상한다. 얼른 생각해 보더라도 기아나 갈증과 같은 생리적 욕구, 기호나 탐구와 같은 내인성 욕구, 친교나 자아실현과 같은 고차적 욕구 등을 떠올릴 수 있다. 욕구 유형을 이분법적으로 분류해 나열해 보면 그 다채로움을 더욱 확인할 수 있을 것이다. 절대적 욕구/상대적 욕구, 객관적 욕구/주관적 욕구, 기본적 욕구/고차적 욕구, 물질적 욕구/비물질적 욕구, 적극적 욕구/소극적 욕구, 도구적 욕구/비도구적 욕구, 파생적 욕구/비파생적 욕구, 육체적 욕구/정신적 욕구, 심리적 욕구/문화적 욕구, 내발성 욕구/사회성 욕구, 자연적 욕구/인공적 욕구, 진정한 욕구/허위적 욕구, 본질적 욕구/해석된 욕구, 생래적 욕구/상황적 욕구, 쾌락적 욕구/행복론적 욕구 등 다양한 욕구 유형을 열거할 수 있다(Dean, 2010: 2). 그렇지만 욕구를 단순하게 나열하는 것을 인간 행위의 기층으로서 욕구의 본질을 구명하는 것으로 등치할 수는 없다. 중요한 점은 욕구를 기저에 두고 사회복지의 이론적 탐구를 수행하는 의미는 무엇이고, 제도로서 사회복지와 욕구는 어떻게 접속하며, 욕구의 적확한 해석을 위해 어떤 방법론을 동원해야 하는지를 엄밀히 하는 것이다.

일반적으로 사회복지 연구에서 욕구 논의는 사회복지 서비스와 욕구의 부합 여부, 욕구 충족의 적정선 제시를 중심으로 전개되어 온 것이 통상이다. 그러한 연구에서는 특히 욕구의 적확한 파악을 위한 검밀한 방법론 적용이 핵심 쟁점으로 부각한다. 나아가 욕구 파악의 양적 접근의 한계를 보완하는 사례 기록이나 행정 자료 활용, 주민 좌담회 개최 등 다양한 질적 방법 역시 함께 논구된다. 서구 사회복지학계의 연구 흐름을 보면 방금 말한 사회복지의 현장 실천에 적용할 '데이터로서 욕구' 파악이 지배적이다. 그럼에도 욕구 개념 그 자체에 대한 학문적 고찰 또한 진지하게 병행한다. 즉 인간성과 인격의 실현에서 욕구는 어떤 의미이며, 충족에 적절한 사회복지 시스템은 어떤 구조로 조직되어야 하는지를 묻는 원리적 고찰 또한 심도 있게 전개된다(日本地域福祉學會 編, 2006: 230).

서구에서 사회복지학을 욕구 파악 및 그 충족과 관련한 학문으로 정체성을 정립하고 확산시킨 것은 앞서 살핀 티트머스의 기여이다. 그런데 서구에서도 복지국가가 성장하고 확대된 시기인 1950년대부터 1960년대까지는 욕구에 대한 원리적 고찰은 드물다. 복지국가의 확대기에는 '누구의 어떤 욕구를 어느 선까지 충족해야 할까'라는 원리적 관심보다는 '사회적 욕구를 어떻게 파악하고 무슨 자원을 어떻게 할당하고 공급할 것인가'라는 실천적 논의에 초점이 맞추어지기 때문이다. 곧 복지국가 확대기에는 공업화·도시화에 수반하는 실업, 저소득, 생활환경 악화 등 사회문제에 대응하기 위한 자원을 조달·조직하고, 계획적으로 공급하는 방안 마련을 사회복지 연구의 본령으로 여기는 것이다. 이러한 학문적 패러다임에서 인간의 욕구는 관료나 전문가에 의해 과학적으로 측정·해석·판정되어 합리적이며 공정한 형태로 충족되는 것으로 다루어진다. 브래드쇼(J. Bradshaw)의 욕구 분석은 그런 시각을 전형적으로 반영한 것이라고 할 수 있다(Bradshaw, 2003: 290-296). 그러다 1970년대 후반 이후 이른바 신자유주의 혹은 신보수주의에 의한 복지국가의 조정기에 욕구에 대한 인식 전환이 나타난다. 타자가 결정하는 사회적 욕구라는 것은 있을 수 없고 어디까지나 개인의 기호나 수요와 같은 내재적이고 주관적인 관념으로 이해해야 한다는 것이다. 이런 사정을 반영하여 욕구는 시장의 자유로운 경제활동에 의해 충족하는 것이 가장 적절하다는 견해가 힘을 얻고, 욕구 개념이 재설정된다. 이론적인 수준에서 재검토의 초점은 '절대적/상대적' '보편적/특수적' '객관적/주관적' 파악과 같은 욕구의 이분법적 구분이다. 그렇지만 양자택일적 발상은 욕구 인식을 경직화시키는 것이다. 그래서 보다 적절한 욕구 이해를 위해 이분법적 대립을 극복하는 것이 새로운 과제로 대두한다. 센(A. Sen)의 '인권과 잠재역량론(Human rights and capabilities)', 도얄(L. Doyal)과 고프(I. Gough.)의 '인간 욕구론(A theory of human need)'은 그런 고민의 산물이다(日本社會福祉學會辭典編纂委員會 編, 2014: 9-10).

한편 일본에서 욕구론 전개는 사회복지의 대상을 규정하기 위해 서비스를 필요로 하는 사람의 구체적이고 개별적인 상태 파악과 관련하여 진행한다. 사회복지의 대상 설정을 욕구와 연관시켜 선도적으로 제기한 사람은 오카무라岡村이다. 그는 '인간의 기본적 욕구'와 '사회생활의 기본적 욕구'를 구분한다. 인간의 기본적 욕구는 공기, 물, 식료, 종의 보존, 사회관계, 자기실현 등의 욕구로서 이를 충족해야 생활이 유지되는 것이다. 사회생활의 기본적 욕구는 7개로 파악한다. 경제적 안정, 직업적 안정, 가족적 안정, 보건·의료 보장, 교육 보장, 사회참가·사회적 협동의 기회, 문화 욕구이다. 오카무라는 바로 이 사회생활의 기본적 욕구가 사회제도나 사회관계를 통해 충분하게 충족되지 못해 주체가 곤란한 상태가 될 때 사회복지의 대상이 된다고 파악하는 것이다(岡村重夫, 1983). 오카무라에 이어 사회복지의 욕구론을 진전시킨 사람은 미우라三浦이다. 미우라는 욕구 유형을 분류해서 목록을 기술하는 것보다는 기본적 욕구가 사회적 지원의 필요성이라는 요소에 의해 사회복지의 대상이 되는 과정 파악에 중점을 둔다. 즉 기본적 욕구는 그 자체로 사회복지 욕구가 되는 것이 아니다. 기본적 욕구 가운데 사회적 개입에 의하서 충족해야 할 상태에 있는 욕구라고 인정될 때 비로소 사회복지 욕구로 전화한다는 것을 말한다. 미우라가 제시한 '사회적 지원이 필요한 욕구'란 ① 어떤 종류의 상태가 일정의 목표로 됨에도 사회적 기준에서 볼 때 동떨어진 상태에 있으며 ② 그 상태를 회복하거나 개선해야 할 필요가 있다고 사회적으로 인정하는 욕구를 말한다(三浦文夫, 1987).

이상이 인간성과 인격 실현의 모멘텀으로서 욕구를 사회복지 연구에서 활용 가능한 분석 개념으로 재구성한 것이다. 이제 개념적으로 파악된 욕구가 생활 과정에서 사회적 욕구로 승인받고 제도 실행을 매개로 충족되는 과정, 다산의 용어를 따르면 사회적 교제와 행사를 통해서 비어서 아쉬운 것을 채우는 '욕구의 정치' 과정을 살펴본다. 이는 다음과 같은 내용으로 서술한다. 개별적이고 추상적인 욕구는 어떻게 사회적 욕구로 전환하는가. 특히 사회적 욕구에서 '사회적'이란 용어의 의미 맥락을 확인한다. 사회적 욕구 충족을 위한 사회적 교제 즉 사회적 관계는 현대 사회복지에서 어떤 사회조직이나 이념을 필요로 하는지를 살펴본다. 또한 사회적 욕구의 행사, 달리 말해 욕구의 제도화 또는 욕구의 정치화 과정의 주요 특성을 확인한다.

욕구는 생활 주체의 결핍(비어서 아쉬움) 상태와 더불어 충족 욕망(취하여 채움)의 행위를 함께 가리킨다. 그렇지만 현실에서 모든 욕구는 채워지지 않기 때문에 사람은 항상 욕구 충족의 과제와 더불어 살지 않을 수 없다. 주체가 생존하는 시간·공간에 존재하는 사회제도나 사회관계를 통해 욕구를 충족할 수 없는 곤란한 상황에서 사회가 개입하고 지원해야 할 상당한 필요성을 승인받을 때 욕구는 사회복지의 대상으로서 '사회적 욕구' 또는 '사회복지의 욕구'가 된다. 그런데 여기서 생각해 볼 것은 개체의 개별적 욕구 가운데 사회가 개입하고 지원해야 할 욕구는 무엇에 근거해 그렇게 판정하는 것이며, 또 사회적 욕구는 어떤 내용을 담보해야 개별적이고 사적인 욕구와 구분되는 것일까 하는 점이다.

그래서 먼저 피츠패트릭(T. Fitzpatrick)의 견해에 의거해 개체적이고 개별적인 욕구가 '사회적 욕구' 혹은 '사회복지의 욕구'로 결정되는 방법을 기술한다. 첫째, 사회복지의 욕구를 결정하기 위해 객관적 접근을 시도하는 것이다. 이는 한 개인이 삶을 영위하는 데 반드시 필요로 하는 물질적 자원에 기초하여 사회복지 욕구를 결정하는 것이다. 이 방식은 사회적 욕구를 구체적이고 가시적인 것으로 판명하는 장점이 있다. 반면에 기본적임과 동시에 사회적 속성을 지닌 관계 형성의 욕구나 자아실현과 같은 비물질적 욕구를 간과할 우려가 있다. 비물질적 욕구를 고려한 시도로 매슬로우(A. H. Maslow)의 아이디어를 들 수 있다. 매슬로우 이론은 욕구에 대해 다차원적인 분석을 가능하게 한다. 하지만 과학적 접근이 지닌 구체성을 상실하게 할 위험 또한 크다. 즉 자아실현을 과학적으로 어떻게 측정할 것인가와 같은 문제에 직면한다. 그래서 사회복지의 욕구를 결정하기 위한 두 번째 방법이 운위된다. 이는 전문가의 견해를 기준으로 사회복지 욕구를 규정하는 것이다. 세 번째는 사회복지 욕구를 객관적으로 가늠하기보다는 상대적이고 주관적 접근을 시도하는 것이다. 개인이나 집단이 충족할 필요가 있다고 생각하는 이른바 체감된 욕구(felt need)를 당사자주의라는 입장에서 중시하는 것이다. 하지만 체감된 욕구는 지나치게 주관적이어서 사회적 욕구를 결정하는 방법으로 수용하기 쉽지 않다. 예컨대 어떤 사람의 피아노 레슨 욕구 충족을 위해 국가가 교육비를 지원해야 한다는 책임을 바로 도출하는 것은 어렵기 때문이다. 그래서 네 번째로 표출된 욕구(expressed need) 즉 사람들이 정치적, 경제적 맥락에서 표출한 욕구에 의해 사회복지 욕구를 판정하는 방법이다. 표출된 욕구는 체감된 욕구가 실제 욕구 충족 행위로 나타난 것으로서 서비스 수요라고도 할 수 있다. 이 방법은 사회적 합의와 정치적 조정 과정을 거치기 때문에 주관성을 상당히 제거한 것이라고 할 수 있다. 그럼에도 표출된 욕구는 욕구를 표출하는 사람이 가진 주관적 이해관계와 권력 그리고 자원과 관련할 수밖에 없다는 한계 또한 내포한다(피츠패트릭, 2015: 240-245). 개별적이고 특수한 욕구를 사회 개입과 지원의 대상이 되는 사회적 욕구 혹은 사회복지의 욕구로 결정하는 방법을 검토하였다. 사회복지의 욕구로 해석하기 위한 각각의 기법과 그 배후에 자리하는 사회적 이해관계의 차이로 지배적 규정력을 갖는 방법을 특정하기는 쉽지 않다. 다만 사회복지 욕구 판정의 객관성이나 규범성 측면의 주요한 변화는 감지할 수 있다. 무엇보다 사회복지 욕구의 해석과 결정이 사회복지 관료나 전문가에게 독점으로 맡겨진 탈정치화한 욕구 결정 방식에 대한 반성이다. 당사자 주권의 관점에서 공급 측의 욕구 해석에 이의를 제기하고, 욕구 당사자의 해석과 자기규정을 철저히 하려는 흐름의 생성이다(上野千鶴子 外 編, 2010: 13).

그런데 사회적 욕구 결정과 연관해 어떤 방법을 취하든 핵심적 사안은 '사회적인 것'에 대한 공통 인식 기반 마련이다. 사회적 욕구란 결핍 상태에 대한 대응이 사회적 영역에서 이루어지며, 생활에 불가결하거나 결핍된 것이 무엇인가를 판단하는 것 또한 사회적 커뮤니케이션 과정에서 이루어지기 때문이다. 따라서 사회복지 욕구 결정에서 근본적인 질문은 '사회적'이라는 것이 무엇인지 그 속성을 분명히 하는 것이다. 여기서는 두 가지 차원에서 이해한다. 첫째로 사회복지의 욕구 충족이 사회적으로 이루어진다는 말은 충족의 주요 영역이 비시장非市場 영역 혹은 탈상품화 관계에서 이루어진다는 의미이다. 시장의 화폐 관계를 통해서 충족할 수 없거나, 채우기 어려운 욕구 가운데 특정의 것을 사회적 욕구로 인정하여 시장 외부에서 충족하는 것이다. 실제로 대부분의 나라는 고용, 소득, 보건의료와 건강, 보육과 노인요양 등 돌봄, 교육, 주택 보장을 위한 사회 정책을 시행한다. 이들 시장 밖의 공식적 자원 공급과 대응 관계에 있는 욕구가 사회적 욕구를 이룬다. 한편 시장 외부의 비공식적 욕구 충족의 영역으로 가족, 친족, 친구 사이의 부양이나 원조 또는 지역 사회의 상호부조 등이 함께 존재한다. 둘째로 무엇인가 필요한 것, 없어서는 안 되는 것, 충족해야 하는 것을 객관적 사실 판단에 의해 도출하고 개개인의 의사를 초월해 실현하려는 객관성과 규범성이 사회성의 근간이다(日本社會福祉學會辭典編纂委員會 編, 2014: 11).

이어서 개개인의 이해관계를 초월해 비시장 영역 또는 탈상품화 관계에서 충족하는 사회복지의 욕구는 어떤 사회적 관계, 다산의 용어에 따르면 어떤 사회적 교제의 형식을 매개로 충족하는 것인가. 나아가 그 과정의 정당성을 뒷받침하는 주요 이념은 무엇인지를 생각해 보자. 사회복지의 욕구란 사회적 개입이나 지원에 의해 획득하는 사회적 속성을 지닌 것이라는 공통 인식의 성립은 ① 타자와 교류를 통해 충족되고 채워지는 일상적 삶의 방식에 대한 개체의 경험과 ② 경험 과정에 동원된 커뮤니케이션의 상징을 내면화함에 의해서이다. 바로 사회생활 과정에서 공동 경험하는 빈곤, 불평등, 사회적 고립, 차별, 박탈, 배제와 같은 엄혹한 생활 조건은 서로 협력하지 않으면 풀어낼 수 없는 사회적 위험이라는 상호 의존적 상황에 대한 인식을 구성한다. 이 점에서 사회적 위험으로부터 개인이나 가족 혹은 특정 집단의 자립적이고 자율적인 생활을 가능하게 함으로써 인간성과 인격을 보존하려는 정책 구상은 사회복지의 원점이 된다. 그런데 자립과 자율은 이기주의와 그 맥락을 달리한다. 자립과 자율에 대한 주체의 자각으로서 주체성은 타자와 고립된 진공 상태에서 형성되는 것이 아니다. 타자와의 만남과 다양한 교제 방식 즉 사회적 관계를 통해 형성되는 것이다. 그럼에도 현실은 주체성을 위태롭게 하는 요인들이 상존한다. 개체의 생활상의 위기는 타인의 처지나 형편에 대한 감응과 연대를 지체시키거나 저해한다. 심지어 개체 보존의 이기주의에 빠지게 하거나 각자도생으로 내몬다. 그래서 다산은 이런 상황에서 벗어나 좋은 인간관계를 형성하는 삶의 기술로서 서(恕)를 제시한다. 바로 선한 사회를 형성하는 바탕은 타인의 욕구와 욕망을 함께 실현하려고 하는 인륜이나 도덕적 욕구 실천에 그 길이 있음을 말한 것이다. 극기복례와 혈구지도이다. 개체보존의 욕망을 넘어서 타인의 곤란한 상황이나 처지에 차마 눈감지 않는 것이다. 더욱이 감응과 도덕적 감정을 지니는 데 머물지 않고 사랑과 연대의 실행을 통해 문제 상황을 개선하거나 해소하는 사회적 연결망을 창출해서 인간의 선한 본성을 실현하는 것이다. 이 점을 좀 더 현실적으로 이해하기 위해 '커뮤니티 케어(community care. 지역사회 돌봄)'라는 사회복지 현상을 들어 설명해 보자. 커뮤니티 케어는 단순히 공공 복지서비스를 가정이나 지역사회에서 전달하고 실행한다는 의미에 한정되는 것이 아니다. 그보다 커뮤니티라는 개념은 생활상의 문제를 서로 나누어 진다. 케어 개념은 홀로 내버려 두지 않고 함께 돌본다는 의미를 동시에 담보해야 한다. 지역사회의 구성원이 곤란한 상황에서 고립되고 배제되지 않도록 그의 어려운 처지에 따라 주민들이 서로 책임과 역할을 나누어 지는 것이다. 말하자면 지역사회 주민 개개인의 책임과 자각, 주체성에 근거한 자발적 연대를 바탕으로 사랑의 공동체를 만들어 내는 것이다(古川孝順 編, 1995: 3-4).

사회적 욕구는 사회관계를 통해 사회 제도와 관계를 맺음으로써 실제적인 욕구 충족에 이른다. 그런데 욕구가 사회제도를 통해서 충족되기 위해서는 사회적 승인을 얻어야 한다. 욕구가 사회적으로 승인되는 동태적 과정과 승인에 관여하는 사회적 행위자 사이의 상호작용 형식을 개략적으로 소묘해 보자.

사회제도를 통한 실제 욕구 충족 과정은 욕구의 권리로의 번역 과정과 제도화를 위한 승인 과정을 거쳐야 한다. 욕구의 권리성과 제도적 승인이 이루어지는 현실적 공간은 다양한 개별적 욕구가 각축하고 그 실현을 향한 갈등 혹은 타협을 통해 삶의 질서를 주조하는 시민사회이다. 그런 의미에서 시민사회는 욕망의 체계이고 또한 욕구의 실현을 승인하고 제도화하는 정치 과정 그 자체이다. 그 때문에 현대 사회복지를 시민적 권리 특히 사회권적 제 권리의 체계라고 칭해도 과언은 아닐 것이다. 여기서 사회복지의 욕구를 권리로 번역한다는 것은 사회적 시민권으로 승인받도록 한다는 말과 동의어이다(Dean, 2010: 141-156). 그렇지만 시민사회에서 욕구의 권리로 전화는 자연적으로 주어지는 것이 아니다. 욕구의 권리로 전화는 모든 수준에서 정치적인 것이고, 욕구의 실제 사회정책으로의 제도화는 정치 과정에서 행해진다. 욕구의 정치학은 '누구의 무슨 욕구를 어느 수준으로 충족할 것인가'에 관한 결정이다. 그 과정에서 유의해야 할 것은 욕구 당사자로 하여금 결정 과정의 메커니즘을 충분하게 파악할 수 있도록 하는 정보 확보와 의사 결정 구조에 참여하는 통로 마련이다. 나아가 욕구의 정치과정에서 욕구 당사자는 참여의 권리 주체라는 당위적 선언만으로는 충분하지 않다. 욕구 당사자는 사회적으로 승인된 욕구의 제도적 실현과 더불어 새로운 욕구의 사회적 승인이 받아들여지지 않을 때 이의 제기를 하고, 잘못 설정된 욕구 충족의 정책이나 제도를 거부하면서 변경을 요구할 수 있는 권리를 아울러 보장받아야 한다. 이의제기 활동에 의해 그때까지 사회복지의 욕구로 간주되지 않은 욕구의 사회적 의미 해석을 요구하는 것이다(Dean, 2010: 159-177). 또한 욕구 승인의 정치적 과정은 다양한 행위자 사이의 협조, 협동, 대립, 갈등을 포함하는 자기실현 과정임을 놓쳐서는 안 된다. 그래서 욕구 당사자의 권리 주체로서의 역할 실행 능력을 높이기 위한 '임파워먼트'와 더불어 갈등·교섭 능력을 키우는 지원이 필요하다. 예를 들어보자. 장애인은 자연발생적으로 욕구 주체이자 욕구 당사자로 형성되는 것은 아니다. 장애인은 직접 경험하는 문제 상황, 정책이나 제도의 한계에 대한 이의제기와 운동을 통해 자신의 욕구 승인의 욕망을 사회로 발신한다. 그리고 욕구 충족에 선도적으로 나선 동료 상담 등으로 잠재 욕구를 현재화하고, 서비스를 실제 제도나 프로그램으로 제공하길 요구함으로써 표출 욕구로 바꾼다. 나아가 사회적 승인을 위한 갈등이나 타협을 실행하면서 이에 동조하는 다수의 지지자를 획득함으로써 욕구 충족을 위한 제도화를 견인하는 것이다(上野千鶴子 外 編, 2010: 10-30). 이상 언급한 욕구의 승인 즉 욕구의 사회적 구성과 실현의 과정을 흐름도로 정리해 보자. 비승인적 욕구(또는 승인을 요구하는 욕구) - 승인을 둘러싼 욕구의 체계로서 시민사회 내 행위자 사이의 갈등과 대립 혹은 타협 - 사회복지 욕구로서 승인(혹은 사회복지 욕구로서 기각) - 사회복지 정책이나 제도, 서비스로 성립 - 실행 - 평가라는 흐름을 형성한다.

5. 맺음말을 대신해: 성찰적 사회복지학의 의미와 과제

사회복지의 학문적 체계 구성을 이해하는 전형적 시각은 정책론, 제도론, 서비스론으로 나누어 접근하는 것이다. 이는 사회복지학을 문제 상황의 확인, 정책 과제와 목표 설정, 관련 제도 마련, 서비스 실행 및 평가 등 사회복지 실천의 주요 과정에 가장 합리적 방책을 제공하는 지적 활동으로 바라보는 것이다. 그런데 사회복지학의 체계를 이렇게 파악하는 것은 사회복지학 연구에서 인간의 본성이나 욕구 등 인간론에 기반을 두고 진행하는 탐구를 간과하거나 경시할 가능성을 크게 한다. 따라서 사회복지의 학문 체계에서 인간의 본성, 욕구, 사회적 관계성 등이 사회복지 정책, 제도, 서비스 창출과 상호 관련하는 방식이나 연관 문법을 통합된 전체로서 제시하는 학문적 체계 경장의 필요성이 대두한다. 나아가 사회복지의 학문적 엄밀성과 실천의 현실 적합성을 확보하기 위해서도 인간의 본성, 생활 자료나 인간관계의 결핍, 생존 욕구와 필요, 충족의 욕망, 사회적 관계 형성, 정책·제도·서비스의 생성에 의한 욕구 충족 등이 상호 매개하는 양태를 총체적으로 조망할 수 있는 분석 틀 정립이 필요하다.

이 글은 위와 같은 문제의식을 전제로 다산의 학적 체계를 사회복지의 학문 체계를 새롭게 구성하는 데 활용할 사상적 질료로서 다시 읽어낸다. 먼저 다산 아이디어의 핵심은 인간은 개인적 욕구나 욕망 충족만이 아니라 타자의 욕구와 욕망을 함께 실현하려고 하는 인륜 혹은 도덕적 욕구를 지닌 존재임을 발견한 것이다. 이어서, 사회복지의 학문적 체계 구성의 모멘텀으로서 인간성, 선을 기호하는 존재, 좋은 만남, 교제, 타자, 서, 욕구, 인륜, 도덕적 욕구, 사랑의 공동체 등의 개념을 사회복지학에 접속하여 새로운 체계 구성의 요소로 자기 의미를 지닐 수 있도록 배치한다. 이 작업은 ① 인간성과 인격을 실현하는 행위의 기저력으로서 욕구를 사회복지학의 이론적 실천 활동에서 활용 가능한 분석 개념으로 재구성 ② 개별적·추상적 수준의 욕구가 사회 성원에게 수용되어 제도를 통해 충족되는 프로세스 확인 ③ 욕구충족 과정에서 사회적 교제와 행사, 바꿔 말해 사회적 욕구가 권리성을 승인받고 제도 실행을 통해 채워지는 '욕구의 정치' 과정을 제시하는 것이다.

이상 사회복지의 학문적 체계는 정책이나 제도 중심의 분석 틀을 지양하여 인간 본성이나 욕구 등 인간론에 궁리의 연원이 닿아 있어야 함을 말한 것이다. 바로 사회복지학이 제도주의적 제한성이나 배타성을 벗어나 인간 생활의 전면적 교통양식을 포착하고, 생활문제 해결의 합리적 방안을 도출하는 성찰적 시각의 소묘이다.

성찰적 사회복지학이 사회복지 연구자나 실천가에게 제기하는 사상적 함의는 다음과 같다. 첫째, 성찰적 사회복지학은 사회복지 연구자나 실천가를 근본적으로 변화시키는 것이다. 곧 새로운 인간관과 사회관을 근거로 기왕의 관성적 탐구나 실천을 벗어나 역동적 현실을 조망하도록 할 것이다. 그리하여 학문적 지평이나 실천 방향에 대한 경직성은 수정되고 확대된다. 둘째, 성찰적 사회복지학은 국가 개입, 관리, 통제의 정책·제도·서비스에 의한 사회적 욕구 충족을 넘어서는 바꿔 말해 관료적 사회복지로부터 탈주의 기획 그 자체이다. 선을 지향하는 인간 본성, 좋은 사회적 관계를 형성하려는 도덕적 욕구, 그 욕구를 실현하기 위해 타자의 욕구와 욕망을 헤아리는 감응과 연대 실행에 근거한 공동체를 형성하려는 새로운 복지 체제의 디자인이기 때문이다. 개체 보존의 욕구충족 체계인 시민사회로부터 벗어나 타자의 욕구와 욕망을 함께 실현하려고 하는 인륜 혹은 도덕적 욕구를 지닌 자유로운 교양인의 연합체 사회로 이행을 스케치하고 색칠해 나가는 것이기에 그러하다. 셋째, 성찰적 사회복지학은 인간이 자본제 사회의 상품화 속에서 단지 수동적으로 반응하는 존재가 아니라, 서恕라는 사회적 관계성의 확인과 실천을 통해 인간의 유적본질이라는 인륜성을 설정하고 자신과 세계를 능동적으로 변혁하는 존재임을 확인하는 사회복지학으로 전환이다. 그리하여 성찰적 사회복지학은 개체 보존의 자본주의적 생활양식 너머 인간의 새로운 삶의 방식을 지금 여기서 설계하고 실천하는 인간성과 인격의 전면적 표출에 다름 아니다.

제2부
한국 전통사상으로 이해하는 사회변동

인간적·사회적 마음구성체와 사회변동

유승무·박수호

인간적 · 사회적 마음구성체와 사회변동

유 승 무 · 박 수 호

1. 머리말

하버마스와 더불어 사회이론의 언어학적 전회를 이끈 루만은 체계이론적 진화이론이라는 고유한 사회변동이론을 제시한 바 있다. 그는 '변화하는 환경'과 '작동하는 사회적 체계'의 관계를 변이, 선택, (재)안정화라는 진화론적 개념으로 설명하는 동시에 사회적 체계의 작동과 분화를 소통매체의 변화와 연관시켜 설명하는 전략을 취하고 있다. 그리고 소통이론적 사회변동 모델을 적용하여 역사적 사회가 분절적 분화, 계층적 분화, 기능적 분화 등으로 변동해 왔음을 설득력 있게 기술하고 있다. 그러나 루만은 분절적 분화, 계층적 분화, 그리고 기능적 분화 등의 사회변동 모델은 서구사회의 역사적 경험을 설명하는 데에만 제한적으로 적용될 수밖에 없다고 정직하게 고백하고 있다. 실제로 루만은 중국, 인도, 메소포타미아, 이집트 등지에 존재했던 제국을 이해하는 데는 다양한 분화 유형의 결합이나 전혀 다른 유형의 사회분화 유형이 요구될지도 모르겠다고 말하고 있을 뿐만 아니라, 아직도 분절적 사회를 설명하는 사회이론은 존재하지 않는다고 적고 있다[01].

01 루만의 사회변동이론에 대해서는 본론에서 루만의 글을 직접 인용하면서 보다 자세

이러한 루만의 탈서구 보편이론적 문제의식은 최근의 탈식민주의 사회학의 흐름과 궤를 같이 한다. 유승무는 이 흐름과 맥락을 다음과 같이 정리한 바 있다.

> "최근 세계 다양한 지역의 사회학자들이 기존 사회학의 서구 중심주의를 지양하고 극복해보려는 과감한 시도를 함으로써 사회학의 탈식민화 혹은 탈식민주의의 사회학화 경향을 뚜렷하게 드러내고 있다. 2007년 사회이론의 고전을 해체하려고 시도한 코넬(Connell), 2007년 근대성의 패러다임에 빠져 있는 기존 사회학을 지양하고 연결된 역사(connected histories)란 시각에서 역사사회학의 새로운 시각을 개척한 밤브라(Bhambra), 2013년 사회학과 제국주의의 관계를 파헤친 스타인메츠(Steinmetz), 2013년 사회학의 인식론적 전제들에 근본적인 의문을 제기하고 포스트식민주의 사회학의 가능성을 탐색한 줄리언 고(Go) 등은 그 대표적인 예이다. … 그 까닭은 무엇보다도 점점 더 많은 지구촌의 사회학자들이 서구의 근대적 지식이론으로 무장한 기존의 사회학이 배제하고 있거나 설명할 수 없는 삶의 영역이 존재함을 자각했을 뿐만 아니라 기존의 서구사회학만으로는 불평등, 차별과 배제, 환경 및 생태문제, 소외문제 등과 같은 사회문제를 결코 해결할 수 없다는 사실을 깨달았기 때문일 것이다."[02]

이러한 문제의식은 사회변동이론에도 여전히 유효하다. 한국사회학계도 그간의 근대 서구사회에 경도된 지적 편향과 식민지성을 지양하고 자신이 속한 사회의 사회변동도 함께 이해할 수 있는 사회변동이론, 즉

하게 논의할 것이다.

02 유승무, 『한국사상사의 사회학적 조명』, 계명대학교출판부, 2020, 2쪽.

탈서구 보편이론으로서의 사회변동이론을 탐구하는 것에 대한 강한 압력을 받고 있다. 그러나 아직까지도 한국사회(과)학계에서는 서구사회와는 다른 발전 유형과 경로를 갖고 있는 한국사회를 설명하는 사회변동이론을 제시하지 못하고 있다.[03]

이러한 한국사회학계의 식민지성을 극복하기 위해서는 한국의 역사적 경험에 기초한 사회이론을 과감하게 모색하는 학문적 시도들을 축적해 나가는 수밖에 없다. 마치 서구의 지역학으로서 한국학이 아니라 한국의 역사적 경험에 기초한 한국학을 개척할 필요가 있는 것처럼 말이다. 이에 이 글에서는 한국사회를 마음사회로 규정할 수 있다는 인식[04]을 토대로 '인간적·사회적 마음 구성체(The human and social formation of heart)'의 변화를 이해할 수 있는 동양사회사상적 사회변동이론을 시론적 차원에서 제시해 보려고 한다.

2. 인간적·사회적 마음 구성체란?

한국 역사에 있어서 주요 사상가로 평가되는 원효(통일신라), 득통(여말선초), 퇴계(조선 중기), 율곡(조선 중기), 성호(조선말) 등의 사상은 '마음'을 핵심으로 설정하고 있다. 이들의 마음사상을 토대로 한국사

03 매우 부끄럽지만, 아직도 한국 사회학계는 라우어가 정리한 사회변동론 교과서를 재활용하는 수준에서 크게 벗어나지 못한 실정이다. '사회변동이론'이라는 키워드로 선행 연구를 검색해 보면 사회이론적 심급에서 이루어진 선행 연구가 거의 없을 뿐만 아니라, 한두 편의 업적조차도 라우어의 책을 모자이크하는 수준에 머물러 있다.

04 이에 대해서는 『불교사회학』(유승무, 박종철출판사, 2010)을 비롯한 필자 등의 여러 선행 연구들을 참고하라.

회에 관한 마음사회학적 이해를 시도하고 있는 유승무 등은 조선왕조실록에 나타난 마음 개념의 용례, 현대 한국사회의 마음문화, 심지어 북한사회의 마음문화까지도 마음사회학적 시각에서 논의한 바 있다.[05] 이를 통해 역사의 대부분을 심탁心託의 종교사상인 불교와 유교가 지배해 온 한국사회야말로 전형적인 마음사회라는 결론을 도출하고 있다. 마음이 인간의 성-리-체性-理-體와 대상과의 관계를 통해 생성되는 정-기-용情-氣-用을 통할하고 통합한다는 의미를 지닌 퇴계의 심통성정론이 암시하듯이,[06] 마음사회는 마음이 인간의 사회적 삶을 주재할 뿐만 아니라 사회와 그 환경(인간을 포함한) 사이의 역동적 관계를 매개하거나 조절하는 사회를 지칭한다.

한편, 최근 인지과학에서 제기하는 '몸을 통해 인지한 마음'(the embodied mind)[07]이라는 개념에서 드러나듯이 몸은 마음의 일부이자 관문

---

05 유승무, 「성호 이익의 마음사회학적 조견(照見): 『성호사설(星湖僿說)』을 중심으로」, 『한국학논집』 68, 2017, 61~93쪽; 유승무, 「득통의 마음사회학적 이해: 『현정론』을 중심으로」, 『한국학논집』 73, 2019, 43~69쪽; 유승무·박수호·신종화, 「'마음'의 사회학적 재발견과 '합심(合心)'의 소통행위론적 이해: 조선왕조실록의 용례 분석에 근거하여」, 『사회사상과 문화』 28, 2013, 1~47쪽. 유승무·박수호·신종화·이민정, 「율곡의 마음공부와 합심주의 문화: 격몽요결의 마음 용례 분석을 중심으로」, 『사회사상과 문화』 29, 2014, 107~145쪽; 유승무·신종화·박수호, 「북한사회의 합심(合心)주의 마음문화」, 『아세아연구』 58(1), 2015, 38~65쪽; 유승무·신종화·박수호, 「원효의 화쟁일심 사상과 한국 마음문화의 사상적 기원」, 『사회사상과 문화』 19(4), 2016, 1~28쪽; 유승무·신종화·박수호, 「마음사회학의 이론적 정초: 마음과 사회의 중층의존성을 중심으로」, 『사회와 이론』 30, 2017a, 79~126쪽; 유승무·신종화·박수호, 「민심의 동원과 마음의 정치: 동양적 사회운동 이론과 도덕정치의 가능성」, 『사회사상과 문화』 20(1), 2017b, 77~110쪽; 유승무·신종화·박수호, 「퇴계의 심학(心學)과 한국사회의 마음 문화」, 『사회사상과 문화』 20(3), 2017c, 29~57쪽; 유승무·최우영, 「대칭삼분법과 사회연기론: 새로운 인식론과 사회이론의 모색」, 『사회사상과 문화』 21(2), 2018, 1~28쪽; 유승무·최우영·박수호, 「공감·소통·배려의 사회와 그 적들」, 『현상과 인식』 42(1), 2018, 119~144쪽.

06 이에 대한 자세한 논의는 유승무 등의 논의를 참고하라(유승무·신종화·박수호, 「퇴계의 심학(心學)과 한국사회의 마음 문화」, 『사회사상과 문화』 20(3), 2017c, 29~57쪽).

07 이에 대한 자세한 논의는 바렐라 등의 논의를 참고하라(바렐라·톰슨·로쉬, *The embodied mind: cognitive science and human experience*, 『몸의 인지과학』, 석봉래 역, 김영사, 2013).

이다.[08] 그런데 마음에는 개개인의 내적 욕망과 개인의 대對 사회적 상호작용의 산물로서의 '내 마음'과 다양한 사회적 기능체계의 내적 작동과 그 체계의 대對 환경적 상호작용의 산물인 '우리 마음'도 포함되어 있다. 이는 마음이 개인의 심리가 아니라 그의 인간적 요인, 사회적 요인 그리고 그 두 가지 요인들 사이의 역동적 관계 요인 등으로 구성되는 것임을 의미한다. 따라서 마음사회의 사회변동을 이해하기 위해서는 마음이 어떻게 인간의 삶과 사회의 작동 사이의 관계를 매개 혹은 조절하고 있는지를 파악한 다음, 그 매체들(인간의 활동기관과 사회의 구동기관)과 그들의 변화를 통해 인간과 사회의 역동적 상호변용을 이해할 필요가 있을 것이다.

〈그림 1〉은 마음사회의 사회변동을 이해하기 위한 일종의 이념형으로서 '인간적·사회적 마음 구성체'를 모형화한 것이다.

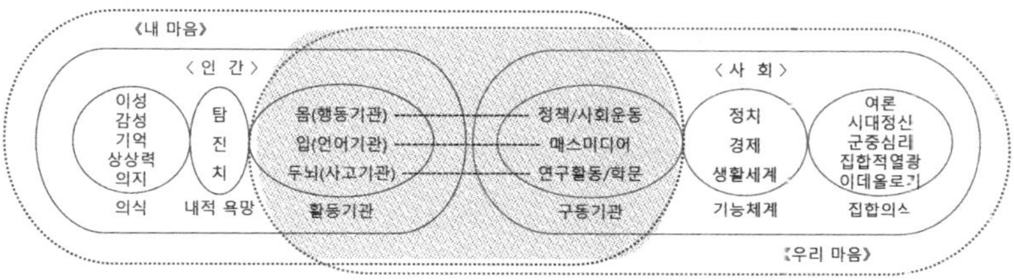

〈그림 1〉 인간적 · 사회적 마음 구성체

좌측에 표시된 〈인간〉 영역은 내적 욕망과 활동기관, 마음으로 구성된다. 개개인의 내적 욕망의 영역은 붓다가 간파한 탐(탐욕; 갈애), 진(성냄; 증오), 치(무명=이기심; 자기애)가 일상인의 세속적인 심리와 삶을 지배하는 근원적인 욕망으로 이루어져 있음을 표현한 것이다. 그리고 그러

08 마음이 몸 안에 있다는 일반인들의 상식은 근대 이후의 전도된 마음 구성체의 산물이다. 이에 대해서는 5장에서 자세하게 논의할 것이다.

한 내적 욕망은 외부에서 관찰하지 못하는 내적 작동으로 생산되는 순수한 내부성을 지니고 있기에 루만이 주장하는 폐쇄체계로 간주하여 외부 환경(세계)과 구분하였다. 그리고 인간의 활동기관은 개인의 내적 욕망의 영역 외부에서 외부세계를 매개하거나 조절하는 일종의 관문關門으로서 행동기관인 몸, 언어기관인 입, 그리고 사고기관인 '머리(두뇌)'[09] 등으로 구성되어 있다. '의식'의 영역은 이성, 감성, 기억, 상상력, 의지, 동기, 퍼스낼리티, 타자지향적인 현상학적 마음 등을 포함한다.

〈사회〉 영역은 사회적 기능체계와 구동기관, 집합의식으로 구성된다. 사회적 기능체계는 경제적 체계, 정치적 체계, 기타 다양한 사회적 체계로 구성되어 있으며, 루만에 따르면 이러한 사회적 체계들은 자기준거적 자기재생산을 하면서 작동한다. 따라서 사회적 체계의 영역은 인간의 내적 욕망과 마찬가지로 폐쇄적 체계로 간주하여 외부 환경(인간)과 구분하였다. 〈사회〉의 영역 속에는 당연히 각종 기능체계들이 포함될 뿐만 아니라 그러한 기능체계를 외부환경과 연동시키는 사회의 구동기관들(즉, 행동기능을 수행하는 정책이나 사회운동, 언어기능을 담당하는 매스미디어, 사고기능을 처리하는 연구 활동이나 학문)의 작동도 포함된다. 그리고 집합적 열광, 군중심리, 여론, 사회심리, 시대정신, 이데올로기 등을 포함하는 '집합의식'의 영역이 존재한다.

개인과 사회에 관한 도식적 이해의 토대 위에서 모든 현상을 원인과 조건에 따른 결과로 보는 연기법적 관찰에 따르면, 개인의 내적 욕망의 영역에서 발생하는 욕망(내적 원인)은 인간의 다양한 활동기관 즉 행동기관인 몸, 언어기관인 입, 그리고 사고기관인 두뇌(머리) 등의 활동이라는 매개 조건을 거쳐 외부의 타자와 결합하거나 상호작용하게 된다. 따라서 인간 개개인이 타자(사회이든 인간이든)에게 미치는 영향은 자신의

09 순수 우리말의 '머리', 즉 '머리를 써 봐'란 용례에서의 '머리'를 의미한다.

내부에서 일어난 욕망이 반영된 다양한 활동을 통해 특정한 결과를 생산하는 것으로 해석된다. 따라서 개인을 외부와 연결하는 관문인 각종 활동기관의 작동 영역은 타자(여기에서는 우측 타원의 '사회의 구동기관')와의 교집합 영역을 공유하며, 이 교집합 내부의 역동성에 의해 창발되는 '다중의 우연성' 때문에 개개인의 크고 작은 삶의 궤적, 즉 업業이 쌓이게 된다. 같은 이유로 '사회의 구동기관'도 개인의 작동기관과 교집합 영역을 공유할 수밖에 없다. 여기서는 사회 영역의 일정 부분을 공유하고 있는 '개인'과 개인 영역의 일정 부분을 포함하고 있는 '사회'를 각각 '내 마음'과 '우리 마음'이라는 마음 관련 개념으로 규정하였다.[10]

이 모형에서 '내 마음'과 '우리 마음'의 교집합 영역은 서로서로가 상대의 마음 속으로 상호 침투하는 통로이자 관문의 구실을 한다. 동시에 그 속에 존재하는 인간의 활동기관과 사회의 구동기관 사이의 역동성을 매개로 개인의 삶과 사회의 작동을 연결시키는 매개체의 기능도 수행한다. 그리고 개인의 활동기관이나 사회의 구동기관은 상황에 따라 개인의 삶 및 사회의 작동에 홀로 혹은 복수의 결합을 통하여 자유롭게 매개활동을 할 수도 있다[11]. 따라서 이 교집합 영역에서 일어나는 다양한 역동적 움직임은 사회변동의 결정적인 조건[12]으로 작용한다. 다시 말하면 변화의 동인이 개개인의 삶의 영역에서 시작되어 사회적 기능체계의 작동으로 귀결되든 사회적 기능체계의 영역에서 시작되어 개인의 삶으로 귀결

---

10 예컨대 서울올림픽을 앞둔 1980년대 대학가의 풍경을 회고해 보자. 당시 대학생들은 개인적으로는 올림픽을 고대하고 있었지만, 올림픽이 열리는 쌍팔(88)년이 되면 서울이 개판된다는 노래를 공공연히 부르며 올림픽 개최를 반대하고 있었다. 이처럼 당시 대학생들은 올림픽을 고대하는 개인적 심정과 올림픽 반대를 외치는 청년학생의 불타는 마음을 동시에 품고 있었다. 이 상황을 '내 마음과 달리 올림픽을 반대하는 것이 우리(전체) 마음이었다'라고 표현할 수 있는데, 이러한 용례에서 드러나는 개념으로서 '내 마음'과 '우리 마음'을 가리킨다.

11 제4장의 〈그림 2〉와 관련 설명을 참고하기 바란다.

12 조건적 발생론의 조건에 해당하며, 연기론의 관점에서는 연(緣)을 의미한다.

되든 간에 반드시 이 교집합 영역에 존재하는 인간의 활동기관과 사회의 구동기관 사이의 역동적 움직임이라는 조건을 거쳐 모종의 결과를 산출할 수밖에 없다는 것이다. 바로 이러한 이유 때문에 이 글에서는 이러한 마음 영역에 속하는 교집합과 그 속에서 작동하는 역동성을 사회변동이론의 결정적인 조건으로 간주할 것이며, 나아가 그렇게 관찰할 때[13] 마음사회의 사회변동을 적절하게 이해할 수 있다고 주장하고자 한다.[14]

이상으로 우리는 '마음 구성체'를 인간 차원의 요소, 사회 차원의 요소, 그리고 마음 차원 및 그 매개 차원의 요소 등 요소적 층위에서 설명해 보았다. 그런데 제4장의 〈그림 2〉에서 알 수 있듯이 마음 구성체를 구성하고 있는 이러한 요소들 사이에는 매우 복잡한 관계들이 작동하고 있다. 따라서 마음 구성체 모형은 마음사회의 관점에서 인간사회의 삶과 사회현실을 설명하기 위해 마음 구성체의 요소들을 연결하는 다양한 사회적 관계들의 작동을 기술할 필요가 있다. 여기에서 다양한 사회관계들의 작동을 동양사회사상적 개념으로 이해하면 에너지, 즉 기氣의 흐름을 의미한다. 결국 동양사회사상적 관점에서 마음 구성체 혹은 마음 구성체의 변화를 이해한다는 것은 바로 이 기氣의 흐름, 다시 말해 사회적 관계들의 작동을 이해해야 한다는 의미로 해석된다. 또한 인간의 영역, 사회의 영역, 교집합 영역, 내 마음의 영역 및 우리 마음의 영역 등 다양한 영역들 사이의 결합 및 연동에 의해 구성되는 마음 구성체를 충분히 이해하기 위해서는 마음 구성체가 구성되는 원리를 법칙의 차원에서 논의하지 않을 없다.[15] 동양사회사상적 개념으로 바꾸어 말하면 마음 구성체의 구성 원리인 리理나 마음 구성체의 구성 영역인 기氣, 이들 사이의 연결 질

---

13 이를 관찰할 수 있는 관찰방법에 대해서는 다음 장에서 매우 자세하게 논의할 것이다.

14 이러한 모형의 이론적 함의에 대해서는 제4장에서 자세하게 논의할 것이다.

15 대표적인 사례로 루만이 열역학 제2법칙의 원리를 원용하여 체계와 환경 사이의 구조적 연동과 체계의 복잡성 증가 혹은 감축 등을 논의한 것을 들 수 있다.

서인 법法 등을 이해해야 하며, 기氣와 리理의 관계 혹은 법法과 의존적 발생緣起의 관계를 해소시켜 줄 수 있는 학문적 논의도 당연히 수반되어야 한다.

이와 관련하여 제3장에서는 마음 구성체를 이해하기 위한 방법론으로 연기법에 따른 관찰의 적합성을 자세하게 논의한다. 이어지는 제4장에서는 기의 흐름을 중심으로 사회적 관계들의 작동을 마음 구성체의 구체적인 작동과정으로 설명해 보고자 한다. 마지막으로 제5장에서는 제3장과 제4장의 논의를 종합했을 때 발생하는 쟁점을 해소하기 위하여 유교의 리와 기의 관계 혹은 불교의 법과 발생의 관계 문제를 실천의 차원에서 풀어나가 보려고 한다.

3. 마음 구성체의 연기법적 관찰

사회를 시간적 차원에서 관찰할 때 발견되는 현상인 사회변동은 사회질서의 문제만큼이나 사회를 이해하는 데에 필수적인 핵심 연구대상이다. 그러나 사회변동을 이해하는 것은 결코 쉬운 일이 아니다. 시간은 한 순간도 멈추지 않고 흐른다는 불변의 진리 때문에 사회변동은 최소한의 고정성도 거부하는 자기부정의 속성을 내포하고 있기 때문이다.

이러한 이유로 사회변동을 이해하는 데 있어서 설득력이 높은 하나의 방법은 시간의 자연사적 흐름을 인위적으로 구분하여 특정한 단위로 고정함으로써 그 전후의 인과적 차이를 비교하는 방법일 것이다. 이 비교의 방법은 절대적인 '무엇'을 궁극적 원인으로 전제하고 다양한 변이들을 그것에서 파생된 것으로 해석하는 방법과 현상의 다양성을 개개의 원인에 의한 차이로 설명하는 방법으로 나누어진다.

전자의 가장 전형적인 사례는 창조론이다. 창조론은 창조주를 설정하고 모든 사회현상을 궁극적으로는 창조주에서 파생된 현상으로 관찰할 것을 요구한다. 따라서 창조론은 신학적 차원에서는 매우 강력한 설득력을 발휘할 수 있다. 그러나 사회과학적 차원에서 보면 역사적 사회의 다양성을 충분히 설명하지 못하는 한계를 보일 수밖에 없다. 이로 인해 진화론이 등장한 이후 창조론은 과학적으로 큰 도전에 직면하게 되었다.[16]

후자의 전형적인 사례로는 사회변동을 인간의 퍼스낼리티(personality)의 차이로 설명하는 사회변동이론을 들 수 있다. 맥클러랜드(D. McClelland)는 "성취에 대한, 즉 좋은 일을 하고자 하는 강한 욕망에 의해 일을 추진하며, … 높은 성취 욕구를 가진 사회는 보다 정력적인 기업가들을 산출할 것이며, 이들이 다시 더욱 급속한 경제발전을 산출한다"[17]라고 주장함으로써 성취지향적 퍼스낼리티(동기)를 사회변동의 추진 동력으로 간주한다. 하겐(E. E. Hagen)도 유사한 주장을 하고 있다. 그는 '사회변동은 퍼스낼리티의 변동 없이는 발생하지 않는다'라고 하면서 퍼스낼리티의 구성요소를 욕구, 가치, 세계관의 인지적 요소, 지능, 에너지 수준 등으로 기술하고, 전통사회나 전체주의 사회의 권위적 위계질서에 부응하는 권위주의적 퍼스낼리티보다는 혁신적인 퍼스낼리티가 창조적 행동을 촉진

16 다윈의 진화론을 열렬하게 지지하던 헉슬리와 당시 영국 성공회 주교였던 윌버포스 사이에서 오고 간 가시 돋은 설전은 이를 상징적으로 보여주는 사건이다. 이 사건은 다윈주의에 관한 가장 놀라운 사건으로서 1860년 옥스퍼드대학교에서 있었던 영국과학진흥협회(British Association for the Advancement of Science)의 모임에서 일어났다. 이 자리에서 윌버포스 주교가 헉슬리에게 할아버지와 할머니 중 어느 쪽의 조상이 원숭이인지 묻자 헉슬리는 거짓말하는 인간보다는 정직한 원숭이가 자신의 할아버지이기를 바란다고 답한 것으로 알려져 있다. 이 발언은 통상 신학으로부터 과학의 독립선언으로 간주되고 있다.

17 라우어, *Perspectives on social change*, 『사회변동의 이론과 전망』, 정근식 · 김해식 역, 한울, 1992, 133쪽.

함으로써 사회변동을 유발한다고 주장한다.[18] 그런데 이러한 사회심리학적 이론들은 심리 혹은 '내 마음'이 사회적 현상의 차이를 결정짓는 것으로 간주함으로써 사회적 맥락에 따른 차이를 사상하거나 사전에 배제해 버리는 한계를 보인다.

〈그림 1〉의 모형에 비추어 볼 경우, 이러한 비교의 방법은 개임의 심리나 '내 마음'뿐만 아니라 개인의 사고기관이나 행동 기관에도 관심을 가지지만 언어학적 관심이 없어서 사회적 관계의 소통 차원을 경시하게 된다. 또한, 사회의 구동기관들(정책이나 사회운동, 매스ㄱ디어, 연구활동이나 학문) 등의 요인을 변동이론에 포함하지 못하는 한계를 분명히 드러낸다.

이상의 방법들은 마치 크루스테스의 침대처럼 다양한 사회현상을 특정한 원인으로 환원하여 설명함으로써 역사적 사회의 다양성을 동일한 기준으로 산뜻하게 설명할 수 있는 장점이 있지만, 동시에 역사적 해석의 다른 가능성을 선결정 방식으로 재단해 버리는 단점을 내포하고 있다.

이러한 한계 때문에 인위적 시간 구분보다는 자연사적 시간의 흐름을 전제하고 특정한 실체의 변화를 그들의 환경 변화와 연동하여 설명하는 진화론적 시각에 따라 사회변동을 관찰하는 사회변동이론들에 주목하지 않을 수 없다[19]. 예컨대 마르크스는 사회변동의 과학적 설명에 성공한 것으로 평가받는 자신의 기념비적 저서인 자본론을 찰스 다윈에게 헌정할 정도로 진화론적 시각을 적극적으로 수용했고, 루만은 사회

18 같은 책, 127~129쪽.

19 이븐 할둔이나 소로킨 등이 제시하는 순환론적 사회변동이론도 자연사적 시간을 전제하고, 생노병사나 성주괴공처럼 사회변동을 내적 에너지의 흐름에 따라 나타나는 자연스러운 생존의 궤적으로 설명하고 있다. 그러나 이 이론들은 사회변동의 단계들이 언제, 어떤 요인들에 의해, 어떻게 변화하는지에 대한 과학적 근거를 제시할 수 없다는 결정적인 한계를 내포하고 있어 여기에서는 논의에서 배제하였다.

적 체계의 변동과 그 과정을 환경과의 연동 속에서 진화론적 개념 도구를 사용해 설명하고 있다. 진화론적 사회변동이론은 사회적 환경, 사회적 맥락, 사회적 조건 등을 사회변동의 주요 요소로 간주한다는 점에서 앞서 언급한 변동이론들을 극복할 수 있는 시각을 제공한다. 이러한 판단을 토대로 사회이론적 심급에서 볼 때 가장 큰 설득력을 내장한 사회변동이론, 즉 마르크스의 변증법적 유물론과 루만의 체계이론적 진화론을 관찰방법의 차원에서 비판적으로 검토하고자 한다.

마르크스는 헤겔의 관념론을 유물론으로 대체하는 동시에 독일 관념론과 결별하고 변증법적 유물론을 제시한다. 하지만 이 과정에서 운동의 관찰형식인 변증법은 헤겔의 지적 유산으로 그대로 계승된다. 역사(혹은 사회의 운동)를 관찰하는 마르크스의 관찰형식이 이른바 유물변증법으로 귀결된 까닭도 바로 여기에 있다.

다음은 마르크스가 유물변증법적 관찰형식으로 사회적인 것을 설명하고 있는 전형典型에 해당하는 『정치경제학 비판 요강』 '서문'의 일부이다.

> "내가 도달한 일반적인 결론, 그리고 일단 얻어진 뒤에는 내 연구의 지침이 된 결론은 다음과 같이 간단하게 정식으로 만들 수 있다. 생존수단의 사회적 생산에 있어서 인간은 자신들의 의지에서 독립되어 있는 특정한 필연적 관계, 즉 자신들의 물질적 생산력의 특정한 발전단계에 조응하는 생산관계에 들어선다. 이 생산관계의 총화가 사회의 경제적 구조, 즉 진정한 토대를 이루게 된다. 법률적·정치적 상부구조가 그 위에서 발생하며 특정한 형태의 사회의식이 그에 조응한다. 물질적 생존수단의 생산양식이 사회적, 정치적, 지적 삶의 과정 전체를 규정하는 조건이 된다. 인간의 의식이 존재를 규정하는 것이 아니라, 거꾸로 인간의 사회적 존재가 의식을 규정한다. 사회의 물질적 생산력은, 일정한 발전

단계에 이르면, 기존의 생산관계 또는 그 관계의 법률적 표현뿐만 아니라 소유관계와 모순에 빠지는데, 생산력은 그동안 바로 그 관계 속에서 운동해 왔던 것이다. 생산력 발달의 틀이 되었던 바로 그 관계가 거꾸로 생산력을 옥죄는 족쇄로 바뀐다. 그러면 혁명의 시대가 열린다. 경제적 토대의 변화와 함께 거대한 상부구조 전체가 조만간 변형을 겪는다. … 따라서 인류는 스스로 해결할 수 있는 문제만을 제기하는 셈이다. … 커다란 윤곽만 보자면, 사회의 경제적 구성체는 아시아적 생산양식에서 고대적, 봉건적, 근대 부르주아적으로 발전해 온 것을 볼 수 있다. 부르주아적 생산관계는 사회적 생산과정의 마지막 적대적 형태인데, 여기에서 적대적이라 함은 개인적인 적대가 아니라 개인들의 사회적 삶의 조건들에서 빚어져 나오는 적대를 뜻한다. … 따라서 이 부르주아적 사회체계와 더불어 인간사회의 전사前史도 막을 내리게 된다."[20](굵은 글씨는 필자 추가)

위의 정식定式은 마르크스가 자신의 변증법적 유물론을 사회구성체에 적용한 것으로서 인간사회의 운동은 근원적으로 생산력과 생산관계의 모순과 대립에 의해서 비롯됨을 분명하게 밝히고 있다. 이를 다시 사회적인 것(구체적으로는 계급관계)의 차원에서 조명하면 자연발생적인 생산력의 발전을 억제하는 기존의 계급관계를 고수하려는 자본가계급과 이러한 생산관계를 지양하고 변화하는 생산력 수준에 조응하는 새로운 생산관계를 수립하고자 열망하는 노동자 계급 사이의 적대적인 사회적 관계로 현상한다. 게다가 마르크스는 이러한 생산관계와 생산력의 체계뿐만 아니라 토대와 상부구조(토대로부터 규정되는 모든 것) 사이의

20 Fromm E, *Marx's concept of man*, Frederick Ungar Publishing Co., 1961, pp. 17~18.

모순을 존재 조건과 의식의 모순 관계로 설명한다. 그리고 여기서 한 걸음 더 나아가 시간의 흐름에 따른 모순(혹은 역설)의 역사적 탈역설화로 시간적 사건으로서의 역사, 즉 사회적인 구성체의 변혁 가능성과 노동자 계급의 혁명적 실천[21]을 정당화하고 있다.

문제는 모순의 역설적 결합과 그 필연적 탈역설화, 즉 구조와 과정이 필연적인 역사법칙으로 환원됨에 따라 마르크스의 관찰형식이 그 자체로 이념적으로 교조화된다는 데 있다. 물론 마르크스의 사회구성체 개념 속에는 이미 토대와 상부구조 사이의 상호 길항 관계가 내포되어 있고, 그 속에는 사회적인 것을 물질적인 것과 의식적인 것 사이의 관계로 설명할 수 있는 이론적 기반도 없지 않다[22]. 하지만 근원적이고 궁극적인 차원에서 볼 때, 마르크스의 사회구성체 논의에서 모든 사회적인 것은 물질적인 것의 운동으로 설명될 수밖에 없게 된다. 이 점이 마르크스의 변증법적 유물론이 경제결정론으로 비판받게 되는 근거이기도 하다.

그러나 마르크스의 유물변증법이 비판에 직면할 수밖에 없게 된 근원적인 이유는 다른 곳에 있다. 그것은 요소적 층위의 물질적인 것 혹은 유물론적 요소 때문이 아니라 이상적인 목적(telos)을 지향하는 관찰형식, 즉 변증법의 실체론적 단위 규정과 그 목적론적(규범적) 지향성이 지니는 특성 때문이다. 마르크스는 추상 수준에서 인간의 유적類的 본성을 실체화하고 구체 수준에서 생산양식에 의한 인간의 소외를 비판하는 형

---

21 프롬과 이진경의 논의를 참고할 수 있다(프롬, *Erich Fromm, Marx's concept of man*, 『에리히 프롬, 마르크스를 말하다』, 최재봉 역, 에코의 서재, 2007; 이진경, 『마르크스주의와 근대성』, 그린비, 2014).

22 『루이 보나파르트의 브뤼메르 18일』의 서두에서 마르크스는 다음과 같이 쓴다: "인간은 자기 자신의 역사를 만든다. 하지만 자기 생각대로 만드는 것은 아니다. 자신이 선택한 환경 하에서가 아니라, 바로 눈앞에 있는, 주어진, 과거로부터 물려받은 환경하에서 만드는 것이다." 이 인용문은 고쿠분 고이치로의 책에서 재인용한 것인데, 그는 이를 중동태로 해석한다(고쿠분 고이치로, 中動態の世界: 意志と責任の考古学, 『중동태의 세계: 의지와 책임의 고고학』, 박성관 역, 동아시아, 2019).

식을 취하고 있다. 이처럼 추상과 구체의 변증법을 채택함으로써 궁극적으로는 생산양식의 전복을 통한 인간해방을 추구하는 목적론으로 나아가고 있다. 바로 이러한 특성 때문에 들뢰즈는 헤겔의 관념철학을 비롯해 그 이후의 변증법도 보수반동적인 철학으로 평가한다. 들뢰즈 자신의 차이 이론에 비춰볼 때 변증법은 궁극적으로는 동일성(Einheit)으로 종합·귀결되기 때문이다.[23] 들뢰즈는 "변증법은 둘 이상의 대상-항을 하나의 모순 형식 속에서 뒤섞고, 그 대립물 안에 내재하고 있다고 혹은 그들을 초월하여 존재하고 있다고 간주하는 보편자로 통일하는 과정인 바, 이렇듯 하나의 형식으로서 변증법은 결국은 다양성을 부정하게 되기 때문이다. 단도직입적으로 말하면 변증법적 모순이란 다양체 공간에서는 성립하지 않는다."[24]라고 말하고 있다. 나아가 그는 "차이와 다양성을 긍정하고 즐기는 것이야말로 변증법의 무거운 사고와 부정의 노동을 대체하는 새롭고 공격적이며 고양된 삶의 방식"[25]이라고 말한다.

루만도 다르지 않다. 그는 정체성과 차이의 차이를 목표로 삼지 않고 정체성과 차이의 정체성(혹은 동일성)을 목표로 삼을 때 변증법에 이른다고 주장한다.[26] 결국 루만에 따르면 변증법은 작동하고 있는 것이라기보다는 그럴 것으로 추정된 정체성을 추구하기 때문에 결과적으로는 유토피아로 흐를 수 있는 위험을 내포하고 있는 셈이다. 하버마스의 소통이론이 현실적으로는 존재 불가능한 규범적 목적의 지향, 즉 합의된 담론이나 숙의민주주의를 선험적으로 전제한다는 루만의 비판이 바로 이 대목과 연결되는 것이다.

그러면 루만의 사회변동이론은 무엇이고, 또 어떤 특성이 있는가?

---

23 들뢰즈, *Difference et repetition*, 『차이와 반복』, 김상환 역, 민음사, 2004.
24 조성훈, 『들뢰즈의 잠재론』, 갈무리, 2010, 50~55쪽에서 재구성함.
25 박찬국, 『들뢰즈의 『니체와 철학』 읽기』, 세창미디어, 2012, 49쪽.
26 Luhmann N., *Social Systems*, Stanford University Press, 1995.

루만은 자신의 저서 『사회이론 입문』의 제3장에서 진화를 논의하면서 자신이 진화론을 선택하는 동시에 창조론과 역사의 단계분할구도(마르크스시즘을 시사함)를 자신의 논의에서 배제할 것임을 분명하게 밝힌다. 또한, 역사이론 즉 사회변동이론은 사회유형들의 규정 작업으로 볼 수 있으며, 그것은 체계이론적 수단으로 작업되어야 한다고 전제한다. 이처럼 루만은 자신의 시회변동이론이 체계이론적 진화이론이며, 창조론이나 단계적 역사발전론과는 차별적인 것임을 분명하게 천명하고 있다.[27]

루만이 진화이론을 채택하여 사회변동을 설명한다는 것은 곧 진화이론의 주요 개념을 설명 도구로 활용함을 의미한다.

> "우리는 첫째, 변이, 즉 어떤 것이 달라짐과 둘째, 선택 즉 변이된 사태들을 긍정적으로 붙잡거나 부정적으로 붙잡음이 있음, 그리고 셋째, 오늘날 덧붙일 수 있는 것처럼 안정화, 즉 선택이 성공적으로 보전될 것인지 혹은 그렇지 않을 것인지의 여부가 그 후속의 계속 나타남들 사이의 원칙적인 구별에 의해서 가능해진다는 덕 등을 다윈에게 빚지고 있습니다."[28]

그런데 루만은 변이, 선택, (재)안정화 등의 차이는 원인을 알 수 없는 우발적인 어떤 것으로 간주함으로써 목적론적 진화나 인과론적 진화의 논리를 배제하고 있다. 오히려 루만은 '계획되지 않은 구조변동'을 설명하는 것이야말로 이러한 진화이론적 개념을 사용하는 이유라고 말한다.

---

27 루만은 "나는 우리가 체계이론과 같은 추상성을 가진 일반적인 진화이론에서 출발할 것을 제안합니다"라고 적고 있다(루만, *Einführung in die Theorie der Gesellschaft*, 『(니클라스 루만) 사회이론 입문』, 이철 역, 이론출판, 2015, 264쪽).

28 같은 책, 265쪽.

계획되지 않은 구조변동을 설명하고자 하는 진화이론은 진화의 방향을 전제하고 있는 일체의 진보 모델을 배격하고 그 대신에 파국 개념을 사용할 수밖에 없다는 것이 루만의 주장이다. 실제로 루만은 사회변동을 분절적 분화, 계층적 분화, 기능적 분화라는 분화유형의 교체로 설명하는데, 바로 이때 파국이라는 말을 사용해야 할 것이라고 주장한다. "… 이 때는 다른 분화 유형이 수립되기에 이릅니다. 이 경우에는 체계이론적 용어로는 파국이라는 말을 해야 할 것입니다. 왜냐하면 파국은 안정화 체계를 다른 체계로 바꾸는 것이나, 안정화 토대를 다른 안정화 토대로 바꾸는 것을 뜻하기 때문입니다."[29] 보다 구체적으로 루만은 "파국 혹은 돌발성은 점증적인 증대 효과들, 즉 자원들, 성취들, 혁신들을 갖고 작업하지 않고, 그러나 변혁을 가능케 하는 비약들, 불연속성들, 불균형 상태 등이 있다고 전제하는 이론이 필요하다"[30]고 말한다. 결국, 루만에 따르면 사회변동은 요소적 차원의 변이에 의해 구조적 차원 즉 환경과 체계 사이의 구조적 연동에서의 불균형, 비약, 불연속 상태가 생겨나면서 체계적 차원에서의 파국과 대체가 일어나는 것으로 설명된다. 이 때문에 루만의 체계이론적 사회변동이론에는 요소적 차원, 구조적 차원, 체계적 차원들 사이의 상호관계에 대한 설명이 개입될 여지가 없다. 이는 루만의 체계이론적 진화이론은 환경으로서 인간적 요인이나, 환경과 사회적 체계의 사이 즉 인간과 사회의 사이에 존재한 교집합 영역에 대한 관심을 배제하고 궁극적으로는 체계만의 파국적 변화만을 설명하는 것으로 귀결된다. 게다가 체계는 오로지 자기준거적 자기생산을 통해 작동한다는 루만의 주장까지 더하면 그의 사회변동이론은 결국 체계의 내적 작동과 체계 자체의 대체를 종합한 체계론적 진화이론이라고 요약할 수 있다.

29 같은 책, 360쪽.
30 같은 책, 360~361쪽.

이 지점에서 종합적인 논의를 시도해 보자. 우선 사회적인 것에 대한 마르크스의 관찰형식은 생산력 혹은 토대와 그 외부, 즉 생산관계나 의식을 포함한 상부구조 사이의 관계에 방점이 있는 반면에, 루만의 관찰형식은 환경과 체계의 관계를 이중의 우연성 개념으로 설정하고 변이, 선택, 재안정화 과정을 체계 내부의 소통(혹은 작동적 구성)으로 수렴하여 처리하는 바, 자기준거적 자기재생산(autopoieses) 개념은 이를 담고 있는 그릇이다. 바로 여기가 연기법의 가능성과 강점이 드러나는 부분인데, 붓다의 관찰형식인 연기법은 중중무진의 요소들 사이의 중重인과적 연기를 지금 여기에서 발생하는 일종의 '사건'으로 관찰할 것을 주장하기 때문이다. 다시 말해 연기법은 체계 내부와 외부의 것을 모두 연기적인 것으로 관찰하고, 체계들 사이의 관계도 연기로 관찰할 것으로 요구한다. 이러한 관찰형식의 강점은 그 어떤 것도 배제하지 않고 모두 포괄하여 설명하는 동시에 결정론을 넘어 변화와 운동 자체를 실재에 부합하도록 포착하게 해준다는 점이다. 적어도 설명의 대상과 범위 면에서 붓다의 관찰형식인 연기법은 마르크스와 루만의 그것들을 모두 포함한다고 볼 수 있다. 따라서 이러한 연기적 관찰은 그 발생 현상을 경계 내부의 자기준거적 작동과 외적 조건의 작동도 함께 고려할 수 있을 뿐만 아니라 일종의 사건(event)으로서 제사際事[31]까지도 포착할 수 있는 시야를 확보할 수 있다.

31 (이것과 저것) 사이에서 발생한 사건이라는 의미이다. 일찍이 하이데거는 이러한 제사들이 실체론적 관점이나 이분법적 틀에서는 배제되어 왔음을 간파하고 그것을 복원할 것을 주장한 바 있다. 이에 대한 자세한 논의는 김동규의 논의를 참고하기 바란다(김동규, 『하이데거의 사이-예술론』, 그린비, 2009).

4. 마음 구성체 내부의 기氣의 흐름: 'K-방역'의 사례

인간적·사회적 마음 구성체가 변동을 한다는 것은 제2장 〈그림 1〉의 마음 구성체가 시공간적 좌표축 위에서 역동적으로 움직임을 의미한다. 아래 〈그림 2〉는 이를 입체적으로 표현한 것이다.

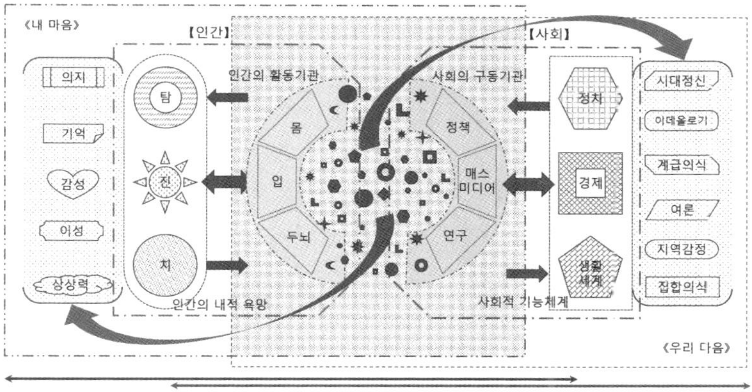

〈그림 2〉 마음 구성체의 역동성

〈그림 2〉의 변동 모형에 입각하여 '내 마음'으로서 의지의 변화를 설명해 보자. 의지는 개인의 욕망과 활동기관, 그리고 사회적 기능체계와 사회의 구동기관 등의 다중적 관계로부터 변화의 압력을 받는 것으로 해석된다. 마찬가지로 '우리 마음'으로서 여론의 변화도 사회적 기능체계와 사회의 구동기관, 그리고 그 사회를 구성하는 구성원들의 욕망과 그들의 활동기관들 사이의 복잡한 사회적 관계들의 작동으로 설명할 수밖에 없다. 따라서 개인의 삶의 변화이든 사회적 현상의 변화이든 그러한 변화들은 개인의 욕망과 그 매개기관인 활동기관들의 관계, 사회의 구성요소들과 그 매개기관인 구동기관들 사이의 관계, 그리고 '내 마음'의 활

동기관과 '우리 마음'의 구동기관 사이의 다중의 관계 등 수없이 복잡한 관계들의 역동성에 의해 결정적인 영향을 받는다. 그중에서도 특히 우리가 채택한 연기법적 관점(조건적 발생론의 관점)에서 볼 때, 궁극적 원인들에서 파생된 관계성을 매개하거나 조율하는 다양한 매개기관들 사이, 즉 인간의 활동기관과 사회의 구동기관 사이에서 작동하는 다양한 역동적인 관계들이야말로 사회변동에 결정적인 의미를 갖는다.

이를 구체적으로 입증하기 위해 COVID-19로 인해 한국사회에서 작동하기 시작한 이른바 'K-방역'을 한국사회의 사회적 에너지(氣)의 흐름, 즉 마음 구성체를 구성하는 사회적 관계들의 작동들로 설명해 보자. 'K-방역'은 팬데믹으로 불리는 지구적 차원의 재난인 COVID-19의 확산을 저지하는 데 놀라운 효과를 드러냄으로써 한류만큼이나 전지구촌에 회자되고 있다. 그러나 한류에 대한 설득력 있는 학문적 논의가 아직도 부재한 것과 마찬가지로, 아직까지도 'K-방역'을 특징짓는 구성요소는 무엇이고, 그것들이 어떻게 COVID-19의 전염을 억제하는 작용을 하였는지에 대한 설득력 있는 해석이 부재하다. 이에 우리는 〈그림 2〉에서 제시한 인간적·사회적 마음 구성체 모형으로 'K-방역'을 특징짓는 구성 요소와 그러한 구성 요소들이 어떻게 전염병 확산을 저지하는 데 작용하였는지를 밝혀 봄으로써 우리의 이론모형이 특정한 사회의 사회적 관계의 흐름을 밝혀 줄 수 있는 경험연구에 어떻게 적용할 수 있는지를 구체적으로 드러내 보고자 한다.

우선 'K-방역'의 구성 요소를 〈그림 2〉에 따라 서술해 보자. 체제 차원에서 볼 때, 'K-방역'은 이른바 '한국형 사회적 거리두기'를 채택함으로써 중국이나 북한 등의 사례에서 드러난 사회주의 체제의 재난지역 봉쇄형과는 다른 방역체계를 가동시켰다. 오히려 정치경제학적 차원에서 볼 때는 미국 등의 서구형 방역체계와 유사한 자유방임형 방역체계를 가동시켰지만, 생활세계의 차원에서는 대단히 권위주의적인 하향식 통제방식을 채택함으로써 서구형과도 다르게 작동했다.[32] 이는 '한국형 사회적 거리두기'를 채택한 'K-방역'이 인구의 자유로운 활동을 보장하면서도 전염병 확산을 저지할 수 있는 방역체계임을 입증한 것으로서 체제 차원에서의 한국사회적 조건, 즉 한국사회에 작동하는 사회체제의 특징을 잘 반영하고 있음을 의미한다.

여기에서 결정적인 것은 두말할 나위도 없이 '한국형 사회적 거리두기'가 정치 및 경제 차원에서 인구의 자유로운 활동을 보장하면서도 전염병 확산을 저지하는 효과를 지속하는 일종의 사회적 면역체계로서 정착했다는 사실이다. 바로 이 지점에서 우리는 이를 가능하게 한 조건, 즉 한국 고유의 마음 문화[33]에 주목하지 않을 수 없다. 무엇보다도 문재인 정부는 정책적 차원에서 사회적 거리두기의 실천전략을 잘 갖추어 시행하였고, 매스미디어는 각종 인포데믹을 통제하고 오직 사회적 거리두기와 그 효과에 집중하도록 소통 체제를 가동시켰으며, 방역당국에 종사하는 의료 전문가와 감염 및 전염병 전문 민간 의료인들의 연구 활동 및 주장, 즉 비말전파 주장 등이 적절하게 개입하기도 했다. 그리고 이는 국민들의 행동, 소통, 사고 등으로 효과적으로 전달되었다. 실제로 한국인들 개개인은 정부의 정책 등 각종 사회적 매체로부터 전달되는 정보를 믿고 신뢰하여 대부분 각종 활동을 자제하고 마스크를 잘 착용하였다.

---

32 독일 베를린이나 이탈리아 로마의 시위 소식에서 알 수 있듯이 최근 유럽에서는 정부가 마스크 착용을 의무화한 것을 두고 개인의 자유를 침해한 독재라고 비판하는 항의 시위가 한창이다. 반면에 한국인들은 마스크 착용을 자발적으로 잘 준수하고 있을 뿐만 아니라 문재인 정부의 이른바 'K-방역'에 대한 높은 신뢰를 보내고 있다. 쿠키뉴스가 데이터리서치에 의뢰하여 전국 18세 이상 남녀 1,000명을 대상으로 정부의 코로나 19 대응의 신뢰도를 물은 결과, 응답자의 67.7%(조금 신뢰한다 22.6%+매우 신뢰한다 45.1%)가 신뢰한다고 응답한 것으로 나타났다(쿠키뉴스 여론조사, 2020.08.26.). 이는 한국인의 생활세계에 작동하는 권위주의 문화가 아직도 유효하게 작동하고 있음을 나타내는 증거로 보인다.

33 〈그림 2〉에서는 '내 마음'과 '우리 마음'의 교집합 영역에 존재하는 매개 요인들과 그 요인들의 역동(작동)에 해당한다.

물론 'K-방역'의 경우에도 수많은 개인들이 본능적인 욕망에 패배하여 사회적 거리두기를 실천하지 않았을 수도 있고, 일부는 집단감염의 매개가 된 몇몇 교회처럼 자신의 이해관계를 고집하여 사회적 거리두기라는 사회적 면역체계를 교란시키기도 하였다. 실제로 사회적 거리두기가 다소 느슨해진 2020년 8월 15일 광화문 집회를 계기로 COVID-19가 재확산되는 조짐이 나타나기도 하였다. 그러나 결과적으로는 개인의 욕망이나 개체의 이해관계가 'K-방역' 체제의 통제 범위 속에서 작동하였다는 것이 'K-방역'에 대한 대체적인 평가이다. 다만 'K-방역'은 COVID-19 확진자 발생이 계속됨에 따라 지속적으로 억압되어 온 개인의 욕망의 문제를 어떻게 해소하고, 나아가 개체의 이해관계를 어떻게 처리할 것인가의 과제를 안고 있다. 또한 'K-방역'의 경우에도 아직까지 확진자, 자가격리자, 사망자와 그 가족 등의 정신적 트라우마나 불안 같은 정신적 후유증에 대한 적극적인 대책은 전개하지 못하고 있다는 근본적인 한계를 내포하고 있다.

5. 마음 구성체의 거대한 전환과 실천의 확장

지금까지의 논의를 통해 분명히 밝혀졌듯이 마음 구성체는 인간은 물론 사회의 영역까지를 포함하고 있다. 그런데 마음 구성체를 이렇게 사고하는 것은 새삼스러운 것이 아니라 최소한 근대 이전까지 한국사회의 통상적인 사고 관행이었다. 예컨대 근대 이전까지 한국사회에서는 성학性學으로서 심학心學을 추구하였고, 구체적인 실천학으로서 예학禮學이

매우 발달하였다.[34]

실제로 한국 유학계에서는 인간의 몸과 행위를 조절하는 예학을 통해 심학의 가르침을 체득하는 것이야말로 삶의 최고의 목적이었다. 예학 연구자로 알려진 유권종은 퇴계의 심법(혹은 심학)과 예의 관계를 논의하면서 "혈기의 다스림과 기력의 강화가 예에 의해 이루어진다는 것은 문화가 몸을 규제함으로써 마음의 작용에 일정한 방향과 지속성을 갖도록 해주는 역할을 하고 있음을 의미한다. 이것이 문화로서의 예가 심법에 관여하는 하나의 방식임에 틀림없다."[35]고 결론짓는다. 이는 근대 이전까지 한국사회에서 작동한 마음 구성체가 인간, 대상, 그 매개로서 몸, 그리고 그 총체적 결과이자 주재자로서 마음 등으로 구성되어 작동하고 있었음을 의미한다. 그렇기 때문에 근대 이전까지 한국사회의 마음 구성체에서 사회의 작동과 사회의 각종 매개기관에 대한 관심은 상대적으로 낮을 수밖에 없었다.

이러한 마음 구성체는 근대 서구 문명의 영향이 한국사회 속에서 전일화되어 감에 따라 크게 변화되기 시작했다. 무엇보다도 대상으로서 사회가 분화를 거치면서 매우 복잡하고 비대해지기 시작하였고, 더불어 그러한 사회 영역의 작동을 개인의 삶에 전달하는 매개기관도 매우 고도로 발달하기 시작하였다. 이제 마음 구성체의 변화는 사회의 변화에서 시작하는 것이 당연한 것처럼 보인다. 이때 가장 설득력 있는 사회변동 모형이 바로 실천을 강조하는 마르크스시즘이다. 만약 마르크스의 사회과학 방법론에 내재한 추상과 구체의 불일치와 그에 수반되는 실천론의 관점에서 마르크스의 사회변동이론을 관찰한다면, 마르크스의 사회변동론은 닫힌 이론이 아니라 열린 가능성으로 다가온다. 예컨대 『경제학·철학

34 이에 대한 자세한 논의는 유권종의 논의를 참고하기 바란다(유권종, 『예학과 심학』, 한국학술정보(주), 2009).

35 같은 책, 68쪽.

수고』에 나타난 인간노동, 의식, 그리고 사회성의 관계에 대한 마르크스의 논의를 보자.

> "(1) 인간은 자신의 생명활동 자체를 자신의 의지와 의식의 대상으로 삼는다. 그는 의식적인 생명활동을 가진다. … 인간이 의식적인 존재, 다시 말해 그의 삶이 자신에게 대상으로 존재하는 것은 그가 유적 존재(a species-being)이기 때문이다. 바로 이 때문에 인간의 활동은 자유로운 활동이다. … 그러므로 인간은 대상적 세계에서의 자기노동을 통해 자신이 유적 존재임을 증명한다. 이 생산은 인간의 능동적인 유적 삶이다. 이 생산을 통해 자연은 인간에게 자신의 작품으로서, 자신의 실현성으로 다가온다. … (2) 소외된 노동은 이 관계를 전도시킨다. … 자기 생산의 대상물을 인간에게서 떼어 버림으로써 소외된 노동은 인간으로 하여금 그의 유적 삶, 유적 존재로서 그의 진정한 대상성을 박탈하고, 그의 비유기적인 신체인 자연을 자신에게서 떨어져 나가게 함으로써 동물보다 우월한 존재가 동물보다 못한 존재로 바뀌어 버린다. 또한 소외된 노동은 자발적이고 자유로운 활동을 수단으로 전락시킴으로써 인간의 유적 삶을 자기 몸뚱어리의 보존을 위한 수단으로 전락시킨다. … 소외된 노동은 … 인간의 유적 존재를 자신에게 낯선 존재로, 자신의 개인적 생존 수단으로 바꿔 버린다. … 인간이 자신의 노동생산물, 삶의 활동, 유적 존재로부터 소외되어 있다는 사실의 직접적인 결과로 빚어지는 것이 인간에 의한 인간의 소외다."[36]

---

36 Marx, K. "Economic and philosophic Manuscripts of 1844", *The Marx-Engels Reader,* Tucker, W. W.(edit), Norton & Company. Inc., 1978, pp. 74~77.

위의 인용문에서 (1)은 마르크스가 추상 수준에서 인간의 유적 본성을 전제한 것이고, (2)는 구체 수준에서 소외된 노동이 강제하는 인간 소외의 네 가지 실상을 구체적으로 제시하는 내용이다. 결국 (1)과 (2)의 내용을 종합해 보면, 추상 수준의 이상理想과 구체 수준의 실상實相의 불일치를 드러내고 있는데, 이는 자본주의적 생산 관계에서 파생된 것이다. 따라서 이상을 실현하기 위해서는 임노동을 강제하는 생산양식을 지양해야 한다는 것이 지극히 자명해진다. 결국, 자본주의적 생산양식에 대한 비판은 자연스러운 결과일 수밖에 없다. 이러한 노동소외를 극복하기 위해서는 생산 관계와 생산력 등 물질적 조건의 변화가 요구되고, 마르크스는 그 실천을 프롤레타리아의 역사적 임무로 제시하고 있다.[37]

이렇듯 인간의 실천으로 연결되는 마르크스의 사회변동이론은 생산양식이라는 원인因, 노동이라는 조건緣, 그리고 인간의 실천이라는 결과果로 드러나며, 이는 〈그림 2〉에서 볼 수 있듯이 마음 구성체의 일부를 잘 드러내 주고 있다. 마르크스의 사회변동이론은 비록 〈그림 1〉의 총체성에 비춰 볼 때 매우 단순한 인과관계로 구성되어 있다는 한계성을 내포하고 있지만, 사회변동을 인간의 의식 및 심리적 요소와 사회의 정치경제적 요소, 그리고 그것을 매개하는 노동이라는 활동기관을 요소로 설정하고 있다는 점에서 마음 구성체의 구성과 매우 유사한 것으로 판단된다. 이러한 특성을 포착해 아이의 인지발달에 적용한 것이 비고츠키이다. 비고츠키는 발달심리학의 창시자이자 마르크스주의 심리학자로 알려져 있는데, 그는 개인과 사회는 분리할 수 없는 하나의 단위이며, 인간 행동은 사회적 맥락을 벗어나서 이해할 수 없고, 아이의 인지발달은 문화적

---

37 실제로 마르크스는 "모든 자기 활동을 완전히 박탈당한 오늘날의 프롤레타리아들은 완전하고도 더 이상 구속받지 않는 자기 활동, 즉 노동을 실현시킬 수 있다."고 말한다(Marx, K. & Engels, F., 1978, "The German Ideology", *The Marx-Engels Reader*, Tucker, W. W.(edit), Norton & Company. Inc., 1978, 200쪽).

맥락 속에서 축적되는 역사적 과정이라고 주장한다.[38] 이처럼 개인의 인지 발달을 사회문화적 맥락과의 상호작용 속에서 설명하고자 하는 비고츠키의 사회구성주의적 접근은 마르크스주의적 사회변동이론을 교육학이나 심리학적 차원으로 확장하는 것에 성공한 것으로 평가되고 있다. 그러나 비고츠키의 논의는 마음 바탕을 변화시킬 정도로 강력한 변동의 내용을 갖고 있지 못하며, 사회구성체의 규정력으로부터도 자유롭지 않다[39].

한편, 마음 구성체의 근대적 전환은 인간적 실천과 관련해서도 큰 변화를 가져왔다. 무엇보다도 마음 구성체의 근대적 전환은 마음 구성체의 물화를 의미하는 동시에 마음의 축소를 의미한다. 문제는 이러한 마음 구성체의 전환으로 말미암아 마침내 인간은 몸과 동일시되기 시작했고, 갈 곳을 잃은 마음은 인간 혹은 몸 안에 감추어진 그 무엇으로 취급되었다. 심지어 최근 심리상담 열풍이 시사하듯이 마음은 인간의 행복과 몸의 이완을 위한 통제의 대상으로 전락하고 있다. 그러나 이러한 현상은 한국의 전통적 마음 구성체에 비춰 볼 때, 전도몽상과 다를 바 없다. 이는 근대적 마음 구성체의 이상이 한국사회의 마음 문화의 실제 작동 현실과 괴리를 가질 수밖에 없음을 의미한다. 따라서 오늘날 한국 사회에서는 이러한 괴리를 해소하기 위한 개인적 차원의 마음 수행 실천이 보강될 수밖에 없다. 최근 명상 열풍은 그 조짐으로 이해할 수 있다.

그런데 근대적 마음 구성체의 전환이 가져온 문제점을 극복하기 위해서는 간화선 수행법에도 관심을 가질 필요가 있다. 선불교는 마르크

---

38 김태련 · 조혜자 · 이선자 · 방희정 · 조숙자 · 조성원 · 김현정 · 홍주연 · 이계원 · 설인자 · 손원숙 · 홍순정 · 박영신 · 손영숙 · 김명소 · 성은현, 『발달심리학』, 학지사, 2004, 157~167쪽.

39 이에 관한 자세한 논의는 칼 래트너 · 다니엘레 누네스 엔히크 실바 외의 논의를 참고하기 바란다(래트너 · 실바 외, *Vygotsky and Marx: toward a Marxist psychology*, 『비고츠키와 마르크스: 마르크스주의 심리학을 위하여』, 이성우 옮김, 살림터, 2020).

스가 충분히 설명하지 못했거나 다소 경시한 인간의 마음 혹은 마음가짐의 작동(기의 흐름)을 근원적으로 변화시킬 수 있는 실천을 매우 강조하고 있기 때문이다. 보다 구체적으로 논의해 보자. 선불교는 인간의 본래 마음자리인 불성을 깨닫는 것, 즉 견성을 향하여 오매불망 정진하는 실천으로 일관해야만 하는 실천의 불교다. 특히 인간의 자연스러운 생물학적 욕망이 솟아나서 실천을 방해할 때마다 그것의 먹잇감이 되지 않기 위해 오로지 화두에만 집중해야 하는 실참을 끈질기게 지속해야 한다. 바로 이 지점에서 추상 수준에서 이상적인 인간의 본성인 불성이 모든 인간에게 존재한다는 전제와 현실이 불일치함을 읽을 수 있을 뿐만 아니라 법과 의존적 발생 사이의 긴장을 읽을 수 있다. 선불교의 경우 이 불일치를 해소할 수 있는 실천적 장치로 팔정도를 요구한다. 다시 말해서 선불교의 수행이란 팔정도를 실천함으로써 이른바 세속과의 관문이라 할 수 있는 활동기관, 언어기관, 사유기관을 바르게(중도적으로) 조절하는 실천이라고 할 수 있다. 바로 이를 철두철미하게 실천해 나갈 때 자연스럽게 온갖 세속적인 모든 '경계 긋기'를 초탈할 수 있게 되고, 그대 비로소 서서히 찾아오는 무념(마음의 안정상태)을 경험하게 된다. 이때의 상태를 견성의 마음가짐이라 할 수 있으며 인간의 마음 구조와 그 씀씀이가 완전히 달라졌음을 의미한다. 그리고 이러한 마음의 변화에 기초할 때 그의 사회관계는 선한 것으로 실천될 수 있다는 것이 선불교에 내포된 사회성이다.

이러한 선불교는 인간 마음을 본성적으로 선한 것 혹은 불성이 내재한 것으로 전제하고, 그러한 선한 마음에 영향을 미치는 관문을 잘 통제함으로써 원래의 마음을 더럽히는 각종 해악(독)을 제거하여 나 마음의 평화 및 행복을 추구한다. 또한, 여기서 한 걸음 더 나아가 선한 사회관계를 형성할 것을 윤리적으로 강제할 수 있는 장점이 있지만, 사회의 작동과 그로 인한 사회적 영향력을 설명할 수 없는 결정적 한계를 갖고 있다.

바로 이 지점에 이르면 마르크스의 실천지향적 사회변동이론과 선불교의 실천지향적 인간변동이론을 종합할 수 있는 새로운 사회변동이론의 모형을 요청할 수밖에 없다. 〈그림 2〉의 마음 구성체의 변동을 통한 사회변동이론 모형은 이러한 요구에 부합된다. 나아가 이 사회변동이론 모형은 조건緣의 조절 및 매개의 역학을 매우 강조하고 있을 뿐만 아니라 그것에 의해 실제로 사회의 커다란 변동이 발생한다는 점을 강조하고 있는데, 이를 연기법에 기초한 사회변동이론(혹은 동양사상적 사회변동이론)이라고 결론짓고자 한다.

6. 맺음말

며칠 전 한평생 간화선 수행에만 매진한 대선사와 밤이 이슥도록 선문답 아닌 선문답을 하였다. 문답 중에 대선사는 마치 나의 대답을 이미 예견하고 있는 듯한 표정을 지으면서 대뜸 다음과 같이 물었다. "한평생 무엇을 하며 살았소?" 교수인지 알면서도 굳이 이러한 질문을 던지는 까닭에 착안하여 솔직한 마음으로 다음과 같이 대답했다. "한평생 남의 돈만 세면서 지금까지 살았습니다." 그러자 선사는 또 대답을 정해둔 것처럼 "그러면 이제부터 자신의 보물을 찾아야지. 간화선을 실참하면 마음의 변화를 당장 체득할 수 있어."

그렇다. 마르크스처럼 계급적 실천을 통해서도 마음 구성체에 영향을 미칠 수도 있지만 간화선을 통해서도 마음 구성체를 바꿀 수 있다. 그렇기 때문에 전통사회의 경우 한국의 수많은 간화선 수행자는 물론 퇴계를 비롯한 수많은 예학자들이 몸과 행동과 생각을 바르게 하는 것만으로도 사회의 변화에 결정적인 영향을 미칠 수 있었다. 그러나 현대사회의 경우에는 그것 이외에도 루카치, 그람시, 알뛰세르 등 마르크스의 후계자들이 관심을 기울인 사회의 각종 매개기관을 여하히 조절하느냐의 문제도 매우 중요한 사회적 실천의 과제일 수밖에 없다. 게다가 루만의 사회변동이론이 잘 보여주고 있듯이 사회의 변화는 소통 수단의 변화에 의해서도 일어난다. 또한 현대사회의 경우 각종 매개체의 작동, 즉 변동의 원인을 조절하고 매개하는 조건緣과 연관된 실천적 과제들도 제기된다.

문제는 마음 구성체와 마음 구성체의 변동 모형에서 암시된 실천들을 어떻게 모두 실천할 것인가이다. 일견 불가능한 듯하다. 그러나 그것이 오늘을 살아가는 우리의 삶과 사회적 작동의 조건인 한, 우리는 그 불가능에 도전하지 않을 수 없다. 베버의 말로 마무리한다. 불가능에 도전하지 않으면 가능한 것마저도 성취할 수 없다!

주역의 논리로 이해하는 사회변동

정승안

주역의 논리로 이해하는 사회변동

—

정 승 안

1. 머리말

80년대는 이른바 혁명의 시대였다. 군사독재정권의 서슬퍼런 억압과 탄압에도 불구하고 목숨을 내걸고서야 맞설 수 있었던 시대의 뒤안길에서 미래의 민주주의를 꿈꾸던 이들의 헌신이 있었기에 우리는 오늘의 민주주의를 만끽하며 살고 있다. 민주주의의 과정이 단선적이며 직선적이지 않듯 다양한 형태의 저항들과 비판, 비난들은 넘쳐나기 마련이다. 민주화 이후의 민주주의의 힘든 여정을 여실히 목도하고 있는 셈이다.

만약 이러한 때에 민주주의의 이름으로, 법과 다수의 이름으로 칼날을 휘두르며 탄압하고 억압한다면 어떻게 될까? 이를 다시 민주주의를 위한 투쟁이라고 기록하게 될까? 피의 숙청이라고 할까? 역사는 이를 어떻게 기록할까? 물론 역사는 승리한 자의 관점에서 기억되기 마련이다. 기득권을 한 번도 내려놓지 못하고, 몸에 배인 습관과 권위가 자리잡은 사람들은 차라리 죽음을 택할지언정 치욕을 당하지 않겠다고 자존심을 걸고 가는 사람들이 등장할런지도 모르겠다.

군사독재정권이 지배하던 한국사회에서 시민이 광장으로 주인으로 나서기 시작한 것은 2002년의 '미선이 효순이' 사건이었다. 2002년은 임오壬午년이다. 임수壬水와 오화午火가 만났다. 물과 불의 간남은 이렇게 강렬한 대립과 투쟁을 불러온다. 괘의 상을 중심으로 살펴본다면 택화혁澤火革괘에 대입해 볼 수 있다. 택화혁괘의 택澤은 '연못'을 상징하지만 동시에 '소녀'를 의미한다. 화火는 '촛불'로 대입된다. 노무현정권의 탄생이나 촛불시위가 일어났던 시대적 장면을 고려해 본다면 이 촛불이 적당하면 개혁으로 이어지지만, 촛불이 커지면 항쟁이나 혁명이 된다. 2016년 겨울부터 2017년 봄까지 1,700만의 평범한 시민들이 들었던 촛불시민의 민주주의 혁명이 부패타락한 정권을 탄핵시킨 것도 이러한 혁괘의 괘상과 자연스럽게 겹쳐진다. 이렇듯 택화혁괘는 낡고 묵은 것을 버리고 새것으로의 대대적인 변화와 개혁을 도모한다는 의미로 많이 해석된다. 그러나 2022년의 대선에서는 또 거꾸로 이렇게 등장한 촛불 정권에 대한 혁명과 변화를 주장하는 대통령이 등장하였다. 임오년과 촛불의 만남은 그저 우연이었을까? 역사는 끊임없는 순환만 되풀이하는가?

혁명의 혁革은 주역周易의 택화혁澤火革에서 유래한다. 못 가운데 불이 있어 서로 상극이 되어 변화를 일으킨다는 뜻이다. 명命은 천명天命을 뜻한다. 혁명은 과거에는 왕조의 교체를 의미했지만 근대에 와서는 정치체제와 주도세력의 전면적 변화와 교체를 의미하는 것이 되었다. 혁澤火革괘는 주역 64괘 중에서 변화變化에 대한 위치를 잘 정의하고 있다. 일반적으로 '혁革'은 혁신이나 혁명을 말한다. 그러나 우리가 일반적으로 쓰는 혁명이라는 개념에는 모든 것을 파괴한다는 의미를 포함하는 것은 아니다. 또, '혁革'은 가죽을 의미한다. 동물은 잡아서 고기는 취하더라도 가죽은 재활용하고 가공해서 반드시 쓰게 된다는 것을 의미한다. 혁명(Revolution)이라는 이미지의 과격함 때문에 놓치고 있지만 혁명은 사회구조의 광범위한 변화를 지칭한다는 개념적 정의에 부합한다. 혁명에 대한 우리의 편견과는 반대로 혼란한 상황에 대한 우려에 해당하는 '과격함'이나 '급진주의'에 해당하는 말은 Radical이다. 어원을 찾아보면 '뿌리채 뒤집어 엎는다'는 의미가 있다. 사회를 바라보는 데 있어서는 기존체제의 유지 위에서의 변화를 추구하는 혁명의 의미보다는 Radical이 지니고 있는 의미가 더 위험하고 근본적인 변화를 의미한다. 급진주의가 더 과격한 의미를 지니고 있는 셈이다.

주역의 순서와 차례적 의미를 밝히고 있는 서괘전에서 48번째 괘가 수풍정괘이다. 이어서 나오는 것이 택화혁 그리고 화풍정이다. 택화혁澤火革괘는 과거의 낡은 것을 부숴 버린다는 의미에서 오늘날의 혁명의 의미와도 매우 부합한다. 그러나 그 다음에 이어나오는 괘가 화풍정火風鼎괘라는 사실에 주목해야 한다. 솥에 음식을 넣고 삶는다는 것은 새로운 것, 새로운 시대를 창조한다는 의미가 자연스럽게 이어져 있다. 혁고정신革古鼎新 즉 옛것을 바꾸고 새것을 창조한다는 의미이다. Revolution을 한자어 '革命'으로 처음으로 번역한 이는 아마도 이 의미를 충분히 알았다고 보아야 하지 않을까?

공자는 중용에서 "모든 일에 미리 준비하면 서게 되고 미리 준비하지 않으면 폐하게 된다. 말함에 있어서 앞을 정해놓으면 미끄러지지 않고, 일에 있어서 앞을 정해놓으면 곤하지 않고, 행동에 있어서 앞을 정해놓으면 병폐가 없고 길道에 있어서 앞을 정해놓으면 다함이 없다凡事 豫則立 不豫則廢 言前定則不跲 事前定則不困 行前定則不疚 道前定則不窮"고 언급한다. 결국 일의 조짐을 예기하고 다가올 미래에 대한 예측을 통한 대비가 있어야 한다는 것이다. '기미機微'를 살핀다는 의미는 다가오는 미래를 감지하고 예지해 미래에 대한 대비를 한다는 의미이다.[01] 일상의 위기에 직면하는 현대인들은 기미를 감지하거나 느끼고도 일상의 장면을 무시하거나 왜곡된 기미나 조짐에 집착한 나머지 적절하게 대처를 못해 위기의 장면에 봉착하기도 한다. 주역周易의 관점과 연계해보면 변통變通의 이치를 모르고, 통변

---

01 공자는 역경(易經)에서 "수(數)로써 다가올 일을 미리 아는 것을 점(占)이라 하고, 통변하는 것을 사업(事業)이라 하며, 음양으로 헤아리지 못하는 것을 신(神)이라 한다"고 했다.

通變을 하지 못했다는 것을 의미한다. 변통은 변화의 요인이 어떻게 변하며, 세상과 통하고 있는가의 문제를 말한다. 이런 의미에서 변통은 현재에서 미래를 향해 불어가는 바람이다. 기미는 변통에 의해 일어나고 있는 변화 속에서 장래로부터 불어오는 바람이며, 통변은 변통에 의한 변인들로 장래의 기미를 감지해 운용하는 행동적 요소라고 할 수도 있겠다. 결국 변통에 의해 연결되고 변화하는 세상에서 기미를 통해 변통의 이치를 운영할 수 있어야 한다.[02]

2. 사회변동과 사회운동의 이론적 흐름

1) 사회변동론과 운동론연구의 흐름

근본적으로 사회변동의 원인과 과정 및 그 법칙성을 설명하려는 선구적 사회사상가들에 의해 발전해 온 것이 사회학의 발달사라고 할 수 있을 것이다. 사회학의 창시자인 콩트를 비롯해서 스펜스, 마르크스, 뒤르케임, 베버 등 19세기의 사상가들은 영국의 산업혁명, 프랑스의 정치적 혁명이나 본격적 자본주의의 출현에 의하여 극단적으로 표출된 사회변동의 원인과 과정을 다양한 시각에서 설명해왔다.[03] 그러나 그들이 연구관심으로 두었던 것은 산업화와 서구시민사회의 출현과 서구사회의 근본적인 변혁에 대한 관심이었고 자신들과 차이나는 식민지와의 차별성

---

02 공자는 논어에서 "사업을 이루고자 하면 변화를 알아야한다", "군자는 도구를 갖추고 있다가 때를 보아 행동한다"고 언급하신 것도 이런 맥락에서 이해할 수 있다.

03 전경갑, 『현대사회학의 이론』, 1993, 251쪽.

을 설명하기 위한 사회발전론, 근대화론이 주를 이루었다. 결과적으로 사회변동의 이론들은 진화론의 인식논리에서 자유롭지 못했다.

그러나 1차대전 이후의 사회변동을 연구하는 사람들은 자본주의의 위기로 초래된 경제적 위기와 계층 간 갈등 그리고 가치관의 혼란 등은 진보적이라는 서구사회의 발전이라는 논리에 근본적인 회의와 문제제기를 가지기 시작하였다. 독일의 Oswald Spengler의 『서구의 몰락』과 영국의 Arnold Toynbee의 『역사의 연구』가 대표적이었다. 스펭글러의 순환론적 역사관과 비슷하게 도전과 응전의 역사로 기술된 토인비의 주장은 단선론적인 서구중심주의에 대한 문제제기의 시작이었다. 이러한 기능론적인 관점에서의 논의에 뒤이어 계급적, 적대적 대립의 관계에서의 긴장과 갈등을 사회변동의 근본원인으로 이해하는 갈등론적 관점들도 체계화되었다. 마르크스의 주장이 대표적이다. 그러나 마르크스의 경제결정론에 대한 비판은 William Ogburn의 문화지체론에서처럼 기술혁신이 사회변동의 원동력이라는 주장이나, Max Weber가 『개신교 윤리와 자본주의 정신』에서처럼 정신적인 요인이 사회변동의 동인이라는 주장도 뒤따른다. Dahrendorf는 갈등기능론적 관점에서 '권위적 관계의 갈등'에 주목한 사회변동이론을 주장하기도 하였다. 두 차례의 세계대전이 끝난 후에는 아시아, 아프리카, 라틴아메리카의 신생국과 약소국의 독립과 경제성장에의 의지는 사회발전을 가장 중요한 방향으로 설정하고 근대화를 위한 계획을 수립하였는데 1960년대 이후의 개발도상국의 경제개발계획을 이론적으로 뒷받침하기 위해 등장한 것이 근대화이론이었다. 이후 근대화이론에 대한 평가와 비판을 통해 종속이론과 성장이론, 세계체제론 등 다양한 갈래로 나뉘어 발전해 왔으나 사회변동의 문제를 다루는 사회학의 이론적 논의는 위 논리의 연장선상에서 벗어나지 못하고 있다.

이러한 세계적인 차원에서의 사회변동에 대한 논의는 한국사회에서의 사회변혁의 논리들과의 만남은 한국의 학생운동을 통해서였다고 해도 과언이 아닐 것이다. 한국에서 학생운동을 포함한 사회운동에 관한 본격적인 연구는 1980년에 이르러 시작되었다. 1970년대까지 대학에서 학생운동이나 사회운동은 실천의 영역에 머물고 있었고, 교육과정이나 연구대상에서 배제되어 있었다. 한국의 대학에서 계급이나 사회운동 또는 마르크스의 사회이론 등은 공식적으로 거론되기 어려웠다. 다만 사회운동은 일종의 집합행동으로 사회심리학에서 다루어지거나 군중행동의 일부로 대중사회론 등에서 언급되었다. 르봉의 군중행동론, 콘하우저의 대중사회론에 뒤이어 지위불일치론나 상대적 박탈감에 대한 논의들이 사회운동의 중요한 개념으로 활용되었다. 구조기능주의에서의 집합행동의 설명도 1970년대 후반기부터 거론되기 시작했다. 스멜서의 가치부가도식은 이에 입각한 정교한 설명도식이었다(Neil J. Smelser, 1962). 데이비스의 J곡선이론은 기대상승과 현실의 괴리로 집합행동을 설명하는 틀이었다. 여기에서 사회운동은 비합리적 행위로 설정되었으며, 이러한 설명틀은 1970년대 학생운동을 통제하는 입장에서 채택되기도 했다.

서구학계에서는 1970년대부터 사회운동론에 대한 논의들이 본격적으로 다루어지기 시작한다. 집합행동론은 점차 사회운동론이나 혁명의 비교사회학이라는 틀로 다루어지기 시작했다. 프랑스혁명에 관한 브린튼의 고전적 설명으로부터 벗어난 배링톤 무어와 스카치폴의 사회혁명에 관한 거시적 설명은 사회혁명에 관한 역사사회학을 새롭게 정립하였다. 또한 중국혁명이나 베트남전쟁의 영향을 받으면서 농민혁명에 관한 다양한 설명들이 시도되었다. 제프리 페이지가 농민적 소유를 둘러싼 계급갈등에 주목했다면, 스코트는 도덕경제론에 입각하여 농민들의 집합행위를 설명했고, 팝킨은 농민들을 합리적 행위자로 설명하기 시작하였다. 이러 사회운동이나 사회혁명에 관한 논의들이 1980년대 전반기 한국사회학에서 다루어졌다(김진균·정근식, 1984).

1980년대에 이르러 사회운동론은 한편으로 마르크스주의적 패러다임과 집합행동론에 대한 비판으로부터 발전하였다.[04] 가장 큰 전환은 사회운동의 참여자들이 비합리적 군중이 아니라 합리적 개인이라는 전제였다. 이러한 시각의 전환은 자원동원이론과 정치적 기회구조론, 그리고 정치과정이론을 낳았다.[05] 이런 서구의 사회운동론의 발전이 1990년대 초에 한국의 시민사회운동의 설명에 원용되었다.[06]

1990년대부터 몇몇 사회학자들에 의하여 서구적인 사회운동의 이론적 성과들이 소개되고, 또한 자원동원이론이나 정치과정론적 이론들이 한국사회의 운동을 설명하는 데 적용되기 시작하였다. 정철희(1995)는 사회운동의 새로운 패러다임을 구성하는 이론적 종합을 시도하면서 미시-거시의 연결, 경험적 연구와 이론적 논의의 연결을 강조하였다. 임희섭(1999)은 사회운동론의 전개과정을 체계적으로 정리하였고, 조대엽(1999)은 한국의 시민운동의 발전에 주목하면서 사회운동론에 대한 사회운동 조직과 사회운동산업에 관한 정리를 시도하였다.[07] 이후 사회운동론은 정치적인 동원전략과 권력과의 관계에 따라 분화되기도 하지만 대부분은 시민사회의 활동방식으로 흡수되고, 네오마르크스주의의 흐름과 맥락에 따라 노동자계급운동을 지향하는 사회주의지향적인 소그룹의 이론적 논의로 흡수되었다. 정치학과 결합된 논의들은 주변부와 제국

04 1980년대에는 한국뿐아니라 세계적으로 사회운동에 관한 이론적 관심이 대우 고조된 시기였다. 이것은 1960년대에 분출되기 시작한 여성운동, 평화운동, 인권운동, 환경운동의 고조에 대한 성찰의 결과였다.

05 크게 보면 자원동원이론이나 정치적 기회구조론, 또는 정치과정론은 모두 정치적 다원주의 사회에 토대를 두고 발전하였다. 최소한 언론, 집회, 결사의 자유가 확립된 사회에서의 사회운동과 그렇지 않은 사회에서의 사회운동에 대한 설명은 다를 수밖에 없다. 서영표(2013)는 자원동원이론과 사회구성주의론은 '현재 존재하고 있는 정치적 경제적 권력구조'에 관심을 기울이지 않는 경향이 있다고 지적하였다.

06 정근식, 「학생운동 연구를 위한 방법론적 모색」, 『학생운동의 시대』, 민주화운동기념사업회, 선인, 2013.

07 그러나 서구의 사회운동이론은 다원주의 사회나 복지국가적 배경에서 발전되었기 때문에, 언론, 집회, 결사의 자유가 충분히 확립되지 않았고 민주주의의 형성기에 있었던 1960-1980년대 한국의 학생운동을 설명하기에는 많은 한계를 가진다.

주의론을 핵심담론으로 하는 세계체제론의 논의로 수렴되어 신자유주의를 둘러싼 논의에 머물고 있다.

2) 사회이론의 의미와 동양사상의 이론적 가능성

이른바 실증주의적 사회학에서 추구하는 이론적 목표가 사회적 사실을 발견하고 그러한 사실들 사이의 관계를 설명하려는 것(김경동, 1989: 163)이라면, 논리적이고 경험적인 일반화를 통해 검증가능한 인과관계를 찾아내는 실증주의의 방법만이 유일하게 진리이고 과학적이라고 명명되는 것은 사회구조 내에서의 지배적인 계층과 배타적이고 우월적인 위치를 차지하고 있는 사람들의 이데올로기적인 지형이 반영된 결과일 뿐이라는 지적도 있다. Scott G. McNall은 현대 사회이론의 여러 가지 가능성과 오늘날 사회이론의 기능적인 측면들에 대해 소개하고 있는데 (1) 과학으로서의 이론, (2) 방법으로서의 이론, (3) 현실조명의 기법으로서의 이론, (4) 이데올로기로서의 이론, (5) 비판으로서의 이론 그리고 (6) 실천으로서의 이론 등이 그것이다.[08] 이러한 실증적인 사회이론은 지배적인 흐름을 차지하고 있다. 그러나 인간의 무수한 생활세계를 구성하고 있는 반복되는 일상과 생활세계의 심층구조들은 단선적이며 실증적인 인과관계를 통해 드러나는 이론적 지식들만으로는 충분히 설명되지 못한다. 넘쳐나는 생활과 복잡한 삶의 흔적들을 설명하는 데 여실한 한계를 보여주고 있기 때문이다. 이론과 실천적인 삶의 양태들 간의 괴리와 분열양상은 주어진 삶과 생활세계를 인식의 원리가 배반하는 것에 다

---

08 S.G.McNall, ed., "Introductiohn: Alternative Theoritical in Modern Sociology", Theoretical Perspectives in Sociology, New York:St Martio's Press, 1979, pp.1-14.

를 아니다. 우리의 일상과 실제적인 생활세계에서는 허위적인 자의식과 모호한 실증성이 지배하는 이중적 상황에 여지없이 처한곤 한다. 일상생활의 작동원리를 밝히는 삶의 원리는 민중의 생활세계에 대한 재조명에서 살펴보아야 하는 이유가 여기에 있다. 이러한 이론적 한계를 과학사가인 토마스 쿤(T.Kuhn)은 '패러다임(paradigm)'[09]이라는 용어를 통해 절대적인 진리도 상대적일 수 있음을 설명하고 있다.

보이지 않는 것을 보는 것을 추상抽象이라고 한다. 추상이란 결국 눈에 보이는 사물의 내면에 숨어있는 보이지 않는 형상을 우추해 내는 것을 의미한다. 이에 대한 연구를 形而上學에서 한다. 모든 사물에는 이렇듯 보이지 않는 질서가 존재하고 있다. 그래서 눈에 보이는 形이나 色을 중심으로 바라보고 물질화해서 설명하는 것이 形而下의 방법, 과학적 방법이다. 이는 자연과학의 '실험'의 모형을 통해 눈에 보이는 인과관계를 찾아내서 설명하려는 과학적 관점들이며 현대의 주류 사회과학의 관점들과 같은 맥락이다. 사회구조나 현상의 존재이유와 법칙성을 밝혀내려는 관점은 모든 존재자를 분리된 객체로 보거나 질의 조합으로 생각하게 되는 것이 물질적인 과학이다. 이러한 물질적인 관점에서만 보게 된다면 세상에 존재하는 모든 것은 우연의 산물이 되게 된다. 법칙이란 것도 우연의 결과로서 만들어지는 반복성을 일반화한 것일 뿐이다.

그러나 눈에 보이지 않는 시간을 초월한 관계나 근본원인 등을 象이나 空을 중심으로 설명하는 것이 形而上의 방법이며 이러한 인식의 목표는 '깨달음'을 추구한다. 불교에서는 想이나 象 그리고 像을 넘어선 방법아닌 방법으로 깨달음을 얻는 데 최선을 다한다. '장님이 코끼리 만지듯한다'는 말을 넘어서서 근본적인 성찰을 강조하는 관점들이 있지만, 象

09 패러다임(paradigm)은 쿤(T.Kuhn)이 「과학혁명의 구조」에서 '동시대의 사람들을 지배하고 있는 일정한 틀'이라는 의미로 제시한 바 있다.

을 넘어선 본체에 대한 보다 근본적인 접근을 추구하는 것이 동양학에서 공통적으로 받아들이고 있는 일반적인 방법론의 핵심이다.

실존하는 사회나 현상의 존재이유와 그 창조의 원리에 관해서 중점을 두는 것이 형이상학이라고 했을 때, 그것은 꼭 어떤 법칙으로 나타나거나 하나의 방법만을 제시하지 않는다. 법칙은 귀납적인 방법에 의하여 찾아내는 것이지만 어떤 원리는 관찰이 진행되거나 있기 이전부터 이미 어떤 법칙을 예견하게 되기도 한다. 세상에 존재한다는 것은 이미 그 자체로서의 의미를 지니기 때문이다. 말이 생각으로 머물 때와 이미 입을 통하여 나오게 된 순간부터 이미 그 실체적인 의미를 지니게 되는 것도 바로 이 때문이다. '말은 쏘아진 화살과 같으니 가벼이 쏘지 말아야 한다言出如箭 不可輕發', '도를 도라고 하면 더 이상 도가 아니다, 이름을 이름이라 하는 순간 더 이상 그 이름이 아니다道可道非常道 名可名非常名'라는 말도 이러한 맥락에서 동양사상적 전통에서는 중시되어 왔다. 생각되는 순간과 표출되는 순간은 이미 그 실재성을 획득하게 되기 때문이다. 이 인식으로서만 대상과 실체의 이분법적인 분리를 넘어설 수 있게 된다. 그러므로 이러한 관점에서는 세상과 우주가 통체적으로 하나로 연결되어 있다고 이해하는 통체론적, 전체론적, 전일체론적 관점에서 바라보는 이론적 논의들과 자연스럽게 맞닿는다.

물론 이러한 동양사상의 학문영역에 있어서도 세부적인 차이점들은 있지만 음양과 오행의 원리가 가장 중요한 작동원리로 작용하고 있음은 주지의 사실이다. 결국 우주와 자연과 인간의 원리를 설명하기 위한 개념적 틀이며 이를 체계화한 것이 天地人 三才사상이다. 이는 유불선을 관통하는 동양사상의 핵심원리이며, 바로 이것이 한국사회사상의 인식론적 원천이다.

물질의 세계에 대한 설명은 음양과 오행의 변화가 십간十干과 십이지十二支의 변화상으로 나타나고, 기운의 세계는 다시 오운五運과 육기六氣의 유물·유심합치론적인 이념형의 형태로 구체화되어 제시된다. 그러므로 정신과 육체를 모두 담지한 인간이 가장 귀한 존재이므로 이러한 관점에서 인간을 다시 바라보는 수행론으로 이어지는 것이 동양학의 보편적인 패러다임인 것이다. 결국 인간이 인간성을 온전히 인식하기 위한 방편으로 자기수행을 통해 하늘과 하나되는 깨달음을 추구하고, 이를 인간세상에 실현한 성인聖人의 길을 쫓아가는 것이 절대선이며, 인간의 인간성을 성찰적으로 이해하고, 극기복례와 같은 실천적 수행과 사회변화를 위한 실천을 통해 성통공완, 견성성불로 나아가 '참 나'와 다주하는 것이 유불선을 포함한 대부분의 동양사상에서는 일관된 방법론적인 특성이자 방향으로 제시되고 있다.[10]

3. 주역괘에서 나타나는 갈등과 대립

A. Toynbee는 '역사의 연구'에서 유럽문명의 몰락을 예견하고 있는데 그 근거를 동양의 '음양상대성원리'에서 얻었다고 했을 때에야 우리는 동양적 사유의 중요성을 확인하게 된다. 사회변동에 대한 동양사상의 원리는 모두 주역에서 도출되었다. 많은 현대 물리학자들이 우주와 물질의 궁극을 주역의 원리에서 답을 찾고 있는 명확한 사실들만큼이나 물질의

10 "우리에게는 이미 하느님과 동질의 근원적 정신이 내재되어 있습니다. 이를 불교에서는 부처가 되는 씨알이라고 하여 '佛性', 혹은 진리의 몸체라고 하여 '法身'이라고 하며, 유교에서는 도의 마음이라고 하여 '道心'이라고 부르며, 힌두교에서는 참된 자아로서 하느님인 브라만과 동격이라고 하여 '아트만'이라고 부릅니다. 이에 반하여 기독교는 이러한 성스러운 靈을 하느님의 분신이라고 하여 '聖靈'이라고 받들죠. 모두 칭하는 이름은 다르나 그 본질이 다를 수는 없습니다"(윤홍식, 2015).

궁극적인 운동이나 변화에 대한 관심뿐만 아니라 사회변화와 변동을 설명하는 모든 논리들의 원천은 주역에 근거한다. 주역 계사전에는 '수를 극진하게 셈하여 닥칠 일을 알아내는 것을 점이라 이른다極數知來之謂占' 정의하고 있으며, 또 易 속에 들어있는 네 가지 사변상점辭變象占에 대해 "역에는 성인의 도가 네 가지 있으니易有聖人之道四焉, 말하려는 이는 그 말씀 즉 괘사·효사를 받들고以言者尚其辭 움직이려는 이는 그 변화를 받들고以動者尚其變 그릇을 만들려는 이는 그 형상을 받들고以制器者尚其象 복서하려는 이는 그 점을 숭상한다以卜筮者尚其占"고 하였다. 이것은 점이 단순한 길흉화복의 예측만이 아니라 수리학의 극치인 동시에 성인의 심오한 도리이며 사회변화와 변동을 바라보는 기본적인 관점을 제시하고 있다는 것을 의미한다. 여기에서는 변화와 변동을 설명하고 있는 주역의 다양한 괘의 의미들을 살펴보도록 하겠다.

1) 화택규火澤睽

화택규는 위는 불火의 모습이다. 불은 위로 치솟는 경향이 있고, 아래는 택澤으로 가두어진 물의 형상을 한다. 물은 아래로 흐르려는 경향이 있다. 불이 혼자 위를 향해 치솟고 물은 아래쪽에 있으니 불의 에너지는 아깝게 낭비되고 불과 물은 전혀 화합하지 못한 채 따로 놀면서 오히려 불의 아래쪽에서 찬 기운을 보내 불의 기운에 상처를 주게 된다는 모습이다. 이처럼 아래위의 괘를 바꾸는 것을 호괘互卦라고 한다. 드러난 모습과 숨어있는 모습이 동시적으로 전개된다는 것을 의미한다.

화택규는 혁괘의 호괘이다. 화택규를 뒤집어 놓은 것이 택화혁澤火革괘의 모습으로 개혁에서의 혁명이라는 의미를 지닌 한자를 포함하고 있다. 물이 위에 있고 불이 아래에 있으면 불이 물을 끓게 만들고 그 결과혁, 즉 변화와 개혁이 유도된다는 논리다. 개혁의 원리를 이보다 더 잘 보여주기 힘들 정도이다. 물과 불은 서로 대립적이지만 불이 스스로를 낮추어서 물의 아래에서 천천히 열을 가하면 물은 끓으면서 변화하게 된다는 것이다. 그런데 불이 물을 끓이려는 생각을 하는 것이 아니라 물위에서 다 태워버리겠다고 한다면 어떤 변화를 이끌어 낼 수 있겠는가? 사회적인 개혁을 이끌어 가는 입장에서는 마땅히 참고해야 할 일이겠다.

2) 천수송天水訟

『주역周易』의 천수송괘天水訟卦에서는 여러 가지 송사의 유형을 설명하고 있다. ① 개인의 송사 ② 집단 간의 송사 ③ 상하 간의 송사 ④ 자기 마음 안의 자신과의 싸움 ⑤ 인간과 하늘 간의 송사 등이다. 이러한 송사를 어떻게 처리할 것인가를 설명하고 있다. 천수송괘에서는 송사를 어떻게 이길 것인가가 아니라 송사를 중단하게 하거나, 하지 않도록 하는 것에 목적을 두고 있다. 특히 인간사에 있어서의 대립과 갈등의 해소는 중화를 통한 상생과 소통에 목적을 두고 있다고 할 수 있다.

3) 지수사地水師

사師는 군대를 의미한다. 군대를 움직이려면 훌륭한 통솔자가 있어야 한다. 그래야만 전쟁에서 승리할 수 있다. 훌륭한 통솔자가 있어 확고하고 동요하지 않는 지휘로써 능히 다수를 이끌어 천하의 정의를 행할 수 있으면 그는 곧 천하의 왕자가 될 수 있는 것이다. 강한 신념을 갖고 있으면 서로 포용하여 일제히 협력한다. 위험한 전쟁을 수행하라. 정의의 길에 순응하는 것이다. 비록 한때 천하를 전쟁의 고통 속에 몰아넣는 일이 있더라도 인민들은 그것을 이해하고 심복한다. 그러니 전쟁에 승리할 것이다. 무슨 허물이 있으랴.

위에서 살펴본 것처럼 물질의 단순한 어긋남 정도의 낮은 차원의 갈등과 대립이 화택규의 모습이라면 이것이 개인과 개인 간의 대립과 투쟁으로 나아가 법적으로 정당성을 다투는 쟁송爭訟에까지 나아가는 사회적 갈등으로의 발달은 천수송괘에서 나타나고 있다. 소송만은 안 하는 게 좋다는 민간속담에서처럼 다분히 윤리적인 면을 포함하고 있지만 송괘에서는 쟁송의 다양한 형태로 갈등의 다양성을 충분히 드러낸다. 이에 반해 지수사괘에서는 군대를 동원한 싸움과 갈등에 대해 언급한다. 집단의 통솔자를 통한 편가르기와 조직과 조직 간의 싸움은 군대와 같은 형태에서 극에 이른다.

사회변화와 변동을 다루는 데 있어서 변동의 원동력은 이와 같은 내재된 갈등과 대립 투쟁에서부터이겠지만 여기에서 나아간 위의 세 가지 괘의 모습을 다 갖고 있는 변화된 모습을 택화혁괘에서 드러내고 있다. 다음에 이 택화혁과를 설명하겠지만 이러한 괘와 괘들 간의 변화를 설명하는 핵심원리를 언급하고 있는 것이 금화교역金火交易의 원리이다. 이는 음양오행의 원리가 상생에서 상극으로 바뀌는 과정에 대한 설명이다. 또 복희의 선천괘와 문왕의 후천괘가 서로 바뀌는 과정을 설명하는 핵심원리이지만 이를 체계화한 형태로 설명하고 있는 것이 정역正易의 논리에서 여실히 드러난다. 다음에는 주역의 사회변동의 원리를 설명하는 핵심적인 시간원리와 역법 그리고 금화교역의 논리에 대해 간단하게 살펴보도록 하자.

4. 금화교역과 우주변화의 원리

1) 역법曆法의 시간원리

근본적으로 음양이 번갈아드는 이치는 지구의 자전과 공전에서 온다. 지구가 한 바퀴 스스로 도는 것을 자전이라 하고 그에 따라 낮과 밤이 생겨난다. 이것이 음양陰陽이다. 옛날 천문학자들은 12진법이나 60진법을 통해 세상의 변화를 설명하는 것이 설득력이 있다는 것을 알게 되었는데, 이는 결국 1년이 360일에 가깝기에 그런 것이었고, 360은 60이 여섯 번 거듭되는 수이기 때문이다. 그러나 지구의 태양 공전주기는 대략 365와 1/4이니 이 숫자와 360이라는 수학적으로 아름다운 숫자로 비교한 차이가 바로 만물을 변화하게 만드는 원동력이 되었다. 이를 해소한 것이 윤달이다. 또 지축이 23.5도 기울어진 지구가 태양을 돌기에 봄과 여름, 가을, 겨울의 사계절이 생겨난다. 이것이 결국 오행五行이다. 그 중에서 봄과 여름은 양陽이고 가을과 겨울은 음陰에 해당한다.

사궁	사신	이십팔수
동	청룡	각(角)·항(亢)·저(氐)·방(房)·심(心)·미(尾)·기(箕)
서	백호	규(奎)·누(婁)·위(胃)·묘(昴)·필(畢)·자(觜)·삼(參)
남	주작	정(井)·귀(鬼)·유(柳)·성(星)·장(張)·익(翼)·진(軫)
북	현무	두(斗)·우(牛)·여(女)·허(虛)·위(危)·실(室)·벽(壁)

또 24氣는 춘분점春分點을 기준으로 하여 황도黃道를 동쪽으로 15度의 간격으로 1氣씩 배당하면, 태양은 각 기氣를 대략 일정한 날짜에 지나

게 된다. 여기서 24氣는 열두 개의 절기節氣와 열두 개의 중기中氣로 구성되어 있다. 절기節氣는 매 양력월陽曆月 상순上旬에 중기中氣는 대체로 하순下旬에 한 개씩 들어있어, 그 1회 주기週期가 1태양년太陽年이 된다. 그리고 적도선赤道線에는 경성(經星: 恒星이라고도 함) 28개가 있는데, 동방창룡 7수東方蒼龍七宿의 맨 첫 번째 별인 각성角星의 주천도수周天度數 1度가 1년에 한번씩 태양太陽과 만나는 날이 추분秋分이 되고, 북방현무칠수北方玄武七宿의 첫 번째 별인 두성斗星의 주천도수周天度數 13도가 태양太陽과 만나는 날이 동지冬至가 되며, 서방백호칠수西方白虎七宿의 첫 번째 별인 규성奎星의 주천도수周天度數 8도가 태양太陽과 만나는 날이 춘분春分이 되며, 남방주작칠수南方朱雀七宿의 첫 번째 별인 정성井星의 주천도수周天度數 15도가 태양太陽과 만나는 날이 하지夏至가 된다. 여기서 춘분春分과 추분秋分은 낮과 밤의 길이가 똑같다. 그래서 태양선太陽線이 적도赤道에 있다. 동지冬至는 일년 중 가장 밤이 긴 때이고 하지夏至는 낮이 가장 긴 때를 말한다, 동지冬至로부터 12절기節氣가 있다. 이 12절기에 해당되는 것은 동지冬至-소한小寒-대한大寒-입춘立春-우수雨水-경칩驚蟄-춘분春分-청명淸明-곡우穀雨-입하立夏-소만小滿-망종芒種이다. 또한, 하지夏至로부터 다시 12절기十二節氣가 있다. 이것은 하지夏至-소서小暑-대서大暑-입추立秋-처서處暑-백로白露-추분秋分-한로寒露-상강霜降-입동立冬-소설小雪-대설大雪이다. 이 24節氣는 만물萬物이 봄에 태어나고 여름에 성장成長하고 가을에 결실結實을 맺고 겨울에 저장貯藏하는 마디가 된다.

2) 음양상대성의 원리와 금화교역

동양적 사유구조에서는 음양과 오행의 원리가 가장 중요한 작동원리로 작용하고 있음은 주지의 사실이다. 이러한 음양과 오행의 원리는 결국 우주와 자연 그리고 인간을 설명하기 위한 개념적 틀이며 이것의 체계화가 천지인天地人 삼재三才사상이라고 할 수 있다. 바로 이것이 한국인의 일상과 사회사상의 인식론적 원천에서 면면히 흐르고 있다. 물질과 생활세계의 변화는 음양과 오행의 원리로 또는 오운육기로 읽어낼 수 있다. 이러한 변화를 읽어낼 수 있는 틀을 '이념형'으로 드러낸 것이 십간十干과 십이지十二支 그리고 역 팔괘易 八卦이다. 소우주로서의 인간은 정신과 육체를 모두 담지한 가장 귀한 존재이다. 그러므로 이러한 인간은 보편적인 주재주로서의 천명에 부합하기 위한 존재론으로서의 수행하는 성찰적 존재이다. 그러므로 인간은 동양학의 보편적인 패러다임이자 핵심 주제로 부각되게 된다. 또 주역의 효사에서는 '자리'가 굉장히 중요하다. '길한 자리'는 크게 두 가지로 결정된다. 음양에 합당한가(1효-양, 2효-음, 3효-양, 4효-음, 5효-양, 6효-음), 중앙에 위치하였는가가 기준이다.

가을로 접어들었다는 절기가 입추立秋이다. 처서處暑를 지나면 아무리 무더운 여름의 열기라도 밤으로는 사그라들기 마련이다. '모기도 처서가 지나면 입이 삐뚤어진다'는 속담까지 있다. 이런 작은 변화幾微와 낌새를 읽어내는 것이 동양사상적 관점에서는 필수적이다. 여름의 뜨거운 화기가 가을金 기운에 제압당하는 때이다. 일반적으로 봄·여름·가을·겨울을 목木·화火·금金·수水에 대입한다. 이 사계절 모두에 속하면서 연결해 주는 환절기는 토土로 본다. 모든 것의 바탕이 되는 것이 흙의 본분이라지만 여름의 뜨거운 열기가 가을의 서늘한 기운으로 바뀔 때는 상황이 뒤집어진다. 가을의 금金 기운이 여름 기운火과 맞바뀌 앉으며 극剋한다고 보기 때문이다. 이 시기를 이른바 금화교역金火交易이라 지칭한다.[11] 천지자

11 물론 여름의 화기운이 바로 물러나는 것이 아니라 서로 엎치락뒤치락하는데 초복, 중복, 말복이 그때이다. 초복과 중복에서는 화기운이 강하지만, 말복에 이르러면 금기운에 제압당한다는 것이다. 물극필반의 논리에서처럼 무엇이든 절정에 달하면 쇠퇴하게 된다. 절기(때)가 변하면 그 기세가 저절로 누그러지는 것이다.

연의 변화를 담은 주역에서 금화교역의 이치와 원리를 가장 선명하게 담아내고 있는 괘가 바로 택화혁澤火革괘이다.

그러나 이러한 여름과 가을시기를 설명하는 원리는 우주사와 긴 역사 전체를 설명하는 데에도 그 논리가 그대로 관통한다. 천지를 주도하는 기운이 달라짐에 따라 만물도 극심한 변화를 겪는다는 것이다. 봄·여름 동안 밖으로 발산하던 기운을 가을이 되면 안으로 수렴해서 불필요한 것들은 과감하게 떨구고 결과물(열매)을 맺기 위해 온 힘을 집중하는 것처럼 인간의 역사적인 시기에서도 이러한 때가 있다는 것이다. 역을 활용하는 신흥종교에서는 이러한 논리를 많이 활용하고 있다. 금화교역의 때를 이른바 '개벽'의 때, '우주의 혁명'의 시기라는 것이다. 한동석의 『우주변화의 원리』나 김일부의 『정역』의 원리들도 이의 연장선상에 서 있다.

5. 택화혁(䷰)괘로 읽어보는 사회변동의 논리

괘상(모양)을 통해서 택화혁을 살펴보면, 상괘는 택澤, 연못이다. 하괘는 불火의 모습이다. 택화혁의 모습을 형상으로 유추하면 위에 있는 못물이 흘러서 아래에 있는 불을 끄고, 아래에 있는 불은 위에 있는 연못의 물을 끓이고 있는 형상을 하고 있다. 이렇듯 위아래가 조화롭지 못하고 상쟁할 때 변화가 필요하다. 이때의 변화는 단순히 일부분을 바꾸는 것으로는 곤란하다. 아래위가 꽉 막힌 상태이므로 근본부터 다 바꿔야 하기 때문이다. '물불 가리지 않는다'는 속담도 이러한 상황을 내포한다. 그래서 괘의 이름에 '혁명'을 뜻하는 '혁'자가 붙었다.

> 혁명은 이미 날이 차야(때가 되어야) 이에 믿으리니, 크게 형통하고 바르게 함에 이로워야 하는 것은 그렇게 해야 후회가 없기 때문이니라.[12]

괘사의 언급이다. 혁은 혁신하는 것이다. 위에 있는 돗물이 흘러서 아래에 있는 불을 끄고, 아래에 있는 불은 타 올라 위의 못물을 말리니, 서로를 없애는 상멸의 관계에 있다. 이른바 혁신하는 데에도 시기가 있으니, 천명이 이미 이른 날 바로 그날이 되어야, 모든 사람이 개혁하는 것을 믿어주고 찬성하여 개혁이 성공적으로 이루어진다. 더 이상 참을 수 없는 지경에까지 와서, 곪아 터진 뒤에 고쳐야 할 시기가 와서야 고치니 모두가 믿게 된다.[13] 또 개혁을 시행함에 있어서는 내적으로는 문명(文明)으로 밝게 판단하고, 확신을 가지고 기쁘게 일을 추진하니 크게 형통하고 바른 방향으로 이루어진다. 고쳐야 할 때 합당한 시점에서 그치니 후회가 없다[14]는 것이다.

결국 개혁에는 타이밍이 매우 중요하다. 물은 불을 끄고 불은 물을 말린다. 불이 물을 말리려면 물이 적당히 줄어있고 불길이 활활 타오르는 타이밍을 잡아야 한다. 적합한 시기를 잘못 놓치면 반대로 불이 타오르다가 물에 꺼지고 만다. 그러므로 시기적인 의미가 결정적으로 중요하다. 개혁에는 천시를 잘 잡아 행동을 개시해야 한다.[15]

그러나 혁명은 아무 때나 마음대로 할 수는 없다. 혁명의 그날을 기다려야 한다. 바야흐로 민심에 불이 붙고 때가 이르렀을 때야 비로소 잘못된 폐단을 바로잡고 다시 새롭게 시작할 수 있다. 그러면 크게 형통하

12 革은 已日이라야 乃孚하라니 元亨코 利貞하야 悔 亡하니라.
13 革 已日乃孚 革而信之.
14 文明以說 大亨以正 革而當 其悔乃亡.
15 革之時 大矣哉.

고, 바르고, 이로워서 후회할 일이 없어진다. 역사적으로 본다면 폭군의 폭정으로 백성들의 원망이 천지를 뒤덮을 때, 새로이 천명을 받은 자가 나타나 폭군을 몰아내고 천하를 다스리는데 이것이 인간사에서 볼 수 있는 택화혁의 기본적인 작동원리이다. 이를 고사에서 인용하고 있는데, 탕왕湯王과 무왕武王은 혁명을 하여 하늘의 명에 따르고, 백성의 바람에 응해주었다. 탕은 하夏의 걸桀의 포악한 정치에 칼을 뽑아 들어 하나라를 멸하고 은나라를 세웠다. 무왕은 은殷의 주紂가 폭정을 하여 백성의 원성이 들끓어, 은나라를 쳐서 주周나라를 세웠으니, 이들은 도탄에 빠진 백성을 구하기 위한 성군聖君의 혁명이었다[16]는 것이다.

1) 초구는 굳게 누런 소의 가죽을 쓰느니라. 初九는 鞏用黃牛之革이니라.

초구는 택화혁의 가장 아래에 있는 시기이다. 근본적인 사회의 혁명을 꿈꾸며 사회의 혁명적인 변화가 필요하다고 말하겠지만 초구의 때는 위치와 능력에서 혁명을 말하기에는 섣부른 시기상조의 때이다. 나서지 말고 '때'를 기다려야 한다. 초구에서는 이것을 황소의 누런 가죽을 쓴다는 말로 표현하고 있다. 아직 때가 되지 않았으니 소가죽 같이 질긴 의지를 가지고, 때를 기다리며 적극적으로 활동하지는 말아야 한다는 것을 의미한다.[17]

---

16 湯武 革命 順乎天而應乎人.

17 鞏用黃牛之革 不可以有爲也.

2) 육이는 이미 날이 차야(시기가 무르익어야) 이에 고치니, 가면 길해서 허물이 없으리라.[18]

육이효는 택화혁의 두 번째 효이다. 음의 자리(2효)에 음이니 기운과 위치가 다 어울리는 모습이다. 음효가 2효, 음의 자리에 있으면서도 내괘의 중앙에 자리하고 있기 때문이다. 이를 정중正中하다고 말한다. 하루해가 다하고 때가 무르익어서야, 비로소 개혁에 대한 확신이 생기고 이를 바탕으로 개혁한다. 혁명을 말하는 혁괘의 때에서 정중의 자리에 처했다는 것은 치밀하게 준비하는 사람이 날개를 펼칠 수 있는 혁명의 때를 만났다는 것을 의미한다. 그러므로 혁명을 결단하여 잘못된 폐습을 고치면 길하고 허물이 없다고 보았다.[19]

3) 구삼은 가면 흉하니 바르게 하고 위태하게 할 것이니, 고친다는 말이 세 번 나아가면 미더움이 있으리라.[20]

주역의 효들은 전근대의 신분 질서로도 풀이된다. 초구는 백성, 이효는 초야의 신하, 삼효는 외직에 있는 신하, 구사는 조정에 있는 신하, 구오는 임금, 상효는 왕위에서 물러난 상왕이다. 구삼은 외직에 있는 신하로 육이 임금을 위해 변방을 지켜야 하는 막중한 임무가 있다. 그런데 욕심을 품고 임금을 해하려고 반역을 일으키면 흉하다. 고로 구삼은 항상 자기 본분을 지키면서 행동과 마음가짐을 바르고 조심스럽게 해야 한다.

---

18 六二는 已日이어야 乃革之니 征이면 吉하야 无咎하리라.
19 已日 乃革之 征 吉 行有嘉也.
20 九三은 征이면 凶하니 貞厲할지니 革言이 三就면 有孚리라.

자기의 본분을 알아 늘 바르게 행동하면서, 조심스러운 마음으로 민심과 여론의 흐름을 살피면서 대비해야 한다. 어떻게 해야 본분을 지키고 심신을 바르고 조심스럽게 할 수 있다는 말인가? 주역에서는 자기 마음에 들지 않는 것을 고치려고 할 때 마음대로 하지 말고 주위 사람들에게 세 번을 물어보라고 한다.[21] 세 번 물어서 주위 사람들의 의견을 들어보고 실행해야 자신의 결정에 믿을 수 있다는 의미다. 사람들에게서 변혁해야 한다는 말이 거듭 들려오고 자신도 깊은 확신을 갖게 되면 변혁으로 이행하라는 과도기적 상황이다. 민심과 주변사람들의 의지를 확인한 다음 나서면 성공한다는 것이다.

4) 구사는 뉘우침이 없어지니, 믿음을 두면 명을 고쳐서 길하리라.[22]

구사는 내괘인 이허중인 불火괘(☲)에서 외괘인 태상절 못澤괘(☱)로 넘어간 자리다. 여기서 육이에서 시작된 혁명이 한번 매듭지어진다. 내괘에서 모든 폐단을 몰아내고 변혁했기 때문에 아무런 뉘우침도 후회도 없다고 말한다. '혁명'은 두 가지 단계로 나누어진다. 내괘(육이, 구삼)가 흉한 것을 몰아내는 '혁'의 단계라면, 구사는 새로운 세상을 위한 여러 가지 방법들을 내놓는 '명'의 단계다. 무엇보다도 대중과 더불어 새로운 세상에 대한 희망과 믿음을 나눌 수 있어야 하고 대중의 신뢰를 얻을 수 있어야 한다.[23] 이러한 조건들이 갖춰져야 혁명이 완성되는데 구사가 바로 그러한 단계다. 이때는 혁명이 실패할까 봐 전전긍긍하지 않아도 되니 길하다.

---

21 革言三就 又何之矣.

22 九四는 悔亡하니 有孚면 改命하야 吉하리라.

23 悔亡 有孚 改命之吉 信志也

5) 구오는 대인이 범으로 변하니, 점을 하지 아니함에 미더움이 있느니라.[24]

구오효는 양이 양자리에 바르게 있고 외괘에서 중을 얻어 중정한 대인(임금)이다. 호랑이와 같은 강하고 단호한 위엄으로 변혁을 이룬 자를 말한다. 호변虎變은 오랜 세월 훈련하고 계획하고 준비하며, 때를 기다리던 개혁의 지도자가 탁월한 광채를 발하며 개혁을 관철시켰다는 것을 말한다. 호랑이가 가을이 되면 털갈이를 하여 더욱 아름답게 되는 것처럼 대인이 혁명을 하는 데 있어 호랑이처럼 강한 기세로 악습의 뿌리까지 완전히 뽑아내야 한다는 말이다.

호랑이의 털이 총총히 빛나는 것처럼 문명하고 살기 좋은 사회가 된다는 것이다. 보기 좋게 세상을 개혁하니 부당함이 없고, 부패함이 뿌리 뽑혀 새로워져서 민중을 신뢰로 규합할 수 있게 된다. 사람들의 정신도 호변하듯이 새로워져야 한다는 뜻이다.[25] 혁명에 성공하면 굳이 점을 보지 않더라도 좋은 세상이 열린다는 것을 말한다.

6) 상육은 군자는 표범으로 변하고, 소인은 낯만 고치니 가면 흉하고 바른 데 거하면 길하리라.[26]

상육은 혁명 이후의 군자와 소인에 행동에 대해 말한다. 택화혁의 마지막 효인 상육은 혁명이 끝난 상황이다. 구오에서는 군자(임금)를 호랑이라고 표현했는데 상육에서는 표범이라고 한다. 그 이유는 상육이 '임금'의 자리가 아니기 때문이다. 또 군자들은 치밀하게 세심한 부분까지

24 九五는 大人이 虎變이니 未占에 有孚니라.

25 大人 虎變 其文炳也

26 上六은 君子는 豹變이요. 小人은 革面이니 征이면 凶코 居貞이면 吉하리라.

변혁을 위해 노력한다君子豹變. 그러나 소인들은 군자가 혁명으로 이뤄놓은 세상에서 겉으로는 폐습을 고치는 듯하지만 속으로는 역심을 품고 있다小人 革面.

소인이 혁면革面만 하고 혁심革心하지 않는다고 해서 군자가 소인을 벌해서는 안 된다. 이제 갓 혁명의 소용돌이가 지나간 시기에 소인들을 충동질하면 반란을 일으킬 수도 있기 때문이다. 이때 군자는 자신의 행실을 바르게 하면서 순조롭게 새로운 세상을 잘 다스리면 소인들도 점차 군자를 본받게 되므로 길하다. 지식인들이 표범이 다투듯 털갈이하듯이 도덕적인 개혁을 하면, 사회가 아름다운 일로 나날이 빛나게 되고, 소인들도 차츰 순종하여 따르게 될 것이다.[27]

위에서 언급한 택화혁의 여섯 효를 다음과 같이 정리해 볼 수 있다. 초구初九는 아직 활동하기에 미약한 시기이므로 능력을 기르며 혁명의 때를 기다리며 엎드려 있어야 한다. 육이六二는 개혁할 수 있는 때가 도래했기 때문에 혁명을 실천에 옮겨야 한다. 능력도 있는 때이다. 구삼九三은 서두르거나 분별력을 잃지 말고 무엇이든 여러 번 생각해서 심사숙고해야 한다. 구사九四는 개혁을 실천적으로 완수하고 '개혁'의 단계를 잘 마무리해야 한다. 육오六五는 중심효로써 개혁과 혁명의 책임자이다. 강한 호랑이(호변)처럼 폐습의 뿌리까지 뽑아내며 좋은 사회를 만들어 간다. 상효上六는 혁명으로 만든 새로운 세상을 부지런히 다스려서 지식인의 꼼꼼함(표변)으로 정신적인 변화를 추구하며 겉만 따르는 소인의 마음을 바꾸도록 경계해야 한다고 제시하고 있다.

27 君子豹變 其文 蔚也 小人革面 順以從君也

6. 택화혁괘에서 제시하는 현대사회에의 시사점

1) 민주화 이후의 민주주의를 어떻게 만들어나갈 것인가? 혁명에는 후회가 뒤따른다.

정이천은 혁괘에는 '후회의 도'가 내포되어 있으므로 올바르게 해야 간신히 후회를 면한다고 말한다. 뒤집으면 후회하기 쉽다는 말이다. 택화혁괘는 변혁의 때이다. 변혁을 생각하면 가깝게는 '촛불혁명'이나 멀게는 '프랑스 혁명'을 떠올리게 된다. 어느 하나를 단절하고 완전히 새로운 것을 창출하는 것, 역성혁명 같은 정치적 혁명이 먼저 떠올리는 것이다. "하루가 지나야 믿으리니 크게 형통하고 바르게 함이 이로워서 후회가 없다革 已日乃孚 元亨利貞 悔亡"는 말에서처럼 사람들이 대중의 지지를 얻어 혁명에 동의하는 데에 매우 많은 시간이 걸린다는 것을 의미한다. 그러나 대중의 지지는 언제든 뒤집어질 수 있다.

혁괘의 상을 구성하고 있는 것은 물水과 불火이다. 더구나 호괘로 뒤집으면 '어긋난다'는 의미의 화택규괘가 된다. 불이 물 위에서 있으면서 물과 불이 제각기 갈 길만 간다는 것이다. 이를 뒤집은 것이 혁괘이니 혁괘와 규괘는 동시적인 현상의 양면이라는 것이다. 상반된 성질과 기질로서 새로움을 만들어 내려고 하니 이전의 것을 완전히 뒤집어엎지도 못한다. 혁명이 변화와 연속의 동시적인 속성을 지니는 것은 당연하므로 후회도 함께하는 것이다. 그런데 괘사에서 '후회가 없을 것이다'고 먼저 언급하고 있다. 대중의 반응과 지지의 성숙을 기다려야 한다는 점에서는 분명하지만 언제든 뒤집어지며 바뀔 수 있는 되돌아가려는 반혁명의 성향과 흐름들을 내포하기 때문이다. 최근의 혼란스러운 시대상황에서 극단적인 지지자들이 벌이는 집회의 모습은 너무나 명확한 반증이다. 그렇다고 너무 밀어붙여서는 안 된다는 지적도 경청해야한다. 소인은 얼굴 표정만 바뀌므로 그 마음을 바꾸기 위해서는 표범처럼 치밀하게 대중들의 마음을 바꾸려는 노력이 있어야 택화혁괘에서의 혁명을 완수하는 과정이라고 말하고 있다.

2) 혁명의 '양면성'에 주목해야 한다.

변혁의 결과에 대해서는 군자의 표변豹變과 소인의 혁면革面은 혁명의 과정이 지니는 양면성을 의미한다. 군자는 표범처럼 털의 색깔을 바꾸듯 치밀하게 변화시키려는 노력을 하지만, 소인들은 시류에 편승하며 얼굴 표정만 바꾼 채 언제든 입장을 바꿀 태세를 하고 있다. 민주주의의 정치적 과정에서의 민주주의와 합리성에는 주목하지만 부동산 투기를 통해 일확천금의 부를 노리고자 하는 소인들의 태도가 바뀌지 않으면서 정부의 부동산정책을 비판하는 것도 이와 같은 맥락에서 설명가능하다. 그러나 혁명의 과정에서 기회주의자로서의 혁면의 존재는 불가피하다. 모두가 군자처럼 변혁할 수는 없을 것이기 때문이다. 그러나 얼굴만 바꾼 채 언제든 반혁명의 불씨가 될 수 있기에 변화시키는 노력은 해야 되지만 강압적으로 밀어붙일 수는 없는 노릇이다. 중국의 문화대혁명의 시기의 '홍위병'이 그 대표적인 사례가 될 수 있을 것이다. 모든 국민을 홍위병으로 만들 수는 없지 않겠는가? 지속적인 정책적인 대안 제시와 도덕교육을 통해 변화시키는 노력들로 이어져야 할 것이다. 그래도 표변과 혁면의 양면일 수밖에 없겠지만.

3) 바로 그 '때'에 주목해야 한다.

괘사에서처럼 혁명은 날이 차고 무르익어야革已日乃孚된다는 말은 이 효의 때를 주목하라는 말이다. 구이九二효에서 하루 종일이 다 되어야 혁명할 수 있다已日乃革之는 그때를 지칭한다. 때를 잘 맞추기 위해 애쓰고 기다리고 노력하는 것은 무릇 혁명을 꿈꾸는 사람들과 한량들이 무수한 시행착오를 통해 노력하고 있는 바이다. 특히 구이효와 상응하는 구오九五효의 리더로서의 군자의 자질과 역할이 매우 중요하다. 혁괘에서 호랑이와 표범으로 비유하고 있는 리더는 자연의 시간을 받아들인다. 털갈이를 하는 동물들의 그것에서처럼 자연스럽게 스며들며 대중들에게 받아들여진다. 마치 도덕이 스며들어서 사람을 교화시키듯이 이러한 역할은 지식인의 사회적 역할과도 맞물린다. 호랑이와 군자가 스스로의 몸가짐을 바로 하듯이 말이다. 이러한 시간이 스며들게 되었을 때라야 '혁명한다는 말을 세 번을 들으면 믿을 수 있다'는 말이 성립된다. 자연의 시간과 인간의 시간이 만나는 바로 그때이다.

4) 역성혁명을 정당화될 수 있는 기제는 '민심'에 있다

단전에서는 '물과 불이 서로 쉬게 하여 뜻을 얻지 못하다가, 날이 차고 무르익어 가고, 천지가 고쳐져서 사시가 이루어지니 탕과 무가 혁명해서 하늘에 순종하고 백성에 응하니 혁의 때가 크다'고 언급한다. 하夏나라의 폭군이었던 걸왕桀王을 쳐 상商나라를 세운 탕왕湯王이 명재상 이윤伊尹과 은殷나라를 세운 것을 빗대고 있다. 또 주周나라 무왕武王이 은殷나라 말기에 폭군 주왕紂王을 쳐서 강태공姜太公과 함께 혁명한 고사를 인용하고 있다.

이러한 논리는 천명의 논리로 체계화되어 유가의 종지로 이어진다. 맹자에서 '부도덕한 왕에 대해 어떡하느냐?는 질문에 대해 왕이 아니라 도적을 죽이는 것에 불과하다'는 언급도 이런 맥락에서 설명된다.[28] 그러나 고전 고대 시기의 왕위는 선위였다. 선양禪讓에 의한 요순치세의 원리가 일반적이었다. 성군과 덕에 의한 왕위의 계승이 천명天命이었다고 한다면 무력과 힘에 의한 권력의 찬탈, 이른바 역성혁명을 정당화하는 최초의 논리가 여기에서부터 출발하는 셈이다.

조선시대 남명 조식선생이 맹자의 문장에서의 문구를 문정황후의 섭정에 대해 비판하며 올렸던 단성소의 내용에서도 마찬가지의 내용이 등장한다. "백성들은 도도하게 흘러가는 강물과 같습니다. 왕실은 그저 이 강물 위에 떠있는 조각배와 같다"[29]는 준엄한 지적은 언제든 뒤집어질 수 있다는 백성의 원망과 심리를 그대로 들려준다. 백성에 대한 두려움을 천명으로 이해한 것은 유교적 이상국가의 원형적인 인식이었다. 민심과 여론의 향배가 곧 권력의 향배라는 것이다.

그러나 대중의 지지만 있다면 정당성을 부여받을 수 있는가? 탕·무왕과 조선을 건국한 태조 이성계의 역성혁명이 600년 조선의 역사에서

---

28 『맹자』「양혜왕 하」편에 나오는 다음의 유명한 이야기는 맹자의 역성혁명사상을 잘 드러내 주고 있다. 제나라 선왕이 물었다. "탕(湯) 임금은 걸(桀)을 내쫓았고, 무(武)왕은 주(紂)를 정벌했다고 하던데, 그런 사실이 있습니까?" 맹자가 대답했다. "전해오는 기록에 그러한 사실이 있습니다." 왕이 말했다. "신하가 군주를 시해하는 것이 옳습니까?" 맹자가 대답했다. "인을 해치는 자는 적(賊)이라고 하고, 의를 해치는 자는 잔(殘)이라고 합니다. 남을 해치고 잔인하게 구는 자는 필부(匹夫)라고 이르니, 저는 한 명의 필부인 주(紂)를 처형했다는 말은 들었어도 군주를 시해했다는 말은 듣지 못했습니다." 또한 같은 맥락의 이야기가 「만장 하」편에도 나온다. 맹자가 말했다. "군주에게 큰 허물이 있으면 간언을 하되, 거듭 간언해도 듣지 않으면 군주의 자리를 바꿔 버립니다." 이 말을 들은 왕은 발끈하며 안색이 변했다. 맹자가 말했다. "왕께서는 이상하게 여기지 마십시오. 왕께서 신에게 물었기에 신이 감히 올바르게 대답하지 않을 수 없었습니다."

29 『순자』의 「왕제」편에도 나오는데 "임금은 배요 백성은 물이니, 물은 배를 띄우기도 하지만 배를 뒤집기도 한다. 임금은 이런 위험을 염두에 두어 장차 위기가 이르지 않도록 해야 한다".

의 평가는 당대는 물론 오랜 기간 동안 지탄과 찬양의 대상이 되었다는 양면성에 주목해야 한다. 혁명의 어원을 제시하고 있는 『주역』과 더불어 『시경詩經』, 『서경書經』에서도 모두 역성혁명의 정당성을 이야기하고 있다.

그렇다면 박정희·전두환의 쿠데타는 어떻게 이해해야 할까? 현대 민주주의의 핵심원리인 권위의 '정당성'에 대한 논의는 동양사상의 고유의 명분론과 맞물린다. 물론 오늘날 정당성의 문제는 절차적-법적 정당성에 더 많은 의미를 부여하고 있다. 천명의 정당성은 여론과 백성들의 의견을 우선시한다는 사실을 잊지 말아야 할 것이다.

의례문화의 변화와 공동체

이일래

의례문화의 변화와 공동체

—

이 일 래

1. 머리말

사람들은 의례란 말을 들을 때 어떤 느낌부터 들까? 대체로 부정적인 측면부터 먼저 떠올릴 것이다. 즉, 실질이나 내용보다 겉치레나 형식에 중시하는 것으로 여겨진다. 이런 느낌은 특히 젊은 세대들일수록 더 강하게 가질 것이다. 예의나 의례를 따지는 기성세대는 '라떼'에 집착하는 '꼰대'로 여겨지기 십상이다.[01] 하지만 우리는 의례 없이 살아갈 수 없다. 의례는 행동의 틀이자 길이기 때문이다.

우리의 일상생활은 말 그대로 매일 매일의 삶이다. 아침에 일어나서 잠들 때까지 우리는 갖가지 활동을 한다. 그러나 그 활동도 날마다 다른 것이 아니라 비슷한 일이 반복되는 경우가 많다. 사람들은 대개 자신의 일과를 되풀이하면서 산다. 특별한 일이 없는 한, 매일 같은 집에서 비슷한 시간에 일어나고 정해진 일터나 학교에서 어제와 비슷한 일을 하면서 사람을 만나고 집으로 돌아와 쉬고 잠잔다. 이처럼 일상생활은 반복

01 '라떼'는 '나 때는 말이야'에서 '나 때'를 비슷한 발음인 '라떼'로 바꾸어 표현한 유행어다. 상급자나 연장자가 '나 때는 말이야'란 말로 자신이 살아왔던 과거의 삶이나 경험을 언급하면서 자기 세대의 기준이나 방식을 강조하거나 강요하는 현상을 풍자하고 있다.

적 성격을 띤다.[02] 일상의 반복적인 행동들은 대체로 의례에 기반해 있으며, 그렇지 않은 행동들이라도 지속적으로 반복되면 의례화된다. 이런 의미에서 일상은 의례로 가득 차 있다고 할 수 있다.

그렇기 때문에 우리는 의례 없이 살아갈 수 없다. 예를 들어 만약 의례가 없다면 우리는 매번 식사할 때마다 어떻게 어떤 식으로 먹어야 할지 고민하고 판단하느라 밥 한 끼 먹는 것도 고역이 될지도 모른다. 특히 타인과의 접촉이라는 사회적 삶을 사는 것은 거의 불가능하다. 우리는 다른 사람과 함께 있을 때 그 관계에 따라 정해진 절차와 규칙에 따라 서로 상호작용한다. 예를 들어, 일 때문에 처음 만나는 사람과는 '반갑습니다'나 '처음 뵙겠습니다'와 같은 인사말과 함께 자신을 소개하고 명함을 주고받으며 서로 존댓말로 이야기하도록 되어 있다. 이러한 것들이 의례로 정해져 있기 때문에 우리는 사람을 처음 만날 때도 어떻게 행동해야 할지 고민과 어려움을 크게 덜 수 있다. 민속방법론의 위반실험이 보여주는 것이 사회생활의 밑바탕에는 암묵적으로 바로 이런 사회적 질서와 규칙이 실재하고 있다는 점이다. 의례는 바로 이런 사회적 질서와 규칙의 커다란 부분을 차지하고 있다.

그렇기 때문에 오늘날 의례를 둘러싼 세대 간의 갈등이 일어나고 의례를 부정적으로 보거나 무용하게 보는 인식이 있다하더라도, 실상은 의례 그 자체를 부정하는 것으로 볼 수 없다. 갈등의 실제 요인은 기성세대의 의례와 젊은 세대의 의례가 서로 다르기 때문이며, 구체적으로는 사회적 권력을 가진 기성세대가 젊은 세대에게 자신의 의례를 강요하거나 지나치게 복잡하고 경직된 의례를 일방적으로 고집하기 때문이다.

그동안 의례에 대한 학문적 관심과 작업은 주로 문화인류학이나 민

---

02 박재환, 「일상생활의 사회학이란 무엇인가」, 『일상생활의 사회학적 이해』, 일상성 · 일상생활연구회 편, 한울, 2008, 25쪽.

속학 등에서 이루어져 왔다. 그리고 그 내용은 특정 지역이나 문화의 전통적 통과의례나 제의 등을 채록하고 기술하는 수준을 크게 벗어나지 않았다. 이러한 연구들은 시공간적으로 나타나는 다양한 의례행위를 관통하고 있는 원형을 탐색하는 데 초점을 맞추고 있다. 따라서 역사적이고 사회구조적인 설명은 비교적 등한시되었다. 여기서 의례에 대한 사회학적 관심이 지닌 차별성과 필요성이 드러난다. 사회학은 사회의 유지와 변화 속에서 나타나는 사회적 관계를 조망하는 관점에서 의례를 연구함으로써 한층 풍부한 내용을 가질 수 있다.[03]

의례에 대한 사회학적 관심은 비교적 근래 들어 나타나기 시작했다. 물론 뒤르켐의 종교사회학은 의례 연구의 효시라고 할 수 있고, 후대의 연구자들도 그의 이론을 반추해 왔다. 어빙 고프만처럼 미시적 상황에서 자기연출의 의례와 관련한 논의들도 있었다. 하지만 의례가 사회학의 중요 연구영역으로 주목받게 된 것은 1980년대를 지나면서라고 할 수 있다.[04]

이는 신뒤르켐주의[05]가 등장하면서부터다. 기존의 뒤르켐주의자는 의례를 주로 사회통합에 초점을 맞추고 논의하는 데 비해 이들은 그러한 보수주의적 정향을 비판하고 뒤르켐의 의례이론을 보다 자유주의적이고 비판적인 방향으로 적용하여 연구를 진행해 왔다. 의례의 통합적 기능을 전적으로 부정하지는 않으면서도 특정의 사회제도나 사회집단이 주도하는 의례화된 상징적 행위들을 통해 사회적으로 공인된 가치들에 도전하고 대안적 가치를 활성하려는 측면, 즉 의례에서 발생할 수 있는 사회적·문화적 변동의 가능성을 살펴보고 있다. 의례는 사회통합뿐 아

---

03 오재환, 「의례의 사회학적 의미」, 『사회조사연구』 12, 1997, 169~170쪽.

04 박재환, 「의례의 사회학적 의미」, 『사회과학논총』 21, 2002, 2쪽.

05 신뒤르켐주의적 입장에서 연구를 하는 학자들에는 룩스(S. Lukes), 로센브러(E. W, Rothenbhler), 알렉산더(J. Alexander), 터너(J. H. Tuner) 등이 있는데 특히 터너의 리미널리티 개념은 도시지리학, 건축학, 문학 등에서도 널리 인용된다.

니라 사회갈등을 표출하는 기제도 될 수 있다는 것이다.[06]

의례라는 주제는 동양의 사상과 학문 전통, 특히 유교에서는 크고 중요한 의미와 비중을 차지해 왔다. '예'禮가 바로 그것이다. 유학의 이론들은 이론 그 자체는 물론이고, 유학이 지닌 실천성에 이론적 근거를 부여해 주는 원리로서 그 가치가 있다. 성리학의 이론들은 '의례'의 실천에 당위성을 부여하는 역할을 했으며, 따라서 성리학이 지배하던 시대에 예학이 발달하게 된 것은 자연스러운 현상이라 할 수 있다.[07] 그러나 근대 이후 유학의 예 사상에 대한 연구는 상대적으로 많지 않았다. 실질이나 내용보다 형식을 강조하는 전근대적 잔재라는 이미지 때문에 동아시아의 전통 사상의 명제와 철학을 근대적 의미로 재해석하는 작업에서 별로 주목받지 못했다.[08] 1980년대를 경과하면서 조선 예학은 한국사상 분야에서 중요성이 주목되기 시작했다. 암울했던 시기로만 일컬어지는 '당쟁시대'가 '예학시대'로 재정립되었고 당쟁의 발단이 된 '예송' 역시 일종의 학문적 담론으로서 재평가되었다. 1990년대에는 조선 예학 역사의 윤곽이 그려졌고, 조선 예학의 학파와 학문적 특성 및 예학자의 사상도 규명되었다. 예학은 전통사상의 중핵 중 하나로 자리 잡게 되었고 이는 주자 예학의 재평가를 의미하였다.[09]

그럼에도 불구하고 조선 예학에 대한 연구는 복제服制 논쟁을 중심으로 왕조례王朝禮에만 관심을 가지다 보니 다양한 측면, 예를 들면 사대부나 서민의 일상적 차원에서의 문제는 그다지 주목을 받지 못하고 있

06 박선웅, 「뒤르껭주의 문화사회학-분류체계와 의례를 중심으로」, 『한국사회학』 32, 1998, 921쪽.

07 도민재, 「조선전기 예학사상의 이념과 실천」, 『유교사상문화연구』 12, 1999, 117~118쪽.

08 최문형, 「조선 예학사상의 근대적 해석에 관한 소고-호르크하이머의 사회철학을 중심으로」, 『동양철학연구』 64, 2010, 105쪽.

09 이승연, 「주자 예학의 현대적 독해 – 주자 예학의 형식주의적 특성을 중심으로」, 『동양사회사상』 15, 2007, 3~4쪽.

다.[10] 아울러 유교의 예론은 신분질서와 관련시켜 보는 경우가 많다.[11] 예기禮記에 '예는 구별을 위한 것이다. 구별하기에 서로 공경하도록 해준다'[12]란 구절을 근거하여, 예의 본질적 의미를 군신, 부자, 형제, 남녀 등의 구별이 있은 후에야 공경이 뒤따르며, 이런 구분적 질서가 조화를 이루면 천하가 태평해진다고 보는 것이다.[13] 아울러 성리학의 예학 역시 유교적 이상사회라는 기존 질서의 유지와 강화라는 측면에서 주로 다룬다. 다시 말해 유교의 예는 기존 신분 질서의 유지와 강화라는 보수적 관점을 드러내는 사유로 보고 있다.[14]

그렇다면 의례에 대해 신뒤르켐주의가 주목하듯 의례에 대한 유교의 담론을 사회변동의 차원에서 접근해 볼 수는 없을까? 더불어 단순히 유교 예학의 현대적 의의와 계승할 점을 탐색할 뿐 아니라, 예학의 관점과 개념으로 오늘날 일어나고 있는 의례의 변화를 설명하고 바람직한 방향을 모색해 볼 수는 없을까? 이 글에서는 그 가능성과 접점을 탐색해 보고자 한다.

---

10 김미영, 「의례와 상징, 조선시대 유교의례의 사회적 기능과 상징적 의미」, 『국학연구』 14, 2009, 222쪽; 김남이, 「17세기 사대부의 주자가례에 대한 인식과 일상에서의 예 실천-우암 송시열의 경우를 중심으로」, 『정신문화연구』 29(2), 2006, 99쪽.

11 김미영, 앞의 논문, 229~234쪽; 박동인, 「정현 삼례주의 예학정신과 그 정치적 의미」, 『유학연구』 35, 2016, 248~254쪽; 임민혁, 「주자가례를 통해 본 조선의 예치」, 『한국학』 23(3), 2000, 53~59쪽.

12 『禮記』, 「樂記」, "禮者爲異, 異則相敬".

13 유숙, 『예의 정신』, 홍희 옮김, 동문선, 1994, 32쪽.

14 최문형(앞의 논문, 104~105쪽)은 동양철학이나 유학 전반을 근대성과 관련시켜 보는 논의는 그간 있어 왔지만, 예학(禮學)에 대해서만은 전근대적이라는 인식이 여전히 유지되고 있으며 이를 벗기어 내려는 실질적 노력은 거의 진행되지 못하고 있다고 본다.

2. 의례의 개념

의례에 해당하는 영어 rite와 ritual의 어원은 라틴어 ritus다. ritus는 '규정된 질서'란 의미를 가지고 있으며, artus(질서, 바름), ararisko(조화를 이루다. 적응하다), arthmos(관계, 연결)와 같은 그리스식 형태와 관련되어 있다고 한다. ar라는 어근 자체가 인도유럽의 베다(veda)어 rta, arta에서 비롯되었고 이 말들은 모두 우주의 질서, 신과 사람과의 관계, 인간 간의 질서에 관한 말이다.[15]

동양 전통 사회에서 예禮라고 할 때 예는 두 가지 뜻으로 쓰인다. 첫째는 원리로서의 예고, 둘째는 이러한 원리에 의하여 성인聖人이 만든 정치적 제도나 일반인이 지켜야 할 행동규범으로서 예, 즉 의례를 가리킨다. 맹자가 말하는 본성 속에 타고난 인의예지仁義禮智에서의 예가 첫째의 의미이고, 오례五禮니 가례家禮는 두 번째 의미다.[16]

시경詩經과 상서尙書 등의 중국 고전에서도 예는 초자연적 보호와 은총을 얻기 위한 조상숭배 혹은 다산숭배와 관련된 제사의례라는 의미로 사용하고 있다.[17] 허신의 설문해자說文解字에는 '예禮는 시행하다 실천하다의 이履이며, 신을 섬겨서 복을 받는 것이요, 시示와 풍豊의 두 부분으로 결합된 문자'라고 되어 있다. 시는 하늘이 형상을 드리워 주어 길흉을 보여주며 사람에게 드러내는 것으로서 신의 일, 신성한 일을 의미한다. 아울러 '풍은 예를 행하는 기물이다'라고 설명하고 있다. 풍豊은 풍豐과 동

15 박재환, 2002, 앞의 논문, 53쪽.

16 이동일, 「공동체에 있어서 유교적 가치의 함의」, 『동양사회사상』 4, 2001, 146쪽; 조준하a, 「유가의 예설」, 『동양철학연구』 14, 1993, 126쪽; 김현수, 「송시열의 예학사상 고찰-시의적 · 의리적 사고를 중심으로」, 『동서철학연구』 48, 2008, 77쪽.

17 김미영, 앞의 논문, 221쪽.

일한 것으로 두豆[18] 위에 제물이 놓여 있는 형상을 뜻한다. 즉, 시가 하늘이 인간에 현시顯示하는 것을 의미한다면 풍은 인간이 복을 구하고 기도하는 것을 의미한다고 할 수 있다. 따라서 예의 기원에서 제사가 중요한 의의를 가졌음을 알 수 있으며, 특히 하늘에 대한 제사가 중요시되었던 것으로 유추된다. 이런 점을 볼 때 예는 신령에게 제물을 바치는 행위에서 비롯하였음을 짐작할 수 있다.[19] 예기禮記에는 다음과 같이 좀 더 구체적으로 예의 기원을 설명하고 있다.

> '무릇 예의 시초는 음식에서 시작하였다. 기장을 굽고 돼지고기를 자르고, 웅덩이를 파서 물을 모아 손으로 떠서 마시고, 흙으로 북을 만들어 두드리는 것이었으나, 오히려 그 귀신을 공경하기를 지극히 하였다.'[20]

이렇게 신에 대한 제사에서 기원한 예는 하夏·은殷·주周 삼대를 거치면서 사회를 구성하는 개인이 그 지위에 따라 준수해야 할 규범으로 규정되었으며, 사람과 장소에 따른 언어·행동양식·감정표현 및 의식주에 관계된 삶의 총체적 의미로 확대되었다.[21] 즉, 귀신을 받드는 것에서 사람을 섬기는 것으로 뜻이 확장되었는데, 구체적으로는 길吉, 흉凶, 빈賓, 군軍, 가嘉과 같은 의제儀制로 나타났다.[22] 길·흉·빈·군·가는 바로 왕조국가에서 행하는 오례五禮를 가리킨다. 길은 제례에 해당하며, 흉은 상장례,

---

18 보통 콩이란 뜻으로 사용하나 고기를 담는 제기란 뜻도 가진다. 여기서는 후자를 말한다.

19 금장태, 『유교사상과 종교문화』, 서울대학교 출판부, 1994, 150~151쪽; 김미영, 앞의 논문, 221쪽.

20 『禮記』, 「禮運」, "夫禮之初, 始諸飮食. 其燔黍捭豚, 汙尊而抔飮, 蕢桴而土鼓, 猶若可以致其敬於鬼神."

21 김현수, 앞의 논문, 77쪽.

22 김미영, 앞의 논문, 221쪽.

빈은 사신을 맞이하는 것, 군은 군사나 군대에 관한 의례, 가는 혼례를 의미한다.

동서양 모두 의례는 신이나 하늘과 같은 초월적 존재와 교류하는 과정에서 출발했으며, 이러한 교류의 가장 원초적인 형식은 종교적 제의였다.[23] 뒤르켐도 의례를 '인간이 성스러운 대상에 대해 어떻게 처신해야 하는가를 규정하는 행동규범'으로 정의하고 있다.[24]

이렇게 인간의 행위규범으로서 의례는 적용되는 수준에 따라 몇 가지로 나누어 볼 수 있다.[25] 첫째, 자신과의 수준에서 나타나는 의례다. 개인은 자기 자신과의 내면적 교류를 빈번히 행한다. 혼자만의 시간을 보낼 때 사람은 가장 편안한 행동방식을 택한다. 그러나 이러한 자족적인 행동에서도 의례의 흔적이 그대로 배어있다. 편한 자세로 음악을 듣거나 책을 읽거나 차를 마시는 행동도 아무렇게나 하는 것 같아도 의례화된 행동양식에 따라 이루어지거나 자신만의 의례에 따라 행한다. 좀 더 격식 있는 의례는 명상이나 기도의 의식에서 찾아볼 수 있는데 일정한 자세나 몸가짐은 물론, 어떤 정해진 절차를 통해 자기를 탐색하거나 초월적 존재를 만난다.

둘째, 사적인 관계에서의 의례다. 직업이나 공무 등과 관련한 공적인 관계나 영역에서가 아닌 순수하게 개인적인 인간관계에서 이루어지는 의례다. 이는 흔히 '생활예절'과 관련된 의례가 여기에 해당한다.

---

23 박재환, 2002, 앞의 논문, 53쪽.

24 뒤르켐(E. Durkheim), 『종교생활의 원초적 형태』, 노치준·민혜숙 역, 민영사, 1992, 72~73쪽.

25 박재환, 2002, 앞의 논문, 9~12쪽. 박재환은 의례의 양태를 사적인 관계에서의 의례, 집단적 수준에서의 의례, 전체사회 수준에서의 의례 세 가지로 나누고 있다. 이 중 사적인 관계에서의 의례를 다시 자기 자신과의 내면적 교류에서의 의례와 사적인 영역의 사람들 간의 의례로 다시 나누고 있다. 그러면서 사적인 영역에서의 사람들 간의 의례가 현대사회에서 세대 간 갈등에서 주요한 문제로 보고 있다. 본 논문에서는 박재환의 논의에 따라 양태를 분류하되, 이를 조금 수정하여 사적인 관계에서의 의례를 두 가지로 나누어 의례의 양태를 총 네 가지로 정리하였다.

셋째, 집단적 수준에서의 의례다. 각종 집단과 조직은 자체의 존속과 기능을 위해 정해진 활동을 수행하여, 이러한 활동 속에서 그 집단 고유의 의례가 확립된다. 여기에는 입사식이나 환영회와 같이 새로운 구성원을 충원하고 맞아들이는 의례, 기념일이나 상벌제도 같은 집단의 공식적인 과업수행과 관련된 의례, 회식이나 체육대회·송년회와 같이 집단 성원들의 정서적 유대를 강화하기 위한 의례 그리고 집단을 상징하는 휘장이나 깃발, 대외 봉사활동 등 집단 자체의 이미지와 가치를 높이기 위한 의례 등이 있다.

넷째, 전체사회 수준에서의 의례다. 먼저 국가 주도의 정치적 의례를 들 수 있다. 공식적인 행사에서 국민의례가 대표적이다. 이를 통해 국가 정체성을 확보하고 애국심을 고취하는 정치적 수단이라고 할 수 있다. 이러한 의례는 전체주의 국가뿐 아니라 민주적인 국가에서도 예외 없이 행해진다. 한편 국가의 개입과 상관없이 사회구성원 대다수가 행하는 생활의례가 있다. 세시풍속과 같이 과거의 문화적 전승에 의해 이루어지기도 하며, 올림픽이나 월드컵 같은 거대 체육행사, 새로운 세시풍속이 된 여름휴가처럼 오늘날 새로이 형성된 세속적 의례도 있다.

3. 유교에서의 예와 의례

공자에서 비롯된 유가儒家는 태생적으로 예와 매우 밀접한 관계가 있다. 묵가墨家를 제외한 제자백가는 모두 직업에서 유래되었는데, 유儒는 의례와 관련된 직업이었다. 유는 은나라의 종교의례 집행자였고 공자는 의례를 잘 아는 사람 즉, 지례자知禮者로서 바로 이러한 유의 전통을 대변

하는 인물이었다.[26]

유교에서 예를 강조하는 것은 단지 형식적인 측면에만 초점을 맞춘 것은 아니다. 공자는 '예라는 것이 옥玉이나 비단을 말하는 것이겠느냐'[27]라면서 마음을 강조하고 있다. 마찬가지로 '내가 참여하지 않으면 제사를 하지 않은 것 같다'[28]라고도 했는데, 제사의 목적은 후손과 같이 제사를 올려야 하는 사람들이 신神을 기리는 데 있지, 단지 제사라는 행사가 열렸는지 아닌지가 중요한 게 아니란 것이다. 이 역시 정성이 실체이며, 예식禮式은 형식에 지나지 않기 때문이라고 보았기 때문이었다.[29]

또한 유교에서는 예를 도덕심이나 사적 관계를 넘어 전체사회의 질서를 구성하고 유지하는 핵심 기제로까지 삼았다. 중국 고대에 성립한 예제禮制 질서秩序와 예를 통한 통치는 한나라가 유교를 국가이념으로 삼은 이후 오랫동안 중국역사를 지배해 왔다. 이러한 영향력은 중국에만 그친 것이 아니었다. 특히 조선은 법 이전에 예가 사회를 통합·조화시키는 기능을 담당했다. 조선의 예는 단순히 도덕적, 의례적 측면에서만 논할 수 없다. 예의 본질과 성격에 비추어 정치, 사회뿐 아니라 경제에도 영향을 미치는 국가의 운영원리로도 작동했다.[30] 이렇게 통치로서의 예의 필요성은 공자의 말에서부터 나타난다.

> 공자께서 말씀하시었다. "지식으로써 이치를 파악하더라도 인仁이 그것을 지켜내지 못하면, 비록 지위를 얻더라도 반드

---

26 김용옥, 『논어한글역주』, 2008, 통나무, 521~522쪽; 한재훈, 「조선시대 예학의 난제들과 학파간 교섭을 통한 예악의 생태계 형성」, 『동방학지』 190, 2020, 196쪽.

27 『論語』, 「陽貨」, "禮云禮云, 玉帛云乎哉."

28 『論語』, 「八佾」, "子曰: "吾不與祭, 如不祭.""

29 조준하b, 「유가의 예설」, 『동양철학연구』 14, 1993, 12쪽.

30 임민혁, 앞의 논문, 42쪽. 임민혁은 조선이 경제적으로 크게 발달하지 못한 것은, 예에 기초하여 신분제도를 수립하였고 이로 인해 공상(工商)을 천시하였기 때문으로 본다.

시 잃는다. 지식으로써 이치를 파악하고 인이 그것을 지켜내더라도, 장엄한 인격으로써 임하지 아니하면 백성들은 공경하지 아니한다. 지식으로써 이치를 파악하고, 인이 그것을 지켜내고, 장엄한 인격으로써 임하더라도, 백성을 예로써 움직이지 아니하면, 아직 온전하다고 말할 수 없다".[31]

위의 구절에서 보듯 공자는 전통적인 예를 계승하면서 인仁을 제기하였는데, 결국 인이 완전히 실현되기 위해서는 예가 필요하다고 보았다. 지知, 인仁, 장莊, 예禮 모두 정사政事를 행하는 데 필수적인 것이나 예는 지, 인, 장 모두를 이루어 주는 최후의 규범이며, 완전한 선을 이루게 하는 데는 예가 반드시 있어야 한다는 뜻으로,[32] 실천을 강조하는 유교사상에서 행위규범인 예는 당연히 중요할 수밖에 없다.

박재환은 의례의 본질 중 하나로 욕망의 발현과 은폐를 들고 있다. 사람의 삶은 수많은 욕구와 이를 충족하기 위한 행위의 연속이라고 할 수 있다. 그런데 욕구와 행위와의 관계가 자동반사적으로 연결되지 않는 데 인간 존재의 특성이 있으며, 이를 위해서는 사회마다 일정하게 정해진 절차와 형식이 있다. 이런 점에서 의례는 인간이 직면하고 있는 각종의 적나라한 실체와 욕망을 사회 속에서 충족시키는 그릇으로 본다.[33] 의례를 인간 욕구와 관련시키는 것은 순자荀子의 논의에서도 볼 수 있다. 순자는 예가 욕구의 통제에서 비롯되었다고 하면서 그 기원을 왕의 통치와 연결시키고 있다.

예는 어디에서 비롯되었는가? 말하기를 사람은 나면서부터

31 『論語』, 「衛靈公」, "子曰: '知及之, 仁不能守之, 雖得之, 必失之. 知及之, 仁能守之, 不莊以涖之, 則民不敬. 知及之, 仁能守之, 莊以涖之, 動之不以禮 未善也.'"

32 조준하b, 앞의 논문, 28~29쪽.

33 박재환, 2002, 앞의 논문, 4~5쪽.

> 욕구가 있다. 욕구하면서도 얻지 못하면 구하지 않을 수 없고, 구하는데 정도와 양에 한계가 없으면 다투지 않을 수 없게 된다. 다투면 어지럽게 되고 어지러우면 궁해진다. 선왕先王이 그 어지러움을 싫어하였으므로 예의를 만들어 나눔을 짓고, 사람의 욕구를 기름으로서 사람이 구하는 바를 공급하여 주었다. 욕구가 반드시 물질을 궁하지 않게 하고 물질은 반드시 욕구하는 바에 모자라지 않게 했다. 이 두 가지가 서로 지켜져야 오래가게 된다. 이것이 예의 비롯됨이다.[34]

순자는 그와 마찬가지로 서양에서 성악설을 주장한 홉스(Hobbs)처럼 인간 욕구 때문에 '만인에 대한 만인의 투쟁'이 발생할 수밖에 없으며 그래서 규범이 필요하고 왕이 예를 만들어 다스렸다는 것이다. 한편 예의 기원을 욕구의 통제와 관련시킨다는 점에서는 프로이트의 억압가설과도 통한다. 프로이트는 인간은 남근기에 성적 욕망을 억압하는 과정에서 아버지의 권위를 인정하게 되는데 이 과정에서 아버지로 상징되는 사회문화적 규범과 가치를 내면화하게 된다고 보았다.[35]

순자와 달리 성선설을 주장하듯, 맹자는 이와는 다른 차원에서 예에 대해 접근한다. 순자 등이 예를 외재하는 사회적 규범으로 그리고 이를 내면화하는 것으로 보는 반면, 맹자는 예를 인간의 내재적 특징으로 본

---

34 『荀子』, 「禮論」, "禮起於何也 曰, 人生而有欲. 欲而不得, 則不能無求. 求而無度量分界, 則不能不爭. 爭則亂, 亂則窮. 先王惡其亂也, 故制禮義以分之, 以養人之欲, 給人之求. 使欲必不窮乎物, 物必不屈於欲. 兩者相持而長. 是禮之所起也."

35 물론 인간 욕구를 바라보는 근본적인 시각은 동양과 서양이 다르다. 서양은 인간의 욕구를 근본적으로 부정하여 이를 억눌러야 하는 것으로 보았지만, 유가에서는 과욕(寡慾)을 강조하지만 무욕이나 멸욕을 논의한 적은 없다. 욕망의 맹목적인 충족을 부단히 경제한 것이었다(정학섭, 「도박중독에 대한 동양사상적 해석과 전망」, 『사회사상과 문화』 24, 2011, 157쪽). 언급한 순자의 말에서도 욕구는 오히려 적절하게 기르는 것이다.

다. 즉, 예는 인간의 본성으로 애초부터 인간의 내면에서 나온다는 것이다.

맹자는 인간의 본성을 선하다고 보고, 인의예지仁義禮智를 그 본성으로 들고 있다. 어짊[仁], 정의감[義], 지성[智] 등을 인간의 내면적 본성으로 보는 것은 흔히 생각할 수 있으나, 예와 같이 행동양식과 관련한 것을 본성으로 보는 것은 매우 독특하다고 할 수 있다. 행위규범으로서의 예는 해당 문화 안에서 통용되는 예를 배우지 않고서 실천하기 어렵다. 이에 비해 본성으로서의 예는 행위양식으로서의 예를 실천할 수 있는 내재적 능력이다. 예라는 본성으로 말미암아 예라는 행위양식을 행할 수 있는 것이다.[36] 인의예지의 사덕四德은 사단四端으로 발현된다. 예는 사양지심辭讓之心 또는 공경지심恭敬之心을 그 단端으로 한다. 이렇게 인간이 고유한 본성에서 비롯되는 것이기 때문에 사람은 예를 행할 수 있다고 본 것이었다. 맹자는 예를 단지 필수적인 행위규범에 그치는 것이 아니라 인간 본성의 차원으로 끌어올리고 있다.

구조기능주의자 파슨즈(Parsons)도 규범을 외재적 통제가 아니라 내재적 가치지향과 연결시킨다. 그는 공리주의를 비판하면서 규범에 대해 잘못된 오해를 지적한다. 규범은 계약 규칙, 즉 계약의 조건처럼 단순히 외부에서 규제하는 것이 아니며 규범은 직접적으로 행위자의 목적 그 자체를 구성한다고 보았다. '도덕적 규칙은 그것이 의무적인 것'으로 어쩔 수 없이 받아들이는 것이라면 오히려 '도덕적이지 않으며', 도덕은 '개인의 행복 그리고 자기성취가 얽혀있어야' 한다면서 규범의 내면적이고 자발적인 측면을 강조한다.

한편 주자는 예를 그 원리와 행동양식으로 나누어 설명하고 있다. 주자가례에 붙인 서문에서 이를 각각 본本과 문채文彩라고 표현하는데,

36 이치억, 「본성으로서의 예에 대한 일고찰」, 『한국사상과 문화』 82, 2016, 153쪽.

가례의 본이 '명분을 지킴'名分之守과 '사랑과 공경의 진실함'愛敬之實에 있다면 가례의 문채는 '관혼상제冠婚喪祭'와 의장儀章·도수度數'에 있음을 들었다.[37] 이러한 구분은 그의 철학적 개념인 리理와 사事와 결부시켜서 논의하기도 한다. 예기에 '예라는 것은 리'라고 언급되어 있으며, 이렇게 보는 것이 전통적인 해석이었다. 주자는 여기에 예의 의칙儀則을 '사'라고 하였다. '리'는 이치나 원리를 말하며, '사'는 사물과 구체적으로 현상이 일어나는 사태 일체를 가리킨다. 즉, 원리로서의 예의 측면을 '리'로, 구체적인 규범과 실행을 '사'라고 한 것이다. 이렇게 예를 '리'와 '사'로 구분한 것은 결국 인간이 놓여있는 도덕적 정황과 사태가 도덕에 합치하는 것 즉, '사'가 '리'에 합치하도록 하는 것이 예라고 하는 점을 설명하기 위해서였다.[38]

예를 들어 이러한 구분을 기년상을 지낼지 삼년상을 지낼지 공자와 제자가 논의하는 논어의 이야기에 적용시켜 볼 수 있다.

> 재아가 여쭈었다. "삼년상은 만 일 년으로 줄여도 이미 충분히 오래라고 할 것입니다. 군자가 삼 년 동안 예를 행하지 않으면 예가 반드시 무너지고, 삼 년 동안 악樂을 익히지 않으면 악이 반드시 망그러질 것입니다. 묵은 곡식이 다 없어지고 새 곡식이 무르익으며, 불씨 만드는 나무도 다 바뀌니, 일 년이면 그칠 만한 것입니다." 이에 공자께서 말씀하시었다. "그 기간에 쌀밥 먹고 비단 옷 입는 것이 너에게는 편안하냐?" 재아가 대답하였다. "편안하옵니다." 공자께서 말씀하시었다. "네가 편안하면 그리해라. 대저 군자가 상(喪)에 거하는 동안에는 맛있는 것을 먹어도 입맛이 없으며, 음악을 들어도 즐겁지 아니 하며, 거처하는 것 그 자체가 편안

37 금장태, 「주자가례의 형성 과정」, 『동양철학연구』 14, 1993, 49쪽.
38 이승연, 앞의 논문, 7~10쪽.

> 치 아니한 법이다. 그러므로 그리하는 것인데, 지금 네가 편안하다 하니 너는 그리해라." 재아가 밖으로 나가자 공자께서 말씀하시었다. "여(재아의 이름) 그대는 참으로 불인不仁한 자로다. 자식이 태어나서 삼 년이 지난 후에야 겨우 부모의 품을 벗어나게 된다. 대저 삼년상이란 온천하의 공통된 상례喪禮이거늘. 여야, 부모에게 삼년의 사랑이 있어야 하지 않는가?"[39]

여기서 보면 삼년상이나 기년상朞年喪은 구체적인 의례의 행위규범에 해당한다. 그리고 공자가 말한 사람이 태어나서 삼 년 동안 부모의 품에 있기 때문에 삼년상을 치른다는 것이 상례의 구성 원리다. 편안함이나 인仁, 사랑 등이 의례의 본질 또는 본성과 관련한 것이다. 여기서 일 년이냐 삼 년이냐 하는 것은 의례의 도수度數에 해당하는 것인데, 공자는 문채를 고집하거나 강요하지는 않는 모습을 보여주고 있다.

4. 의례의 변화와 사회변동

사회의 문화적 구성요소로서 의례는 당연히 전체 사회변동과 밀접한 관계가 있다. 박재환은 사회변동이 의례변화를 일으키는 요인으로

---

39 『論語』, 「陽貨」, "宰我問: "三年之喪, 期已久矣. 君子三年不爲禮, 禮必壞; 三年不爲樂, 樂必崩. 舊穀既沒, 新穀既升, 鑽燧改火, 期可已矣." 子曰: "食夫稻, 衣夫錦, 於女安乎." 曰: "安." "女安, 則爲之. 夫君子之居喪, 食旨不甘, 聞樂不樂, 居處不安, 故不爲也. 今女安, 則爲之." 宰我出. 子曰: "子之不仁也. 子生三年, 然後免於父母之懷. 夫三年之喪, 天下之通喪也, 子也, 有三年之愛於其父母乎.""

서 다음과 같은 두 가지를 들고 있다.[40] 먼저, 마르크스주의에서 지적하듯이 경제적 토대의 변화가 사회관계의 변화를 유도하고 종국에는 문화와 같은 상부구조의 변화를 초래한다. 둘째, 의사소통 방식의 변화로 인해 의례문화가 변화하는 경우다. 특히 현대사회에서는 매체 기술의 획기적인 발전이 경제적 이해관계보다 사람들 간의 사회관계에 미치는 영향이 더 직접적일 때가 많다. 한때 연말이면 연하장 등을 주고받았으나, 오늘날에는 문자서비스나 인터넷 메신저로 하는 것이 일반화되고 있다. 또한 만남의 약속도 역시 고정된 시간과 내용을 갖는 것이 아니라 만나기 전까지 쉽게 변경 가능한 것으로 양해되는 양상도 휴대전화의 대중화와 함께 일어나는 변화다.

한편, 의례가 사회변동을 주도하거나 촉진하는 경우도 있다. 신뒤르켐주의자들이 주목하는 지점이 바로 이것이다. 그들은 의례가 기존 질서나 지배적인 분류체계를 구조화시키기도 하지만, 리미널(liminal)한[41] 속성 때문에 오히려 반구조(反構造 anti-structure)화시키거나, 타구조(他構造 other-structure)화 시키기도 한다고 본다. 즉 의례가 기존 질서에 의문을 제기하는 계기를 제공하거나, 새로운 사회질서가 출현할 수 있도록 한다는 것이다.[42] 그렇다면 동양사상, 특히 유교적 전통 속에서 예가 사

---

40 박재환, 앞의 논문, 65~67쪽.

41 리미널(liminal)은 문지방, 문턱 또는 경계를 뜻하는 라틴어 리멘(limen)에서 나온 것이다(조대원 · 임종엽, 「리미널 스페이스의 특성과 건축적 응용 및 재현에 관한 연구」, 『대한건축학회 학술발표논문집』 23(10), 2003, 279쪽). 이 용어는 네덜란드의 문화인류학자 반 겐넵(van Gennep)이 통과의례에서 나타나는 전이(轉移)단계를 설명하기 위해서 사용하였다. 리미널은 이쪽도 저쪽도 아닌 상태로 다른 영역으로 들어가기 위해 예비하는 영역이자 금기나 의례의 공간이다. 리미널한 속성을 리미널리티(liminality)라고 한다(반 겐넵, 『통과의례』. 전경수 역, 을유문화사, 1995, 45~57쪽). 터너(V. Tuner)는 의례당사자의 지위가 리미널한 상태, 즉 모호하고 불확정적이며 따라서 때로는 지위전도현상이 일어난다고 본다. 바로 이 과정에서 기존 질서에 대한 도전과 특정 사회집단에 대한 결속이 강화된다고 하였다(터너, 『제의에서 연극으로』, 김익두 · 이기우 역, 민속원, 2014, 36~98쪽).

42 박선웅, 앞의 논문, 921~925쪽.

회변화와 관련하고 있는 측면은 없을까? 흔히 복고적이고 보수적이라고 생각하기 쉬운 성리학에서 그 내용을 찾아볼 수 있다.

단순히 예의 원래 모습을 회복하려는 것이 주자가 예를 강조한 유일한 이유는 아니다. 오히려 주자는 예를 통해 새로운 사회상을 제시하고자 했고 또 그런 이상적인 사회를 현실 속에 구현하고자 했다. 그는 '주자가례'를 통해 새로운 사회를 형성하려는 의지를 보였다. 그리고 주자가례의 편찬 작업에는 주자의 문인들이 대거 참여했는데, 이들 중 상당수는 재지在地 사인士人들이었다. 이들은 과거 관료들이 만들어낸 현실을 비판하며 새로운 이상사회를 펼쳐 보이고자 했다. 주자가례의 내용도 고례古禮에 따른 것은 절반 정도에 불과하며, 나머지 절반은 속례俗禮와 자신이 만든 것이었다.[43] 즉, 주자는 복고적으로 과거 사회를 돌아가고자 한 것이 아니라 의례를 통해 새로운 사회를 형성하려고 한 것이다.

물론 주자가 새롭게 의례를 창작해 내려고 한 것은 아니었다. 그는 유교 경전 중 하나인 '의례'儀禮를 중시하면서 이의 부활을 주장했다. 그러나 실제로 '의례'는 구현하기 어려운 번잡한 것이었고, 그는 '주자가례朱子家禮'를 편찬하기까지 했다. 그럼에도 그가 '의례'를 강조한 까닭은 '의례'의 주요 내용이 관혼상제를 중심으로 한 사대부의 일상적 행위규범이었기 때문에 수신修身과 가家의 재편을 통해 사회를 개혁하고자 하는 그의 이상에 출발점이 되기 때문이었다.[44] 그의 성리학은 가家에서 향鄕 그리고 국國으로 확대되어 가는 세계상을 보여주고 있다.[45] 한마디로 '수신제가치국평천하修身齊家治國平天下'의 경세론을 주장한 것이다.

주자학은 사상이 배태된 중국보다 오히려 조선에서 더 꽃을 피웠다.

---

43 이승연, 앞의 논문, 17쪽; 황원구, 「주자가례의 형성 과정」『인문과학』45. 1981, 115쪽.

44 반면 송의 개혁주의자였던 왕안석은 국가체제의 전면적인 개편을 통한 사회개혁을 추구했고, 따라서 주나라와 전국 시대 여러 나라의 조직과 관직제도 등을 기록한 '주례'를 중시하였다(이승연, 앞의 논문, 15쪽).

45 이승연, 앞의 논문, 17쪽.

따라서 예를 통해 새로운 사회를 만들고자 한 모습도 조선의 역사에서 잘 드러난다.

고려 말 성리학의 전래와 함께 주자가례도 도입되었다.[46] 하지만 적어도 조선전기 특히 16세기까지는 여전히 기존 의례나 고유한 풍습의 경향이 지속되거나 최소한 유교의례와 병존했다. 이념적으로는 예학사상이 발달해 가고 주자가례의 철저한 준행을 강조했지만, 이황과 제자들이 사당의 건립을 중심으로 주자가례의 종법을 일부분 실현하려는 움직임이 있는 정도였다. 예를 들어 상장례의 경우에는 고려 말 공양왕 원년인 1319년에 불교식 화장이 금지되면서 조선 성종 대에 유교식 매장문화가 정착된 정도를 제외하면 여전히 무덤과 시신을 중시하는 시묘살이가 일반적이었으며, 주자학에서 주장하는 가묘家廟와 신주神主를 중시하는 반곡反哭은 잘 행해지지 않았다. 주자가례의 종법宗法을 중심으로 한 가부장적 가족제도와 이에 따른 의례문화도 여전히 뿌리내리지 못하고 있었다. 혼례도 친영례親迎禮가 아닌 서유부가혼속壻留婦家婚俗에 따라 이루어졌으며,[47] 제례에서도 자손가의 윤회봉사輪回奉祀와 외손봉사外孫奉祀까지 가능했고,[48] 상속에서도 남녀균분제가 유지되었다.[49] 즉 가족제도에서도 여전히 부거제父居制보다는 우리 고유의 양거제兩居制적 경향이 유지되었다.

---

46 최근덕, 「여말선초 주자가례의 전래와 전개과정」, 『동양철학연구』 14, 1993, 61~62쪽; 박종천, 「상제례의 한국적 전개와 유교의례의 문화적 영향」, 『국학연구』 17, 2010, 369쪽.

47 친영례는 중국의 풍속으로 신부가 신랑의 집으로 가서 혼례를 올리고 시집살이를 하는 것으로 부거제에 해당한다. 반면, 서유부가혼은 고구려의 서옥제(壻屋制)에서도 나타나는 것으로 신랑이 신부의 집으로 가서 혼례를 치르고 장기간 처가살이를 하다가 자녀가 장성하면 신랑의 집으로 돌아오는 혼인 풍습인데 한민족의 고유한 결혼 풍속으로 부부가 처가와 시댁에서 각각 절반씩 사는 양거제에 해당한다.

48 윤회봉사는 제사를 장남과 같이 한 자식이 전담하지 않고 여러 자녀가 나누어 맡거나 돌아가며 제사를 지내는 것이며, 외손봉사는 말 그대로 딸과 그 후손들이 제사를 올리는 것이다.

49 박종천, 2010, 앞의 논문, 369~370쪽.

이는 단지 평민들뿐 아니라 양반층에서도 지속되었다.[50]

국가수준에서는 무속이나 불교에서 비롯된 각종 제사가 금지되고, 성황제나 산신제 등도 유교식 제사로 재편되었다.[51] 하지만 왕조에서도 주자가례는 온전히 받아들여진 것이 아니었다. 단지 주자가례의 예치禮治 이념이 국가 통치이념으로 인식되는 정도에 그치고 있었을 뿐이었다. 조선 전기의 가례 시행을 둘러싼 여러 논의도 주자가례의 교조적 시행을 둘러싸고 벌어지지 않았다. 예를 들어 중종 대의 전례논쟁에서도 주자가례가 아니라 국조오례의를 중시하는 파와 고례를 중시하는 파가 대립한 것도 바로 이러한 점을 보여 준다.[52] 이는 조선 전기 집권양반층인 개국사대부와 훈구파에게는 국가체제의 정비에 1차적인 목적이 있었기 때문이었다. 이들은 국가의례를 정비하는 일이 중심이었고, '국조오례의'는 국가예식의 수립을 위해 형성된 것이었다.[53] 따라서 의례의 전거로서는 '주례'周禮가 강조되었다.[54]

반면, 가례에 관심을 두고 이를 정비하고 실현하려고 한 것은 사림파였다. 이들은 고려 말 신진사대부였지만 조선의 역성혁명에 반대했던 정몽주나 길재와 맥을 같이한 사람들로 주로 낙향하여 학문을 닦거나 후진 양성에 힘썼다. 이들은 관료로서의 길을 포기하는 대신 '가례'와 '향례'의 실천을 통해 성리학적 이상사회를 구현하고자 하였다.[55] 사림파는 향약을 통해 유교적 윤리와 의례를 향촌에 보급하고자 했으며, 이를 통

50 이일래, 「21세기 부산 결혼이야기」, 『부산인의 신생활풍속』, 일상성 · 일상생활연구회 편, 부산발전연구원, 2004, 199~200쪽. 대표적인 것이 율곡 이이의 집안이다. 그가 나고 자란 오죽헌은 친가인 덕수 이씨의 가택이 아니라 어머니 평산 신씨의 집이었다.

51 박종천, 「조선 전기 예학사상과 실천적 양상」, 『안동학』 14, 2015, 140~141쪽.

52 임민혁, 앞의 논문, 63쪽.

53 도민재, 앞의 논문, 132쪽; 최문형, 앞의 논문, 117쪽; 최근덕, 「여말선초 주자가례의 전래와 전개과정」, 『동양철학연구』 14, 1993, 65쪽.

54 임민혁, 앞의 논문, 56쪽.

55 이승연, 앞의 논문, 2쪽.

해 향촌 내에서의 자신들의 위치를 확립하는 효과도 보았다.[56] 몇 차례 사화를 겪기도 했지만, 성종~중종 시기를 거치며 사림파가 조정에 진출하면서 국가적 차원에서 가례가 본격적으로 논의되기 시작했고 예학도 주목의 대상으로 떠오르게 되었다.[57]

17세기에 오면 예학시대라고 불릴 만큼 예학의 전성기를 맞는다. 이전부터 진행되어 왔던 예학의 깊이가 심화되었으며, 조선전기처럼 고유 풍속에 대한 조화와 포용의 경향보다 철저한 유교적 예제의 시행을 통한 질서 확립에 관심이 더해졌다.[58] 이는 의례 가운데 오례와 같은 국가 의례는 안정된 반면, 가례 등은 여전히 민간에 정착되지 못하고 있기 때문이기도 했다.[59] 사회적 배경으로는 임진왜란·병자호란 등 전란으로 무너진 사회기강을 바로잡고 상품유통의 발달 등 사회경제적 변화로 인해 동요하는 사회에 대응해야 하는 필요성이 커졌기 때문이었다.[60] 따라서 가례를 중심으로 하는 유교적 의례가 양반사회뿐 아니라 일반 서민의 삶에도 광범위한 영향을 미치게 되었다. 국가에서 끈질기게 장려하고 때로는 강제했기 때문이었다. 원래 예기禮記에는 '예는 서민에게 내려가지 않는다禮不下庶人'하였으나 조선 후기에는 주자가례의 시행을 서민가정에까지 강요하는 분위기였다.[61]

조선이란 새로운 국가가 건설되면서 유교를 통치이념으로 삼고 예학이 전개되는 과정은 예를 통해 새로운 사회질서를 수립하고 확산하려는 노력을 잘 보여준다. 이는 조선시대를 관통하는 흐름으로, 왕조를 중

---

56 도민재, 앞의 논문, 132쪽.

57 최문형, 앞의 논문, 117쪽; 최근덕, 앞의 논문,, 65쪽.

58 도민재, 앞의 논문, 118~119쪽.

59 고요한, 「예 담론의 전개 및 예학의 교육인간학적 재구성」, 『한국사상과 문화』 28, 2005, 282쪽.

60 임민혁, 앞의 논문, 65쪽; 도민재, 앞의 논문, 118쪽; 고요한, 앞의 논문, 281쪽; 최근덕, 앞의 논문, 65쪽.

61 최문형, 앞의 논문, 119쪽; 최근덕, 앞의 논문, 63쪽.

심으로 한 국가에서부터 양반으로 최종적으로는 백성의 삶으로까지 흘러내리는 것이었다. 유교의례는 국가의례, 향촌의례, 가정의례라는 중층적 구조를 가지고 있다. 여기에 수신修身의 영역까지 더하면 앞서 살펴본 의례의 수준에 따른 분류와 대체로 상응한다. 수신은 자기자신과의 수준에서의 의례, 가례는 사적인 관계에서의 의례, 향례는 집간적 수준에서의 의례, 국례는 전체사회 수준에서의 의례로 볼 수 있다. 유교의 예 사상의 특징은 바로 여러 수준의 의례를 하나의 원리 즉, 원리로서의 예에서부터 설명하고 구성하고자 한다는 점이다.

예를 통한 새로운 사회질서의 형성은 프랑스의 사회학자 르페브르가 말한 '문화혁명'을 떠올리게 한다.[62] 르페브르의 문화혁명은 자본주의적 일상을 극복하기 위한 것으로 단순히 국가나 재산관계만을 개혁하는 것이 아니라 조직화된 일상생활의 변혁이며, 성의 혁명, 도시개혁, 일상성과 축제의 대립 종식 등 삶 전체를 개조하는 혁명을 말한다. 즉, 정치적·경제적 수준에서의 변혁뿐 아니라 일상의 근본적인 변화를 의미한다.[63] 물론 정치지향과 내용에서는 전혀 다른 논의일 수 있지만, 그 개념 형식에서는 유사한 점이 있다.

> 이것은 문화에서부터 출발하는 혁명이 아니고, 문화를 위해서 또는 문화에 의해서 이루어지는 혁명은 더더욱 아니다. … 문화혁명은 문화의 창조를 그 의미와 목표로 삼고 있는데, 이때 문화란 제도가 아니고 생활양식이다. 문화혁명은 우선 철학의 정신 속에서의 철학의 실현으로 정의된다. … 철학의 실현이 이론적 혁명을 결정하고, 이 이론적 혁명에 의

---

62 르페브르, 『현대세계의 일상성』, 박정자 역, 기파랑, 2005, 342~358쪽. 문화혁명이라고 했을 때 마오쩌둥이 주도한 문화혁명이 유명하다. 마르크스주의자이긴 하지만 르페브르(H. Lefebvre)는 중국의 문화혁명은 전혀 모델로 삼을 수 없다며, 자신의 개념을 차별화하고 있다.

63 최종욱, 「'앙리 르페브르의 일상생활비판'에 대한 비판적 소론」, 『어문학논총』 12, 1993, 345쪽.

해 문화혁명이 시작된다.[64]

5. 현대 한국의 의례변화

조선 후기 예송논쟁에 대한 사람들의 인식은 대체로 부정적이다. 실용과는 거리가 먼 관념적인 주제로 벌인 소모적인 행태이며 조선시대 당쟁의 폐해 중 대표적인 것으로 꼽는다. 그러나 의례를 둘러싼 논쟁은 오늘날에도 여전히 나타나고 있다. 최근 모 장군의 국립묘지 안장을 둘러싼 논란을 예로 들 수 있다. 이 논란에서 안장 여부뿐 아니라 서울 현충원과 대전 현충원의 차이, 묘역 크기의 차이 등도 주목받기도 했는데, 이는 상례의 문채文彩, 구체적으로는 도수度數에 대한 것이다[65]. 또한 몇 년 전 오일팔 민주화 운동의 기념식에서 '임을 위한 행진곡'의 제창 문제를 두고 일어났던 갈등이나 흔히 공식행사에서 의전을 둘러싼 힘 있는 사람들 간의 경쟁 등 여전히 의례와 관련한 논쟁은 허례를 지양하고 실질과 합리를 추구한다는 현대사회에서도 현재진행형이다.

인간은 의례 없이 살아갈 수 없을 뿐 아니라, 의례의 규범과 실행의 문제는 단지 도덕이나 상징적인 차원의 것일 뿐 아니라 정치적 권력의 문제이자 사회적 지위, 경제적 자원 배분 등과 관련된 지극히 현실적인 것이다. 즉 의례를 둘러싼 갈등과 경쟁은 헤게모니(hegemony)[66] 투쟁이라고

---

64 르페브르, 앞의 책, 354~355쪽.

65 뉴시스 2020년 5월 31일자. "[군사대로] 장군 묘역은 8평 ... '1평으로 돌아가는 게 시대정신'"

66 그람시(Gramsci)가 말하는 헤게모니 개념부터가 문화는 단지 관념적인 차원의 문제가 아니라 자본주의 사회의 경제적·정치적 지배와 관련되며, 어떤 사회를 만들거나

할 수 있다.

이런 공적 영역의 문제뿐 아니라 일상적인 생활영역에서 일어나는 의례의 변화도 살펴볼 필요가 있다. 우선 관혼상제를 놓고 보면, 관례는 매우 약화되었고 혼례는 서구화되었으며[67], 상례와 제례는 횟수와 규모의 축소, 실행 시공간의 변화, 의례대상과 주체의 성격 변모 등 편의성을 추구하는 방향으로 바뀌고 있다.[68] 또한 이런 일생의례에 공통적으로 나타나는 경향 중 하나는 바로 상업화·상품화다.[69] 의례가 일종의 대량생산되는 서비스상품이 되면서 그 외형과 형식만을 돈으로 차리게 될 뿐,[70] 마음과 정신은 뒷전으로 밀리는 현상이 나타난다. 즉, 의례의 본本은 사라지고 문채文彩만이 남은 것이다. 의례의 간소화나 편리의 추구는 의례의 문채가 변화한 것으로도 볼 수 있지만, 상품화는 의례에 담긴 의미가 약화되거나 사라질 수 있다는 점에서 문제라고 볼 수 있다.[71]

한편, 기존 의례의 변화와 함께 공식화되지는 않았지만 새롭게 나타나고 있는 의례들도 주목할 필요가 있다. 예를 들면 '밸런타인데이[72]'를 위시하여 '화이트데이', '블랙데이', '로즈데이', '삼겹살데이', '빼빼로데이'

유지할 것인가 하는 구체적 삶의 문제와 관련되어 있음을 보여준다.

67 그렇다고 완전히 서구화된 것은 아니다. 폐백이라는 전통 혼례의 절차가 변형되어 결합되어 있으며, 서구식으로 알고 있는 것들도 그 기원이 모호한 가상의 것, 즉 옥시덴탈리즘(occidentalism)인 경우도 많다(송도영, 「의례공간 소비의 '키치'화, 예식장」, 『한국문화인류학』 28, 1995).

68 박종천, 2010, 앞의 논문, 373~391쪽.

69 이일래, 앞의 책, 231쪽.

70 아울러 의례의 상품화는 획일화를 초래하기도 한다.

71 전통사회에 비해 시간적 여유가 부족한 삶을 살아가는 현대인들이 서비스를 구매함으로써 의례를 대처하는 것이라고 할 수 있다. 이런 사회적 조건의 변화 속에서 이전 시대에 형성된 복잡하고 시간도 많이 드는 형식을 고집하여 상품화된 의례로 치르기보다는 차라리 간소화하더라도 몸소 의례를 행할 수 있게 하는 것이 의례의 본질에 더 가까울 수 있을 것이다.

72 밸런타인데이는 원래 기독교 전통에서 비롯되는 것이다. 하지만, 초콜릿을 선물하는 것은 서구문화와 아무런 상관이 없는 것으로, 일본에서 제과회사가 만들어낸 풍습이다.

등 젊은이들 사이에는 각종 '데이'들이 새로운 기념일이자 현대사회에서 일종의 절기節氣로 나타나고 있다. 이러한 의례는 일상생활에서 특별한 의미를 부여한 날의 이벤트를 통해서 일상에서 사건으로 전환하여 새로운 삶의 활력을 얻고 전기轉機를 이루려는 사람들의 욕구와 부합한다.[73] 또한 약화되거나 사라진 것처럼 보이는 의례도 다른 의례로 기능적 대체가 이루어기도 한다. 졸업식날 일부 학생들 사이에서 교복을 찢거나 밀가루를 뿌리는 문화가 있어서 사회적 비난이 일기도 했다. 그러나 달리 보면, 공식적인 관례冠禮가 사라진 오늘날 한국사회에서 졸업식은 일종의 성인식으로 작동한다. 교복을 찢거나 밀가루를 뿌리는 행위는 미성년자 지위를 상징하는 의복을 훼손함으로써 이전 지위에서 벗어나고 새로운 지위로 들어감을 상징한다고 볼 수 있다. 즉, 관례에 대한 일종의 기능적 대체물이라고 할 수 있다. 한국에서 만우절에 대학생들이 고교시절 교복을 입고 돌아다니는 것도 축제나 통과의례에서 흔히 나타나는 지위전도 현상이라고 볼 수 있다. 이렇게 보면 현대사회에서도 의례는 약화된 것이 아니라, 비공식적으로나마 우리의 일상을 채우고 있다고 할 수 있다.

전통사회에서 의례는 문화적 원리에 기초하여 구체화되었다. 특히 유교는 예를 통하여 그 이념을 실현하고 사적 의례부터 국가의례에 이르기까지 일관되게 의미와 철학을 담고자 했다. 그러나 오늘날의 의례가 나름대로 의미를 가지고 있다고 하지만, 그 의미는 어떤 것이며 또한 그 의미를 의례수행자가 인식하고 성찰하게 하는지 의문이다. 지나치게 가볍거나 단순히 기능적 의미만을 가졌거나, 의례를 경험하는 사람들도 의미는 모른 채 형식의 재현만을 쫓아가는 것처럼 보이기 때문이다. 의미의 약화는 혼례를 마치고 신랑의 집으로 돌아와 올려야 하는 폐백이 결혼

73 오재환, 「일상과 의례」, 『일상생활의 사회학적 이해』 일상성·일상생활연구회 편, 한울, 2008, 319쪽.

식 당일에 치러지는 데서 보듯 오늘날 의례가 여러 형식들의 단순한 짜맞추기로 나타나게 한다. 이러한 의례의 변화는 르페브르가 말한 '양식(style)의 부재' 현상을 보여준다. 형태, 기능, 구조의 어떤 통일성이 양식을 형성하는 것인데, 현대의 일상성은 이것이 분리되거나 마구 뒤섞인다. 자본주의적 상품화는 대량생산을 위해 기능 이외에는 나머지는 생략하게 된다.

> 행동방식이라는 측면에서도 일상성은 양식을 완전히 추방해 버렸다. … 양식은 하찮은 물건, 하찮은 행위, 두의미한 제스처 하나하나에 까지 의미를 부여한다. 옛날 사람들은 모든 것을 양식에 의거해서 행동했다. 자신의 행동에 의미를 부여해 줄 양식이 사라진 오늘날, 사람들이 공허감, 권태, 무기력을 느끼는 것은 너무나 당연하다.[74]

한국사회에서 의례의 변화는 산업화·자본주의화·근대화에 따라서 나타나는 결과이기도 했지만, 오히려 이러한 사회변동을 촉진하고자 의례의 변화를 일으키려는 시도로도 나타났다. 대표적인 것이 박정희 정권에서 제정되었던 '가정의례준칙'과 '가정의례에 관한 법률'이었다.[75] 박정희 정권은 전통적 의례를 허례허식이라는 인습으로 규정하고 근검절약과 합리적인 생활방식이라는 자본주의적 생활태도로의 전환을 위해 의례의 통폐합과 간소화, 의례의 시공간 변화를 추진하였다.[76] 즉, 의례를 통

---

74 르페브르, 앞의 책, 18쪽. 역자인 박정자의 글이다.

75 이러한 시도는 일제강점기 총독부가 반포한 '의례준칙'으로 거슬러 올라갈 수 있다. 가정의례준칙과 마찬가지로 전통 상제례의 형식을 변화시키고 간소화하는 방향을 담고 있다(박종천, 2010: 375).

76 오재환, 「한국의 근대화 의례 연구-박정희 시대를 중심으로」, 부산대 사회학과 박사논문. 2001, 174~178쪽; 박종천, 2010, 375~378쪽.

해 사회변화를 일으키려고 한 것이었다.

의례는 여전히 사회를 구성하고 변화시키는 중요한 기제로서 의미를 지니고 있다. 허례허식 배격운동은 오히려 현대사회에서도 의례는 여전히 중요하다는 것을 역설적으로 보여준다. 의례가 단지 겉치레에 불과해서 실제 삶에 크고 중요한 영향을 주지 않는다면 굳이 의례준칙와 같은 법적 수단까지 동원해서 억지로 의례를 바꾸려 노력할 필요가 없기 때문이다.

6. 맺음말

유교에서 인간 본성으로서 예禮를 상정하는 것은 인간의 본성으로서 공동체성 또는 사회성을 강조하는 것이라고 할 수 있다. 예라는 덕의 사단으로서 공경지심恭敬之心과 사양지심辭讓之心은 타인과의 관계에서 나타나는 것이다. 오늘날의 표현으로 바꾸어 본다면 공경지심은 존중, 사양지심은 배려라고 할 수 있는데 이는 인간이 집단을 같이 이루어 살아갈 수 있는 공존의 기초다.[77]

앞서 살펴보았듯이 주자는 의례를 완전히 새롭게 창작하지도 과거의 의례를 복원하고자 한 것도 아니었다. 그럼에도 가례를 통해 만들어내고자 한 새로운 사회는 어떠한 것이었을까? 이승연은 주자가 시도한

---

77 손성하는 중국의 예(禮)문화의 원칙으로 충서지도(忠恕之道)를, 이것이 현실생활에서 구체적으로 발현되는 것이 경양지도(敬讓之道)로 설명하고 있다. 경(敬)은 내가 타인을 존중하는 것은 타인에게 존중받고자 하는 것의 표현이며, 양(讓)은 자신보다 타인을 먼저 고려하고, 밖으로 타인을 괴롭히지 않는 특징을 가진다고 본다(손성하. 「혈구지도, 문화자각에서 문명대화까지」, 『동양사회사상』 12, 2005, 12~13쪽).

것은 대동사회大同社會를 실현하는 새로운 공동체로서 종법宗法을 중심으로 한 가족을 형성하는 것이라고 보았다.[78] 종법적 가족의 특징은 '족보를 통한 종족宗族[79]의 확보', '종자宗子의 재산권 및 상속권 확립', '종족 공동의 재산 확보' 등이다. 종족은 가족보다 넓은 범위의 집단으로 이는 사대봉사四代奉祀의 의례로 구성된다. 대가족은 핵가족에 비해 공동체의 범위가 넓지만 같은 조부를 가진 사촌까지다. 하지만 종족은 4대조까지 거슬러 올라감으로써 십육촌까지 포괄하게 된다. 주자는 종족宗族 공동체를 건설하기 위해서 가장家長을 계승자란 의미에서 종자宗子로 바꾸었고, 공동체의 경제적 기초를 위해 공동재산인 문중재산을 주장하였다[80]. '주자가례'의 목적은 단순한 '삼대三代의 부활'이 아니라 약자가 보호받을 수 있는 공동체를 만드는 데 있었다. 주자는 가족보다 넓은 사회적 범위를 가진 종족이라는 공동체를 바탕으로 천하가 태평할 수 있는 이상사회를 건설하고자 했다고 보는 것이다.

왜 공동체를 만드는 수단으로서 의례가 중요시되었을까? 바로 의례는 공동체적인 데서 비롯하기 때문이다. 예를 들어 제례라는 의례를 같이 수행함으로써 집단의 구성원으로서 정체성을 강화하고 동질감을 통해 통합을 도모할 수 있기 때문이다. 의례가 전체 사회적으로는 갈등과 변동을 촉진시킬 수 있는 것도 한편에서는 갈등집단 내부에는 통합의 기능을 수행하기 때문이다.

의례의 본질 또는 리理는 사회성 또는 공동체성에 있다. 오늘날 의례의 변화에서 우려되는 것은 단순히 의례의 간소화나 약화 때문만은 아니다. 이러한 경향 속에서 개인화 또는 사사화私事化가 나타나고 있기 때문

---

78 이승연, 앞의 논문, 22~26쪽.

79 종족(種族)이 아니다.

80 균분상속제는 재산이 나누어지기 때문에 종족의 재산이 마련되기 어렵다. 따라서 장자상속과 같이 종통을 이어받는 사람에게 재산을 몰아주어야 한다.

이다. 즉, 의례의 본질 자체가 훼손되고 있다. 뒤르켐이 도덕을 강조한 것도 바로 이런 맥락에서다. 유기적 연대의 사회로 전환되는 과정에서 인간관계가 분화 역시 심화되면서 소외감과 부조화에 고통 받을 수 있으며,[81] 나아가 사회통합이 위협받을 수 있기 때문이다. 인간은 혼자서는 생존할 수 없는 사회적 존재다. 생물학적으로도 인간은 집단생활을 하는 동물이다. 이렇게 볼 때 사회성은 인간의 자연적 본성이라고 할 수 있다. 맹자가 예禮를 인간의 내재적 본성에서 비롯되는 것으로 본다는 것은 주로 외재적 규범과 통제의 차원에서 접근하는 서구의 논의와는 분명 대별되는 점이다.

그렇다고 오늘날 예를 말하는 것이 복고를 주장하는 것은 아니다. 예를 들어 장유유서長幼有序와 군신유의君臣有義 같은 오륜五倫을 오늘날 그대로 적용하긴 어렵다.[82] 주자가례의 구체적인 절목에서 나타나는 가부장적인 내용들도 오늘날 받아들이기 어려울 뿐 아니라 비판받아야 할 부분이 많다. 주자 스스로도 예의 근원은 하늘이 이루는 것으로 만세가 지나도 바꿀 수 없지만 더하고 빼서 만든 예는 사람이 만든 것이므로 때에 따라 바꿀 수 있다고 하였다.[83] 즉, 유지해야 할 것은 예의 본질이자 정신이다.

또한 기성세대의 의례나 질서를 고집하는 것도 아니다. 흔히 전통사상에서 예절은 일방적으로 요구하는 것으로 오해하기 쉽다. 그러나 예기禮記에도 '예는 가고 오고 하는 것을 숭상한다. 가기만 하고 오지 않는 것은 예가 아니며, 오기만 하고 가지 않는 것도 또한 예가 아니다. … 무릇 예는 자기는 낮추고 남은 높이는 것이다'[84]라고 하였다. 유교에서도

81 이동일, 앞의 논문, 151쪽.

82 같은 논문, 157쪽.

83 이승연, 앞의 논문, 22쪽.

84 『禮記』, 「曲禮上」, "往而不來, 非禮也. 來而不王, 亦非禮也......夫禮者, 自卑而尊人."

의례는 상호적인 것이며 존중하는 것이다. 이는 공자의 '자기가 원하지 않는 바를 남에게도 하게 해서는 안 된다[85]'란 말에서도 잘 드러난다. 앞서 언급한 삼년상을 둘러싼 재아와의 이야기에서도 공자는 자신이 옳다고 생각하는 의례를 결코 강요하지 않을 뿐 아니라 드러내 놓고 권하지도 않는다. 마음에 들진 않지만 네가 편하면 하라고 할 뿐이다. 다시 말해 제자인 재아의 처사를 매정하다고 못마땅해 하면서도, 재아의 뜻을 존중해주고 있다는 점에서 공경지심恭敬之心을 보여준다고 할 수 있다.

---

85 『論語』,「衛靈公」, "己所不欲 勿施於人."

제례의 변화로 살펴본
한국 가족의 현실

이명호

제례의 변화로 살펴본 한국 가족의 현실

—

이 명 호

1. 머리말

근대 이후 한국사회에서 가족은 사회문제의 하나로 지적되고 있다. 가족은 이기주의, 비도덕, 공공의식 부재 등과 연결되어 이해되며, 이를 개념화한 가족주의는 한국 특유의 집단주의와 연결된다. 가족주의는 한국 사회를 이해하는 키워드이며 사회현상이다.[01] 최근 유력 정치인 나경원 전 국회의원과 조국 전 법무부 장관을 둘러싼 '엄마 찬스'와 '아빠 찬스' 논란은 '비도덕적 가족주의(Amoral Familism)'라는 개념을 언론에 소환하였다.

비도덕적 가족주의는 학계에서 활발하게 사용하는 개념은 아니다. 하지만 언론에서는 2000년대부터 (1) 한국사회의 부정부패를 야기하는 하나의 원인, 즉 한국사회의 문화적 습속習俗으로 제시되거나, (2) 한 개인을 비판할 때 그 행위를 규정하는 용어로써 사용되고 있다. 언론에서는 주로 후자의 의미로 사용되며, 이때 비도덕적 개인주의는 '자신의 가족을 위한 일은 아무리 비도덕적이라 해도 용인될 수 있다는 가족에 대한 무한 충성 감정'이라고 정의된다. 그리고 '가족에 대한 맹목적인 충성

---

01 최우영, 「조선시대 국가-사회관계의 변화와 가족주의의 기원」, 『가족과 문화』 18(1), 한국가족학회, 2006, 1쪽.

으로 가득 찬 사람이 어떻게 공정한 법 집행을 통해 법치를 완수할 수 있겠는가?'라는 질문과 함께 공직 후보자의 부정적 행위를 비판하는 개념적 도구로 활용된다.[02]

이러한 '비도덕적 가족주의' 행위는 우리나라의 문화적 습속 중 하나라는 분석에서 짐작할 수 있듯이 주변에서 쉽게 발견할 수 있다. 교육부와 과학기술정보통신부의 조사 결과에 따르면, 2007년 이후 10여 년 동안 50개 대학의 87명의 교수가 139건의 논문에 자녀를 공동 저자로 등재하였다. 교수 자녀에 국한하지 않고 미성년자를 공동 저자로 등재한 논문을 전수 조사한 결과에 의하면 56개 대학의 교수 255명 논문 410건에 미성년자를 공저자로 올린 것으로 조사되었다.[03] 채용 비리와 입시 비리, 군입대 비리 등 수많은 비리 등이 '가족'에 대한 무한하고 맹목적인 충성과 연관되어 있다. 위장전입과 편법증여 등도 자녀를 위한다는 핑계로 이루어진다. 언론에서는 일부 사람들을 비판하기 위해 '비도덕적 가족주의'를 동원하고 있지만, 이러한 행태들은 비판이 무색할 정도로 너무나 일반적이다.

언론 보도에서 비도덕적 가족주의 행위들을 '개인의 일탈'로 규정함으로써 이러한 행위를 배태하는 사회문화적 구조를 논의에서 배제해 버리는 한계를 확인할 수 있다. 이러한 한계는 '비도덕적'이라는 번역어에서도 발견된다. 'Amoral Familism'는 1950년대 중반 미국의 사회학자 에드워드 벤필드가 남부 이탈리아가 북부 지역과 달리 가난하고 범죄가 일상화된 원인으로 제시한 개념이다. 벤필드가 분석한 가족주의 행위는 가족의 생존을 목적으로 한다. 자신이 속한 가족(소집단)의 이익과 가치를 국가나 사회 전반의 이익·가치보다 우선시한다. 벤필드는 후진사회의

---

02 이와 관련된 언론 기사는 다음과 같다. [김순덕 칼럼] 패밀리가 사는 세상. 『동아일보』 2009. 4. 12.; [김형준의 젠더 폴리틱스] 조국 후보자, 집착보다 성찰이 순리다. 『여성신문』 2019. 8. 29.; 대통령과 정자정야(政者正也). 『강원도민일보』 2020. 6. 12.

03 대학교수, 미성년 자녀 논문 공저자 등재 139건, 『YTN』 2019. 5. 13.

저발전 원인을 소집단을 넘어선 관계와 결속, 사회공동체의 부재로 설명하였고, 이때 가족주의는 무도덕(amoral)에 가깝다고 하였다.[04]

'무도덕적 가족주의'는 충성심과 가족적 친밀감에 기초하며, 가족의 통합성은 제공하지만 사회의 연계성을 방해한다.[05] 김동춘도 오늘날 한국사회에 만연한 도덕적 위기를 '무도덕적 가족주의'로 이해하면서, 그 특징을 무도덕과 무규범으로 정리하였다. 나아가 이러한 특성은 한국의 독특한 근대화 과정에서 형성된 국가주의와 가족주의의 영향으로 설명하였다. 이때의 가족주의는 '핵가족화된 가족을 하나의 삶의 단위로 해서 가족의 번영을 모든 가치의 우위에 두는 것'이라고 설명하고, 한국에서 가족에의 헌신과 희생이라는 덕목은 사회의 공동체성을 침해하는 부정적인 결과를 낳는다고 주장하였다.[06]

가족주의가 초래하는 부정적 결과는 '가족'에서도 발견된다. 가족의 번영(생존)이 모든 가치보다 우위에 설수록 가족구성원들이 감내해야 하는 부담은 커진다. 강력한 중력으로 모든 것을 빨아들이는 블랙홀처럼 가족 그 자체는 가족구성원의 행위와 사고의 중심/기준이 된다. 블랙홀은 진화의 마지막 단계에서 부피는 0[영]이 되고 밀도는 무한대가 되어 결국에는 모든 에너지와 모든 질량을 잃고 소멸한다. 가족과 연관된 '해체'와 '위기'라는 단어는 블랙홀 진화의 마지막 단계를 떠오르게 한다. 향촌마을의 씨족집단으로까지 확대되었던 가족공동체[07]는 오늘날 부부

---

04 Banfield, C. Edward, *The Moral Basis of a Backward Society.* Glencoe, IL: The Free Press, 1958.

05 홍민, 「북한의 시장교환 질서와 비도덕적 가족주의화」, 『통일정책연구』 15(2), 통일연구원, 2004, 118쪽.

06 김동춘, 『근대의 그늘』, 당대, 2000.

07 공동체라는 사회적 유형은 유사 이래로 유지되어 왔으며(이동일, 「공동체와 개체에 대한 이론적 고찰」, 『사회조사연구』 19. 부산대학교 사회조사연구소, 2004, 149쪽), 인간의 본성을 고려하면 공동체를 떠난 인간을 생각할 수 없다는 논의도 있다. 하지만 공동체의 구체적인 존재양태는 역사적 · 사회적 조건에 따라 상이하며, 현대사회에서의 공동체는 근대 이전의 공동체와는 다르게 인식된다. 오늘날 논의되는 공동체는

와 자녀로만 구성된 생식가족으로 축소되었고, 삶의 단위로서 다른 생식가족들과 경쟁하고 있다.

오늘날 대다수의 한국인이 신뢰하고 유대하고 결속감結束感을 느끼는 범위와 규모는 매우 협소하다. 영국 레가툼연구소의 2019세계번영지수에 의하면 한국은 세계 167개국에서 29번째로 살기 좋은 나라이지만 구성원 간의 상호신뢰나 협조, 네트워크를 의미하는 사회적 자본 부문은 142위였다. 10년 전과 비교하면 8계단 떨어졌다. 세부 항목을 보면 사회적 네트워크(-2), 대인 신뢰(-23), 기관 신뢰(-31)는 하락하고 시민 및 사회참여는 10년 전과 같은 순위였다. 개인 및 가족관계 항목만이 유일하게 18단계 순위가 상승하였다.[08] 가족공동체의 규모는 축소하고 결집력은 더욱 높아지고 있는 듯하다. 이러한 결과와 다르게 코로나19 팬데믹을 겪으면서 사회에 대한 신뢰가 증가하고 있다는 조사결과도 있다. 하지만 그 내용을 더욱 자세하게 살펴보면 방역 성공에 기인한 일시적인 증가를 의미하며, 신뢰의 취약성은 변화하지 않았다. 조사에 참여한 국민 절반이 코로

현대사회의 여러 모순과 문제에 대한 '대안'으로 새롭게 추구되는 사회집단이라는 성격이 강하다. 이 때문인지 공동체에 대한 다양한 정의가 있지만, 대체로 공동체는 지리적 영역, 사회적 상호작용, 공동의 유대(연대)라는 요소를 포함하고 있으며, 특정한 이념과 가치를 추구하는 집단으로 이해된다. 이러한 측면에서 오늘날 '가족'은 공동체인가라는 질문이 제기된다. '가족' 그 자체는 공동체의 원형(原型)이라 여겨지지만, 현실 속의 가족은 공동체의 이미지와 어울리지 않기 때문이다. 더 이상 일상생활을 함께 하지도 않으며, 구체적인 이념과 가치를 공유하거나 그 실현을 목적으로 하지도 않는다. 가족구성원들 사이의 관계의 깊이와 밀도 때문에 오히려 불안하고 해체되는 경향이 강하다(이동일, 「공동체와 이념, 가치, 종교성의 의미」, 『불교와 사회』 (2). 중앙승가대학교 불교학연구원, 2018, 6-7쪽). 흥미로운 점은 사회운동의 차원에서 혹은 종교적 실천의 관점에서 '공동체'를 운영하고 있는 대안공동체들에서 가족관계를 차용하고 있으며, 구성원들을 '식구(食口)'라고 지칭한다는 점이다. 공동체의 원형으로써 가족의 흔적을 대안공동체에서 확인하고 있는 것이다. 또한 구성원들 간의 연대를 강화하는 수단으로 의례는 공동체에서 중요한 의미를 지니고 있다. 이때에는 주로 전통적인 마을공동체나 일부 종교공동체가 대상이었다. 새로운 공동체에서의 의례에 대한 연구는 아직 찾기 어렵다. '공동체와 의례'도 가족과 의례처럼 중요한 주제이다.

08 Legatum Institute(2019). 『The Legatum Prosperity Index 2019: Countyr Porfiles』(www.prosperity.com/about/resources)

나 상황에서 집안일(54%), 경제적 부탁(53%) 등을 할 사람이 없다고 하였다. 보육 공백이 발생했을 때 절반은 전혀 도움을 받지 못했고, 가장 많은 도움을 준 건 가족(부모, 형제)이었다.[09] 이 결과에서도 확인되듯이 신뢰하고 유대·결속 관계인 가족관계도 정서적 관계이기보다는 도구적 관계의 성격이 더 강하다. 이처럼 현대 한국인의 삶은 메마르고, 협량狹量하다.

신뢰할 수 있는 집단의 축소는 한국인이 '가족'이라고 생각하는 범위의 축소로도 이어지고 있다. 이는 한국사회의 가족의례, 특히 제례를 통해 확인할 수 있다. 한때 가족공동체의 가장 중요한 행사였던 가족의례는 이제는 천덕꾸러기처럼 가족 그 누구도 반기지 않은 행사가 되었다. 또한 결혼과 상례는 많은 나라에서 화려하고 시끄럽고 많은 사람들이 참여하는 가족의례이다. 반면에 한국사회에서 두 의례는 상업화된 공간에서 소위 전문가들에 의해 예전보다 축약된 형식으로 치러진다. 그 안에 '가족'은 주主가 아닌 객客으로 존재한다.

2. 한국사회에서의 가족주의/가족중심주의

1) 가족주의의 재구성, 가족중심주의[10]

가족은 다양한 층위를 가지고 있다. 첫째, 가족은 특유의 인식 및 행

---

09 『한국리서치 주간리포트(제72호) 기획: 코로나19 극복과 사회적 신뢰』(2020.4.8.) (hrcopinion.co.kr/archives/15309)

10 이 항의 글은 이명호, 「가족 관련 분석적 개념의 재구성, 가족주의에서 가족중심주의로」, 『사회사상과 문화』 28, 동양사회사상학회, 2013을 발췌하여 재구성함.

위논리가 존재하고 이에 근거한 집합적 행위자이며, 둘째, 독특한 양식에 의해 생산, 분배, 소비를 처리하는 제도이고, 셋째, 다양한 사회집단과 개인, 국가가 관여하는 지배, 통제, 저항, 타협의 사회적 과정에 대응하는 적응기제이다.[11] 가족이 이처럼 다양한 층위를 포함한 복합체이듯이 '가족주의'도 분석적 차원에서 다양한 층위로 구분할 수 있다. 우선, 가족주의의 특성은 '집단성'과 '중심성'으로 분석된다. 집단성은 개인과 가족의 이항대립 속에서 가족에 우선성을 두는 특성이며, 중심성은 다른 사회집단과 비교하여 가족이 가치와 의미의 규준規準이 되는 측면이다. 가족이 '절대적인 가치와 의미의 규준'이라는 위상을 차지할 수 있는 이유는 의미의 위계에서 가족이 다른 사회집단보다 높은 위치에 있으며 가족의 복지와 안녕은 가장 먼저 고려해야 하는 가치로 여겨지고 있기 때문이다. 이 중심성은 개별 가족 상호 간에 경쟁적으로 추구되면서 대외적으로는 폐쇄성과 배타성을 야기할 수 있다.[12]

필자는 집단성과 중심성이라는 두 특성에 더하여 가족에 대한 '애착'이라는 특성도 강조하고자 한다. 필자는 가족주의를 애착, 집단/지향, 중심이라는 세 층으로 이루어진 개념으로 재구성하고, 이 세 층위를 모두 포괄하는 마지막 '가족중심주의'를 한국에서만 발견되는 특수한 가족주의로 정리하고자 한다.

가족주의의 가장 저층에는 가족을 아끼고 사랑하는 보편적인 정서와 태도가 있다. 가족애착은 가족구성원 사이의 정서적 교류를 활성화시킨다는 점에서 현대사회에서도 긍정적 효과를 가지고 있다. 가족은 가장 원초적인 생활공동체로서 구성원 사이의 관계는 권위와 사랑에 의해 규정된다. 사람의 발달과정에서도 가족에 대한 사랑은 중요하다. 사랑을

11 장경섭, 「가족 · 국가 · 계급정치: 가족연구의 거시 사회변동론적 함의」, 『한국 근현대 가족의 재조명』. 한국사회사연구회논문집 39, 1993, 215쪽.

12 최우영, 앞의 논문.

내면화한 어린이는 가족구성원으로서 결속감을 느낀다. 이는 매우 일반적 현상이다. 가족구성원 사이의 결속력은 구성원들에게 심리적 안정감을 제공한다. 이러한 이유에서 가족에 대해 애착을 가지거나, 가족구성원을 아끼고 사랑하는 태도, 가족을 구심점으로 작동하는 강한 결속감은 비판의 대상이 아니다.

〈표 12〉 가족주의의 세 층위

	내용	비고
가족 애착	· 가족구성원 사이의 결속력을 바탕으로 심리적 안정감을 제공함	· 인류보편적 정서
가족 지향	· 생존과 생활의 단위로서 가족의 기본적인 기능을 강조함	· 근대 이전 사회에서 일반적으로 발견됨
가족 중심	· 가족적 관계를 다른 관계에도 적용 · 삶의 방식과 가치관의 규준으로 가족이 위치함	· 한국사회에서 발견되는 특이성 · 생활양식의 규준

자료: 이명호, 「가족 관련 분석적 개념의 재구성, 가족주의에서 가족중심주의로」, 『사회사상과 문화』 28, 2013.

두 번째는 가족의 집단성이 강조되는 층위이다. 어떤 사회적 조건에서는 가족이 개인의 생존과 생활을 유지하는 기본 단위로 중요하다. 이 사회적 조건에서는 행위와 의사를 결정할 때 개인보다는 '가족'이 목표 혹은 합리적인 이유로 제시되는 경향이 강하다. 이 사회에서는 양육과 부양의 주된 책임이 가족에게 부담지어진다. 대부분의 근대 이전 사회와 일부 근대사회에서 이러한 집단성이 발견된다. 가족에 대한 지향성은 생활양식을 구성하는 문화적 요인 중 하나이다. 문화적 요인은 사회

내부에서 역사적으로 성립 발달하여 정착된 것으로 사회구성원들의 행위의 지층을 가로지르는 공통의 태도와 사고방식이다. 학자에 따라서 '사회적 관습', '문화적 문법', '문화적 습속'과 같은 용어로 정의되기도 한다. 문화적 요인의 하나로 가족 지향은 대부분의 사회에서 발견된다. '생존과 생활의 단위로 가족의 기본적인 기능'에 관한 태도와 활동의 측면에서 보면, 오늘날 학계와 일반사회에서 병리적 현상이라고 비판받는 현상들과는 구별된다.

세 번째는 가족의 절대적 중심성이 강조되는 층위이다. 필자는 이를 특별히 가족중심주의로 명명하고, 한국사회에서 사회문제로 규정되고 비판받는 행위양식이라 주장한다. 가족중심주의적 행위양식은 특정한 종류의 가족 내 결속감이 가족의 울타리를 넘어 일반사회에 비공식적인 교환형태로 확장되어 관습화된 생활양식이다. 송재룡은 '가족주의적 습속(habits)'이 한국사회에 자리한 주요한 삶의 유형(forms of life)의 토대라고 전제하고, 이를 '룰에의 준거', '언어게임' 등의 개념으로 설명하고 있다.[13] 박영신도 한국사회에서 가족주의는 하나의 사회·문화적 규범의 틀을 형성하고 있으며, 그 어떠한 제도적 체계적 차원의 변화에도 불구하고 한국인의 사회적 삶을 가족주의적 방향으로 추동한다고 설명하였다.[14] 이처럼 가족 중심적 삶의 양식이 문화적 문법, 사회적 관습, 문화적 습속으로 지칭되는 문화적 요인을 넘어 특정한 생활양식으로 관습화된 이유는 '가족(의 생존, 유지, 번영 등)'이 행위자에게 물질과 정보를 교환할 수 있는 준거로 기대되고 있기 때문이다. 이는 가족관계와 가족의 운영원리가 가족을 넘어, 다른 사회적 공간에서도 적용되고 있음을 뜻한다.

---

13 송재룡, 「한국 가족주의와 준거 기준의 이중성을 넘어」, 『현상과 인식』 23(1 · 2), 한국인문사회과학원, 1999.; 「가족주의와 한국 사회의 '삶의 유형': 두 개의 언어 게임 사이에서」, 『현상과 인식』 26(1 · 2), 한국인문사회과학원, 2002.

14 박영신, 「두 갈래의 윤리 지향성, 그 울을 넘어」, 『사회이론』 (16), 한국이론사회학회, 1998, 186쪽.

근대로의 전환이 비교적 순조롭게 이루어진 서구사회에서는 교육, 의료, 경제 등의 가치영역이 분화되면서 각각의 영역은 각각의 운영원리를 갖추게 되었다. 특정 영역의 운영원리는 다른 영역에 침투하거나 간섭하지 않고, 각각의 가치영역들은 서로 상대적인 독립성을 유지한다. 근대로의 전환 이후 가족영역의 운영원리는 가족에서만 통용된다. 한국사회에서도 가치영역의 분화는 서구사회에서 유사하게 진행되었지만, 가족에 근거한 관계와 운영원리는 다른 사회영역에도 영향력을 미치는 방향으로 확대되었다. 현재 한국사회에서 사회문제로 이해되는 가족 중심성은 가족 영역을 넘어 사회일반에 가족적 관계와 운영원리가 적용되는, 즉 '가족이 절대적인 가치와 의미의 준거라는 위상'을 가지고 있어서 발생하고 있는 것이라 이해할 수 있다. 한국사회에서 '가족'의 생존과 유지, 번영을 최우선의 가치로 생각하는 한국인의 삶의 태도와 양식은 하나의 이념으로서 한국인의 행위와 인식에 직접 영향을 끼치고 있다.

2) 가족중심주의의 형성

가족주의/가족중심주의는 '유교'와의 관계 속에서 이해하는 것이 일반적이다. 하지만 이해의 방식은 학자에 따라 다르다. 문제의 원인으로 '유교'를 거론하는 입장과 '그렇지 않다'는 입장으로 크게 구분할 수 있다. 후자의 입장에서 가족주의/가족중심주의는 사회구조적 변화와 종교지형의 변화가 교차하면서 형성된다.

(1) 사회구조적 변화: 부계혈통주의와 종법질서의 구축

일반적 통념과 달리 신라 시대 이래로 한국사회는 비교적 평등한 남녀관계를 유지하고 있었다. 그러다 조선시대에 부계중심으로 점차 변화하였고, 조선후기에 부자관계를 중심으로 적장자 계승제가 강화되면서 유교의 종법제가 일상화되었다.[15] 이 변화의 과정 즉, 부계혈통주의와 종법질서의 구축이 가족중심주의 형성과 밀접하게 연관되어 있다.[16]

일찍이 역사학계에서도 조선후기에 나타나는 사족의 '족적族的 결합' 현상은 문중 조직의 강화나 동족촌의 형성이라는 면에서 관심을 모았다. 도이힐러는 조선후기의 이러한 변화를 '유교화'라고 지칭하며, 전통적인 한국의 가족을 상징하는 폐쇄적인 종법宗法 질서와 엄격한 부계혈통주의는 조선후기 통치질서의 위기 속에서 집권 세력이 자신들의 지배체제를 강화하는 과정에서 정착되었다고 분석하였다.[17] 최우영은 이러한 역사학계의 분석에 만족하지 않고, 보다 적극적으로 혈연 결집 현상을 가족주의 형성의 기원으로 해석하였다.[18] 가족주의는 조선후기 국가-사회관계의 틀이 변화하는 와중에 매개적으로 작용한 일종의 '가족전략(family strategy)'[19]의 산물이라는 이해이다.

18세기 이래 조선후기는 사회질서에 틈이 생기고 해체되어가던 시기였다. 가장 큰 변화는 국가와 사회관계의 변화이다. 조선후기 세도정치, 곧 벌열정치閥閱政治가 전개되면서, 조선중기까지 작동하였던 국가와 향촌 사족지배체계의 관계는 와해되었다. 중앙의 벌열세력에 의해 향촌의 일방적 복속이 강요되면서 양자 간에는 적대적 긴장이 흐르고 단절이 구조화되었다. 이 단절은 중앙과의 유기적 대류를 통해 재생산과 지배적

15 권용혁, 「한국의 가족주의에 대한 사회철학적 성찰」, 『사회와 철학』 25, 사회와철학연구원, 2013, 206쪽.

16 김동춘, 「유교와 한국의 가족주의: 가족주의는 유교적 가치의 산물인가?」, 『경제와 사회』 55, 비판사회학회, 2002.; 최우영, 앞의 논문; 이명호, 앞의 논문 참고할 것.

17 마르티나 도이힐러, 이상훈 역, 『한국사회의 유교적 변화』, 아카넷, 2003.

18 최우영, 앞의 논문, 22쪽.

19 가족전략은 정치, 경제 및 기타 제 자원을 생산, 축적, 관리, 소비하는 제도 기제 행위자로서의 가족이 외부의 객관적 조건에 적응적으로 임하는 선택적 대응방식이다(최우영, 앞의 논문, 6쪽).

지위를 인정받았던 향촌 사족의 입장에서는 중대한 위협이 되었다. 이러한 위협에 대응하여 그들이 선택할 수 있는 유일한 대안은 혈연적 결집이었다.[20]

조선후기 양반층의 경제적 몰락의 가능성이 커졌고 상공업의 발달로 인해 경제적 분화가 심화되었으며 하층민과 서얼의 도전은 거세어졌다.[21] 게다가 이러한 위기에 버팀목이 되어줄 수 있는 관리의 수는 조선중기 이후 제한되어 있었고, 조선후기 인구증가로 경쟁률은 높아졌다. 수단과 방법을 가리지 않고 현직을 차지하고 있는 자를 몰아내고 그 자리에 앉으려는 경쟁이 당연시되었다. 양반층은 지위와 권력을 유지하기 위해 가족, 씨족, 문벌 내 유대를 강화하였다.[22] 가부장적 종법질서를 확고하게 준수하는 것이 관리로 특채되는 길이었다. 또한 지역사회에서 지위를 유지하기 위해 이름난 조상을 구심점으로 결집하는 방법이 선택되었다. 조선후기의 향촌사회에서는 촌락을 단위로 형성된 문중이 중요하였다. 개인은 경제적 몰락과 과거나 관직으로부터 소외되었다 하더라도 문중을 통해 사회적·신분적 지위를 보장받을 수 있었다.[23]

이처럼 가족중심주의는 부계혈통주의 가족제도, 조선후기 유교에 기반한 지배체제의 위기 속에서 가문과 씨족단위의 결속을 강력하게 요구한 정치사회적 조건 속에서 형성되었다. 그리고 식민지적 근대화 과정에서의 이민족의 억압과 한국전쟁, 군사독재, 자본주의적 경쟁체제하에서 가족의 중심성은 더욱 강화되었다. 이 시기를 거치면서 가족은 다른 사회집단을 앞서는 절대적 실체로 존재하게 되었다.[24]

---

20 최우영, 앞의 논문, 19-22쪽.

21 김동춘, 2002, 앞의 논문, 104쪽.

22 권용혁, 앞의 논문, 207쪽.

23 정진영, 「조선시대 향촌 양반들의 경제생활-간찰과 일기를 통해 본 일반적 고찰」, 『고문서연구』 50, 한국고문서학회, 2017.

24 김동춘, 2002, 앞의 논문; 최우영, 앞의 논문; 이명호, 앞의 논문 참고할 것.

가족은 해방과 한국전쟁을 거치면서 한국인이 기댈 수 있는 유일한 공동체가 되었다. 전쟁의 와중에 그리고 전쟁이 끝난 이후에 한국사회에서 의미 있는 조직은 생존의 토대였던 가족뿐이었다. 의미 있는 사회조직은 일제강점기와 전쟁을 통해 비대해진 국가뿐이었다.[25] 70년대부터 산업화와 도시화, 그와 연관된 이촌향도가 본격화되면서 지역공동체는 해체되었다. 느슨하게 친족 범위를 포괄하며 개인을 보호하던 가족은 도시화와 산업화의 진행과 더불어 친족을 떨어내면서 생식가족으로 축소되었고 최근에는 출산력 저하로 더욱 규모가 작아졌다.

(2) 종교지형 변화: 지배종교가 없는 공존형

여기에서는 한국사회의 종교지형 변화를 통해 '가족'에게 드리워졌던 이념과 가치, 윤리의 울타리가 탈각되는 과정을 그리고 있다. 한국사회에서 종교지형의 변화는 조선후기 '유교화'로까지 거슬러 올라간다. 이후 유교적 질서의 붕괴, 서양종교(가톨릭과 개신교)의 유입과 선교활동, 불교의 침체, 민족종교의 창교創敎와 지지 획득으로 종교지형은 변화하였다. 이러한 과정을 거쳐 한국사회의 종교지형은 다양한 종교가 혼재하는 다종교 사회로 정착되었다. 구체적으로는 지배종교가 부재하는 '공존형'으로 정착하였다. 그 결과로서 '종교'보다는 '가족'이 더 큰 영향력을 가진 사회가 되었다.

전 국민을 대상으로 진행되는 통계청의 인구주택총조사에 의하면 '종교없음' 인구는 2015년 56.1%로 절반을 조금 넘는다. 대다수의 문화권에서 '종교없음'의 인구가 소수라는 점을 고려하면 이는 매우 이례적인 현상이다. 박종천은 이를 '유교적 세속화'로 이해하고 이러한 경향은 조

---

25 김종엽, 「사회를 말하는 사회와 분단체제론」, 『창작과 비평』 42(3), 창비, 2014, 32쪽.

선후기부터 시작된다고 설명하였다.[26] 조선후기 유교가 남성, 엘리트 문화, 공공영역을 독점하면서 불교나 무속 등 다른 종교들은 여성, 백성, 사적 영역으로 밀려났다. 공간적으로도 이들은 사대문 밖으로 축출되었다. 때문에 도교道敎 중심의 중국, 신도神道 중심의 일본과 다르게 유교 중심의 19세기 서울에서는 종교건축물을 쉽게 찾아볼 수 없었고, 이러한 서울의 풍경은 서양인들에게 매우 생경하였다.

이러한 차이에도 불구하고, 조선과 중국, 일본의 종교문화에는 종교의 병존과 습합이라는 공통점이 존재한다. 중국에서는 도교를 중심으로, 일본에서는 신도를 중심으로 종교들이 병존 또는 습합하였다. 조선에서는 불교와 무속, 유교가 병행하였다. 조선에 들어온 개신교 선교사들은 '유교와 불교 그리고 샤머니즘이 한국인들에게 상호 겹쳐 있고 연관되어 있어 한국인들은 유교의 교육을 받고, 부인을 절에 보내 자식을 기도하게 하며, 병고에 처하면 무당이나 판수를 찾아간다.'[27]라며 종교습합현상을 묘사하였다. 다양한 종교들이 대립하거나 갈등하지 않고, 교육, 기도, 치병, 사회, 철학, 고난 해결 등의 다양한 문화 영역(혹은 기능)으로 분화하여 병존하였다.[28] 조선후기 종교지형은 기본적으로 유교가 사회의 핵심 영역을 차지하고 불교나 무속 등은 사회의 주변으로 밀려난 위계형으로 생각할 수 있다. 하지만 조선시대 유교는 사회적 헤게모니를 장악하고 있었음에도 불교나 무속을 흡수하거나 크게 변용시키지 않았다. 오히려 다양한 종교들이 영역적으로 기능적으로 분화한 채 공존하였다. 이를 고려하면 조선후기 종교지형은 위계-공존형의 모습을 띠고 있다. 박종천

---

26 박종천, 「가족종교의 관점에서 보는 한국종교문화」, 『민족문화연구』 85, 고려대학교 민족문화연구원, 2019.

27 George Herber Jones, "The Spirit Worship of the Koreans," Transactions of the Korea Branch of the Royal Asiatic Society, Vol.2, 1901, p.39.; 박종천, 위의 논문 224쪽에서 재인용.

28 박종천, 위의 논문.

은 이를 '혼성적 병존'이라고 규정하였다.

이러한 조선후기 종교지형은 개항과 일제강점기를 거치면서 급격하게 독점적인 종교없이 다양한 종교들이 공존하는 지형으로 전환되었다. 조선의 망국을 계기로 유교는 사회적 헤게모니를 상실하였고 일제 당국에 의해 '유사종교'로 규정되면서 문화적 정당성도 흔들리게 되었다. 또한 서구의 지원과 종교의 자유라는 틀에서 개신교와 천주교는 적극적인 선교정책을 통해 영향력을 확대하였다. 반대로 전통종교인 불교는 적극적인 포교 전략의 부재 속에서 성장이 정체되었다. 이러한 복합적 결과로 현재와 같은 '공존형 종교지형'이 형성되었고, 그로 인해 한국사회는 독점적인 지위를 가진, 한국인들의 삶에 절대적 영향을 끼치는 이념(과 생활양식)을 제공할 수 있는 지배적 종교가 부재하는 사회가 되었다.

한국의 종교지형에서 비롯된 또 다른 특징은 종교가 영향을 미치는 범위가 사적영역으로 제한되어 있다는 점이다. 일제강점기에 부여된 종교의 자유는 개인과 가족 등 사적영역에만 허용되었다. 이로 인해 당시 종교들의 관심은 사적영역으로 한정되었고 사회적 변화에 능동적으로 참여하지 않았다.[29] 근대전환기에 불교의 여러 세력 중에는 불교에 드리워진 무능력한 불교라는 한계를 극복하기 위해 적극적으로 사회에 참여해야 한다는 불교개혁 세력도 있었다. 하지만 서양종교들의 물질적 공세와 일본불교의 영향으로 이전과 같이 세속의 일에는 무관심한 것을 미덕으로 여기는 세력이 주류를 차지하였다. 기독교도 일제식민통치가 본격화되고 억압이 강화될수록, 그리고 선교사들이 정치와 사회문제보다는 기독교의 종교적 역할을 강조할수록 기독교도 사적영역으로 그 관심과 활동이 제한되었다. 특히 개신교 지도자들은 '순수 종교화' 작업에 열중하였고

---

29 유승무 · 박수호, 「불교와 근대성의 '또 다른' 만남」, 『사회와 이론』 9, 한국이론사회학회, 2006, 60쪽.

교회의 비정치화에 몰두하였다.[30]

이러한 종교지형은 결과적으로 '개인 중심적인 종교적 행위 지향'으로 이어졌다. 박승길은 해방 이후 한국사회의 종교생활을 비판하면서, 그 실재적 현실은 일상생활에서 나타나는 문제를 해결하는데 또는 막연한 불안이나 어떤 기대에 대한 자기 예언적 확신을 강화시키고 싶은 욕망에서 '효엄 있다'는 구제재救濟財를 찾거나 제공받기를 원하는 철저히 개인 중심적인 종교적 행위 지향이 지배하고 있다고 분석하였다.[31] 한국사회에서 개인은 독립되어 존재하기보다는 가족구성원으르 존재한다는 점을 고려하면 '개인 중심적인 종교적 행위 지향'은 '가족 중심적인 종교적 행위 지향'이라고 보아야 한다.

3) 생활양식의 준거라는 가족이 갖는 의미 확인

한국사회에서 '가족 중심적인 종교적 행위 지향'은 대부분 사회에서 특정한 지배종교가 맡고 있는 생활양식의 준거로서의 역할과 기능을 가족이 대체하였음을 뜻한다. 생활양식의 준거로서 가족이 위치한 결과로 도덕적 판단이 필요할 때 한국인들이 근거로 선택하는 규준의 순서에 가족이 종교보다 우위에 있다. 2014년 한국종교사회학회가 실시한 사회발전에 대한 국민의식 여론조사를 분석한 장형철에 의하면, 가족이 관련되었을 경우 종교는 도덕적 의식과 태도를 이끄는 효과가 미미하게 나타났다.[32] 이러한 결과에 대해서 그는 '한국인들은 도덕과 같은 규범적 가-

30 이명호, 「한국 가족중심주의의 역사적 기원: 조선후기와 근대전환기 종교영역과 생활양식을 중심으로」, 한양대학교 박사학위논문, 2012, 123쪽.

31 박승길, 「해방이후 한국인의 종교생활과 종교사회학」, 『한국사회학회 심포지엄 논문집』, 한국사회학회, 1995, 312쪽.

32 장형철, 「최근 한국 사회에서 종교가 도덕에 미치는 영향: 2014년 한국종교사회학회

치보다는 가족과 같은 정서적 구속에 더 강하게 끌리고 있기 때문에 도덕적 가치가 행동을 유도할 만큼 내면화되어 있지 않는 것'이라고 해석하였다.[33] '가족공동체의 윤리가 윤리의 전부'[34]라는 언급은 이러한 맥락에서 이해될 수 있다. 또한 한국사회에서 가족은 물질과 정보 등을 주고받을 수 있는 생활양식의 준거로 인식되고 있어서, 이해관계와도 직접적으로 연관되어 있다. 따라서 한국인들은 자신이 믿고 따르는 종교가 있더라도 힘들게 자신의 종교 윤리/도덕을 지키기보다는 실제 이익을 가져올 수 있는 가족을 선택한다.[35] 이러한 측면에서 가족 자체는 '무도덕'과 '무규범'을 특징으로 갖게 되었다.

또 하나 주목되는 연구는 I&E 종교성 연구이다. 올포트(Gordon Allport)는 종교인 분류하기 위해 종교성을 본질적 종교성(intrinsic religiosity)과 비본질적 종교성(extrinsic religiosity)으로 구분하였다. 본질적 종교성은 종교적 목적을 실천하기 위해 자신을 헌신하는 성향을 말하며, 종교 자체가 목적이다. 비본질적 종교성은 인간의 안위나 평안, 사회적 지위 등의 목적을 위해 종교를 수단으로 이용하는 종교적 성향을 말한다. 자신의 도구적·공리적 목적을 위해 종교를 이용하는 태도이며, 이들에게 종교는 수단이다. 즉, 종교를 '목적(ends)'으로 접근하느냐 아니면 다른 사회적·개인적 목적을 위한 '수단(means)'으로 접근하느냐에 따라 종교성이 달라진다.[36] 2008년 세계 36개국에서 수집한 사회총조사의 자료를 분석한 한내창에 의하면, 한국인의 종교성은 본질적 종교성이

가 실시한 사회발전에 대한 국민의식 여론조사 결과분석을 중심으로」, 『현상과 인식』 37(1, 2), 한국인문사회과학원, 2015.

33 김승현, 「가족주의와 공공성: 전통적 가치와 현대적 가치의 측정에서 사회적 소망의 편향성」, 『한국정치학보』 44(3), 한국정치학회, 2010, 66쪽; 장형철, 앞의 논문, 192쪽.

34 송재룡, 앞의 논문, 2002, 20쪽.

35 장형철, 앞의 논문, 193쪽.

36 한내창, 「Allpoet & Ross의 I/E 종교성 척도 평가」, 『원불교학』 5, 한국원불교학회, 2000, 160-161쪽

12.2%, 비본질적 종교성이 30.9%로 비본질적 종교성을 가진 종교인들이 더 많았다.[37] 장형철은 한국사회에서 비본질적 종교성이 많은 이유로 급격한 사회변화를 제시하였다.[38] 한국사회는 70년대 급격한 산업화를 통한 경제발전과 압축적 근대화를 거쳤고, 80~90년대에는 정치적 민주화와 경제위기 등을 경험하면서 급격하게 변동하였다. 이로 인한 가치혼란 속에서 사람들은 종교를 통해 정서적 안정감이나 사회적·경제적 이익을 추구하였고, 종교인들의 주요한 성향으로 굳어졌다는 분석이다. 이러한 분석은 개신교인의 도구적 가치관에 의해서도 뒷받침된다. 전성표의 분석에 의하면, 개신교인들의 경우 교회에 다니는 실리적인 동기가 강하다. '교회에 가면 마음에 드는 사람을 만날 수 있다', '사업상 교회에서 많은 사람들 사귈 필요가 있다', '교인들은 어려운 일을 당할 때 큰 도움이 된다', '교회의 가족적인 분위가 좋다', '기독교는 자녀교육에 좋다', '교회에서 수준 높은 사람들과 어울려서 좋다', '교회에 나가는 것이 출세에 도움이 된다' 등과 같이 교회에 다님으로써 사회적·경제적 이익을 기대하는 비본질적 종교성의 구체적 모습을 확인할 수 있다.[39] 나아가 그의 연구결과에 의하면 전반적으로 개신교인들은 종교를 믿지 않는 사람들에 비해 태도와 행위에서 더 도덕적인 것으로 나타났다. 하지만 그는 관련 변인들의 실질적인 의미와 변인들의 범위를 고려할 때 두 집단 사이에 대단한 가치관과 행위의 차이가 있다고 결론짓기 쉽지 않다고 하였다. 필자도 이러한 분석에 동의한다. 개신교인뿐 아니라, 종교인들과 비종교인들의 사이에 도덕성에 차이가 있다고 결론짓기 어렵다고 생각한다.

---

37 한내장, 「I&E 종교성의 타당성 검증: 세계 36개국 자료 비교」, 『종교연구』 70, 한국종교학회, 2013, 157-185.

38 장형철, 위의 논문, 193-194쪽.

39 전성표, 「개신교인과 무종교인 사이의 도덕성 차이와 개신교인의 도덕성에 미치는 종교적 영향」, 『한국사회학』 34, 한국사회학회, 2002, 1087쪽.

3. 가족의례의 변화

한국사회의 가족주의/가족중심주의는 '가족'에도 영향을 미친다. 그 영향이 가장 극명하게 드러나는 지점이 '가족의례', 특히 '제례'이다. 근대에 들어와서 허례허식이라는 논리 속에서 제사는 축소되었다. 서양종교에 의해 제사를 둘러싼 가족 간의 갈등이 발생하고, 그 결과의 하나로 제례를 거행하지 않는 집도 늘어나고 있다.[40] 하지만 한국보건사회연구원의 조사결과에 따르면 여전히 광범위하게 제례가 실천되고 있다.[41] 물론 제례의 형식과 절차 등은 변화하였다. 제사의 횟수 및 규모가 축소되고 있으며, 제사의 방식도 유교식이 아닌 불교식·기독교식과 같은 다른 방식의 제례도 행하고 있다. 필자는 여러 변화 중에서도 봉사 대수와 제사 참여자의 축소에 주목한다.

1) 가족의례의 이해

'의례'는 공동체를 생성하고 유지하는 사회적 기제이다. 구성원들에게 동일한 생각과 감정을 발생시키고, 이에 기초하여 상호 유대감이 발현되게 한다. 가족의례(family rituals)는 가족구성원의 출생·혼인·사망 등을 기념해서 가족을 중심으로 치러지는 의식 절차를 뜻한다. 일반적으로 관례, 혼례, 상례, 제례가 여기에 해당한다. 전통사회에서 상례와 제례

---

40 이욱, 「조상제사의 의미와 기억의 의례화」, 『국학연구』 19, 한국국학진흥원, 2011, 474쪽.

41 한국보건사회연구원, 『제례 및 성묘 실태와 변화방향』, 한국보건사회연구원, 2000.

로 대표되는 죽음의례는 가족의 통합 기능을 담당하였다.[42] 특히, 제례는 가장 중요한 의례로 간주되었고 그 종류도 매우 다양하였다.

한국사회에서 제례는 독특한 위상을 점하고 있다. 제례는 종교적 의미를 담고 있는 종교 의례이면서 동시에 윤리적 규범이란 성격도 지니고 있다. 윤리적 규범으로 제례는 종교와 무관한 '효'의 실천이며 인간으로서 행해야 하는 기본적인 윤리이다. 또 다른 측면에서 제례는 종교의례이다. 하지만 특정한 종교의 의례는 아니며 다른 종교와 공존이 가능하다는 특징을 가지고 있다. 실생활에서 이루어지는 대부분의 제례는 유교식을 차용하고 있지만, 이는 종교와 무관한 선택이다. 기독교인들의 경우는 유교식 제례보다는 '추모예배'라는 방식을 선택하지만, 불교 등 전통종교들은 관례적으로 유교식을 따르고 있다.

이처럼 제례는 종교의례이지만 특정한 종교와 무관하다. 이는 제례의 역할이 조상에 대한 공경을 매개로 가족공동체를 확인하는 것이기 때문이다. 바로 이러한 사실 때문에 제례는 부계중심주의와 종법제 등과 관련된 제도로 이해되는 측면도 있다. 하지만 전통사회에서도 '제례는 죽음에 대한 태도와 삶, 그리고 나에 대한 근원적인 이해를 담고 있는 의례'라는 성격이 보다 강조되었다.[43] 이러한 관점에서 이 글에서는 제례의 성격을 초월성과 보편성으로 정리한다. 초월성은 제사가 조상과의 교감(감응)을 전제하는 행위라는 점에 기인한다. 또한 제사는 여러 제사 중에서 거의 유일하게 대상과 주관자 모두 특별한 조건이 없다는 측면에서 보편성을 띠고 있다.

---

42 송현동, 「가족구성원의 종교분포가 가족 갈등에 미치는 영향」, 『종교연구』 50, 한국종교학회, 2008, 78쪽.

43 이욱, 위의 논문, 474쪽.

(1) 제례의 초월성

제례는 신과 인간의 관계 속에서 이루어지는 행위체계이다.[44] 구체적인 행위양태는 문화와 시대마다 다른 모습으로 드러난다. 다양한 상호작용의 행위 속에서 발견되는 것 중 하나는 희생제의(犧牲祭儀, sacrifice)이며, 그 초점은 '교제(communion)'이다. 여기에서의 교제는 의례의 결정적인 순간에 인간의 세계와 신/조상의 세계가 결합한다는 뜻이다. 공물을 드리는 자와 받는 자, 제물 자체가 어떤 식으로든 합쳐지는 것으로 이해된다. 물론 희생제의에는 교제 외에도 감사와 속죄, 신/조상에 대한 회유 등 다양한 목적들이 포함되기도 한다.[45]

넓은 의미에서 희생제의는 제물의 성격과 관계없이 인간이 신에게 바치는 행위를 가리킨다. 식물이나 곡식, 돈, 심지어 인간까지도 신에게 바친다. 제祭의 어원과 제례에 사용되는 제물을 통해 볼 때, 제례는 육식동물을 죽여 그 피와 고기를 신이 흠향歆饗할 수 있도록 변화시키는 데에 가장 큰 목적이 있었다. 시간이 지나면서 제사에 사용되는 제물은 곡물과 명전冥錢 등으로 변화되었다.[46] 엄밀한 의미에서 희생제의는 바치는 행위만이 아니라 공물을 처리하는 방식과도 연관되어 있다. 희생제의는 "개인 혹은 집단이 그(그들)에게 매우 가치 있는 것을 파괴하는 폭력적 방법으로 초월적 존재(신)에게 바치는 일련의 과정"이다.[47] 여기에서 언급되는 폭력적 행위는 봉헌과 구분된다. 봉헌도 가치 있는 것을 신께 바치는

44 유교 신 존재의 영역은 천지인 삼재(三才)에 따라 천신(天神), 지기(地祇), 인귀(人鬼)로 나뉜다. 유교 최고의 신은 상제이며, 그 아래 천신과 지기, 인귀가 있다. 천신은 일월성신과 자연신과 구름, 비 등 하늘을 주재하는 신들을 말하며, 지기는 토지, 곡물, 산천, 바다 등 땅을 주재하는 신들, 그리고 인귀는 조상신을 말한다(금장태, 『유교의 사상과 의례』, 예문서원, 2000, 212쪽).

45 Bell, catherine, *Ritual: Perspective and Diemenson*, 『의례의 이해-의례를 보는 관점과 의례의 차원들』, 류성민 옮김, 한신대학교 출판부, 2009, 225쪽.

46 Bell, Ibid., p.218.

47 류성민, 「희생제의와 폭력의 종교윤리적 의미에 대한 연구-성서종교 전통을 중심으로」, 서울대 박사학위논문, 1991, 5쪽.

것이지만 반드시 파괴에까지 이르지는 않는다. 하지만 희생제의는 봉헌된 희생물의 목을 벤다든지 여러 조각으로 자르든지, 불로 태워 신이 흠향할 수 있도록 변화시킨다. 이러한 의미에서 희생제의는 어떤 물건이나 대상을 신의 것으로 만드는 과정이라 할 수 있다.

희생제의에서 바쳐지는 공물들은 신과 인간의 상호작용을 상징한다. 공물과 교환과 교제를 위한 의례 행위들은 인간과 신 사이의 매우 복잡한 상호작용의 관계를 드러낸다. 이러한 행동들은 인간과 신의 관계에서만 중요한 것으로 여겨질 뿐만 아니라 공동체가 조직되고 그 자체를 스스로 이해하는 많은 사회적, 문화적 과정들에서드 중요한 것으로 여겨진다. 그 때문에 표준적인 희생제의 절차를 보면, 한 동물이 도살되고 그 고기의 일부나 전부가 신들에게 제물로 바쳐지면 나머지는 공동식사의 형태로 공동체 구성원들이 함께 먹는다.[48] 제사 후의 음복이 바로 그것이다. 음복은 조상들이 내려주는 복덕을 물려받는다는 상징적 의미도 있으며, 같은 가족공동체 구성원임을 확인하는 절차이기도 하다.

(2) 제례의 보편성

앞에서 검토한 제사의 희생제의적 측면은 '궁극적이면서도 근원적인 존재'를 상정하고 그와의 교제를 추구하는 초월적 성격을 함축하고 있다. 하지만 제례는 보편적 성격도 지니고 있다. 제례의 보편성은 세 가지 요소로 정리할 수 있다. 첫째는 누구나 의례 주관자가 될 수 있으며, 둘째, 모든 사람이 제례의 대상이 된다. 마지막으로 제례가 가능한 이유는 우주만물과 인간사회의 질서를 뜻하는 보편적 이理에 근거하고 있다.

첫째, 조상제사는 제례 중에서 주관자의 범위가 가장 보편적이다. 제례는 신을 만나는 의식이며 행위이다. 동양에서 신은 매우 다양한 형태로

48 Bell, Ibid., p.218.

삶의 여러 영역에 존재한다. 신을 만나는 것은 복福을 부를 수 있는 행위이지만 항상 보장되는 것은 아니다. 때로는 죽음과 같은 화禍를 부를 수도 있다. 따라서 인간이 신을 만날 때는 규율과 예식이 있으며 만남과 교제를 주관하는 사제가 있다. 유교 제사에서 가장 중요한 규칙은 신분에 따른 제사 범위이다.

> 천자는 천지에 제사하고 사방에 제사하고 산천에 제사하고 오사에 제사하고 매년 두루 제사를 지낸다. 제후는 자기 방향에 해당하는 곳에 제사하고 산천에 제사하고 오사에 제사하고 매년 두루 제사한다. 대부는 오사에 제사하고 두루 제사하며 사는 자신의 조상에 제사한다. … 그가 제사 지낼 신이 아닌데 제사하는 것을 음사라고 한다. 음사에는 복이 없다.[49]

자신의 주위에 있는 신들을 선조로부터 천지까지 일렬로 놓을 때, 즉 개별적인 것에서 보편적인 것으로 올라가는 순서에 따라 신을 배열하였을 때 신의 지위가 높아질수록 그를 위한 의례를 수행할 수 있는 가행자可行者의 범위는 좁아진다. 어디에서나 볼 수 있는 자연(하늘과 땅)에 대한 제례는 천자天子만이 드릴 수 있다. 제례에만 한정할 경우, 유교에서는 모든 사람이 함께할 수 있는 보편적인 신은 존재하지 않는다. 보편적인 신을 섬기며 그 보편성을 향유할 수 있는 사람은 천자를 중심으로 하는 권력계층으로 제한된다.[50] 위계적 사회에서 누구나 거행할 수 있는

---

49 『禮記』「曲禮下」"天子 祭天地 祭四方 祭山川 祭五祀 歲徧 諸侯方祀 祭山川 祭五祀 歲徧 大夫祭五祀 歲徧 士祭其先 凡祭 有其廢之 莫敢擧也 有其擧之 莫敢廢也 非其所祭而祭之 名曰淫祀 淫祀無福"

50 이욱, 「조선시대 유교 제사의 확산과 희생의 변용」, 『종교문화비평』 31, 한국종교문화연구소(종교문화비평학회), 2017, 81쪽.

보편의례라는 점에서 조상제사는 특수하다. 물론 조상제사에도 신분은 의절儀節의 변화에 중요한 요소이다. 천자는 7대의 조상, 제후는 5대, 대부는 3대, 사는 1대를 모신다는 규정은 지위에 따라 제례로 모실 수 있는 조상의 범위가 제한되는 것을 의미한다. 부모의 제사는 신분과 무관하게 모든 사람이 지낼 수 있다. 이러한 이유에서 사당이 없는 서인은 정침에서 제사를 거행하도록 규정하였다.[51] 혈연을 연대의 준거로 한 사적인 결합이므로 대상의 보편성을 확보하지는 못하지만, 조상제사는 모든 사람에게 적용되는 의례로서 보편성을 지니고 있다.[52]

두 번째, 제례는 통과의례의 하나라는 점에서도 보편적 의례이다. 일반적으로 통과의례가 사람들에게 삶의 규범을 제공해 주듯이 제례는 죽음 이후 인간이 거쳐야 할 과정을 안내해 준다. 주자朱子가 편찬한 『가례』는 일반적인 사람이 육체적·사회적으로 크게 변화하는 계기에 거행하는 의식을 정리한 의례 매뉴얼이다. 관례·혼례·상례·제례는 사람이 태어나 성인이 되고, 혼인을 하고, 죽고, 조상이 되는 과정을 보여준다. '죽음', 특히 가족구성원의 죽음과 관련된 의례로써 제사의 대상은 '혈연의 연속성'으로 결정된다.[53] 다시 말해서 대상자의 업적이나 도덕성으로 결정되지 않고, 관계에 기초하여 결정된다. 이때 관계는 가족공동체를 토대로 맺어지는 존재들 사이의 관계이다. 이러한 점에서 가족공동체 구성원 모두가 제례의 주체이자 잠재적 대상이다.

마지막으로, 제사는 구체적인 조상의 기氣의 존재가 아니라 보편적인 이理로 인해 가능하다는 점에서도 보편적이다. 제사에서는 조상과 후손들 사이의 '감응'이 중요한 매개이다. 가족관계를 부계 중심으로 결정

51 『禮記』「王制」"天子七廟 三昭 三穆 與大祖之廟而七 諸侯五廟 二昭 二穆 與大祖之廟而五 大夫三廟 一昭 一穆 與大祖之廟而三 士一廟 庶人祭於寢"

52 이욱, 「제사의 종교적 의미에 대한 고찰」, 『유교사상문화연구』 16, 한국유교학회, 2002, 92쪽.

53 이욱, 앞의 논문, 2011, 482쪽.

했던 가부장적 사고에서는 이 감응은 부계로만 가능하다고 하였다. 하지만 조선시대 여러 유학자는 제사에서의 감응은 정성과 공경의 마음이라고 하였다. 이황은 조상과 후손의 감응은 이理에 근거한 것으로 후손들의 정성으로 가능한 것으로 정당화하였다.

> '항상 있고 없어지지 않는다'는 것은 실제로 항상 있는 것이 아니라, 비록 흩어져서 없어진 것 같지만 그 기氣가 이理에 뿌리박아 날마다 생겨나는 것은 호연浩然하여 끝이 없기 때문에 정성을 들여 구하면 문득 서로 감응感應하여 애당초 없어지지 않은 것 같을 뿐인 것입니다.[54]

이이도 이황의 입장, 즉 귀신은 유와 무로 단정할 수 없으며 제사는 이理와 정성으로 정당화하는 입장을 공유하였다. 이이는 죽음 이후 시간이 얼마 지나지 않은 조상의 경우, 기는 아직 멀리 흩어져 있지 않기 때문에 후손들이 그 기에 감응할 수 있다고 하였다. 이처럼 기에 감응하여 조상이 살아있을 때의 모습을 마음에서 느끼게 된다. 하지만, 죽음 이후 오랜 시간 지난 조상은 그 기가 완전히 흩어져 소멸되어 존재하지 않기 때문에 그 기를 감응할 수는 없다고 하였다. 하지만 비의 비유를 통해 조상을 이루었던 이理는 존재하므로 후손들이 조상을 사랑하는 마음으로 정성을 기울인다면 감응할 수 있다고 하였다.[55]

> 만약 그 세계世系가 멀어서 그 기는 비록 없어졌으나 그 이는 없어지지 않았기 때문에, 또한 가히 정성으로 감통할 수

54 『退溪集』, 권29, 「論李仲虎碣文 (示金而精)」 別紙, 030_182c. "恒存不亡者, 實非恒存. 雖若散而亡矣, 其氣之 根於理而日生者, 浩然而無窮, 故致誠以求之, 則便相感應, 若初未嘗亡者耳. 此皆先儒之言, 勉齋所論, 亦不外此."

55 김우형, 「조선 후기 귀신론의 양상」, 『양명학』 (19), 한국양명학회, 2007, 5쪽.

> 있는 것입니다. 이제 저 청천백일에 본래 비가 올 기운이 없다가 갑자기 먹구름이 모여서 드디어 큰비를 내리는 것은 비록 비가 올 만한 기는 없었으나, 역시 비가 올 만한 이가 있었기 때문입니다. 먼 대수代數의 선조에게 진실로 능히 감통할 기가 없으나 일념지성一念至誠으로 드디어 감통을 이루는 것은 비록 능히 감통할 기는 없으나 감통할 이가 있기 때문입니다. 그러므로 그 죽은 지가 오래지 않으면 기로써 감통하고, 그 죽은 지가 이미 오래되면 이로서 감통하는 것입니다. 혹은 기가 있고 혹은 기가 없으나 그 감통함은 마찬가지입니다. 더구나 자손의 정신은 곧 조고의 정신이니, 내게 있는 것을 가지고 조상의 없는 것에 감통하는 것이 또한 무엇이 의심스럽겠습니까. 이것이 효자와 자손慈孫들이 감히 그 어버이를 죽었다고 하지 않고서 제사 지낼 때는 그 엄숙함을 이루는 까닭입니다.[56]

이처럼 조선시대 제사에서의 '감응'은 천지만물에 내재하는 이치[理]에 기반한 조상과의 감통이란 의미를 지니고 있다. 좀 더 확장하면 제사에 참여하는 후손들이 조상에 대한 존경과 공경의 마음으로 감응하는 것으로 이해할 수 있다. 이러한 측면에서 제사에 참여하는 모든 사람이 가족공동체에 포함되며, 서로의 관계에 감응하는 모든 존재가 가족공동체이다.

---

56 『栗谷全書拾遺』, 권4, 「死生鬼神策」, 045_543c. "若其世系之遠者, 則其氣雖滅, 而其理不亡, 故亦可以誠感矣. 今夫青天白日, 固無能 雨之氣矣, 而陰雲倏集, 遂致大雨者, 雖無能 雨之氣, 而亦有能 雨之理故也, 遠代先祖, 固無能 感之氣矣, 而一念至誠, 遂致感格者, 雖無能 感之氣矣, 而亦有能 感之理故也."

2) 생식가족만의 가족의례

한국사회의 특수한 종교지형에서 발생한 가족과 종교 사이의 '역할 대체'로 인해 전통사회에서 가족제례의 이념적 토대였던 유교의 정당성은 오늘날 붕괴하였다. 이로 인해 제례는 종교의례보다는 '효'로 대표되는 한국전통문화의 실천이라는 상징을 확보할 수 있었다. 다른 나라에서 쉽게 찾아보기 어려운 개신교의 추도예배는 이러한 맥락에서 가능하였다. 또한 유교적 예법의 손쉬운 변경과 종교와 무관한 유교식 제례 차용도 같은 맥락에서 이해할 수 있다. 이는 제례 형식의 변화양상에서 확인할 수 있다.

〈표 13〉 제례형식의 변화양상

구분	전통적 형식	현대 제례 실태
주관자	장남, 장손	장남, 장손, 가족 외부인(목회자, 법사 등), 차남 등
참여자(남여)	남자와 종부(宗婦)	모든 가족이 참석하는 비율이 42.1%
제사범위	4대 봉사	2~3대 봉사(1대가 가장 많음)
제사시간	기일 자시(子時)	기일 오후 9시~새벽 1시 사이에 유동적
제사복장	제복(祭服)	평상복, 정장
제사음식	철저한 규칙 준수	편의 따라 조정
제사비용	제사 상속자가 재산상속	형제들이 현금이나 음식 등으로 상호부조
형식 및 절차	대체로 유교식	유교식, 기독교식, 천주교식, 불교식 등으로 다양

자료: 한국보건사회연구원, 『제례 및 성묘 실태와 변화방향』. 한국보건사회연구원, 2000, 98쪽에서 재구성, 문옥표, 「가정 제례의 변용을 통해 본 현대 한국인의 가족관계와 젠더」, 『한국문화인류학』 40(2), 한국문화인류학회, 2007에서 재인용

가장 큰 변화는 세대에 따른 제례에 대한 인식 차이이다. 서울에 거주하는 40·50대 주부 총 40명을 면접 조사한 구숙희와 최배영의 연구에 의하면, 이들은 가정의례를 가족공동체적 일체감을 느낄 수 있는 계기로 인식하고 있었다. 중년기 주부들은 가족의례의 의의를 '조상을 향한 정성의 표현으로 고인을 기리는 정情 문화'로 생각하였다. 이들에게 가족의례는 '가족들의 화합과 협동을 도모하고 공동체적 일체감을 느끼게 되는 계기'였으며, 조상의 교훈과 유지를 기억하고 효의 근본을 일깨우는 자녀교육의 기회이기도 하였다. 이 같은 인식에서 자녀세대도 자신들처럼 가족의례를 통해 조상을 기억하고 가족 간 화목과 우애를 돈독히 하는 등과 같은 모습을 가족의 전통으로 이어가기를 기대하고 있었다.[57]

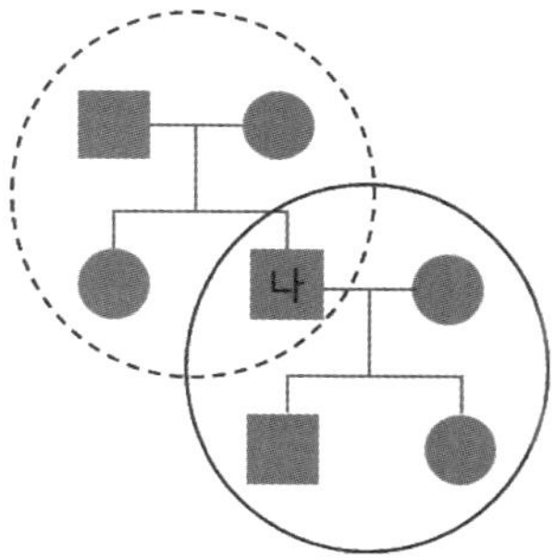

〈그림 1〉 원가족(점선)과 생식가족(실선)

이와는 다른 연구결과도 있다. 30·40대 기혼 남녀를 대상으로 가족의례에 대한 인식을 면접조사한 성미애의 연구에 따르면, 남성들은 부모가 살아계실 때 행하던 효의 실천을 사후에도 이어가는 것으로 제사를 인식하는 등 전통적인 제사의 의미를 유지하고 있다. 하지만 연구에 참

57 구숙희·최배영, 「서울시 중년기 부부의 추모의례에 대한 인식 연구」, 『한국가족자원경영학회지』. 15(2), 한국가족자원경영학회, 2011, 23-44쪽.

여한 여성들은 그러한 의미 부여를 받아들이지 않았다. 이는 제사 준비에 따른 부담이 실제 대부분 기혼 여성에게 부과되고 의례 당일에는 만나고 싶지 않은 인척들을 의무적으로 만나야 하기 때문이었다. 이러한 남녀 간 인식의 차이는 가족 범위에서도 발견되었다. 남성들은 자신의 원가족을 가족의 근원으로 여기고 있으며, 결혼으로 구성한 생식가족을 여기에 추가하였다.[58] 반면에 여성들은 생식가족만을 가족으로 인식한다. 남성들이 생각하는 가족의 범위도 전통적인 가家 범위에서 축소된 것이지만, 여성들이 생각하는 가족의 범위는 이보다도 축소되었음을 확인할 수 있다.[59]

이러한 연구결과는 문옥표의 연구에서도 확인된다.[60] 그는 중요한 제례의 변화 중 하나를 '직계 가족주의'라고 정리하였다. 제례 대상은 부모 1대만 모시는 경우가 가장 많았다.[61]

> [H2씨의 사례 (조사 당시 60대, 무직, 민간신앙, 중졸, 조사 시기 2007년)]
> H2씨는 7대 종손으로 고향인 경기도 평택에서 살 때는 물론 1970년 대 말 서울로 와서도 제사 때마다 고향에 내려가 부모님들을 도와 집안의 수많은 제사를 모시었다. 그러나 그 후 종손인 H2씨의 경제적 사정이 나빠져 제사를 모시

58 원가족(family of origin)은 자신이 태어난 가족으로 나를 포함한 부모와 형제자매를 가리키며, 생식가족(family of procreation)은 자신이 결혼하여 만든 가족으로 나를 포함한 배우자와 자녀를 가리킨다.

59 성미애, 「중년 기혼 남녀의 전통 가족 의례와 제도에 대한 인식을 통해 본 현대 가족의 변화」, 『한국가족관리학회지』 30(6), 한국가족관리학회, 2012, 103-114쪽.

60 문옥표, 「가정 제례의 변용을 통해 본 현대 한국인의 가족관계와 젠더」, 『한국문화인류학』 40(2), 한국문화인류학회, 2007.

61 김인옥, 「전통제례에 관한 생활문화적 고찰과 현행제례의 실태연구」, 성신여자대학교 박사학위논문, 1997; 한국보건사회연구원, 『제례 및 성묘 실태와 변화방향』, 한국보건사회연구원, 2000.

는 것 자체가 매우 어려운 형편이 되었음에도 다른 형제들이나 친척들로부터 도움을 기대할 수 없었다. 제사에 참가해야 하는 친척들은 제사 비용을 나누어 부담하지 않는 것은 물론 제사 준비하는 일조차 거들지 않고 모든 책임이 H2씨의 부인에게로 돌아가자 친척들 간의 불화가 발생하게 되었고, 결국에는 부인과 의논하여 제사를 다 줄이고 친척들도 만나지 않게 되었다. 현재는 부모님의 제사만을 모시며, H2씨는 현재도 자신의 친가 쪽 친척들과는 거의 왕래가 없이 지내며 명절 때조차 처가의 형제들이나 친척들과만 만난다.

[K6씨 사례 (조사 당시 86세, 무직, 종교 없음, 고졸, 조사 시기 1997년)]

1960년대 초 고향을 떠나 서울로 올라와 정착한 K6는 이주한 이후에도 부모님의 제사를 열심히 유교식으로 모셨고, 그 집의 제사 때는 복잡한 도시생활임에도 불구하고 사촌, 육촌까지 다 모여 항상 30-40명이 되는 많은 참가자들이 있었다. K6의 아버지는 5남이었으나 생전에 여러 다른 형제들, 조카들을 많이 돌보았던 까닭에 그의 도움을 받았던 친척들이 늘 그의 제사에 참석하였기 때문이다. 1970년대 초 장남이 결혼한 후에도 계속 함께 살면서 제사를 지냈으며, 10여 년 이상 제사를 모신 큰며느리는 이제는 모든 제사준비를 혼자서 다 맡아 할 정도로 익숙해졌다. 그러나 1980년대 중반 큰며느리가 기독교로 개종하고, 이어 장남마저 개종하면서 제사를 폐지하고 기독교식으로 의례를 행하게 되었다. 1990년대 초 처음 추도식을 모시던 날 K6와 제사에 참석하러 왔던 K6씨의 사촌 형제, 육촌 형제들을 포함한 집단의 모든 어른들은 무엇을 해야 할지 알 수 없었다. 추도식은 K6씨의 장남이 주관하였고, 기도는 교회의 권사인 K6

> 씨의 여동생이 담당했기 때문이다. 그동안 본래의 제주인 K6씨와 유교식 제사였다면 당당히 제관으로 의례를 주관하였을 종반의 '어른'들은 예배 집단의 뒤켠으로 물러나 있을 수밖에 없었으며, 두 번째 추도식 때부터 K6씨의 사촌, 육촌들과 당질들은 오지 않았다.

인용한 사례[62]들에서 확인되듯이 봉사 대수의 축소는 도시화와 밀접하게 연결되어 있다. 지역사회를 떠난 경우에는 심리적·정서적 요인으로 인해 그러한 조정은 더욱 쉽게 일어나는 것으로 보인다. 의례 양식 전환도 제사 축소에 영향을 준다. 특히 기독교식으로 전환할 때 부계 종족 단위 행사로서의 제사 의미가 직계 가족단위로 가장 극적으로 변화하였다. 물론 유교식으로 한다고 하더라도 제사의 대수를 줄여 1대나 2대만 지낼 경우 참여자 규모가 그에 따라 축소되며 제례는 더 이상 종족 행사로서의 의미를 지니지 않게 되었다. 하지만 의례 양식이 유교식에서 기독교식으로 전환될 경우에는 연로한 부계 친족들의 불참은 이들이 의례에서 역할을 상실한 것과 연관된 것으로 이해할 수 있다.

우선, 봉사 대수의 축소는 여성에게 부과되는 제사 준비의 노고를 줄이는 실천적 의미를 담고 있다. 이는 가족 운영과 긴밀히 연결되어 있다. 전통사회에서는 제사 준비는 특정한 여성에게 부과되지 않고, 친족 집단에 속한 여러 여성이 모여서 공동으로 준비하였다. 가족공동체의 범위가 부부-자녀 중심으로 축소된 한국사회에서 제사 준비에 따르는 노동 부담은 1~2명의 여성에게만 집중된다. 가족의례에 관련된 여러 연구에서 제사에 참가하는 다른 식구들이나 친족의 구성원들이 여성들의 어

---

62 위의 사례들은 문옥표의 2007년 논문에서 인용하였다. 그는 1990년대 후반 도시와 농촌을 포함한 전국 각 지역에서의 제례 관행에 관한 현지 조사하였고, 2007년에 몇 사례에 보완하였다.

려움을 이해하고 배려하지 못하는 현실과 나아가 그와 같은 몰이해와 일방적인 요구의 부당함에 분노하는 모습을 볼 수 있다. 때문에 여성들이 제사에 생식가족 이외의 친족들이 참가하는 것을 꺼리는 것은 자연스러운 현상으로 이해되며, 나아가 의례 형식의 갈등, 지속가능성에 대한 의문도 이와 연관되어 있을 것이라 추측된다.

하지만 봉사 대수 축소가 가진 보다 중요한 의미는 가족의례를 통해 통합하려는 가족공동체의 범위가 '생식가족'으로 축소되고 있음을 뜻한다. 앞서 인용한 두 연구[63]를 종합하면, 세대가 젊어질수록 가족공동체로 생각하는 범위가 좁아지고 있음을 확인할 수 있다. 성존의 토대가 가족으로 축소되고 원가족과의 연결고리도 희박해지면서 가족공동체의 범위는 부부-자녀 중심으로 축소되었고, 이 경향은 경제위기 이후 더욱 가속화되고 있다. 1970년대 중반 태생의 남녀 50명의 생애과정을 분석한 김혜경의 연구[64]에 의하면, 이들은 인터뷰에서 원가족에 대해 자주 언급하였지만 특별한 의미를 갖고 있지는 않았다. 여성들은 결혼 이후에 대해 이야기하면서 상대적으로 시집과의 관계에 대해 언급하는 횟수가 증가하기도 하였다. 하지만 이는 소수 사례에 불과하였다. 시부모와 동거하는 경우에도 시부모에 대한 언급은 매우 제한적이었다. 자신의 부모님, 특히 엄마에 대해서는 자주 언급하였고, 그 내용은 대부분은 연민과 동일시, 애틋함으로 정리할 수 있는 정서적 유대였다. 여성과 다르게, 남성들은 원가족에 대해 이야기를 거의 하지 않았다. 이야기하더라도 친밀성과 애정, 관계성에 대한 이야기를 찾기 어려웠다. 대부분은 부양, 효 등과 관련된 주제였다. 일부 기혼 남성들이 전통적인 부양의식을 드러내기도 하였지만, 현실화에 대해서는 회의적이었다. 실제 기혼자 31인의 사례 중

63 성미애, 앞의 논문.; 구숙희 · 최배영, 앞의 논문.

64 김혜경, 「부계 가족주의의 실패?: IMF 경제위기 세대의 가족주의와 개인화」, 『한국사회학』 47(2), 한국사회학회, 2013, 101-141쪽.

에서 원가족과 동거하는 경우는 두 사례에 불과하였다. 여전히 비혼자들은 부모와 동거하고 있었다. 여전히 남성들의 경우 가족에 대해 부계 중심주의적 태도를 지니고 있지만, 여성들은 태도의 측면에서 원가족과의 관계지향적 특성을 드러내고 있다.

정서적 측면이 아닌 실제 생활의 측면에서 가족의 축소가 더욱 확연하게 드러난다. 부계 직계가족 중심으로 작동되었던 생활은 이제는 생식가족 단위로 운영되고 있다. IMF 경제위기 이후 만성화된 경제위기 속에서 가족의 삶을 지탱하기 위해서는 맞벌이가 필수이기 때문이다. 가족공동체의 범위는 생식가족으로 축소하여 운영하고 원가족과는 정서적 관계만을 유지하고 있다. 일부 맞벌이 부부의 경우는 본가와 별다른 관계를 맺지 않고 있는 경우도 있었다. 김혜경은 자신의 분석을 마무리하면서 '가구경제의 유지와 양육부담이 주는 환경으로 인해 기혼사례들의 삶은 핵가족적 삶의 유지 그 자체에 급급해 보인다'고 안타까움을 드러내고 있다. 적어도 연구대상인 40대들은 생식가족을 중심으로 가족운영, 그리고 출생가족과의 부차적 관계유지로 정리할 수 있을 것이다.

5. 맺음말

필자는 가족중심주의 형성과 종교지형의 변화, 그 결과로서 가족의례의 축소를 연결지어 설명하였다. 가족중심주의로 인한 여러 모순과 한계도 우리가 극복해야 하는 문제이지만, 실제 현실에서 '가족'이 겪고 있는 문제도 만만찮다. 이 글에서 본격적으로 다루지 않았지만, 한국인들이 기대고 있는 이념형으로서의 '가족'과 현실에서 마주하는 '가족'도 그러한 문제의 원인이자 결과이다. 사회구조적 조건 및 환경과 무관하게 '가족'은 생존의 단위이며, 자원의 저장고이며, 삶에서 마주하는 선택의 매순간 '준거'로 소환되는 규범이다.

한국의 가족은 밀도가 매우 높다. 가족이라는 매우 친밀한 관계의 구조를 한국사회는 '생식가족'이라는 매우 협소한 규모에 한정하고 있으며, 그 한정된 규모에 가족의 복지와 안녕과 유지와 번영, 노후 등등 그 모든 것의 책임을 맡기고 있다. 가족의 밀도를 낮추어야 한다. 이를 위해 가족공동체의 부피/규모를 늘려야 한다. 가족공동체에 포함할 수 있는 신뢰할 수 있는 유대감을 느끼는 그래서 결속할 수 있는 구성원의 범주와 규모를 확대해야 한다. 가족의례의 관점에서 의례 참가자의 범위를 현재의 생식가족에서 친족을 포괄하는 수준으로 확장할 필요가 있다. 참여단위가 확장됨에 따라 제례 참여자 수의 증가도 기대할 수 있다. 이를 위해서는 제례가 변화되어야 한다. 방치되고 있는 제례를 현대사회 가족공동체가 필요한 의례로 수정해야 한다. 그 가능성과 무관하게 간략하게 필자의 생각을 정리하면 다음과 같다.

제례는 내용적 측면에서 치유의 공간이 되어야 하며, 이때의 치유는 세대 간의 만남, 교제, 즉 '감응'을 통해 이루어진다. 제사 참여를 위해 모인 가족공동체 모두가 온전하게 감사와 존경의 마음을 표하고, 가족구성원 모두가 서로의 관계를 감응하는 제례로 변화되어야 한다. 대화를 애써 시도하지 않고 조상 추모라는 목적에 충실하게 제례를 실천한다. 의례에 참여하는 모든 구성원에게 역할을 부여하고 조상과 옆에 있는 구성원과 감응할 수 있도록 한다. 이를 위해 가가례家家禮가 정비되어야 한다. 오늘날에는 전통사회에서처럼 집안의 고유한 의례문화와 절차가 전승되지 않는다. 인터넷과 언론 등을 통해서 제사 양식이 전파되고 있다. 이러한 상황에 대해 제례의 절차와 내용에서 공적 담론의 영향력이 아직 남아 있다는 긍정적 해석도 가능하다. 산업화 시대에 한때 유행하였던 제례의 간소화와 같은 담론을 대체하는 새로운 제례 담론이 필요하다.

제례는 실천의 측면에서 누군가에 부담이 되어서는 안 된다. 이를 위해 제례를 위한 별도의 의례 공간이 마련되어야 한다. 사찰과 교회, 성당 등과 같은 종교시설을 우선 고려할 수 있다. 가족 간의 종교가 다를 경우에는 결혼식장·장례식장과 같은 종교-중립적인 의례 공간을 상상할 수도 있다. 상업화에 따른 우려도 있지만, 오히려 제례 준비에 따른 노동의 부담을 가족구성원들이 나눌 수 있다는 장점이 있다. 모든 구성원이 노동의 부담에서 벗어나 감사와 존경의 마음을 온전히 표할 수 있는 시간과 공간이 될 수 있을 것이라 기대한다.

그리고 새로운 제례 담론은 혈연 중심의 정상가족 이데올로기를 극복하는 데 기여해야 한다. 부부와 자녀로 구성된 핵가족의 표상되는 정상가족은 이 글에서 비판하고 있는 생활양식의 준거로서 소환되고 있는 바로 그 가족이다. 이상적인 형태로 이념화되어 존재하는 가족으로 현실에서는 찾기 어려운 가족형태이다. 그럼에도 현실에 존재하는 수많은 형태의 가족들(무자녀 가족, 입양가족, 동거가족, 조손가족, 동성결혼 가족 등)을 비정상적 가족으로 치환해 버린다. 가족에 부과되는 밀도를 낮추는 또 다른 방법은 이상화된 가족을 현실화시키는 것이기도 하다. 제례에서 기억하고 그 의미를 나누어야 하는 '조상'에 대한 새로운 정의도 필요하다. 남성 혈족에 기대어 대대의 어른이란 의미보다는 공동체에서 기억하고 그리워하고 잊지 말아야 할 존재로서 새롭게 의미가 부여되어야 한다. 이러한 방식으로 제례의 대상이 새롭게 정의될 수 있다면, 음악에서 주제를 자유롭게 변주變奏하듯이 제례의 절차와 방법도 그처럼 변주할 수 있을 것이다.

동양사상과 미래 문명의 비전

홍승표

동양사상과 미래 문명의 비전

—

홍 승 표

1. 산업혁명, 현대 세계관, 그리고 현대 사회의 형성

대략 45억 년 전 대충돌의 결과로 행성 지구가 태어났다. 2백만 년 동안 지구는 마그마 바다라고 하는 뜨거운 불덩어리였다. 시간이 흐르면서 지구는 식어갔고, 마침내 바다와 대기가 만들어졌다. 그리고 놀라운 일이 벌어졌는데, 그것은 '생명의 탄생'이다. 화석 기록으로는 34억 년 전 오스트레일리아에서 발견된 것이 처음이지만, 보다 원시적인 생명체는 지구가 탄생하고 난 뒤 1억 년 정도 뒤에 출현했을 것으로 추론된다. 광합성 활동을 통해 산소를 배출하는 미생물은 약 24억 년 전쯤 출현했을 것이다.[01]

생명은 놀라운 진화과정을 거치면서 마침내 인류가 출현했다. 원시 인류의 출현은 대략 4, 5백만 년 전으로 추정되지만, 현 인류의 직계조상인 호모 사피엔스 사피엔스(Homo sapiens sapiens)가 출현한 것은 불과 4만 년 정도 이전의 일이다.[02]

인류는 불을 발견하고, 언어와 문자를 발명했다. 농사짓는 방법을

---

01 최덕근, 『지구의 일생: 45억년, 시간으로 보는 지구의 역사』, 휴머니스트, 2018.

02 윤경철, 『대단한 지구여행』, 푸른길, 2011.

알아내고, 석기와 청동기를 개발했으며, 부락을 형성했다. 대략 1만 년 전, 인류 문명이 탄생했다. 지구의 역사에서 볼 때, 또한 우주적인 관점에서 볼 때도, 이것은 지구에서 일어난 놀라운 사건이었다.

1785년 J. 와트(James Watt, 1736-1819)가 증기기관을 발명했을 때, 이것은 문명의 놀라운 점프를 예고하는 것이었다. 농업혁명을 일으킨 뒤 1만 년이 지나고 나서, 산업혁명이 일어났던 것이다. 산업혁명은 인류의 삶과 사회를 송두리째 바꾸어 놓았다. 인류의 삶의 주된 터전이 농촌에서 도시로 바뀌었다. 대가족제도가 해체되고 핵가족제도가 보편화되었다. 인류의 경제적인 삶은 산업혁명 이전과 비교할 수 없을 만큼 부유해졌다. 여가시간이 획기적으로 증대되고, 역사상 처음으로 대중교육이 보편화되었다. 전염병이 퇴치되고, 다양한 자연재해로부터 안전해지게 되었다.

그러나 산업혁명을 중심으로 하는 기술혁신이 현대 사회 형성을 위한 하나의 축에 불과하였음을 간과해서는 안 된다. 현대 사회 형성을 위한 다른 하나의 축은 현대 세계관의 출현과 확산이다. G. 갈릴레이(Galileo Galilei, 1564-1642)와 I. 뉴턴(Isaac Newton, 1642-1727)과 같은 천재 물리학자들은 기계론적 자연관 형성에 크게 기여했다. 기계론적 자연관은 고대 그리스의 철학자인 데모크리토스(Demokritos, B.C. 460-370)와 피타고라스(Pythagoras, B.C. 582-497)에서 그 원형을 찾을 수 있지만, 근대 물리학자들에 의해 완성되었다.

기계론적 자연관이란 자연을 법칙적으로 작동하는 하나의 기계와 같이 바라보는 관점이다. 현대 이전의 세계에서 사람들은 자연을 살아 숨 쉬는 생명체와 같은 것으로 인식했었다. 그러나 근대기에 접어들면서, 자연은 무수히 분리된 물질들로 구성된 거대한 기계와 같은 것으로 간주되었다.[03]

---

03 J. Bronowski and B. Mazlish, 『西洋의 知的 傳統』. 차하순 옮김. 학연사, 1986, 46쪽.

자연을 바라보는 관점의 변화는 현대 사회관의 형성에 직접적인 영향을 미쳤다. 사회 역시 분리된 개인들로 구성된 기계와 같은 존재라고 하는 기계론적 사회관이 등장했다. 기계론적 사회관은 기계과 마찬가지로 사회 역시 개조가 가능하다는 생각을 낳게 했다. 이것이 17, 18세기에 걸쳐 일어난 계몽사상의 원천이 되었다. J. J. 루소(Jean Jacques Rousseau, 1712- 1778), 볼테르(Voltaire, 1694-1778), C. de 몽테스키외(Charles de Montesquieu, 1689-1755), J. 로크(John Locke, 1632-1704) 등으로 대변되는 계몽사상의 핵심은 비합리적인 전현대 사회를 합리적으로 개조하는 것이었다.

계몽사상의 토대가 된 인간관은 '인간은 이성적인 존재'라는 생각이었다. 근대기에 이성적인 존재로서의 현대 인간관을 완성시킨 사람은 R. 데카르트(Rene Descartes, 1596-1650)이다. 현대가 생각하는 이성이란 무엇인가? 그것은 중세사회에서의 이성과는 크게 다른 것이다. 중세사회에서 이성이란 '신을 알 수 있는 능력'이었다. 그러나 현대 사회에서 이성은 다음의 두 가지 의미를 갖고 있다.

첫째, 이성이란 경험적으로 현실을 관찰해서 법칙적인 지식을 산출할 수 있는 능력을 의미한다. 이것은 F. 베이컨(Francis Bacon, 1561-1626)이 자신의 신학문론에서 밝힌 과학적인 이성이다.[04] 과학적인 이성은 갈릴레이와 뉴턴을 거치면서, 현대 학문 일반으로 확산되었으며, 현대 사회에서 이성의 중요한 의미의 하나가 되었다.

둘째, 이성이란 기존의 사회 제도나 관행이 내포하고 있는 비합리성에 대한 비판 능력을 의미한다. 이것은 계몽사상가들이 중시한 이성의 의미이고, K. 마르크스(Karl Marx, 1818-1883)를 거쳐, 현대 비판이론가들

04 F. Bacon, 『신기관 - 자연의 해석과 인간의 자연 지배에 관한 잠언』, 진석용 옮김, 한길사, 2001.

이 사회비판의 준거로 사용하는 이성의 의미이다.

이리하여, '이성적인 존재로서의 인간'이란 인간에 대한 관점은 현대 인간관의 대표적인 요소로 자리 잡게 되었다.

'이성적인 존재로서의 인간'과 더불어 현대 인간관을 대표하는 인간관은 '욕망을 추구하는 존재로서의 인간'이다. T. 홉스(Tomas Hobbes, 1588-1679)는 욕망 추구자로서의 인간이라고 하는 현대 인간관 확립에 크게 기여했다. 홉스에게 있어서 인간이란 권력을 위시해서, 부, 명예, 육감적 쾌락, 안락, 지식 등 자신의 이기적인 욕망을 끝없이 추구하는 존재이다.[05]

홉스의 욕망 추구자로서의 인간관은 학문 세계에 널리 확산되었다. 현대 정치학은 '인간이란 권력을 추구하는 존재'라는 홉스적 인간관을 모든 정치적인 행위의 기반으로 삼았고, 현대 경제학은 '인간이란 이윤을 추구하는 존재'라는 경제인(homo economicus)의 개념 위에서 발전했다. 심리학에서는 S. 프로이트(Sigmund Freud)를 필두로 해서 '본능의 만족을 추구하는 존재로서의 인간'이란 생각을 학문의 바탕으로 갖게 되었다.[06]

물론 욕망 추구자로서의 인간관이 학문의 영역에만 머문 것은 아니다. 이것은 문학과 예술의 영역, 그리고 일반인들의 인간 인식에 광범위한 영향을 미치게 된다. 그리하여 이상적인 삶이란 '욕망 충족적인 삶'이고, 이상적인 사회란 '욕망 충족적인 사회'라는 현대적인 관념의 확산을 초래했다. 이리하여, '이성적인 존재로서의 인간관'과 더불어 '욕망 추구자로서의 인간관'은 현대 인간관을 대표하는 인간관으로 자리잡게 되었다.

---

05 T. Hobbes, *Leviathan. Indianapolis,* Indiana: Hackett Publishing Company, Inc., 1994, pp. 58~59.

06 홍승표, 『깨달음의 사회학』, 예문서원, 2002, 29쪽.

현대 세계관을 구성하는 요소 중 하나는 현대 노동관이다. 현대 노동관이란 '참된 노동을 통해 인간은 자신의 인간적인 본질을 실현할 수 있다.'라고 하는 노동에 대한 현대적인 관념이다. 현대 노등관은 현대 문명의 형성과 발전에 커다란 영향을 미쳤으며, 인간 노동에 대한 사회적인 수요가 급격히 감소하는 문명의 현시점에 이르러서는 중요한 극복의 대상이 되었다.

그 출현기에서 보면, 현대 노동관이란 노동에 대한 아주 새르운 관념이었다. 현대 이전의 모든 사회에서는 노동에 대한 부정적인 인식이 보편적이었다. 노동은 마지못해서 하는 고역이었으며, 때르는 신이 인간에 내린 처벌이었다. 동서양의 황금시대에 대한 전설에는 '일하지 않고도 안락한 삶을 누리는 사회'에 대한 이미지가 거의 포함되어 있다.

종교개혁가들은 이런 전통적인 노동관에 커다란 변화를 가져온 사람들이었다. M. 루터(Martin Luther, 1483-1546)나 J. 칼뱅(Jean Calvin, 1509-1564) 같은 종교개혁가들은 세속적인 생산 활동에 성스러운 의미가 있음을 주창했다. 생산 노동에 긍정적이고 궁극적인 의미를 부여했던 것이다. 그들은 노동을 통해 하느님의 영광을 지상에 실현할 수 있다고 했고, 그래서 모든 직업은 성스러운 것이라고 말했다. 시간을 아껴 일할 것과 금욕적인 소비를 강조했다. 그 결과, 자본의 축적이 이루어지게 되었다. M. 베버(Max Weber, 1864-1920)는 『프로테스칸트 윤리와 자본주의 정신』에서 개신교 윤리와 자본주의 간의 친화적인 관계를 입증했다.[07]

세속적인 노동이 성스러운 것이라는 종교개혁가들의 새로운 노동관은 이후 G. W. F. 헤겔(Georg Wilhelm Friedrich Hegel, 1770-1831)과 마르크스에 이르러 현대 노동관으로 발전했다. 이들은 '인간은 참된 노동을 통해 인간의 인간적인 본질을 실현한다.'라고 하며 노동의 의미를

07 M. Weber, 『프로테스탄트 윤리와 자본주의 정신』, 박문재 옮김, 현대지성, 2018.

한껏 고양했다. 이제 더 이상 노동은 수단의 영역이 아니라 목적의 영역이 된다. '노동을 통한 자기실현'이라는 현대 노동관이 대중의 의식 속에 침투하고, 이는 현대 문명 건설의 원동력이 된다. S. 프로이트(Sigmund Freud, 1856-1939)와 H. 마르쿠제(Herbert Marcuse, 1898-1979)가 역설했듯이, 현대 노동관은 인간이 쾌락추구를 억압하고 에너지를 문명 건설에 돌리는 중요한 기제가 된다.

위에서 현대 자연관, 사회관, 인간관, 노동관 등을 살펴보았는데, 이와 더불어 현대 사회 형성에 커다란 영향을 미친 현대 세계관의 하나는 현대 관계관이다. 현대 관계관 형성에 직접적인 영향을 미친 사람은 C. 다윈(Charles Darwin, 1809-1882)이다. 그는 더 이상 전현대인들이 바라보는 방식으로 생명체들을 바라보지 않았다. 다윈의 입장에서 보면, 각각의 생명체는 분리된 개체이다. 이것은 명백하게 현대 자연관의 프리즘을 통해 인식되는 각각의 생명체에 대한 해석이지만, 다윈을 위시한 현대 생물학자들은 이것을 사실로 간주했다.

모든 생명체들이 직면해야 하는 현실은 이것이다. 번식 속도는 기하급수적인데 반해서, 먹이 총량은 제한되어 있다. 다윈은 T. R. 맬서스(Thomas Robert Malthus, 1766-1834)의 『인구론』에서 이 명제를 차용한다. 그래서 모든 생명체들은 먹이를 차지하지 위한 투쟁을 벌여야만 한다. 이때, 나에게 너는 경쟁자이며, 극복해야만 하는 적이 된다. 이리하여, '나와 너는 적이다.'라고 하는 적대적 관계관으로서의 현대 관계관이 출현하게 되었다.

적대적 관계관은 자연의 세계를 넘어 인간과 사회의 영역으로 확대되었으며, 모든 관계를 바라보는 현대적인 관점으로 자리 잡게 되었다. 이리하여 경쟁과 갈등은 자연스러운 것이고, 이것은 불가피할 뿐만 아니라 발전[진화]의 원동력이 된다는 현대적인 관념이 인류의 의식에 깊이 침투했다. 현대인은 적대적 관계관으로서의 현대 관계관에 입각해서, 나와 마주하고 있는 너, 나의 국가와 마주하고 있는 너의 국가, 나의 문화와 마주하고 있는 너의 문화, 나의 민족, 인종, 종교와 마주하고 있는 너의 민족, 인종, 종교를 바라본다. 현대 관계관은 개인과 개인, 집단과 집단, 국가와 국가 간의 경쟁과 갈등을 강화시키면서, 제국주의와 자본주의체제의 발달을 비롯한 현대 사회의 형성에 커다란 영향을 미쳤다.

이와 같이, 산업혁명이라는 기술혁명과 현대 자연관, 현대 사회관, 현대 인간관, 현대 노동관, 현대 관계관을 포함한 현대 세계관은 현대 사회의 형성과 발전에 기여했다. 인류가 전현대 사회라고 하는 어두운 시기를 벗어나서 현대 사회로 이행할 수 있었던 것은 산업혁명과 현대 세계관이라고 하는 두 가지 요소가 존재했기 때문이다. 산업혁명은 현대 사회의 하드웨어를 제공하고, 현대 세계관은 현대 사회의 소프트웨어를 제공해서, 지난 수백 년에 걸쳐 인류는 현대 문명이라고 하는 놀라운 문명을 건설했던 것이다.

2. 신기술혁명과 현대 사회시스템의 붕괴

과거 산업혁명은 서구 중세사회를 그 뿌리에서부터 붕괴시키는 원동력으로 작용했다. 지금 새로운 것이 오고 있다. 그것은 인공지능의 발달을 그 중심에 두는 신기술혁명이다. 신기술혁명의 발발은 현대 사회를 그 뿌리에서부터 무너뜨리고 있다. 그러나 현대는 현대 사회시스템이라고 하는 헌 부대에 신기술혁명이라는 새 술을 담으려고 하는 우매한 노력을 기울이고 있다.

신기술혁명의 중심에는 인공지능이 있다. 인공지능은 단순히 새로운 기술의 하나가 아니다. 왜냐하면, 그리 머지않은 미래에 인공지능은 모든 신기술을 개발하는 주체가 될 것이기 때문이다. 반도체에 기반을 둔 인공지능이 처음 출현했을 때, 그것은 성능이 좋은 계산기와 같은 것이었고, 현대 산업기술의 일부였다. 그러나 그것이 컴퓨터, PC, 스마트폰, 로봇으로 진화해 가면서, 인공지능은 현대 사회시스템의 근간을 무너뜨리는 원동력으로 작용하기 시작했다. 2016년 3월 알파고가 이세돌을 이겼을 때, 사람들은 '인공지능 시대가 오고 있다는 것'을 실감했다.

인공지능의 발달 속도는 기하급수적으로 빨라지고 있으며, 수십 년 이내에 특이점에 이르게 될 것이다.[08] 특이점에 이르게 되면, 기술발달에 있어 시간의 축이 사라지게 될 것이다. 즉, 기술폭발이 일어나게 된다.

인공지능의 발달을 그 중심에 두는 신기술혁명은 어떤 미래를 만들어낼 것인가? 두 가지 점에서 신기술혁명은 현대 사회와는 판이한 새로운 상황을 연출할 것이다.

첫째, 신기술혁명은 인간 노동이 사라진 사회를 만들어낼 것이다. 이미 신기술혁명에 의한 인간 노동의 축소는 광범위하게 일어나고 있다. 단위 생산에 투입되는 노동량 감소는 인간이 도구를 사용하면서부터 즉 문명의 형성과 더불어 이미 시작된 과정이다. 단지 전현대 사회에서는 기술발전의 속도가 완만했기 때문에 이것은 아주 더딘 속도로 진행되었다. 그러나 산업혁명의 발발과 더불어 기술발전의 속도가 빨라졌다. 산업혁명은 인간 노동에 있어서 근력을 기계력으로 대체했다. 이에 따라서, 특히 육체 노동의 경우는 현저한 노동 감소가 이루어졌다.

---

08 R. 커즈와일(Ray Kurzweil)은 『The Singularity Is Near: When Humans Transcend Biology』(2006)에서 2045년경을 특이점(Singularity)에 도달할 시점으로 예측했다. 특이점이란 기술발달의 속도가 무한대에 이르는 지점을 말하며, 이때가 되면 인간보다 뛰어난 AI 로봇이 자신보다 뛰어난 AI 로봇을 만들 수 있게 됨으로써 무한생산이 가능해지고, 모든 경제적인 희소가치가 사라지며, 모든 재화와 용역의 가치는 0에 이르게 될 것이다.

인공지능의 급속한 발달에 따라서 인간 노동에 있어서 지력이 인공지능으로 대체되고 있다. 인간 노동은 노동에 대한 구상이라고 하는 지력知力과 노동의 실행이라고 하는 근력筋力으로 구성되어 있다. 인공지능 로봇은 인간 노동의 두 가지 요소를 모두 구비하고 있다. 오늘날 일상생활 속에 스며들어 있는 초보적인 인공지능 로봇은 은행이나 동네에 설치되어 있는 현금자동입출금기이다. 현금자동입출금기는 은행원이 하는 일상적인 업무 대부분을 대신하고 있다.

인공지능이 빠른 속도로 발전함에 따라 다양한 영역에서 인공지능 로봇이 개발되고 있다. 산업용 로봇은 물론이고, 배달 로봇, 의사 로봇, 바둑을 두는 로봇, 화가 로봇, 작곡과 연주 로봇, 소설을 쓰는 로봇, 요리사 로봇, 주식 분석과 투자 로봇, 기자 로봇, 앵커 로봇, 청소 로봇, 마음을 위로해 주는 로봇, 상담사 로봇, 교사 로봇, 심판 로봇 등이 이미 활동을 시작했고, 앞으로 인간 활동의 모든 영역에서 인공지능 로봇이 출현할 것이다. 인공지능 로봇의 노동 능력은 이미 많은 분야에서 인간을 추월했고, 앞으로 모든 분야에서 인간을 능가할 것이다.

그 결과는 무엇일까? 그것은 인간 노동이 사라진 새로운 사회의 출현이다. 인공지능의 발달에 따라 지금도 인간 노동은 빠른 속도로 축소되고 있다. 그러나 이것은 시작에 불과한 것이며, 수십 년 내에 우리는 인간 노동이 사라진 새로운 사회를 맞이하게 될 것이다. 이것이 신기술혁명으로 인해 촉발되는 현대 이후의 새로운 사회의 한 가지 모습이다.

둘째, 신기술혁명은 경제적인 희소자원이 사라진 무한히 풍요로운 사회를 도래케 할 것이다. 기술이 발달할수록 생산단가는 하락한다. 산업혁명 이후 기술발달의 속도가 빨라지면서 생산단가는 빠른 속도로 하락을 거듭해왔다. J. 리프킨(Jeremy Rifkin)은 『한계비용 제로사회』에서 결국 모든 재화와 서비스의 생산단가가 0에 수렴하게 될 것임을 설득력

있게 설명하고 있다.[09]

'경제적인 희소자원의 소멸', 이것은 지금까지의 인류사회와는 판이한 새로운 사회의 출현을 의미하는 것이다. 현대적인 삶과 사회의 중심축이 경제적인 희소자원을 획득하기 위한 각축이었다면, 경제적인 희소자원의 소멸은 현대 사회의 종말을 의미하며 새로운 사회의 출현을 뜻한다.

이와 같이, 신기술혁명은 현대 이후의 새로운 사회에 대한 기술적 기초를 제공하고 있지만, 다른 한편으로 보면 낡은 현대의 모든 사회시스템들을 붕괴시키는 힘으로 작용하고 있다. 이것은 과거 산업혁명이 전현대의 모든 사회시스템들을 붕괴시키는 힘으로 작용한 것과 마찬가지이다.

과거 산업혁명이 발발하자, 농촌 중심의 농경사회가 해체되고 도시중심의 산업사회가 형성되었다. 이에 따라서, 농촌에 기반을 둔 대가족제도가 붕괴되고, 공동체가 해체되었다. 농사일을 주로 하던 대중의 생업활동에도 혁명적인 변화가 일어났다. 지주소작 관계에 기반을 둔 봉건제도도 해체되었다. 산업사회가 필요로 하는 인재는 전현대 사회와 전혀 다른 것이었기에 수도원을 중심으로 하는 중세교육도 와해되었다.[10]

이와 마찬가지로, 신기술혁명의 발발과 더불어 모든 현대 사회시스템들이 붕괴과정에 들어갔다. 신기술혁명에 따른 인간 노동의 축소는 구매력의 감소를 수반하며, 이는 현대 자본주의시스템을 근본에서부터 무너뜨리는 요인으로 작용하고 있다. 인간 노동이 사라지게 될 새로운 시대는 노동자를 필요로 하지 않는다. 이에 따라서, 노동자 양성에 주력하는 현대 교육 역시 뿌리에서부터 흔들리고 있다. 자본주의시스템의 혼란

---

09 J. Rifkin, 『한계비용 제로 사회』, 안진환 옮김, 민음사, 2014.

10 홍승표, 『인공지능 시대의 사회학적 상상력』, 살림터, 2019, 96쪽.

은 국가 재정의 악화를 가져와 연쇄적인 국가 부도와 현대 정치시스템의 붕괴를 가져올 것이다.

3. 새로운 신기술혁명과 낡은 현대 세계관 간의 문명 충돌

산업혁명이 중세사회를 완성하기 위한 기술혁신이 아니었던 것과 마찬가지로 신기술혁명은 현대 사회를 완성하기 위한 기술혁신이 아니다. 인공지능의 발달을 중심으로 하는 신기술혁명은 인류에게 무엇을 촉구하고 있는 것일까? 그것은 현대 이후의 새로운 사회를 구축하는 것이다. 그러나 현 인류 대다수의 대응은 무엇인가? 현대 사회의 재건을 위해 노력하는 것이다.

이것은 근대화를 이룬 서구열강의 침입에 맞서 대원군과 유학자들이 조선 유교 사회의 재건을 도모했던 것과 같이 시대의 흐름을 거스르는 역사의 반동이다. 역사의 반동 결과는 무엇이었던가? 조선 유교 사회의 재건이었던가? 물론 아니다. 조선 유교 사회가 완전히 망하고, 일본의 식민지로 전락한 것이 시대의 흐름에 반하는 선택의 결과였다.

모든 역사의 반동은 궁극적으로 성공할 수 없을 뿐만 아니라 커다란 고통과 파괴를 낳는다. 그런데 지금, 역사의 반동은 전 지구적인 차원에서 일어나고 있다. 만일 현 인류가 이런 반동적인 노력을 계속한다면, 그 결과는 인류 문명의 파멸이라는 참담한 것이 될 것이다. 이미 인류는 이런 파국적인 미래를 예감하고 있다. SF 영화들을 보면, AI(artificial intelligence)에 의해 파괴된 인류 문명의 미래를 보여주는 것들이 많다. 인류는 미래에 대한 장밋빛 꿈을 잃어버린 지 오래다.

도대체 왜 인류는 황폐화된 인류 문명의 미래를 예감하면서도, 이런 반동적인 노력을 멈추지 않는 것일까? 아니 멈추지 못하는 것일까? 그 답은 단순하다. 현 인류는 낡은 현대 세계관에 고착되어 있기 때문이다. 대원군과 조선 말 유학자들이 낡은 유교 세계관에 고착되어 있었던 것과 마찬가지로 현대 세계관이란 무엇인가? 현대기라고 하는 인류 문명의 짧은 기간에 형성되고 확산된 하나의 특수한 세계관이다. 조선 사회 유교 세계관이란 무엇인가? 조선 사회라는 역사적인 시기에 형성되고 확산된 하나의 특수한 세계관이다. 현대 세계관은 결코 세계관 자체가 아니다. 조선 유교 세계관이 결코 세계관 자체가 아닌 것과 마찬가지로. 조선 유교 세계관은 보편적인 세계관이 아닐 뿐만 아니라 19세기 말에 이르러서는 폐기되어야 마땅한, 새로운 시대와 조화를 이룰 수 없는 낡은 세계관이었다. 마찬가지로, 현대 세계관은 보편적인 세계관이 아닐 뿐만 아니라 현대 말·탈현대 초에 해당하는 문명의 현시점에서 볼 때, 폐기되어야 마땅한, 새로운 시대와 조화를 이룰 수 없는 낡은 세계관이 되어버렸다.

조선 말의 비극은 대원군과 유학자들이 유교 세계관을 세계관 자체로 착각한 데 있었다. 오늘날의 비극도 마찬가지이다. 현대 말을 살고 있는 현 인류가 현대 세계관을 세계관 자체로 착각하는 것이 비극을 촉발시키는 근본 원인이다.

현대인은 죽으면 모든 것이 끝장이 난다고 생각한다. 서구 중세인은 죽으면 내세에서의 영원한 삶이 시작된다고 생각했다. 어떤 것이 사실일까? 물론 어떤 것도 사실이 아니다. 상이한 세계관에서 바라본 죽음에 대한 상이한 해석일 뿐이다. 그러나 많은 현대인은 자신의 해석을 해석이 아니라 사실이라고 생각한다.

잘 산다는 것은 어떻게 사는 것일까? 현대인은 자아확장투쟁에서 승리해서, 더 많은 것을 소유하고, 더 비싼 것을 소비하는 삶을 살아가는 것이라고 생각한다. 조선 사회 사람들은 나라에 충성하고, 부모에게 효도하며, 가족을 위해 자신을 헌신하는 사람을 잘 사는 사람이라고 생각했다. 그래서 이들에게 충신비, 효자비, 열녀비를 세워주었던 것이다. 어떤 생각이 옳은 것일까? 어떤 생각도 객관적으로 옳지 않다. 이것은 단지 상이한 세계관에 바탕한 잘 사는 삶에 대한 상이한 해석일 뿐이다. 그러나 많은 현대인은 자신의 해석이 객관적으로 옳은 것이라고 생각한다.

너와 나의 관계는 어떤 것일까? 현대인은 '너는 나에게 극복의 대상이며 잠재적으로 적이다.'라고 생각한다. 음양론을 신봉하는 사람은 '나는 너의 존재를 전제로 해서 성립하며, 나와 너의 정상적인 관계는 사랑의 관계이다.'라고 생각한다. 어떤 생각이 옳은 것일까? 물론 어떤 생각도 객관적으로 옳은 것이 아니다. 이것은 단지 상이한 세계관의 바탕 위에 이루어진 나와 너의 관계에 대한 상이한 해석일 따름이다. 그러나 많은 현대인은 자신의 해석이 객관적인 것이라고 생각한다.

이와 같이, 현대 세계관이 현대인을 지배하고 있다. 이것은 자연스런 것이다. 기독교 세계관이 서구 중세인을 지배했었고, 유교 세계관이 조선 사회 사람들을 지배했던 것과 마찬가지로. 특정 문명의 초기와 중기에 이르기까지, 그 시대를 지배하는 세계관은 문명 건설과 발전, 사회구성원들의 행복에 기여한다. 현대 세계관도 마찬가지이다. 현대 세계관은 서구 중세의 암흑시대를 청산하고, 자유롭고 합리적인 현대 사회, 풍요로운 현대 사회 건설과 발전에 기여했다.

그러나 특정 문명의 말기에 이르면, 특정 세계관은 문명 발전에 역행하고, 사회구성원들을 고통과 불행에 빠뜨린다. 현대 세계관도 마찬가지이다. 현대 세계관은 신기술혁명에 바탕 한 새로운 사회로의 전진을 가로막는 걸림돌이 되고, 인류를 고통스런 삶으로 몰아넣고 있다.

특정 문명 말기에 이르러, 문명 발전과 사회구성원들의 행복을 위해 가장 시급한 일은 무엇일까? 세계관의 교체를 이루는 일이다. 그런데 현대 말·탈현대 초의 문명 대전환기에 해당하는 현시점에서 세계관의 교체가 지체되고 있다. 이로 인해 엄청난 파괴와 고통이 지구를 뒤덮고 있다. 낡은 현대 세계관과 새로운 탈현대 신기술 간의 거대한 문명 충돌이 일어나고 있는 것이다.

현재 인공지능의 발달을 중심으로 하는 신기술혁명이 일어나고 있다. 산업혁명이 전현대 사회시스템들을 붕괴시켰듯이, 신기술혁명은 모든 현대 사회시스템들을 붕괴시키고 있다. 현대 자본주의시스템, 현대 교육시스템, 현대 정치시스템, 현대 가족시스템 등 모든 현대 사회시스템들이 붕괴하고 있다. 그리고 신기술혁명이 앞으로 가속화되면 현대 사회시스템의 붕괴 역시 가속화될 것이다.

신기술혁명에 따른 현대 사회시스템의 붕괴, 이것은 사실[Fact]이다. 문제는 현대 사회시스템의 붕괴에 대한 해석이다. 해석은 세계관에 따라 크게 달라진다. 현대 세계관의 관점에서 보면, 현대 사회시스템의 붕괴는 세상이 망하는 것이다. 이것은 신분제도가 철폐되었을 때 세상이 망했다고 통탄하던 19세기 말 양반의 모습과 같은 것이다. 탈현대 세계관의 관점에서 보면, 현대 사회시스템의 붕괴는 붕괴해야만 할 야만적인 사회시스템이 붕괴하는 것이다. 이것은 왕정 붕괴에 쾌재를 부르던 프랑스 시민들의 모습과 같은 것이다.

지금 현 인류는 현대 사회시스템의 붕괴를 어떻게 해석하고 있는가? 현대 세계관에 고착되어 있는 현 인류는 현대 사회시스템의 붕괴를 세상이 망하는 것으로 해석하고 있다. 그래서 현 인류는 어떤 노력을 기울이고 있는가? 역사의 도도한 흐름에 역행해서 현대 사회시스템을 복구하기 위한 노력을 기울이고 있다. 이것이 바로 낡은 현대 세계관과 새로운 탈현대 신기술 간의 문명 충돌의 본질이며, 현 지구촌의 상황이다.

현대가 기울이는 노력은 현실이 고달픈 사람이 다시 엄마 자궁으로 돌아가고 싶은 충동을 느끼는 것과 같이 퇴행적인 것이다. 퇴행적인 노력은 성공할 수 없다. 만일 인류가 지금의 퇴행적인 노력을 중지하지 못한다면, 그렇게 멀지 않은 미래에 문명 대파국을 맞게 될 것이다.

4. 동양사상과 문명의 미래에 대한 비전

이미 신기술혁명이라고 하는 탈현대 사회의 한 바퀴는 굴러가기 시작했다. 그러나 하나의 바퀴만으로는 미래의 멋진 사회로 나아갈 수 없다. 낡고 파괴적인 결과를 초래하는 현대 세계관을 폐기하고, 새로운 탈현대 세계관으로의 전환을 이루는 일, 이것이 새로운 사회를 열기 위해 현 시대가 절실히 필요로 하는 두 번째 바퀴를 장착하는 것이다.

그러나 현실을 돌아보면, 하나의 새로운 바퀴인 신기술혁명이 일어나고 있고, 신기술혁명은 모든 현대 사회시스템들을 붕괴시키고 있지만, 여전히 인류는 낡은 현대 세계관에 고착되어 있다. 현대 세계관의 관점에서 보면, 현대 사회시스템의 붕괴는 세상이 망하는 것이다. 그래서 낡은 현대 세계관에 고착되어 있는 현 인류는 필사적으로 붕괴하고 있는 현대 사회시스템을 복구하기 위해 불가능하고 파괴적인 노력을 기울이고 있다.

과거 산업혁명 때보다, 기술발달 속도는 더 빠르고 위력은 비교할 수 없을 만큼 더 강하다. 새로운 또 하나의 바퀴인 탈현대 세계관을 장착해서, 인류가 탈현대 문명 건설에 매진할 때까지 허락되어 있는 시간은 짧다. 지금 이 시대의 사회학자가 몰두해야 하는 것은 낡은 현대 사회시스템의 복구에 함께 참여하는 것이 아니라, 새로운 탈현대 세계관의 바탕 위에서 낡은 현대 사회를 창조적으로 비판하고, 새로운 탈현대 사회에 대한 비전을 제시하는 일이다.

이런 긴박한 상황에서 필자는 왜 오래된 동양사상을 이야기하는가? 생각을 현대 문명의 여명기인 르네상스기로 돌려보자. 그 시대는 낡은 전현대 사회를 창조적으로 비판하고, 새로운 현대 사회에 대한 비전을 제시해야 할 책무를 갖고 있었다. 이를 위해 그들이 채택한 전략은 고대 그리스와 로마의 사상과 문화를 돌아보는 것이었다. 이 시대의 명칭인 르네상스라는 말 자체가 부흥을 의미하며, 이때 부흥이란 바로 고대 그리스와 로마의 부흥이다.

이들은 왜 고대 그리스와 로마에 주목했던가? 왜냐하면 그곳이 현대 세계관의 보고였기 때문이다. 고대사회에서는 인간의 이성을 중시했다. 그래서 자연과학과 철학이 발전했다. 인간의 육체를 아름답다고 생각했다. 그래서 김나지움에서 그들은 발가벗고 운동했다. 남아있는 그 시대의 조각들은 나신의 아름다움을 표현한 것이 많다. 그들은 인간의 감정이 숭고한 것이라고 생각했다. 그래서 시와 음악이 발달하고, 연극이 많이 상영되었다. 그들은 인간의 욕망이 추한 것이라고 생각하지 않았다. 그래서 그들은 주신酒神 디오니소스(Dionysos)를 사랑했고, 인간의 자연스런 욕망을 억압하지 않았다.

지금 왜 우리들은 동양사상에 주목하고자 하는가? 고대 서양사상이 현대 세계관의 보고였듯이, 고대 동양사상은 탈현대 세계관의 보고이기 때문이다. 유불도를 중심으로 하는 동양사상에는 탈현대 세계관이 풍부하게 함축되어 있다. 물론 이것은 고대 서양사상과 마찬가지로 불순물을 다량 함유하고 있는 원광석의 형태이다.

동양사상이란 원광석을 제련하면, 새로운 시대를 굴러가게 할 수 있는 또 하나의 바퀴인 탈현대 세계관을 얻어낼 수 있다. 탈현대 세계관이란 어떤 것인가?

탈현대 세계관에서 바라본 세계는 더 이상 모든 존재들이 근원적으로 분리·단절된 세계가 아니다. 그것은 모든 존재가 영원한 시간과 무한한 공간을 품고 있는 중중무진重重無盡의 세계이며, 탈중심적인 세계이다. 나는 너를 내 안에 담고 있고, 너는 나를 네 안에 품고 있다. 탈중심적인 미래사회에서는 강대국과 약소국, 백인종과 유색인종, 부자와 빈자 등 지구상의 모든 중심과 주변의 구조가 해체될 것이다.

탈현대 세계관에서 바라본 인간은 아름다운 존재이다. 그것은 현대가 바라보는 인간을 훨씬 넘어서 있는 존재이다. 그는 따뜻한 마음씨를 갖고 있으며, 따뜻한 눈으로 자신과 세계를 바라본다. 그는 한없이 너그러우며 겸손하다. 그의 마음은 평화롭고 매사에 감사한다. 그는 지극히 겸손하다. 그는 아름다운 미소를 짓고 있다. 인류는 자아 확장 투쟁으로서의 소외된 삶, 낭비로서의 삶을 멈추고, 사랑의 삶을 살아가게 될 것이다.

탈현대 세계관에서 바라본 나와 너의 관계는 무엇인가? 너는 나에게 더 이상 약탈의 대상이 아니며, 싸워 이겨야 할 적이 아니고, 경쟁상대도 아니다. 나는 너의 존재를 전제로 해서 성립하며, 나와 너는 사랑으로 하나가 되어야 할 관계이다. 탈현대의 대대적待對的 관계관은 지구상의 모든 약탈과 적대를 멈출 수 있는 세계관적인 토대가 될 것이다.

이것이 인류가 아름다운 미래로 나아갈 수 있는 것을 가능케 할 탈현대 세계관이라는 새로운 바퀴이다. 탈현대 신기술이라고 하는 이미 인류가 갖기 시작한 하나의 바퀴와 탈현대 세계관이라고 하는 또 하나의 바퀴를 갖게 될 때, 비로소 지구 문명은 대파국을 향한 파괴적인 운동을 멈추고, 탈현대 문명이라고 하는 아름다운 세상을 향한 전진을 시작할 수 있을 것이다.

탈현대 세계관이라고 하는 새로운 문명의 소프트웨어와 탈현대 신기술이라고 하는 새로운 문명의 하드웨어가 결합하면, 탈현대 사회시스템이 비로소 형태를 드러내게 될 것이다.

탈현대 경제시스템은 부자와 가난한 자라고 하는 중심과 주변의 구조가 사라진 탈중심적인 경제가 될 것이다. 무엇보다 경제는 현대 사회에서 그가 차지하고 있는 왕의 자리에서 내려와 시녀의 자리에 앉게 될 것이다. 모든 재화와 용역은 무한자원이 되어 아무도 부를 추구하지 않는다. 다만 필요에 따라 소비할 뿐이다. 물론 이윤의 극대화만을 추구하는 야만적인 자본주의시스템은 소멸할 것이다. 경제의 영역에서 극대화의 논리는 종식되고, 적정의 원리가 자리 잡게 된다. 물론 지구환경을 파괴한 반생태적인 생산과 소비활동은 완전히 막을 내릴 것이다.

탈현대 정치시스템은 강자와 약자라고 하는 중심과 주변의 구조가 사라진 탈중심적인 정치가 될 것이다. 배타적으로 자국의 이익만을 추구했던 현대 국가는 지구상에서 사라지고, 세계정부가 출현할 것이다. 민주적인 질서는 보편화되지만, 민주는 더 이상 추구의 대상이 아니라 정치생활의 자연스런 전제일 뿐이다. 탈현대 정치는 사랑의 정치이다. 정치의 목표는 전 인류가 참나를 자각해서 사랑의 존재가 되는 것이다.

탈현대 교육은 사랑의 교육이다. 이성적인 능력을 계발하고, 욕망충족 능력을 배양하고자 했던 현대 교육은 흔적도 없이 사라질 것이다. 가상현실이 주 공간이 될 탈현대의 학교에서는 사랑스럽지 않은 것을 사랑할 수 있는 능력, 용서할 수 없는 것을 용서할 수 있는 능력, 믿을 수 없는 것을 믿을 수 있는 능력을 가르친다. 다른 인종이나 민족들과 그리고 자연과 조화롭게 공존할 수 있는 능력을 가르친다. 존재의 경이로움을 가르치고, 아름답게 미소 지을 수 있는 능력을 가르친다.

인공지능의 발달을 중심으로 하는 신기술혁명이 일어나고 있다. 신기술혁명은 모든 현대 사회시스템들을 붕괴시킬 것이다. 이것은 창조적인 파괴이다. 새로운 문명 건설을 위한 터를 닦는 것이다. 그러나 현대 세계관의 관점에서 보면, 이것은 세상이 망하는 것이다. 그래서 현대 세계관에 고착되어 있는 현 인류는 무너지고 있는 현대 사회시스템의 복구를 위한 불가능하고 파괴적인 노력을 기울이고 있다. 그 결과는 문명의 대파국이 될 것이다.

대파국을 막고 멋진 신문명을 건설하기 위해 인류에게 남아있는 시간은 길지 않다. 짧은 시간 내에 인류는 현대 세계관으로부터 탈현대 세계관으로의 세계관의 전환을 이루어내어야만 한다. 세계관의 대전환을 이루어내는 것, 이것이 인류가 파멸이 아니라 멋진 신문명으로 비상할 수 있는 좁은 문이다. 세계관의 전환이 이루어졌을 때, 인류는 비로소 탈현대 신기술과 탈현대 세계관이라고 하는 두 개의 바퀴를 갖고, 탈현대 문명이라는 아름다운 세상으로 나아갈 수 있을 것이다.

참고문헌

제1부. 사회질서의 문제를 마주한 한국 전통사상

업연의 논리와 사회질서

김성철, 『중관사상』 민족사, 2006.
김우창, 『정치와 삶의 세계: 김우창비평집』, 삼인, 2000.
루만, 『체계론입문』, 윤재왕 옮김, 새물결, 2014.
바우만, 『모두스 비벤디』, 한상석 옮김, 후마니타스, 2010.
배 영, 『지금, 한국을 읽다』, 아날로그, 2018.
벡, 『정치의 재발견: 위험사회 그 이후』, 문순홍 옮김, 거름, 1998.
사사키겐준, 『業 研究』, 김진열 역, 경서원, 1992.
세넷, 『신자유주의와 인간성 파괴』, 조용 옮김, 문예출판사, 2002.
유승무, 『불교사회학』, 박종철출판사, 2010.
유승무·박수호·신종화·이민정, 「무연사회 현상의 사회학적 이해: 합심과 절연 사이」, 『사회와 이론』 제 27집. 한국이론사회학회, 2015.
유승무·최우영, 「대칭삼분법과 사회연기론: 새로운 인식론과 사회이론의 모색」, 『사회사상과 문화』. 제 21권 2호, 2018.
유승무·최우영, 「만남과 마음의 연기와 연기사회론 시론」, 『현상과인식』 제43권 1호, 한국인문사회과학회, 2019.
이영찬, 『유교사회학』, 예문서원, 2001.
하영선·손열 엮음, 『한국 사회과학개념사』, 한울, 2018.
한병철, 『선불교의 철학』, 한충수 옮김, 이학사, 2017.
경향신문. 2009년 10월 7일.
세계일보. 2019년 2월 14일.

격몽요결이 보여주는 동양적 사회화 이론

『擊蒙要訣』.

『論語』.

고영복, 『현대사회심리학』, 법문사, 1978.

김미라, 「어린이 덕성확충을 위한 인성교육 학습모형 도출 연구」, 『유교사상문화연구』 58, 2014, 115-148.

김병옥, 『사회학』, 도서출판 교서관, 1990.

김효섭·노명화, 「사회화 전략이 조직성과에 미치는 효과에 대한 연구: 지식공유의 매개효과를 중심으로」, 『리더십연구』 6(2), 2015, 1-29.

박만희, 「인성교육교재로서 "격몽요결" 연구」, 경인교육대학교 석사학위논문(미간행), 2004.

서명자, 「栗谷의 孝 思想 硏究: 『盛學輯要』 「孝敬章」을 中心으로」, 성균관대학교 유학대학원 석사학위논문(미간행), 2014.

심민수 외, 「4차 산업혁명 시대 사회과의 목표와 내용」, 『학습자중심교과교육연구』 18(20), 2018, 377-398.

우리사회문화학회, 『알기 쉬운 사회학』, 정림사, 2001.

윤원근, 「사회학, 질서의 문제 그리고 세계관(1)」, 『현상과 인식』 가을, 1999, 35-54.

안혁근, 「국격제고를 위한 사회적 소수자정책 조정체계 연구」, 이영범 외. 『기본연구과제 2010』, 한국행정연구원, 2010.

윤병오, 「도덕 교육의 입장에서 『격몽요결』 읽기」, 『윤리철학교육』 제14집, 2010, 109-122.

이정우, 「탈북 청소년의 사회화 과정에 대한 질적 연구」, 『사회과교육』 45(1), 2006, 195-219.

이동인, 『이율곡의 격몽요결 읽기』, 세창미디어, 2013.
이동인, 「『격몽요결(擊蒙要訣)』을 통해 본 율곡의 사상과 생애」, 『사회사상과 문화』 29, 2014, 23-60.
이송호, 「토마스 홉스의 사회질서관에 관한 분석 평가」, 『경찰학연구』 15(4), 2015, 141-177.
이현지, 「율곡 사회사상의 탈현대적 함의」, 『율곡학연구』 30, 2015, 119-142.
이현지, 「사회사상가로서 율곡에 대한 연구」, 『한국학논집』 68, 2017, 7-28.
이현지, 『인공지능 시대와 초등사회과 교육』, 살림터, 2019.
장정호, 「아동교육서로서의 『격몽요결』의 성격과 의의」, 『교육사학연구』 28(2), 2018, 81-106.
전병재, 『사회심리학』, 경문사, 1989.
킨치(J. W. Kinch), 『사회심리학』, 이동원 옮김, 삼일당, 1982.
홍승표, 「탈현대교육으로서의 유교교육」, 『사회사상과 문화』 30, 2014, 187-208.

전통문화연구회, 동양고전종합DB, 2019. http://db.cyberseodang.or.kr/front/main/main.do
(선생님과 함께 하는 공교육 파트너)i-Scream, 2019. http://www.i-scream.co.kr

일상위기의 극복과 용호비결의 함의

『眉叟記言』.

『北窓集』.

『주역』「계사전」.

『海東異蹟』

G.Ritzer, 『맥도날드 그리고 맥도날드화, 풀빛, 2006.

http://www.dahn.org.

Michel Maffesoli, 『부족의 시대』, 문학동네, 1994.

U.Beck, 『위험사회, 새물결』, 1997.

김경수, 「봉우 권태훈의 생애와 현실인식」, 『고조선단군학』 제35호, 2016.

김낙필, 「도덕경의 내단사상적 해석」, 『한국종교사연구』 제4집.

김상준, 「예의 사회학적 해석을 위한 이론적 단서: 막스 베버의 '이념적 이해'」, 『사회와 역사』 59집, 2001.

김성환, 「재야사서의 사료적 검토-규원사화의 진서론에 대한 비판을 중심으로」, 『한국고대사의 시공간적 문헌적 범위』, 한민족공동체연구소 학술회의 발표자료집, 2012.

김성환, 「선가자료 『청학집』의 자료적 검토」, 『선도문화』 6집, 2012.

박광용, 「대종교관련 문헌에 위작많다」, 『역사비평』, 가을호, 1990.

박재환 외, 『일상생활의 사회학』, 한울, 1994.

봉우 권태훈, 『봉우수단기』, 한국단학회연정원, 1990.

안동준, 「'『용호비결』의 문헌적 계보'」, 『남명학연구』 제44집, 2014.

윤명철, 「봉우 권태훈 선생의 생애와 사상」, 『Journal of the Korean Jungshin Science Society』, 2권, 1998.

윤홍식, 『윤홍식의 용호비결 강의』, 봉황동래, 2009.

윤홍식·오병문, 『조선선비들에게 배우는 마음 챙김의 지혜』, 봉황동래, 2006.
이능화, 『조선도교사』, 보성문화사, 1996.
이성무, 『조선시대당쟁사1』, 동방미디어, 2000.
이수건, 『영남사림파의 형성』, 영남대학교 민족문화연구소, 1980.
이종은, 『해동전도록 청학집』, 보성문화사, 1996.
이진수, 「용호결에 관하여」. 『도교문화연구』 19, 한국도교문화학회, 2003.
정만조, 「조선시대의 정치적 갈등과 해결」, 『조선시대 정치사의 재조명』, 범조사, 1985.
최완기, 『한국성리학의 맥』, 느티나무, 1993.
한국단학회연정원, 「연정회보」, 제12호.
홍만종, 「旬五志 卷下」, 『洪萬宗全集』 上, 태학사, 1997.

유·불사상의 관점에서 본 일탈행위

『논어』
『대정신수대장경』
『맹자』
『예기』
『서경』
『성학십도』
『잡아함경』
『주역』

『중아함경』
『주자어류』
『중용』
『증일아함경』
『하남정씨유서』
『화엄경』

각묵, 『상윳다니까야』, 초기불전연구원, 2009.
김종석, 「이황의 공부론」, 『공부론』, 예문서원, 2007.
김재범, 『주역사회학』, 예문서원, 1999.
박병원(유상), 「사회철학의 새로운 지평」, 『사회철학』 창간호, 영륜사회철학연구소, 1993.
______(유상), 『일철학』, 판미동, 2016.
박서연·박성식, 「오온설과 사상체질론을 통해 본 인간 이해」, 『불교학연구』 31호, 2012, 297-327.
슈펭글러, 『서구의 몰락』, 범우사, 1995.
설동훈·고재훈·유승환, 「한국사회학회와 사회학연구: 1964-2017년」, 『한국사회학』 52(1), 한국사회학 , 2018, 153-213.
신동준, 「일탈사회학과 뒤르케임의 유산」, 『뒤르케임을 다시 생각한다: 에밀 뒤르케임 탄생 150주년 기념』, 한국사회이론학회 엮음, 동아시아, 2008.
유승무, 「연기, 마음, 그리고 '합심' 사회의 사회학」, 『불교학연구』 38호, 2014, 329-361.
이영찬, 『유교사회학』, 예문서원, 2002.
이중표, 「불교의 인간관」, 『철학연구』 68, 대한철학회, 1998, 303-324.
______, 「『중론』의 팔불과 연기」, 『불교학연구』 제22호, 불교학연구회,

2009, 7-40.
______, 『근본불교』, 서울: 민족사, 2010.
제러드 다이아몬드, 『문명의 몰락』, 김영사, 2005.
______, 『나와 세계』, 김영사, 2015.
진순, 『북계자의』, 예문서원, 1993.
풍우란, 박성규 옮김, 『중국철학사』 (상), 까치글방, 1999.
현장 역, 『성유식론』(『大正藏』).
International Encyclopedia of the Social Sciences, vol(4), Macmillan and Free Press, 1968.
Ludwig von Bertalanffy, General systems Theory: Foundations, Development, New York; Middlesex: Penguin Books, 1968.
Macy Joanna, Dharma and Development, West Hartford, Connecticut: Kumarian Press, 1993.

정약용의 학문 체계를 통한 사회복지학 체계의 재구성

『與猶堂全書』. 한국고전종합DB(http://db.itkc.or.kr/).
정약용, 『譯註 茶山 孟子要義』, 이지형 옮김, 현대실학사, 1994.
정약용, 『譯註 論語古今註』, 이지형 옮김, 사암, 2010.
정약용, 『譯註 大學公議 大學講義 小學枝言 心經密驗』, 김영호 외 옮김, 사암, 2016.

가토 히사타케(加藤尙武)·구보 요이치(久保陽一) 외 엮음, 『헤겔사전』, 이신철 옮김, 도서출판b, 2009.

감정기 외,『사회복지의 역사』, 나남출판, 2002.
경향신문,「기초수급자 울리는 '가난 증명'」, 2019년 4월 1일자.
금장태,『儒敎와 韓國思想』, 성균관대학교출판부, 1984.
금장태,『朝鮮 後期의 儒學思想』, 서울대학교출판부, 1998.
금장태,『心과 性: 茶山의 孟子 해석』, 서울대학교 출판부, 2005.
금장태,『다산 정약용-유학과 서학의 창조적 종합자』, 살림, 2014.
김미곤 외,『포용적 복지의 철학과 정책 방향』, 한국보건사회연구원, 2017.
남세진 외,『한국사회복지론』, 나남출판, 1995.
노대명·강신욱 외,『한국복지모형에 대한 연구: 그 보편성과 특수성』, 한국보건사회연구원, 2008.
닐 길버트(Gilbert, N.)·폴 테렐(Terrell, P.),『사회복지정책론-분석 틀과 선택의 차원』, 남찬섭·유태균 역, 나눔의 집, 2007.
박광준,『사회복지의 사상과 역사』, 양서원, 2013.
사카베 메구미(坂部惠)·아리후쿠 고가쿠(有福孝岳) 엮음,『칸트사전』, 이신철 옮김, 도서출판b, 2009.
여유진·김미곤 외,『한국형 복지모형 구축: 한국의 특수성과 한국형 복지국가』, 한국보건사회연구원, 2014.
여유진·김영순 외,『한국형 복지모형 구축: 복지레짐 비교를 통한 한국 복지국가의 현 좌표』, 한국보건사회연구원, 2016.
여유진·김미곤 외,『한국형 복지모형 구축: 복지환경의 변화와 대안적 복지제도 연구』, 한국보건사회연구원, 2017.
오세근 외,『지역사회와 복지』, 공동체, 2008.
오정수, "한국 사회복지학계 연구 방법론에 대한 반성적 고찰."『상황과 복지』 제13호, 33-46, 비판과 대안을 위한 사회복지학회, 2002.
유혜림·민인식, "한국 사회복지학의 최근 연구경향: 연관규칙 분석의 활용."『보건사회연구』 38[2], 555-588, 한국보건사회연구원, 2018.
이태진 외,『사회통합을 위한 복지정책의 기본방향』, 한국보건사회연구원, 2010.
임석진 외 편,『철학사전』, 중원문화, 1987.
참여연대, '2019년도 보건복지 예산안 분석: 총론'. http://www.peoplepower21.org/Welfare/1592961, 2019.
최익한,『실학파와 정다산』, 최익한 전집1, 서해문집, 2011.
피츠패트릭(Fitzpatrick, T.),『사회복지사를 위한 정치사회학』, 남찬섭 김병철 옮김, 나눔의 집, 2015.
한국철학사상연구회 편,『철학대사전』, 동녘, 1992.
森岡清美(모리오카 기요미) 外 編,『新社會學辭典』, 有斐閣, 1993.
三浦文夫(미우라 후미오),『增補 社會福祉政策研究』, 全國社會福祉協議會, 1987.
岡村重夫(오카무라 시게오),『社會福祉原論』, 全國社會福祉協議會, 1983.
上野千鶴子(우에노 치즈코) 外 編,『ニーズ中心の福祉社會へ』, 醫學書院, 2010.
古川孝順(후루카와 코쥰) 編,『社會福祉概論』, 有斐閣, 1995.
日本社會福祉學會辭典編纂委員會 編,『社會福祉學事典』, 丸善出版, 2014.
日本地域福祉學會 編,『地域福祉事典』, 中央法規, 2006.
Bradshaw, J., "The Concept of Social Need", in Neil Gilbert and Harry Specht eds., Planning for Social Welfare, Prentice Hall, 2003.
Dean, H, *Understanding Human Need*, Policy Press, 2010.

제2부. 한국 전통사상으로 이해하는 사회변동

인간적·사회적 마음구성체와 사회변동

고쿠분 고이치로(國分功一郎), 『중동태의 세계』, 박성관 역, 동아시아, 2019.

김동규, 『하이데거의 사이-예술론』, 그린비, 2009.

김태련·조혜자·이선자·방희정·조숙자·조성원·김현정·홍주연·이계원·설인자·손원숙·홍순정·박영신·손영숙·김명소·성은현, 『발달심리학』, 학지사, 2004.

들뢰즈, 『차이와 반복』, 김상환 역, 민음사, 2004.

라우어, 『사회변동의 이론과 전망』, 정근식·김해식 역, 한울, 1992.

래트너·실바 외, 『비고츠키와 마르크스: 마르크스주의 심리학을 위하여』, 이성우 옮김, 살림터, 2020.

루만, 『(니클라스 루만) 사회이론입문』, 이철 역, 이론출판, 2015.

바렐라·톰슨·로쉬, 『몸의 인지과학』, 석봉래 역, 김영사, 2013.

박찬국, 『들뢰즈의 『니체와 철학』 읽기』, 세창미디어, 2012.

유권종, 『예학과 심학』, 한국학술정보(주), 2009.

유승무, 『불교사회학』, 박종철출판사, 2010.

유승무, 「성호 이익의 마음사회학적 조견(照見): 『성호사설(星湖僿說)』을 중심으로", 『한국학논집』 68, 계명대학교 한국학연구원, 2017, 61-93.

유승무, 「득통의 마음사회학적 이해: 『현정론』을 중심으로", 『한국학논집』 73, 계명대학교 한국학연구원, 2019, 43-69.

유승무, 「머리말」, 『한국사상사의 사회학적 조명』, 계명대학교 한국학연구원 편, 계명대학교출판부, 2020.」
유승무·최우영,「만남과 마음의 연기와 연기사회론 시론」,『현상과 인식』 43(1), 한국인문사회과학회/한국인문사회과학회, 2019, 163-194.
유승무·박수호·신종화,「'마음'의 사회학적 재발견과 '합심(合心)'의 소통행위론적 이해: 조선왕조실록의 용례 분석에 근거하여」,『사회사상과 문화』 28, 동양사회사상학회, 2013, 1-47.
유승무·박수호·신종화·이민정,「율곡의 마음공부와 합심주의 문화: 격몽요결의 마음 용례 분석을 중심으로」,『사회사상과 문화』 29, 동양사회사상학회, 2014, 107-145.
유승무·신종화·박수호,「북한사회의 합심(合心)주의 마음문화」,『아세아연구』 58(1), 아세아문제연구소, 2015, 38-65.
유승무·신종화·박수호,「원효의 화쟁일심 사상과 한국 마음문화의 사상적 기원」,『사회사상과 문화』 19(4), 동양사회사상학회, 2016, 1-28.
유승무·신종화·박수호,「마음사회학의 이론적 정초: 마음과 사회의 중층의존성을 중심으로」,『사회와 이론』 30, 한국이론사회학회, 2017a, 79-126.
유승무·신종화·박수호,「민심의 동원과 마음의 정치: 동양적 사회운동이론과 도덕정치의 가능성」,『사회사상과 문화』 20(1), 동양사회사상학회, 2017b, 77-110.
유승무·신종화·박수호,「퇴계의 심학(心學)과 한국사회의 마음 문화」,『사회사상과 문화』 20(3), 동양사회사상학회, 2017c, 29-57.
유승무·최우영,「대칭삼분법과 사회연기론: 새로운 인식론과 사회이론의 모색」,『사회사상과 문화』 21(2), 동양사회사상학회, 2018, 1-28.
유승무·최우영·박수호,「공감·소통·배려의 사회와 그 적들」,『현상과 인식』 42(1), 한국인문사회과학회/한국인문사회과학회, 2018, 119-144.
이진경, 『맑스주의와 근대성』, 그린비, 2014.
조성훈, 『들뢰즈의 잠재론』, 갈무리, 2010.
쿠키뉴스 여론조사, 2020.08.26. 「국민 67.7% '정부 코로나 대처 신뢰' … 文대통령 지지율, 덩달아 반등」. http://www.kukinews.com/newsView/kuk202008250343
프롬, 『에리히 프롬, 마르크스를 말하다』, 에코의 서재, 2007.
Fromm E., Marx's concept of man, Frederick Ungar Publishing Co., 1961.
Luhmann N., Social Systems, Stanford University Press, 1995.
Marx, K. & Engels, F., "The German Ideology" in The Marx-Engels Reader edited by Tucker, W. W. Norton & Company. Inc., 1978.
Marx, K., "Economic and philosophic Manuscripts of 1844" in The Marx-Engels Reader edited by Tucker, W.W. Norton & Company. Inc., 1978.

주역의 논리로 이해하는 사회변동

『周易 繫辭』.
『論語』.
『孟子』.
『荀子』.
김경동, 『사회학의 이론과 방법론』, 박영사, 1989.
김진균, 정근식, 『혁명의 사회이론』, 한길사, 1984.

라우어, R. H., 『사회변동의 이론과 전망』, 정근식 역, 한울, 2007.
안계춘, 『현대사회학의 이해』, 법문사, 1998.
앨빈 W. 굴드너, 『현대사회학의 위기』, 김쾌상 역, 한길사, 1981.
윤홍식, 『초보자를 위한 단학』, 봉황동래, 2015.
전경갑, 『현대사회학의 이론』, 한길사, 1993.
정근식, 「학생운동 연구를 위한 방법론적 모색」, 『학생운동의 시대』, 민주화운동기념사업회, 선인, 2013.
정철희, 「문화적 변동과 사회민주화: 탈물질적 가치와 참여민주주의」, 『한국사회학대회논문집』, 1995, 246-256.
정철희, 「미시동원, 중위동원, 그리고 생활세계 제도-사회운동론의 재구성을 위한 시론」, 『경제와 사회』 25, 1995, 216-245.
조대엽, 『학생운동: 현실적 관심과 연구의 심화를 위하여』, 배규한 편저, 나남출판, 1999.
피터버크, 『사회학과 역사학』, 이정옥 외 역, 한울, 1984.
한동석, 『우주변화의 원리』, 대원기획, 1966.
Eliade, M., 『Cosmos and History』; 정진홍 역, 1992, 『우주와 역사』, 현대사상사, 1958.
Kuhn, T., 『과학혁명의 구조』; 2002, 김명자 역, 까치, 1962.
McNall, S. G. ed., "Introductiohn: Alternative Theoritical in Modern Sociology", Theoretical Perspectives in Sociology, New York: St Martio's Press, 1-14, 1979.
Neil J. Smelser, 『사회변동과 사회운동』; 1990, 세경사, 1962.

의례문화의 변화와 공동체

고요한, 「예 담론의 전개 및 예학의 교육인간학적 재구성」, 『한국사상과 문화』 28, 2005, 265-295.

금장태, 「주자가례의 형성 과정」, 『동양철학연구』 14, 1993, 49-57.

금장태, 『유교사상과 종교문화』, 서울대학교 출판부, 1994.

김남이, 「17세기 사대부의 주자가례에 대한 인식과 일상에서의 예 실천-우암 송시열의 경우를 중심으로」, 『정신문화연구』 29(2), 2006, 99-124.

김미영, 「의례와 상징, 조선시대 유교의례의 사회적 기능과 상징적 의미」, 『국학연구』 14, 2009, 219-247.

김용옥, 『논어한글역주』, 2008, 통나무.

김현수, 「송시열의 예학사상 고찰-시의적·의리적 사고를 중심으로」,『동서철학연구』 48, 2008, 75-95.

도민재, 「조선전기 예학사상의 이념과 실천」, 『유교사상문화연구』 12, 1999, 117-136.

뒤르켐(E. Durkheim), 『종교생활의 원초적 형태』, 노치준·민혜숙 역, 민영사, 1992.

르페브르(H. Lefebvre), 『현대세계의 일상성』, 박정자 역, 기파랑, 2005.

박동인, 「정현 삼례주의 예학정신과 그 정치적 의미」, 『유학연구』 35, 2016, 245-269.

박선웅, 「뒤르껭주의 문화사회학-분류체계와 의례를 중심으로」, 『한국사회학』 32, 1998, 905-931.

박재환, 「의례의 사회학적 의미」, 『사회과학논총』 21, 2002, 51-73.

박재환, 「일상생활의 사회학이란 무엇인가」, 『일상생활의 사회학적 이해』, 일상성·일상생활연구회 편, 한울, 2008, 23-46쪽.

박종천, 「상제례의 한국적 전개와 유교의례의 문화적 영향」, 『국학연구』 17, 2010, 363-396.

박종천, 「조선 전기 예학사상과 실천적 양상」, 『안동학』 14, 2015, 134-158.

반 겐넵(A. van Gennep), 『통과의례』. 전경수 역, 을유문화사, 1995.

손성하. 「혈구지도, 문화자각에서 문명대화까지」, 『동양사회사상』 12, 2005, 1-16.

송도영. 「의례공간 소비의 '키치'화, 예식장」, 『한국문화인류학』 28, 1995, 319-350.

오재환, 「의례의 사회학적 의미」, 『사회조사연구』 12, 1997, 167-187.

오재환, 「한국의 근대화 의례 연구-박정희 시대를 중심으로」, 부산대 사회학과 박사논문. 2001.

오재환, 「일상과 의례」, 『일상생활의 사회학적 이해』 일상성·일상생활연구회 편, 한울, 2008, 303-329.

유숙(柳肅), 『예의 정신』, 홍희 옮김, 동문선, 1994.

이동일, 「공동체에 있어서 유교적 가치의 함의」, 『동양사회사상』 4, 2001, 129-161.

이승연, 「주자 예학의 현대적 독해-주자 예학의 형식주의적 특성을 중심으로」, 『동양사회사상』 15, 2007, 223-252.

이일래, 「21세기 부산 결혼이야기」, 『부산인의 신생활풍속』,일상성·일상생활연구회 편, 부산발전연구원, 2004, 196-233.

이치억, 「본성으로서의 예에 대한 일고찰」, 『한국사상과 문화』 82, 2016, 143-164.

임민혁, 「주자가례를 통해 본 조선의 예치」, 『한국학』 23(3), 2000, 41-68.

정학섭, 「도박중독에 대한 동양사상적 해석과 전망」, 『사회사상과 문화』

24, 2011, 129-165.
조대원·임종엽, 「리미널 스페이스의 특성과 건축적 응용 및 재현에 관한 연구」, 『대한건축학회 학술발표논문집』 23(10), 2003, 279-282.
조준하a, 「예와 법의 문제」, 『동양철학연구』 14, 1993, 126-132.
조준하b, 「유가의 예설」, 『동양철학연구』 14, 1993, 9-39.
최근덕, 「여말선초 주자가례의 전래와 전개과정」, 『동양철학연구』 14, 1993, 58-65.
최문형, 「조선 예학사상의 근대적 해석에 관한 소고-호르크하이머의 사회철학을 중심으로」, 『동양철학연구』 64, 2010, 101-135.
최종욱, 「'앙리 르페브르의 일상생활비판'에 대한 비판적 소론」, 『어문학논총』 12, 1993, 299-319.
터너(V. Turner), 『제의에서 연극으로』, 김익두·이기우 역, 민속원, 2014.
한재훈, 「조선시대 예학의 난제들과 학파간 교섭을 통한 예악의 생태계 형성」, 『동방학지』 190, 2020, 195-220.
황원구, 「주자가례의 형성 과정.」 『인문과학』 45, 1981, 81-119.

제례의 변화로 살펴본 한국 가족의 현실

구숙희·최배영, 「서울시 중년기 부부의 추모의례에 대한 인식 연구」, 『한국가족자원경영학회지』. 15(2), 한국가족자원경영학회, 2011, 23-44.
권용혁, 「한국의 가족주의에 대한 사회철학적 성찰」, 『사회와 철학』 25, 사회와철학연구원, 2013, 204-232.
김동춘, 『근대의 그늘』, 당대, 2000.

______, 「유교와 한국의 가족주의: 가족주의는 유교적 가치의 산물인가?」, 『경제와 사회』 55, 비판사회학회, 2002, 93-118.

김승현, 「가족주의와 공공성: 전통적 가치와 현대적 가치의 측정에서 사회적 소망의 편향성」, 『한국정치학보』 44(3), 한국정치학회, 2010, 53-74.

김인옥, 「전통제례에 관한 생활문화적 고찰과 현행제례의 실태연구」, 성신여자대학교 박사학위논문, 1997.

김우형, 「조선 후기 귀신론의 양상 - 17·18세기 유귀론과 무귀론의 대립과 균열 -」, 『한국양명학』 (19), 한국양명학회, 2007, 1-25.

김종엽, 「사회를 말하는 사회와 분단체제론」, 『창작과 비평』 42(3), 창비, 2014, 15-37.

김혜경, 「부계 가족주의의 실패?: IMF 경제위기 세대의 가족주의와 개인화」, 『한국사회학』 47(2), 한국사회학회, 2013, 101-141.

류성민, 「희생제의와 폭력의 종교윤리적 의미에 대한 연구 - 성서종교 전통을 중심으로」, 서울대 박사학위논문, 1991.

마르티나 도이힐러, 이상훈 역. 『한국사회의 역사적 변환』, 아카넷, 2003.

문옥표, 「가정 제례의 변용을 통해 본 현대 한국인의 가족관계와 젠더」, 『한국문화인류학』 40(2), 한국문화인류학회, 2007, 287-319.

박승길, 「해방이후 한국인의 종교생활과 종교사회학」, 『한국사회학회 심포지엄 논문집』, 한국사회학회, 1995, 311-360.

박영신, 「두 갈래의 윤리 지향성, 그 울을 넘어」, 『사회이론』 (16), 한국이론사회학회, 1998, 184-215.

박종천, 「가족종교의 관점에서 보는 한국종교문화」, 『민족문화연구』 85, 고려대학교 민족문화연구원, 2019, 219-248.

성미애, 「중년 기혼 남녀의 전통 가족 의례와 제도에 대한 인식을 통해 본 현대 가족의 변화」, 『한국가족관리학회지』 30(6), 한국가족관리학회, 2012, 103-114.
송재룡, 「한국 가족주의와 준거 기준의 이중성을 넘어」, 『현상과 인식』 23(1·2), 한국인문사회과학원, 1999, 161-182.
______, 「가족주의와 한국 사회의 '삶의 유형': 두 개의 언어 게임 사이에서」, 『현상과 인식』 26(1·2), 한국인문사회과학원, 2002, 9-30.
송현동, 「가족구성원의 종교분포가 가족 갈등에 미치는 영향」, 『종교연구』 50, 한국종교학회, 2008, 77-97.
유승무·박수호, 「불교와 근대성의 '또 다른' 만남」, 『사회와 이론』 9, 한국이론사회학회, 2006, 53-78.
이동일, 「공동체와 개체에 대한 이론적 고찰」, 『사회조사연구』 19. 부산대학교 사회조사연구소, 2004, 149-175.
______, 「공동체와 이념, 가치, 종교성의 의미」, 『불교와 사회』 (2). 중앙승가대학교 불교학연구원, 2018, 1-28.
이명호, 「한국 가족중심주의의 역사적 기원: 조선후기와 근대전환기 종교영역과 생활양식을 중심으로」, 한양대학교 박사학위논문, 2012.
______, 「가족 관련 분석적 개념의 재구성, 가족주의에서 가족중심주의로」, 『사회사상과 문화』 28, 동양사회사상학회, 2013, 359-393.
이 욱, 「제사의 종교적 의미에 대한 고찰」, 『유교사상문화연구』 16, 한국유교학회, 2002, 79-106.
______, 「조상제사의 의미와 기억의 의례화」, 『국학연구』 19, 한국국학진흥원, 2011, 473- 500.
______, 「조선시대 유교 제사의 확산과 희생의 변용」, 『종교문화비평』 31, 한국종교문화연구소(종교문화비평학회), 2017, 47-90.
장경섭, 「가족·국가·계급정치: 가족연구의 거시 사회변동론적 함의」, 『한국 근현대 가족의 재조명』. 한국사회사연구회논문집 39,

1993, 214-239.

장형철, 「최근 한국 사회에서 종교가 도덕에 미치는 영향: 2014년 한국 종교사회학회가 실시한 사회발전에 대한 국민의식 여론조사 결과분석을 중심으로」, 『현상과 인식』 37(1·2), 한국인문사회과학원, 2015, 175-2000.

전성표, 「개신교인과 무종교인 사이의 도덕성 차이와 개신교인의 도덕성에 미치는 종교적 영향」, 『한국사회학』 34, 한국사회학회, 2000, 1069-1104.

정진영, 「조선시대 향촌 양반들의 경제생활 – 간찰과 일기를 통해 본 일반적 고찰」, 『고문서연구』 50, 2017, 한국고문서학회, 129-157.

케서린 벨, 류성민 역. 『의례의 이해 – 의례를 보는 관점과 의례의 차원들』. 한신대학교 출판부, 2009.

최우영, 「조선시대 국가-사회관계의 변화와 가족주의의 기원」. 『가족과 문화』 18(1), 한국가족학회, 2006, 1-32.

한국보건사회연구원, 『제례 및 성묘 실태와 변화방향』. 한국보건사회연구원, 2000.

한내창, 「Allpoet & Ross의 I/E 종교성 척도 평가」, 『원불교학』 5, 한국원불교학회, 2000, 257-288.

______, 「I&E 종교성의 타당성 검증: 세계 36개국 자료 비교」, 『종교연구』 70, 한국종교학회, 2013, 157-185.

홍　민, 「북한의 시장교환 질서와 비도덕적 가족주의화」, 『통일정책연구』 15(2), 통일연구원, 2004, 103-128.

Banfield, C. Edward, The Moral Basis of a Backward Society. Glencoe, IL: The Free Press. 1958.

Bell, catherine, Ritual: Perspective and Diemenson, New York: Oxford

Univ. Press, 1997.(류성민 옮김, 『의례의 이해-의례를 보는 관점과 의례의 차원들』, 한실대학교 출판부, 2009.)

동양사상과 미래 문명의 비전

리프킨(J. Rifkin), 『한계비용 제로 사회』, 안진환 옮김, 민음사, 2014.

베버(M. Weber), 『프로테스탄트 윤리와 자본주의 정신』, 박문재 옮김, 현대지성, 2018.

베이컨(F. Bacon), 『신기관 - 자연의 해석과 인간의 자연 지배에 관한 잠언』, 진석용 옮김, 한길사, 2001.

브로노우스키와 마즐리시(J. Bronowski and B. Mazlish), 『西洋의 知的 傳統』, 차하순 옮김, 학연사, 1986.

윤경철, 『대단한 지구여행』, 푸른길, 2011.

최덕근, 『지구의 일생: 45억년, 시간으로 보는 지구의 역사』, 휴머니스트, 2018.

Hobbes, T., *Leviathan. Indianapolis*, Indiana: Hackett Publishing Company, Inc., 1994.

Kurzweil, R., *The Singularity Is Near: When Humans Transcend Biology*, Penguin Books, 2006.

홍승표, 『깨달음의 사회학』, 예문서원, 2002.

홍승표, 『인공지능 시대의 사회학적 상상력』, 살림터, 2019.

저자소개

유승무 : 업연의 논리와 사회질서,
인간적·사회적 마음구성체와 사회변동

한양대학교 사회학과를 졸업하고 한국학중앙연구원(구 한국정신문화연구원)에서 석사학위를 취득하였고, 한양대학교 대학원 사회학과에서 박사학위를 취득하였다. 현재는 중앙승가대학교 포교사회학과 교수로 재직하고 있으며 동양사회사상학회 부회장으로 활동하고 있다. 『불교사회학』, 『마음사회학』 등의 저서를 출간하였으며, 최근에는 연기적 사회이론을 구성하고 그것을 실증하는 데 매진하고 있다.

E-mail: smlew691@hanmail.net

이현지 : 격몽요결이 보여주는 동양적 사회화 이론

현재 계명대학교 Tabula Rasa College에 재직하고 있다. 주요 관심분야는 사회과교육, 인성교육, 마음공부 등이다. 저서로 『인공지능 시대와 초등사회과교육』, 『동양사상과 탈현대의 발견』, 『동아시아 전통의학의 현대화』, 『성, 가족, 문화: 다르게 읽기』가 있고, 공저로 『공자혁명』, 『유교의 마음공부』, 『동양사상에게 인공지능 시대를 묻다』 등이 있다.

E-mail: leehj@kmu.ac.kr

정승안 : 일상위기의 극복과 용호비결의 함의,
주역의 논리로 이해하는 사회변동

동명대 동양문화학과에서 교수로 재직중이다. 부산대에서 일상생활의 사회학과 비판적 사회과학을 중심으로 공부했다. 한국단학회연정원에서 전통단학을 접했다. 허곡서당에서는 사서삼경을 배웠다. 호흡수련과 주역의 맛을 알고부터, 사회학과 동양사회사상과의 이론적 결합을 화두로 한 한국사회사상의 길을 찾아가는 노력과 수행자의 눈으로 학문과 실천이 하나되는 길을 모색하고 있다.

E-mail: sovong@nate.com

김보경 : 유·불사상의 관점에서 본 일탈행위

계명대학교 사회학과에서 '유교소외론'으로 박사학위를 취득하였으며 이후 동국대학교 불교학과에서 불교교학으로 박사수료를 하였다. 주요 관심사는 근대 사회 사상이 갖는 한계점을 유학과 불학 사상을 통해 찾는 데 있으며, 특히 인성 및 공동체 관련한 사회문제 연구에 있다. 공저로 『동양사상과 현대적 가치』(2016), 『현대사회의 위기와 동양사회사상』(2016), 『한국사상사의 사회학적 조명』(2020)이 있으며 다수의 연구논문이 있다.

E-mail: iris9981@naver.com

오세근 : 정약용의 학문 체계를 통한 사회복지학 체계의 재구성

전남대학교 사회학과를 졸업하고 히로시마 대학교에서 사회학 박사학위를 받았다. 현재 동신대학교 사회복지학과 교수로 재직 중이다. 주요 관심 분야는 사회문제, 동양사회 사상, 사회복지 사상이다. 저서로 『현대사회의 위기와 동양사회사상(2016, 공저)』, 『사회학적 관심의 동양사상적 지평(2014, 공저)』이 있다. 최근 논문으로는 「정신장애인복지의 패러다임 전환으로서 '당사자주의'(2022)」, 「다산(茶山) 정약용의 '토지론'에서 기본소득(Basic Income)의 지층을 사유하다(2018)」, 「천하위공(天下爲公)의 내부 잠식자 간신에 대한 한비자의 언설(2017)」 등이 있다.

E-mail: 3303693@hanmail.net

박수호 : 인간적·사회적 마음구성체와 사회변동

고려대학교에서 사회학 박사학위를 취득하고, 중앙승가대학교 불교사회학부 조교수로 재직 중이다. 불교와 관련된 사회학적 연구 주제를 발굴함으로써 불교사회학의 지평을 확장하는 데 관심을 가지고 있고, 최근에는 포스트휴먼 사회와 불교, 불교의 사회적 책임 등으로 연구 관심을 넓히고 있다.

E-mail: foramita@naver.com

이일래 : 의례문화의 변화와 공동체

부산대학교 사회학과에서 학사, 석사, 박사학위를 받았다. 현재 부산대학교, 부산교육대학교, 부경대학교, 경상대학교 등에 출강하고 있다. 주요 관심분야는 게임문화, 정보사회, 동양사회사상, 부산연구 등이다.

E-mail: ivan111@naver.com

이명호 : 제례의 변화로 살펴본 한국 가족의 현실

이명호는 한양대에서 사회학 박사학위를, 동신대에서 사회복지학 박사학위를 취득하였다. 현재 중앙승가대 강사, 경희대 종교시민문화연구소 선임연구원으로 활동하고 있다. '종교'와 '공동체', '관계'를 주제어로 한국사회를 설명하고자 하며, 최근의 사회문제를 '생태문명으로의 전환'이란 관점에서 탐구하고 있다. 저서로는 『문명전환과 불교의 응답)』(2022), 『노년의 편안한 임종을 관찰하다』(2021), 『현대사회의 위기와 동양사회사상』, (2014, 공저) 등이 있고, 논문으로는 「공동체의 위기와 복권에 대한 탐색적 연구(2016)」, 「공감의 구조변동, 관계지향적 삶의 실천으로(2017)」, 「코로나19 이전/이후, 사회의 재구조화 가능성」(2021)」 등이 있다.

E-mail: dubiouslife@hanmail.net

홍승표 : 동양사상과 미래 문명의 비전

계명대학교 사회학과 교수로 재직하고 있으며, 주요 관심분야는 동양사상과 탈현대 문명, 탈현대 사회이론 등이다.

E-mail: sphong@kmu.ac.kr

한국 전통사상의 사회학적 도전

초판1쇄 인쇄　2022년 8월 22일
초판1쇄 발행　2022년 8월 31일

지 은 이　계명대학교 한국학연구원 편
펴 낸 이　신일희
펴 낸 곳　계명대학교 출판부
출판등록　제347-1998-1호(1970. 9. 1.)
주　　소　대구광역시 달서구 달구벌대로 1095
대표전화　053-580-6233
팩　　스　053-580-6235
홈페이지　www.kmupress.com

ISBN 979-11-6516-148-4 93300 정가 31,000원